編輯代表 郭 潤 直

民 法 注 解

第 XIII 卷

債 權 (6)

第536條～第553條

博 英 社

머 리 말

「民法注解」는 民法 전체를 그의 條文順序에 따라 敍述하는 이른바 「코멘타르」(Kommentar)이다. 「코멘타르」에는 그 內容과 目的에 따라 여러 種類의 것이 있다. 이 注解書는 각 條文마다 관련되는 중요한 判決들을 引用해가면서 確定된 判例理論을 밝혀주고, 한편으로는 理論 내지 學說을 모두 그 出典을 正確하게 표시하고, 또한 論據를 客觀的으로 敍述하여 民法 각 條項의 具體的 內容을 밝히려는 것이므로, 獨逸學者들이 말하는 이른바 wissenschaftlicher Großkommentar라고 말할 수 있다. 그 目的하는 바는, 위와 같은 敍述을 통해서 우리의 民法學의 現在水準을 浮刻시키고, 아울러 우리 民法 아래에서 생기는 法的 紛爭에 대한 올바른 解答을 찾을 수 있게 하려는 데 있다.

위와 같은 內容과 目的을 가진 「民法注解」가 우리의 法學發展을 위하여 필요하다는 確信에서 그 刊行을 企劃하게 되었는데, 그 理由는 다음과 같다. 우리의 民法學이 獨自의 길을 걷기 시작한 지 近 50年이 되어간다. 또한 現行 民法이 制定·公布된 때로부터 따진다면 30餘年이 된다. 이 期間 동안에 民法을 研究하는 데 가장 基本的인 道具의 역할을 하는 法律文獻으로서 民法의 각 分野에 관한 體系的 解說書 내지 一般研究者를 위한 이른바 教科書(Lehrbuch)가 相當數 나와 있고, 또한 個別的 問題에 관한 論文도 적지 않게 發表되어 있다. 그러나 一般研究者를 위한 教科書라는 것은 著者의 主觀이 크게 作用하여, 著者에 따라 敍述에 起伏이 심하고 不充分한 점이 많다. 한편, 論文에서 표시되는 見解가 반드시 確實한 것은 아니다. 確實한 見解가 담겨진 論文이란 매우 적다고 하여도 過言이 아닐 것이다. 一般研究用 教科書나 論文이 상당히 있다 하여도 여전히 있게 마련인 空白이나 不充分한 점을 研究者 個個人이 그때 그때 自力으로 채워나간다는 것은 보통 어려운 일이 아니며, 또한 많은 時間과 精力을 쏟아야 하는 힘든 일이다. 만일에 學說·判例를 網羅的·客觀的으로 敍述하고 있어서 모든 研究者가 마음놓고 信賴할 수 있는 것이 하나 있다면, 各自 그것을 바탕으로 해서 獨自의 理論이나 見解를 펴나가는 데 集中할 수 있을 것이다. 그런데 그러한 學界 共有의 資産이라고 할 수 있는 것을 우리는 아직 가지고 있지 않다. 바로 그러한 구실을 할 수 있는 것 하나를 마련해 보겠다는 생각에서 이 「民法注解」의 刊行을 꾀하게 된 것이다.

民法은 매우 큰 法律이어서, 그 전체에 관한 大「코멘타르」를 어느 特定人이 單獨으로 지어낸다는 것은 발달된 現代 民法體系 아래에서는 期待하기 어렵다. 多數의 硏究者가 共同으로 協力해서 마련하는 것이 가장 적절한 방법이다. 「民法注解」도 그런 방법으로 만들기로 하였다. 그 筆陣을 정하는 것은 매우 어려운 일이었으나, 여러 사정을 고려하여 앞으로 우리의 民法學을 이끌어 갈 비교적 젊은 硏究者들을 많이 포함시켜서 筆陣을 구성하였다.

「民法注解」의 刊行은 우리의 法學史上 劃期的인 事業이라고 自負하고 있다. 그러나 처음으로 試圖하는 일인데다가, 또한 多數의 執筆者를 動員하여야 했기 때문에 均衡 있는 敍述을 期待할 수 없었다. 時間이 흐르면 法令은 變動되고 새로운 理論과 判例가 出現하게 됨은 필연이다. 그러한 變化는 「民法注解」의 改訂을 불가피하게 할 것이다. 여러 가지 不充分한 점이나 흠은 改訂版을 낼 때에 是正·補充할 豫定으로 있다. 그러한 改訂을 거듭하면서 「民法注解」는 더 滿足스러운 것으로, 또한 우리 나라에서 매우 값진 法律文獻의 하나로 發展할 것이다.

全部 15卷 정도로 豫定하고 있는 이 尨大한 出版을 快히 맡아 준 博英社에 대하여 깊은 謝意를 表示한다.

1992年 2月 20日

編輯代表

郭 潤 直

債權編(契約) 執筆者

高永鋘(대법원 재판연구관)

權五坤(서울지방법원 동부지원 부장판사)

金建植(서울대학교 법과대학 부교수)

金龍潭(서울고등법원 부장판사)

金龍德(청주지방법원 부장판사)

金載亨(서울대학교 법과대학 전임강사)

金滉植(대법원 선임재판연구관)

南孝淳(서울대학교 법과대학 조교수)

閔日榮(사법연수원 교수)

朴一煥(서울지방법원 부장판사)

朴海成(수원지방법원 부장판사)

徐　敏(충남대학교 법과대학 교수)

孫智烈(서울지방법원 형사수석부장판사)

宋德洙(이화여자대학교 법과대학 부교수)

宋興燮(서울지방법원 북부지원 부장판사)

沈在暾(서울지방법원 부장판사)

梁彰洙(서울대학교 법과대학 교수)

吳宗根(한림대학교 사회과학대학 부교수)

柳元奎(사법연수원 교수)

李在洪(법원행정처 인사관리심의관)

李宙興(법원행정처 송무국장)

全孝淑(서울지방법원 부장판사)

池元林(아주대학교 사회과학대학 부교수)

崔秉祚(서울대학교 법과대학 교수)

崔興燮(인하대학교 법정대학 부교수)

韓相鎬(서울지방법원 의정부지원장)

胡文赫(서울대학교 법과대학 부교수)

(가나다順. 現職은 1997년 6월 1일 기준)

債權編(契約) 執筆 內容

契約 前論 Ⅰ ························ 李宙興
契約 前論 Ⅱ ························ 孫智烈
契約의 成立 前論 ························ 池元林
第527條 ~ 第534條 ························ 池元林
第535條 ························ 崔興燮
約款의 規制에 관한 法律 ························ 孫智烈
第536條 ························ 柳元奎
第537條 ~ 第538條 ························ 崔秉祚
第539條 ~ 第542條 ························ 宋德洙
第543條 ~ 第553條 ························ 金龍德
前論 [無償契約 總論] ························ 高永鋽
第554條 ~ 第562條 ························ 高永鋽
賣買 前論 ························ 朴海成
第563條 ························ 朴海成
第564條 ~ 第567條 ························ 沈在暾
第568條 ~ 第589條 ························ 南孝淳
第590條 ~ 第595條 ························ 宋興燮
後論 [特別法上의 還買] ························ 宋興燮
第596條 ~ 第597條 ························ 高永鋽
第598條 ~ 第617條 ························ 金滉植
第618條 ~ 第654條 ························ 閔日榮
保證金 ························ 閔日榮
權利金 ························ 閔日榮
住宅賃貸借保護法 ························ 閔日榮
第655條 ~ 第663條 ························ 南孝淳
第664條 ~ 第674條 ························ 金龍潭
第675條 ~ 第679條 ························ 吳宗根

第680條 ~ 第692條 …… 李 在 洪
第693條 ~ 第702條 …… 全 孝 淑
第703條 ~ 第724條 …… 金 載 亨
契 …… 金 載 亨
第725條 ~ 第730條 …… 崔 秉 祚
第731條 ~ 第732條 …… 胡 文 赫
第733條 …… 梁 彰 洙
醫療契約 …… 朴 一 煥
旅行契約 …… 徐 敏
리스契約 …… 金 建 植
銀行去來契約 …… 全 孝 淑
專屬出演契約 …… 韓 相 鎬
許可權의 讓渡를 목적으로 하는 契約 …… 權 五 坤

凡　　例

1. 條　　文

民 §49 Ⅱ iii ← 民法 第49條 第2項 第3號

民 §312-2 ← 民法 第312條의 2

民 附則 §10 ← 民法 附則 第10條

2. 判　　例

(1) 一　　般

大判 80.7.8, 79다1928(集 28-2, 101) ← 大法院 1980年 7月 8日 宣告 79다1928判決(대법원판결집 제28권 2집 민사편 101면)

大決 76.11.24, 76마275(公 551, 9634) ← 大法院 1976年 11月 24日 告知 76마275決定(법원공보 551호 9634면)

大判 80.9.24, 80다1220(要集 民 Ⅰ-1, 161) ← 大法院 1980年 9月 24日 宣告 80다1220判決(大法院判決要旨集 民事·商事編 Ⅰ-1卷 161면)

서울高判 71.12.29, 71나1733(高集 71, 612) ← 서울高等法院 1971年 12月 29日 宣告 71나1733判決(고등법원판례집 1971년 민사편 612면)

大邱地判 88.2.10, 87나485(下集 88-1, 226) ← 大邱地方法院 1988年 2月 10日 宣告 87나485判決(하급심판결집 1988년 제1권 민사편 226면)

(2) 기타의 裁判法院 및 裁判種類의 表示

大判(全) ← 大法院全員合議體判決

大邱高判 ← 大邱高等法院判決

서울民地判 ← 서울民事地方法院判決

密陽支院判 ← 馬山地方法院密陽支院判決

(3) 判例의 出典

集 ← 「大法院判決集」(또는 「大法院判例集」)

全集 ←「大法院全員合議體判決集」
公 ←「法院公報」
高集 ←「高等法院判決集」
下集 ←「下級審判決集」
月報 ←「判例月報」
新聞 ←「法律新聞」
總覽 ←「判例總覽」
要集 ←「大法院判決要旨集」

3. 法令略語

(1) 法 律

法令	略語
假登記擔保等에 關한 法律	假擔
家事審判法(폐)	家審
家事審判規則(폐)	家審規
家事訴訟法	家訴
가사소송규칙	가소규
建設機械管理法	建管
建設機械抵當法	建抵
建築法	建築
競賣法(폐)	競
古物營業法(폐)	古物
公益法人의 設立·運營에 關한 法律	公益法人
工場抵當法	工抵
公證人法	公證
供託法	供
供託事務處理規則	供規
鑛業法	鑛業
鑛業財團抵當法	鑛抵
國家賠償法	國賠
國稅基本法	稅基
國稅徵收法	稅徵
國有財產法	國財
國籍法	國籍
國土利用管理法	國土管
歸屬財產管理法	歸財
勤勞基準法	勤基
勞動組合法	勞組
農地改革法(폐)	農改
農地法	農地
農地賃貸借管理法(폐)	農賃
道路法	道
都市計劃法	都計
都市再開發法	都再
獨占規制 및 公正去來에 關한 法律	獨占
民法	民
民事訴訟法	民訴
민사소송규칙	민소규
民事調停法	民調

訪問販賣 등에 관한 法律	訪販
法人稅法	法人
法院組織法	法組
辯護士法	辯
不動產登記法	不登
不動產登記特別措置法	不登特措
不動產仲介業法	不仲
不在宣告等에 關한 特別措置法	不在特措
不正競爭防止法	不正競
佛敎財產管理法(폐)	佛財
非訟事件節次法	非訟
私立學校法	私學
商法	商
相互信用金庫法	信金
船舶法	船舶
涉外私法	涉私
所得稅法	所稅
消費者保護法	消保
訴訟促進 等에 關한 特例法	訴促
水難救護法	水救
水產業法	水產
手票法	手票
身元保證法	身保
信託法	信託
約款의 規制에 關한 法律	約款
어음法	어음
溫泉法	溫泉
原子力損害賠償法	原賠
外國人의 土地取得 및 管理에 關한 法律	外土
外國換管理法	外換
遺失物法	遺失
利子制限法	利制
人事訴訟法(폐)	人訴
立木에 關한 法律	立木
自動車管理法	自管
自動車抵當法	自抵
自動車損害賠償保障法	自賠
傳統寺刹保存法	寺保
著作權法	著作
住民登錄法	住登
住宅建設促進法	住促
住宅賃貸借保護法	住賃
證券去來法	證去
集合建物의 所有 및 管理에 關한 法律	集建
土地區劃整理事業法	區整
土地收用法	土收
特許法	特許
破產法	破
河川法	河川
割賦去來에 관한 法律	割賦
航空法	航空
行政訴訟法	行訴
行政審判法	行審
憲法	憲
憲法裁判所法	憲裁

刑法	刑	環境政策基本法	環基
刑事訴訟法	刑訴	會社整理法	會整
戶籍法	戶籍		

(2) 法律의 施行令 또는 施行規則은 法律略語에 「令」 또는 「規」를 붙인다.

(3) 外國法律

獨民 ← 獨逸民法

佛民 ← 프랑스民法

瑞民 ← 스위스民法

瑞債 ← 스위스債務法

日民 ← 日本民法

墺民 ← 오스트리아民法

伊民 ← 伊太利民法

希民 ← 그리스民法

4. 文獻略語

(1) 教科書 : 著者名만으로 인용한다.

郭潤直, 債權各論, 再全訂版(1990), 新訂版(1995)

金基善, 韓國債權法各論(1982)

金錫宇, 債權法各論(1978)

金疇洙, 債權各論(1992)

金曾漢, 債權各論(1988)

金曾漢·安二濬 編著, 新債權各論(上)(1961)

__________________, 新債權各論(下)(1965)

金顯泰, 新稿 債權各論(1969)

金亨培, 債權各論(上)(1995)

李銀榮, 債權各論(1992)

李太載, 債權各論新講(1967)

張庚鶴, 新稿 債權各論(1962)

鄭範錫, 新債權法各論(1963)

朱宰璜, 債權各論講義(1950)

崔 栻, 新債權法各論(1961)

黃迪仁, 現代民法論 Ⅳ(1987)

(2) 定期刊行物

法學 ←「서울大學校 法學」

民判硏 ←「民事判例硏究」

諸問題 ←「民事裁判의 諸問題」

新聞 ←「法律新聞」

司論 ←「司法論集」

司行 ←「司法行政」

月報 ←「判例月報」

(3) 기　타

註釋債總 ← 金曾漢 編輯代表, 註釋 債權總則

5. 外國文獻(기타는 그 각 本國에서 통용되는 方式에 의함)

(1) 獨　逸

Staudinger ← Staudingers Kommentar zum BGB, 12. Aufl.

MünchKomm. ← Münchener Kommentar zum BGB, 2. Aufl.

Soergal ← Kommentar zum BGB, begründet von Hs. Th. Soergel, 12. Aufl.

(2) 日　本

日注民 ← 有斐閣 刊行, 注釋民法

차 례

第 1 節 總 則

第 2 款 契約의 效力

第 3 款 契約의 解止, 解除

第 2 款　契約의 效力

前　　論

차　례

Ⅰ. 序　　論

계약의 효력이란 당사자간에 유효하게 성립된 계약의 내용에 따른 채권채무관계를 발생시키는 것이라고 말할 수 있다. 따라서 계약의 효력으로서는, ① 계약을 체결한 당사자로 하여금 약정된 대로 이행하여야 할 채무를 부담시키는 것을 내용으로 하는 계약의 拘束力에 관한 문제와 ② 이러한 계약의 拘束力에 의하여 발생하는 채권채무관계의 내용에 관한 문제가 함께 다루어져야 할 것이다. 그런데, 우리 민법은 제 2 권에서 「계약의 효력」이라는 제목으로 "同時履行의 抗辯權"(民 § 536), "危險負擔"(民 § 537), 그리고 "제 3 자를 위한 계약"(民 §§ 539 내지 542)에 관하여서만 규정하고 있다. 이 중 "동시이행의 항변권"과 "위험부담"은, 특히 雙務契約에 있어서의 특수한 효력에 관한 것이고, "제 3 자를 위한 계약"은 계약의 효력의 주관적 범위와 관련된 문제이다.

계약의 효력으로서 발생하는 채권채무관계의 구체적 내용은 계약의 종류와 내용에 따라 각개의 경우에 개별적으로 결정되는 것이다. 民法典은 제 3 편 제 2 장 제 2 절 이하(民 § 554 이하)에서 각개의 典型契約에 관하여 이를 구체적으로 규정하고 있다. 그러므로 계약의 효력으로 발생하는 이들 채권채무관계의 구체적 내용은 계약 각론에서 계약의 유형에 따라 개별적으로 다룰 문제이고, 계약총론에서 계약일반에 걸치는 효력의 문제로서 다룰 것은 아니다. 그러므로 여기에서는 모든 계약전반에 걸쳐 인정되는 계약의 일반적 효력, 즉 拘束力과 특히 雙務契約에 인정되는 효력[1]에 관하여 차례로 살펴보기로 한다.

Ⅱ. 契約의 拘束力

1. 意 義

계약의 拘束力이라 함은 계약을 체결한 당사자로 하여금 그 계약에서 정한 대로 급부를 하여야 할 채무를 부담시키는 것을 말한다.[2] 다시 말하면 당사자에게 일정한 의무를 발생시키는 것까지를 구속력의 문제로 다루는 것이고, 당사자가 발생된 의무를 이행하지 않았을 경우에 인정되는 법적 제재, 즉 강제집행이나 손해배상 등은 구속력의 문제와는 다르다.

계약이 일단 拘束力을 갖게 되면, 그 계약은 원칙적으로 당사자 사이의 새로운 合意가 없는 한 변경되지 않는다. 당사자 일방에 의하여 변경될 수 없음은 물론, 당사자 사이에 성립된 계약관계가 法官에 의하여서도 변경될 수 없으며, 法律不遡及의 원칙상 이미 성립된 계약관계가 立法者에 의하여서도 변경될 수 없다.

각국의 민법은 명시적으로 또는 간접적으로 위와 같은 계약의 拘束力을 인정하고 있다. 佛民 §1134는 「적법하게 성립한 계약은 이를 체결한 당사자간에 법률의 역할을 한다」고 명시하고 있고, 獨民 §305는 「법률에 다른 규정이 없는 한 법률행위에 의한 채권채무의 성립이나 채무관계의 내용의 변경을 위하여서는 당사자 사이의 계약을 요한다」고 규정하고 있다. 우리 民法은 §105로 「법률행위의 당사자가 선량한 풍속 기타 사회질서에 관계 없는 규정과 다른 의사를 표시한 때에는 그 의사에 의한다」고 규정하여 계약의 拘束力을 간접적으로 표현하고 있으며, 계약의 拘束力을 전제로 한 여러 규정을 두고 있다.

---

1) 민법 제3관에서는 「계약의 解除·解止」에 관하여 규정하고 있는데, 이 문제도 주로 雙務契約에 그 적용이 있는 것으로서 쌍무계약의 특수효력의 일종으로 취급되지만, 이곳에서는 다루지 않는다.

2) 그러나 계약의 拘束力은 반드시 당사자 사이에 명시적으로 약정된 채무에 한하는 것이 아니고, 法律規定이나 계약의 解釋을 통하여 계약의 내용으로 보충되거나 확장되는 모든 要素에 미친다.

2. 根　據

(1) 고대 로마와 게르만사회에서는 拘束力이 있는 約束은 항상 종교적인 儀式이나 宣誓를 통하여 이루어졌고, 이러한 外的인 方式에 의하지 않고 이루어진 약속은 아무런 법적 효과가 인정되지 않았다. 그러므로 이 시기에 있어서 계약의 拘束力의 근거는 종교적인 질서에 있었다고 할 수 있다.[3)]

(2) 중세에 들어와서 基督敎倫理神學의 영향으로 約束의 가치와 信義의 중요성이 강조됨으로써 「Pacta sunt servanda」(계약은 지켜져야 한다)라는 法命題가 교회법학자들에 의하여 생겨나게 되었다. 「자신이 한 약속을 이행하지 않는 것은 죄」라고 하는 윤리신학의 가르침으로부터 일반적인 「약속」(Promissio)의 拘束力이 인정되고, 이 원칙이 법률행위인 계약에도 轉用된 것이다. 그러므로 계약의 拘束力은 기본적으로 「약속」의 拘束力으로부터 나오는 것이고 약속의 拘束力은 인간의 良心[4)] 또는 기독교적인 도덕률에 근거하는 것이라고 인식되었다.

(3) 근대에 이르러 계약을 이루고 있는 당사자의 「意思」 자체가 계약의 拘束力의 근거라는 주장이 그로티우스(Grotius)를 비롯한 자연법학자들로부터 나오게 되었다. 인간은 천부적으로 理性的 존재로서 사물을 인식하는 능력과 스스로 결정하는 능력을 갖추고 있으므로, 인간이 자기가 표시한 意思와 모순된 행동을 하여서는 안 된다는 것은 國家나 成文法 이전의 自然法的인 요구라는 것이다.[5)] 이와 같이 계약의 拘束力의 근거를 당사자의 의사에 둠으로써, 로마법 이래 근대 이전까지 당사자의 意思 보다는 表示된 方式에 따라서 法律效果를 부여하던 태도를 극복한 그로티우스의 계약이론은, 그 후 홉스(Hobbes)·푸펜도르프(Pufendorf)·토마지우스(Thomasius)·볼프(Wolff) 등의 理性法學者들에 의하여 발전되어 프로이센일반란트법·佛民·墺民 등 近代民法典의 기초이론이 되었다.[6)] 獨逸에서 헌법상의 원칙으로 승인된 私的 自治(Privatautonomie)의 이념은 당사자의 "意思"에 초점을 맞추어 자유로운 의사에 기한 自己

3) 古典時代 後期부터는 諾成契約·無名契約과 같은 無方式의 계약이 인정되기 시작하였고, 이에 따라 당사자의 의사의 합치가 중요한 것으로 인식되었지만, 당사자의 의사가 계약의 구속력의 근거라고 생각되지는 않았다.

4) 金學東, "自然法에서의 契約理論", 契約法의 諸問題, 私法研究會 10.

5) Grotius, De iure belli ac pacis(1663). 그러나 그는 약속의 구속력의 근거를 도덕적인 인간의 의사에 두면서도 충분히 表示된 결심에만 사회적 효력이 주어지는 것이며, 단순한 내부적인 의사활동에 사회적 효력을 부여하는 것은 인간본성에 맞지 않는다고 하여 表示된 의사에 한하여 구속력을 인정하였다. 金學東(註 4)에서 재인용.

6) 詳細는 金學東(註 4) 참조.

決定에 대한 존중을 그 기초로 하고 있다고 할 수 있다.[7] 佛蘭西의 意思自律의 원칙(principle de l'autonomie des volontes individuelles)도 마찬가지이다.[8] 또 自然法思想과 約束의 신성함(the sanctity of promises)을 중시하는 종교적인 영향을 바탕으로 한 英國의 「約束理論」[9]도 동일한 기초 위에 있는 것으로 보인다.

(4) 위와 같은 주의주의적인 意思自治의 이론은 자유롭고 평등한 개인을 그 전제로 하고 있으나, 실제에 있어서 각 개인은 각자의 능력면에서 보거나 사회경제적인 면에서 보거나 평등하지 않은 것이 일반적이라는 비판을 받았고, 이것은 자본주의 경제의 발전과정에 의하여 실증되었다.[10] 또 계약에 있어서는 당사자의 의사와는 별도로, 때로는 당사자의 의사와는 달리, 공권력이 정한 규범에 의하여 구속되는 요소들이 존재한다.

19세기 말에 이르러 대두된 法實證主義 학자들은 위와 같은 반성에 기초하여 계약의 拘束力의 근거를 당사자의 「意思」가 아니라 「법규범」에서 찾게 되었다. 계약이 구속적인 것은 채무를 부담하겠다는 表意者의 意思에 있는 것이 아니고, 法律이 계약이라는 하나의 「사회적 사실」(un fait social)에 대하여 法律效果를 부여하기 때문이라는 것이다.[11] 또 계약은 2인이나 數人의 합치된 의사의 표시에 의한 규범의 창조라고 정의할 수 있으나, 결국 이와 같은 계약이 拘束力을 가지게 되는 근거는 당사자들의 意思에 있는 것이 아니라 계약적 절차에 의한 규범창조를 허용하는 上位規範에 있다고 한다.[12]

그러나 이러한 實證法論者들의 견해에 대해서도 계약의 拘束力의 근거를 오로지 실정법에 둠으로써 私的인 法律關係를 형성하는 데에 있어서의 당사자의 意思가 담당하는 역할을 무시하고 있다는 비판이 있다고 한다.

(5) 오늘날에는 계약의 拘束力의 근거로서 당사자들의 「意思의 合致」에

7) 正當性의 기회가 부여된 自己決定은 존중되어야 하며 그로부터 自己責任이 나온다는 것이다. 다만 당사자에게 그러한 기회가 부여되지 않은 때에는 진정한 自己決定은 행해지지 않았으므로 法秩序가 공정한 利益調整을 하여야 한다고 한다. M. Wolf, "Rechtsgeschaeftliche Entscheidungsfreiheit und vertraglicher Interessenausgleich(1970)"; 李銀榮, "契約拘束力의 根據", 契約法의 諸問題, 私法硏究會 25 이하에서 재인용.

8) 이 원칙은 헌법적인 이념에서 출발한 것이 아니라 自然法思想의 영향에 기인한 것이라고 한다.

9) 意思理論(Will theory)이라고도 부른다. 상세는 李銀榮, "契約拘束力의 根據", 법률학의 세문제 88, 415 이히 참조.

10) 특히 요즈음 성행하는 附合契約 등에 있어서는 당사자의 자유로운 의사의 합치가 존재하는지 의문이다.

11) Raymond Saleilles. 金旭坤, "契約의 拘束力의 根據에 관한 一考察", 성균관법학 창간(87. 9) 177 이하에서 재인용.

12) Hans Kelsen. 金旭坤(註 11)에서 재인용.

의한 私的·自治的 法律關係의 形成과 이를 승인하는 「實定法秩序」의 兩者를 모두 들고 있는 것이 다수학자들의 견해이다.[13] 다만 實定法規範이 당사자의 의사에 따른 법률관계의 형성을 승인하고 이에 법적인 효과를 부여하는 까닭이 무엇인가에 관하여는 다시 견해가 나누어지고 있다. ① 인간의 自己決定力과 尊嚴性이 根本價值(Grundwert)의 하나이기 때문이라는 견해, ② 서로 상반되는 利害의 합당한 調整이 이루어지게 되는 계약메커니즘에 의하여 그 正當性이 保證되기 때문이라고 설명하는 견해, ③ 去來安全의 필요성과 契約誠實이라는 道德律이 그 이유라는 견해 등이 그것이다. 영국에서의 이른바 信賴理論(injurious-reliance theory)——契約拘束力의 근거는 약속을 한 사람의 意思에 있는 것이 아니라 계약행위로 인한 상대방의 信賴에 있다는 이론——과 美國契約法에 있어서의 約束禁反言의 法理[14] 등도 보다 현실적인 요구에 기인한 면이 있기는 하지만 마지막 견해와 동일한 사고방식에서 나온 것이라고 보인다.[15]

3. 拘束力의 主觀的 範圍

(1) 原　則

(가) 계약은 그 계약을 체결한 당사자만을 구속하는 것이 원칙이다. 계약의 拘束力의 근거를 당사자 사이의 의사표시의 합치에 두는 견해에 의하면, 계약은 그러한 의사표시를 한 당사자, 다시 말하면 그러한 의사표시에 따른 법률효과의 발생을 의욕한 당사자에 대하여서만 그 효력을 가지는 것이고, 의사표시를 하지도 아니하고 법률효과의 발생을 바라지도 아니한 제3자에 대하여 그 효력이 미치지 않는 것은 당연하다. 이에 반하여 계약의 拘束力의 근거를 實定法規範에 두는 견해에 따르게 되면, 理論的으로는 어떤 계약이 당사자 이외의 제3자에 대하여서도 법적 효력을 가지도록 어느 法秩序가 규정하는 것을 아무도 금지할 수 없다.[16] 그러나 意思主義의 영향 아래 제정된 각국의 民法은 대체로 이 원칙을 채용하고 있다. 특히, 佛民 §1165는 「계약은 당사자 사이에 있어서만 그 효력이 있다. 계약은 제3자를 해롭게 할 수 없고, 제1121조에서 정한 경우를 제외하고는 제3자를 이롭게 할 수도 없다」고 규정하여 위 원칙을 明文으로 천명하고 있다. 우리 民法에는 이와 같은 명문의 규정은

13) Flume, Larenz 등. 상세는 金旭坤(註 11), 200-1 참조.
14) 李銀榮, 註 9에 상세한 소개가 있다.
15) 星野英一, "現代における契約", 民法論集 제3권 1면 이하.
16) H. Kelse, "La theorie juridique de la convention", 金旭坤(註 11) 197-98에서 재인용.

없으나, 民 §539에 의하여 간접적으로 표명되고 있다고 할 수 있다.

(나) 이 원칙은 계약이 제3자에 대하여 해롭게 그 효력을 가질 수 없다는 면에서는 절대적이다. 이에 반하여 제3자에게 이로운 법률효과를 발생시키는 계약은 그 제3자가 그 계약의 효력을 받아들이는 의사표시를 한 때에는 제3자에 대하여도 그 효력을 가질 수 있다. 民 §539의 규정은 바로 이 점을 분명히 한 것이다. 그러나, 이 때에도 계약이 제3자에게 효력을 가지는 근거는 체결당사자 사이의 의사뿐만이 아니라 그 계약의 이익을 받겠다는 제3자의 의사표시에 있는 것이라고 할 수 있다.

(다) 계약의 효력이 미치는 "당사자"라고 함은 계약체결에 있어서 그 계약이 목적하는 법률효과를 의욕하여 합치된 의사표시를 한 사람(대리인을 내세워 의사표시를 한 본인을 포함한다)을 가리킨다. 당사자 이외의 사람은 모두 "제3자"로서 계약의 효력이 미치지 않는다. 그러나 경우에 따라서는 그 구분이 반드시 명확한 것은 아니다. 다음과 같은 사람들이 문제가 된다.

(a) 代 理 人　　代理人은 계약에 관여하여 本人을 위하여 意思表示를 하더라도 그 계약이 목적하는 法律效果가 자기에게 귀속될 것을 의욕한 것이 아니므로 제3자에 속한다. 그러나 民法은 상대방의 信賴保護를 위하여 일정한 경우에는 代理人에게도 계약의 효력이 미치도록 규정하고 있다. 즉 代理人이 계약을 체결함에 있어서 本人을 위한 것임을 표시하지 아니하고 이 점에 대하여 상대방이 善意無過失인 경우(民 §115)와 無權代理人이 本人의 追認을 얻지 못한 경우(民 §135)에는 계약에 따른 책임을 부담하게 된다.

(b) 承 繼 人　　당사자가 계약체결 후 사망함으로써 相續이나 包括遺贈에 의하여 그의 권리의무를 포괄적으로 승계한 사람, 즉 包括承繼人은 당사자와 동일시되므로 원칙적으로 계약의 효력이 미친다. 그러나 당사자간의 人的 信賴關係를 바탕으로 하는 一身專屬的인 給付를 내용으로 하는 계약은 그 성질상 包括承繼人에게 그 효력이 미치지 않는다.[17]

당사자로부터 계약의 목적이 된 물건이나 권리를 승계한 特定承繼人은 계약당사자의 지위를 인수한 경우와는 달리 제3자에 속한다고 볼 것이므로 계약의 拘束力이 미치는 범위 밖에 있다고 할 것이다.

(2) 例　外

때로는 계약의 효력이 당사자가 아닌 제3자에게도 미치는 아래와 같은

17) 委任契約에 관하여는 民 §690가 명문으로 규정하고 있다.

예외적인 경우가 인정되고 있다.

(가) 제 3 자를 위한 계약　　民 §§ 539 내지 542에서 규정하고 있는 제 3 자를 위한 계약은 계약당사자가 아닌 제 3 자에게 그 계약에 의하여 발생한 채권을 주는 것이므로, 계약의 主觀的 效力의 범위에 관한 중요한 예외가 된다.

英美法에서는 원칙적으로 「제 3 자를 위한 계약」이 인정되지 않는다. 계약상의 청구권은 스스로 그 約因을 제공한 자만이 가진다(Consideration must move from promisee)는 이론 때문이다. 따라서 회사가 定款으로 그 회사의 설립을 위하여 출연한 사람에게 변제한 권한을 理事에게 부여하였다고 하더라도 그 출연자가 직접 청구권을 취득하는 것은 아니고,[18] 船荷證券상에 仲介人이 취급하는 화물에 관하여 責任制限約款의 이익을 받도록 정하고 있더라도, 仲介人은 免責의 이익을 받을 수 없다.[19] 다만 영미법에서는 당사자 일방이 상대방으로 하여금 제 3 자에게 급부하도록 하는 취지의 계약을 한 경우에 그 당사자가 상대방에 대하여 가지는 청구권에 관하여 제 3 자를 위한 受託者의 지위에 있는 것으로 인정하는 해석에 의하여 제 3 자의 이익을 보호하고 있다. 예를 들면 傭船契約에서 船舶所有者가 일정한 수수료를 仲介人에게 지급하도록 약속을 한 때에는 傭船者를 仲介人을 위한 受託者로 간주하여 仲介人을 위하여 수수료를 청구할 권리를 인정한다.[20] 또 「妻의 재산에 관한 법」(Married Women's Property Act, 1882, S. 11)은 제 3 자를 위한 生命保險契約에 있어서의 保險金受取權에 관하여 信託의 성립을 인정하고 있다.

(나) 不動產賃貸借契約　　民 § 621 Ⅱ은 「부동산임대차를 등기한 때에는 그때부터 제 3 자에 대하여 효력이 있다」고 규정하고 있고, 住賃 § 3 Ⅰ · Ⅱ은 각각 「임대차는 그 등기가 없는 경우에도 임차인이 주택의 인도와 주민등록을 마친 때에는 그 익일로부터 제 3 자에 대하여 효력이 생긴다. …」, 「임대주택의 양수인(기타 임대할 권리를 승계한 자를 포함한다)은 임대인의 지위를 승계한 것으로 본다」고 규정하고 있다. 이와 같은 효력을 통상 賃借權의 對抗力이라고 부르고 있으나, 이것은 단순한 對抗力의 문제가 아니라 계약의 효력이 제 3 자에 미치는 예외에 해당한다고 할 것이다. 임대차의 목적물이 제 3 자에게 讓渡되거나 競落된 경우, 그 제 3 자는 임대차계약의 당사자가 아님에도 불

18) Eley v. Positive Life Assurance Co., 1976.
19) Scruttons, Ltd. v. Midland Silicones, Ltd.(1962) A. C. 440.
20) Les Affréteurs Réunis Société Anonyme v. Leopold Walford(London) Ltd.(1919) A. C. 801.

구하고 賃貸人의 지위를 그대로 승계하여 임대차계약의 拘束力에 복종하여야 하기 때문이다. 이 밖에도 국민의 주거생활의 안정이라는 주택임대차보호법의 목적을 달성하기 위하여 住賃 §9 Ⅰ·Ⅱ은 死亡한 賃借人과 임차주택에서 가정공동생활을 하던 사실상의 配偶者 등에게 임차인의 권리와 의무를 승계하도록 하는 특별규정을 두고 있다.

(3) 對抗力

계약이 성립되어 그 효력을 가지게 되면, 이는 하나의 사회적 사실로 인식되고 계약당사자는 물론 제3자라도 그 계약의 존재와 효력을 부인할 수 없다. 즉 유효한 계약은 제3자에 대하여서도 對抗力을 가진다.[21] 그러므로 계약당사자는 제3자에 대하여 계약의 존재를 주장할 수 있고, 때로는 제3자도 계약의 존재를 援用할 수 있다. 또 제3자가 계약의 이행을 방해하면 不法行爲가 될 경우도 있다.[22]

이와 같은 계약의 對抗力은 당사자간에 맺어진 계약관계를 제3자가 존중해야 함을 뜻하는 것에 지나지 아니하므로, 契約拘束力의 主觀的 範圍와는 구별되어야 할 개념이다. 계약이 對抗力을 가진다고 하여 그 계약의 拘束力이 제3자에게도 미치는 것은 아니기 때문이다.

계약과는 직접적인 관계가 없는 계약당사자 일방의 다른 채권자는 당사자가 아닌 제3자에 속하므로 계약의 對抗力을 받게 됨은 당연하다. 당사자 일방의 채권자라고 하여 함부로 그 당사자가 체결한 계약을 무시할 수는 없다. 그러나 채권자는 채무자의 一般財産을 그 채권의 擔保로 하는 것이므로, 그 채무자가 그 일반재산에 관하여 체결한 계약에 이해관계가 없을 수 없다. 民 §406가 인정하고 있는 債權者取消權은 바로 이와 같은 사정을 감안하여 채권자가 일정한 경우에 채무자가 체결한 계약의 對抗力을 부인할 수 있도록 허용하는 제도라고 할 수 있다.

4. 契約拘束力의 例外(事情變更의 原則)

(1) 앞에서도 본 바와 같이 계약이 拘束力을 가진다는 것은 계약관계가 함부로 변경되거나 해소될 수 없다는 것을 의미하기도 한다. 그러나 주로 繼

21) 그러나 계약이 對抗力을 갖추기 위하여 實定法상 登記나 通知·承諾 등 별도의 요건이 요구되는 경우도 있다.

22) 郭潤直, 債總, 113. 英美法에서도 제3자가 당사자 사이의 계약이행을 정당한 이유 없이 방해하지 않을 의무가 인정되어, 예컨대 A극장의 전속가수 B를 스카우트한 C의 A에 대한 배상의무가 인정되고 있다(Lumley v. Gye(1853), 2E & B. 216).

續的인 契約關係가 성립한 후 당사자에게 책임 없는 사유로 인하여 豫期하지 못한 사회경제적 변동이 있거나, 계약을 체결한 기초가 되는 사정이 변경되어 당초의 계약관계를 그대로 유지시키는 것이 信義則과 衡平의 원칙에 어긋나는 결과가 되는 때에는 당사자 일방에게 계약의 解除權이나 變更權을 인정하여야 합당한 경우가 있다. 이를 가리켜 事情變更의 원칙이라고 한다.

(2) 民法을 비롯한 實定法의 규정들 중에는 이 원칙을 채용한 것이 적지 않다. 경제사정 등의 변동을 이유로 地料·賃貸料 기타 使用料의 增減請求權을 규정한 民 §§286, 627, 628, 農村近代化促進法 §161 Ⅰ, 區整 §69, 住賃 §7 등은 당사자 일방에게 계약내용에 대한 「變更權」을 인정한 예이고, 당사자 일방의 破産이나 財産狀態의 변경, 死亡 등을 이유로 계약의 失效 또는 解止權을 인정한 民 §§57, 599, 614, 663, 674, 690, 부득이한 사유를 이유로 계약의 解止나 계약관계로부터의 脫退, 계약관계의 解散請求 등을 인정한 民 §§661, 689 Ⅱ, 698, 716 Ⅱ, 720, 3년을 넘은 雇傭關係의 解止通告權을 인정한 民 §659 등은 당사자 일방의 「契約解消權」을 인정한 예라고 할 수 있다.

(3) 위와 같은 實定法상의 개별적인 규정이 없더라도 우리 민법의 해석상 事情變更의 원칙을 일반적으로 인정할 수 있을 것인가? 대다수의 학설은 이 원칙의 일반적인 적용을 지지하고 있는 데에[23] 반하여, 판례는 일관하여 이 원칙은 民法의 해석상 용납되지 않는다는 입장을 취하고 있다.[24] 생각건대 우리 민법이 이 원칙을 내용으로 하고 있는 다수의 규정을 두고 있고, 이 원칙이 民 §2가 규정하고 있는 信義誠實의 원칙에서 파생된 것이라는 점 등을 감안하면, 우리 민법의 해석상으로도 이 원칙의 일반적인 적용이 전혀 불가능한 것이라고는 할 수 없을 것이다. 그러나 계약의 拘束力을 승인하고 있는 민법의 기본정신에 비추어, 개별적인 규정이 없는 경우에 일반적으로 이 원칙을 적용하여 契約拘束力에 대한 예외를 인정하는 것은 대단히 신중을 기하여야 할 문제라고 생각한다.

---

23) 郭潤直, 114; 金曾漢, 90-91; 金顯泰, 73; 李太載, 117-118. 그러나 註釋債各, 260 이하는 반대의 견해를 취하고 있다.

24) 大判 55.4.14, 4286民上231; 大判 55.12.8, 4288民上423; 大判 56.11.8, 4288民上411; 大判 59.5.28, 4287民上459; 大判 63.9.12, 62다452. 일본의 판례는 事情變更의 원칙을 인정하고 있다. 日大判 1944.12.6(民集 23, 613).

Ⅲ. 契約의 效力發生要件

1. 契約의 成立과 效力發生

계약의 成立과 效力發生은 이를 구별하는 것이 통설이다.[25] 계약의 유효·무효는 계약의 성립을 전제로 하여, 그 계약이 목적한 대로 효과가 생기는가의 여부를 뜻하는 것으로서, 계약이 성립되지 않은 경우에는 유효·무효의 문제는 생기지 않는다는 것이다. 계약은 두 개 이상의 의사표시가 對向的으로 合致하는 것, 즉 合意가 있으면 성립한다. 그러나 성립한 계약이 당사자가 의욕한 대로의 효과를 발생시키려면 다시 有效要件 내지 效力要件을 갖추지 않으면 안 된다. 즉 계약을 구성하는 意思表示가 權利能力과 行爲能力을 갖춘 당사자에 의하여 행하여져야 하고, 意思와 表示가 일치하고 瑕疵가 없어야 하며, 그 내용이 確定·可能·適法하고 社會的 妥當性이 있어야 한다. 또 계약은 일반적으로 성립과 동시에 그 효력을 발생하게 되지만, 停止條件이나 始期가 붙는 경우에는 계약의 成立時期와 效力發生時期가 달라질 수도 있다는 것이다.

이와 같은 통설의 견해에 대하여 계약의 成立要件과 效力發生要件의 구별을 부인하는 少數說이 있다.[26] 효력 없는 계약(법률행위)의 성립이란 계약(법률행위)의 본질과 개념에 반한다는 것이 그 주된 論據이다. 이 설은 계약의 성립과 효력발생을 구별하는 통설의 논거를 다음과 같은 요지로 반박하고 있다.

(1) 통설은 停止條件附法律行爲나 始期附法律行爲를 법률행위의 成立과 效力發生을 구별하는 論據의 하나로 들고 있지만, 통설에 따르면 停止條件附法律行爲나 始期附法律行爲는 처음부터 효력이 없는 것으로 되어 이들로부터 停止條件附權利·始期附權利가 생기는 것을 설명하지 못한다. 民 § 149는 「條件의 成就가 未定한 권리의무는 일반규정에 의하여 처분·상속·보존 또는 담보로 할 수 있다」고 규정함으로써 엄연히 법률행위의 효력이 발생하였음을 인정하고 있고 이 규정은 民 § 154에 의하여 始期附權利에도 적용되는데, 그 효력의 내용이 停止條件附 또는 始期附의 期待權이라고 하여 효력이 없는 것은 아니기 때문이다. 또 民 § 147와 § 152가 「조건이 성취된 때로부터 효력이 생긴다」, 「기한이 도래한 때로부터 그 효력이 생긴다」고 규정하고 있는 것은 법률행위로서의 효력을 의미하는 것이 아니라 그 법률행위에서 발생한 권리를

25) 郭潤直, 90; 金曾漢, 49; 金基善, 42.
26) 李太載, "法律行爲의 要件에 관한 再論," 法政 77. 7; 註釋債各, 250.

행사할 수 있는 효력을 의미하는 데에 지나지 않는다.

(2) 통설은 법률행위의 效力要件으로서 당사자가 能力을 가져야 하고, 법률행위의 목적이 確定性·可能性·適法性·社會的 妥當性을 갖추어야 하며, 意思와 表示가 일치되고 자유로운 의사결정이어야 한다고 설명하지만, 이와 같은 설명은 법률행위의 成立要件인 「당사자」·「목적」·「意思表示」에 관한 구체적인 설명에 지나지 아니하고, 成立要件과는 다른 독자적인 효력요건에 관한 설명이라고 할 수 없다. 따라서 계약의 요건을 성립요건과 효력요건으로 구별하는 것은 무의미한 것이고, 오히려 모든 계약에 공통되는 일반요건과 개개의 계약에 특히 필요한 특별요건으로 구분하는 것이 바람직하다는 것이다.

생각건대 소수설의 견해에도 경청할 만한 부분이 없지는 아니하지만, 계약의 成立과 그 效力發生은 개념적으로 분명히 구별될 수 있는 것이 아닌가 한다. 계약의 成立이라는 사회적 현상에 대한 法的 認識은 그와 같이 성립된 계약에 효력을 부여할 것인지 여부에 관한 法政策的 決定과는 차원을 달리하는 것이기 때문이다. 대부분의 경우에는 계약이 성립되면 그 계약에서 의도한 대로의 효력을 발생하는 것으로 인정하게 되는 것이 보통이나, 이 역시 私的 自治의 원칙을 채용한 정책결정의 결과에 지나지 않고, 언제나 "계약의 성립=계약의 효력발생"이라는 等式이 자동적으로 성립되는 것은 아니다. 때로는 효력이 없는 계약의 성립을 법적으로 인식하는 경우도 있기 때문이다. 그 대표적인 예로 國土利用管理法上의 規制區域內의 토지로서 관할관청의 허가를 받아 거래하도록 규정된 토지에 관하여 去來契約은 체결되었으나, 아직 관할관청의 허가가 없는 경우를 들 수 있다. 판례는 이러한 경우에 '토지 등의 거래계약'이 관할관청의 허가를 받을 것을 전제로 체결되었다면 그 계약은 허가를 받을 때까지는 법률상 미완성의 법률행위로서 소유권 등 권리의 이전 또는 설정에 관한 거래로서의 효력이 전혀 발생하지 않지만, 일단 허가를 받으면 소급하여 유효한 계약이 되고 이와 달리 불허가가 된 때에는 무효로 확정되므로 허가를 받기까지는 流動的 無效의 상태에 있다는 견해를 취하고 있다.[27] 이와 같은 판례의 태도는 분명히 계약의 成立과 그 效力發生이 구별됨을 전제로 하는 것이라고 하지 않을 수 없다. 이 밖에도, 비슷한 예로 私學 §28에 의한 관할관청의 허가를 받지 아니하고 학교법인의 기본재산을 처분하는 계약을 체결한 경우[28]와

27) 大判(全) 91.12.24, 90다12243(公 1992, 644).
28) 大判 89.11.28, 88누9268(公 1990, 163) 참조.

傳統寺刹의 住持가 寺保 §6에 의한 문화부장관의 허가를 받지 아니하고 寺刹에 속하는 물건을 대여·양도하거나 담보로 제공하는 계약을 체결한 경우 등을 들 수 있다.

또 少數說이 비판하고 있는 바와 같이 계약의 효력요건이라는 것은 계약의 성립요건을 부연하여 설명하고 있는 데에 지나지 않는 일면이 없지는 아니하나, 당사자와 목적 및 의사표시를 갖추어 일단 성립하였다고 보여지는 계약에 그 효력을 부여할 것인지의 여부는 통설이 들고 있는 효력요건을 다시 한 번 검토하여 보지 아니하면 결정할 수 없다. 소수설은 예컨대 미성년자와 체결한 매매계약은 성립도 되지 아니한 것이라고 주장하는 셈이 되어 선뜻 찬성하기 어렵다.

2. 契約의 一般的 效力發生要件

계약이 그 내용대로의 효과를 발생하려면, 그 내용에 관하여 아래와 같은 제약을 받는다.

(가) 內容의 確定性　　계약의 내용이 確定되어 있거나 確定할 수 있어야 한다. 그 내용이 확정되어 있지 않거나 해석을 통하여 확정할 수 없으면 그 계약은 효력을 가질 수 없다.

(나) 內容의 可能性　　계약은 가능한 것을 그 내용으로 하여야 한다. 그 시대와 장소에 통용되는 사회일반의 경험칙에 비추어 실현이 불가능한 급부를 목적으로 하는 계약은 효력을 가질 수 없다.[29] 여기서 계약내용의 실현가능을 판정하는 잣대는 자연과학이 아니라 사회생활에서의 경험칙, 즉 거래의 통념이다.

계약 자체를 무효로 하는 것은 原始的 不能에 한한다. 後發的 不能은 債務不履行, 危險負擔 등의 문제를 발생시킬 뿐이지, 계약을 무효로 하지는 않는다. 계약의 내용이 原始的으로 不能한 것인지 여부의 판정은 계약의 成立時를 표준으로 하여야 한다.

계약의 내용이 전부 原始的으로 不能한 것이면, 그 계약은 무효가 되고, 다만 그러한 계약을 체결하게 된 데에 과실이 있는 당사자가 일정한 손해배상책임을 지게 될 뿐이다.[30] 반면에 계약의 내용 중 일부만이 불능한 것인 경

29) 獨民 §306; 瑞債 §20.
30) 民 §535.

우, 그 계약의 효력을 어떻게 할 것인가 하는 것은 法政策의 문제이다. 去來의 安全이라든가 당사자 意思의 존중이라든가 하는 法政策 내지 理念에 의하여 계약의 내용 중 가능한 부분을 불능부분과의 관계에서 어떻게 취급할 것인지 여부를 결정하게 될 것이다. 民法은 매매계약의 목적물의 일부가 원시적으로 불능한 경우에 매도인의 담보책임을 인정하는 규정을 두고 이 규정을 다른 有償契約에도 준용하고 있다. 따라서 有償契約에 있어서는 그 내용의 일부가 원시적으로 불능이더라도 계약 전체는 그 효력을 발생한다. 매매에 관한 규정의 준용이 없는 계약의 경우는 어떠한가? 이 경우에 관하여는 民 § 137 의 규정에 의하여 해결할 수밖에 없다. 계약의 내용인 급부의 일부가 原始的 不能이라는 점을 당사자가 알았더라면 그러한 계약을 맺지 않았으리라고 인정되는 경우에는 그 계약은 무효이고, 반대로 일부가 불능이더라도 가능한 나머지 부분에 관하여 계약을 맺었으리라고 인정되는 경우에는 그 부분에 관하여 계약은 그 효력을 발생한다.

㈐ 內容의 適法性과 社會的 妥當性　　계약의 내용은 適法하여야 하고 社會的 妥當性에 어긋나서는 안 된다. 계약의 내용이 強行法規에 반하거나, 善良한 風俗 기타의 社會秩序에 위반되면 그 계약은 효력이 없다.[31] 이와 같은 適法性과 社會的 妥當性이 계약의 효력요건으로 인식된 것은 중세 교회법 학자들에 의하여서이다. 그들은 계약의 拘束力은 인간의 良心에 그 근거를 두고 있다고 보기 때문에, 그 계약은 정당하게 행하여진 것이어야 하고 不法的이거나 不道德한 원인에 기한 것이 아니어야 한다고 보았던 것이다.[32]

Ⅳ. 雙務契約의 效力

1. 雙務契約의 특질

(1) 대다수의 학자들은 雙務契約을 쌍방의 당사자가 부담하는 채무가 서로 對價的인 의미를 갖는 계약이라고 설명하고 있다.[33] 여기에서 "對價的"이란 쌍방의 급부가 객관적으로 동등한 가치를 가져야 함을 뜻하는 것은 아니

31) 民 §§ 103, 105.

32) Weill et Terr'e, Droit Civil, Les obligations, Dalloz, 1986, 50-51. 金旭坤(註 11)에서 재인용.

33) 郭潤直, 24; 金基善, 21; 金顯泰, 21; 金曾漢, 24; 李太載, 38.

고, 일방 당사자가 상대방으로부터 급부를 받는다는 것을 전제로, 또 그것을 목적으로 하여서만 자신도 급부할 것을 약정하는 것을 의미한다.[34] 부연하면 당사자의 계약목적이 반대급부에 대한 청구권의 취득에 있다는 것이다. 그러므로 쌍방의 채무가 서로 대가적인 의미가 있는지의 여부는 당사자의 主觀을 표준으로 결정하게 된다.[35] 학자에 따라서는 "對價的"이라는 용어가 客觀的인 價値의 比較를 가리키는 것으로 오해될 소지가 있어 부적절하다고 하여, "相互依存的" 또는 "相換性"이라는 용어로 바꾸어 사용하자는 의견이 있기도 하다.[36]

매매계약을 체결함에 있어서 매도인은 매수인으로부터 대금을 지급받을 것을 목적으로 하여 목적물의 소유권이전의무를 부담한다. 즉 매수인의 대금지급의무와 매도인의 소유권이전의무는 對價的이다. 임대차·소비대차와 같은 계속적 계약에 있어서는 일정기간의 繼續的인 給付(목적물 또는 금전 등의 利用提供)가 借賃·利子 등과 대가적 의미를 갖는다. 雇傭과 都給의 경우에는 각각 '勞務의 提供'과 '일의 완성'이라는 급부가 報酬를 목적으로 하여 행하여진다. 그러나 組合契約은 각 조합원이 공동의 목적을 위하여 급부할 채무를 지는 것이므로 대가적인 의미가 없다고 할 것이다.[37]

(2) 雙務契約에서 발생한 것으로서 서로 대가적인 의미가 있는 채무들은 각자 독자적으로 취급되지 아니하고 서로 종속되어 그 법률적 운명을 같이하게 되는 依存關係가 있다. 이러한 依存關係를 채무의 牽連性이라고 하며 이것이 바로 雙務契約의 특질이라고 할 수 있다. 雙務契約에 있어서의 채무의 牽連性은 주로 다음 3가지의 점에서 나타난다.

㈎ 成立상의 牽連性 　雙務契約에 의하여 부담하게 된 일방의 채무가 不能·不法 등의 이유로 성립하지 않거나 무효 또는 취소된 경우, 이와 대가적인 의미가 있는 상대방의 채무도 성립하지 않게 된다. 예를 들어 매매계

34) "do et des," 즉 받기 위하여 준다는 뜻이다. 영미법에서 말하는 "Quid pro Quo"(this for that), 또는 상호적인 約因(Mutual Consideration)과 동일한 의미라고 생각한다. 約因은 英美契約法에서 당사자간에 계약체결의 동기가 될 뿐 아니라 계약을 유효하게, 또 구속력 있게 하는 요건으로 다루어진다.

35) Larenz는 각 당사자가 주관적 가치평가에 따라 同價値의 給付를 교환하는 主觀的 等價性(subjektiv "Aquivalenz")이 雙務契約의 본질에 포함된다고 설명한다.

36) 註釋各則(1), 270; 李銀榮, "雙務契約과 同時履行의 抗辯權", 考試硏究 14-7(87.7), 114.

37) 郭潤直, 481; 金·安, 571은 조합계약의 성질을 合同行爲로 보고 있다. 이와는 반대로 조합계약을 有償·雙務契約으로 파악하면서 다만 同時履行과 危險負擔에 관한 규정은 적용할 수 없다는 견해도 있다. 金基善, 209; 金錫宇, 348; 李太載, 349.

약의 목적인 건물이 이미 멸실되어 있었기 때문에 그 建物引渡債務가 不能이라면 상대방의 대금지급채무도 성립하지 않게 될 것이다.

(나) 履行상의 牽連性 雙務契約에 의하여 부담하게 된 채무는 원칙적으로 대가적 의미가 있는 상대방의 채무가 이행될 때까지 이행하지 않아도 좋다. 자신의 채무를 이행함이 없이 그와 대가관계에 있는 상대방의 채무의 이행을 요구하는 것은 공평의 원칙에 어긋나고, 그렇다고 자신의 채무를 먼저 이행하여 버리고 나면 상대방에 대한 채무이행을 요구하는 것이 곤란하게 될 수도 있다. 同時履行의 抗辯權이라는 제도는 이러한 문제의 해결을 위한 것이다.

(다) 存續상의 牽連性 雙務契約에 의하여 부담하게 된 일방의 채무가 그 당사자에게 책임이 없는 사유로 履行不能이 되어 소멸하게 되는 경우, 대가적 의미가 있는 상대방의 채무의 운명은 어떻게 될 것인가? 이 경우 상대방의 채무도 소멸한다면 履行不能으로 인하여 채무가 소멸함으로써 생기는 위험은 이행불능이 된 채무의 채무자가 부담하게 되고, 반대로 상대방의 채무가 소멸하지 않는다면 위험은 이행불능이 된 채무의 채권자인 상대방이 부담하게 된다. 이것이 雙務契約에 있어서의 危險負擔의 문제이다.

그 밖에도 당사자 일방의 채무가 債務不履行에 빠진 경우 상대방은 자기의 채무를 면하기 위해 계약을 해제할 수 있고(債務不履行時의 牽連性), 또 이미 채무의 이행이 끝난 후에 계약이 무효로 판명되거나 취소된 경우 양 당사자의 原狀回復義務도 牽連性을 갖는다(淸算상의 牽連性).

2. 有償契約과의 구별

有償契約은 계약당사자가 서로 대가적인 의미가 있는 재산상의 出捐을 하는 계약이라고 설명하여 雙務契約과 개념상 구별하면서도 채무의 부담도 재산상의 出捐의 일종이라고 할 수 있으므로 모든 雙務契約은 有償契約이라는 것이 다수설이다.[38] 이에 대하여 雙務契約에 있어서의 대립된 쌍방채무의 對價性은 非財產的 給付를 포함하며 당사자의 主觀을 그 표준으로 하는 것이고, 有償契約에 있어서의 對價性은 계약의 실현에 있어서의 재산상의 대가적 出捐을 의미하며, 그 對價性의 유무는 社會通念상의 相當性을 표준으로 하여 결정되어야 하는 것이지 일률적으로 양 개념을 비교하여 그 廣狹을 논할 수는 없

38) 郭潤直, 44; 金曾漢, 26; 金顯泰, 22; 金基善, 33. 그러나 要物契約과 같이 계약의 성립시에 이미 出捐이 행하여지는 경우에는 片務契約이라도 有償契約의 범주에 속하므로 有償契約이 모두 雙務契約은 아니라고 설명한다.

다는 소수설도 있다.[39)]

민법은 雙務契約이나 有償契約의 개념을 정의하는 규정을 두고 있지는 않으나, 雙務契約의 효력으로서 同時履行의 抗辯權과 危險負擔을 규정하고, 有償契約에 대하여는 매매에 관한 규정을 준용하도록 규정하고 있다. 이러한 민법의 규정태도는, 雙務契約에 있어서는 대가적 의미를 갖는 채무 상호간의 牽連性을 주로 문제삼는 데에 반하여, 有償契約에 있어서는 대가적 의미를 갖는 채무들이 객관적으로 동일한 가치를 가지도록 보장함으로써 거래의 형평을 이루려는 데에 주안점을 두고 있는 것으로 해석된다. 그러므로 雙務契約에 있어서의 對價性은 主觀的인 等價性, 有償契約에 있어서의 對價性은 客觀的 等價性을 각각 뜻하는 것이라고 보아도 무방할 것이다. 그러나 현대의 거래관행에 있어서는 주관적·객관적 대가성을 구별하지 아니하고 당사자들이 객관적으로 대가성이 있는 채무만을 서로 견련시키려고 하는 경향이 뚜렷하기 때문에, 실제 거래에 있어서는 대부분의 계약이 有償·雙務契約으로 체결되어 牽連性과 對價性을 함께 지니는 것이 보통이고, 따라서 두 개념을 구별하는 실익은 크지 않다.[40)]

참고로 佛蘭西에서는 당사자 쌍방이 서로 대향적인 채무를 부담하는 계약(佛民 §1102)과 당사자 쌍방이 서로 物件 또는 勞務를 제공할 채무를 부담하는 계약을 구별하여 앞의 것을 雙務契約(contrat synallagmatique, contrat bilat'eral), 뒤의 것을 有償契約(contrat a titre onereux)이라고 부르고 있다. 학설도 양자를 구별하여 雙務契約의 개념은 "채무의 상호성"을 기준으로 한 것임에 반하여 有償契約의 개념은 "이익의 상호성"을 기준으로 한 것이라고 설명한다.[41)] 獨逸民法은 雙務契約의 개념을 정의하는 규정을 두지 아니한 채 직접 同時履行·危險負擔·解除權에 관하여 규정하고 있으나, 학설은 雙務契約을 각 당사자가 상대방의 급부약속 대신에 자신의 급부의무를 지는 兩給付의 교환적 계약으로서 거래목적이 상대방의 반대급부의 획득에 있다는 점에 특색이 있다고 보며, 그러한 相互性(Gegenseitigkeit)을 對價性(Entgeltichkeit)과 구별한다.

[柳 元 奎]

39) 李太載, 42; 註釋各則(1), 271도 같은 견해인 것으로 보인다.
40) 李銀榮(註 9), 435-36은 우리 계약법에서의 雙務契約性과 有償契約性의 分離를 현실거래와 맞지 않는다고 하여 비판하고 있다.
41) Mazeaud, Lecon de Droit Civil, T. Ⅱ, N 103, 李銀榮(註 36)에서 재인용.

第 536 條(同時履行의 抗辯權)

① 雙務契約의 當事者 一方은 相對方이 그 債務履行을 提供할 때까지 自己의 債務履行을 拒絶할 수 있다. 그러나 相對方의 債務가 辨濟期에 있지 아니하는 때에는 그러하지 아니하다.

② 當事者 一方이 相對方에게 먼저 履行하여야 할 境遇에 相對方의 履行이 困難할 顯著한 事由가 있는 때에는 前項本文과 같다.

차 례

Ⅰ. 序 說

1. 意 義

同時履行의 抗辯權은 채권자가 자신의 채무는 이행하지 않으면서 채무자의 채무이행만을 청구한 경우 그 이행을 거절할 수 있는 권리이다. 雙務契約에서 발생한 당사자 쌍방의 채무들이 서로 의존관계에 있으므로 그 이행에 있어서도 牽連性이 있다고 함은 雙務契約의 효력에서 살펴본 바 있다. “履行上의 牽連性”은 雙務契約의 당사자 일방의 채무이행이 상대방의 채무이행의 대가로, 또 상대방의 채무이행을 조건으로만 행하여진다는 관계를 말하는 것이다. 이와 같은 이행상의 牽連性을 실현하는 법적 도구가 바로 本條가 규정하는 同時履行의 抗辯權이다.

2. 立法例

同時履行에 抗辯權에 관한 이론은 중세 敎會法學者들과 후기 註釋學派에 의하여 정립되어 근대민법에 도입된 것이라고 하며, 오늘날 대부분의 입법례가 이 이론을 수용하고 있다. 그러나 牽連性을 인정하는 강도에 따라 두 개의 입법주의로 나뉜다. 첫째는 請求權否認說, 즉 雙務契約상의 당사자 일방이 먼저 자기 채무를 이행하거나 그 이행의 제공을 하지 않은 상태에서는 상대방에 대한 청구권이 인정되지 않는다는 견해를 채택한 입법례로서, 瑞債 § 32가 이 主義를 취하고 있다고 한다. 둘째는 延期的 抗辯說, 즉 雙務契約의 당사자 일방이 자기 채무를 이행하거나 그 이행의 제공을 하지 않더라도 청구권을 행사할 수 있고, 다만 상대방이 그 이행을 거절할 수 있는 항변권을 가지는 것이라는 견해를 채택한 입법례로서, 獨民 §§ 320, 322가 취하는 主義이다. 우리 민법과 日民 § 533도 같은 예에 속한다. 佛蘭西와 伊太利民法은 雙務契約에 적용되는 일반원칙으로서의 同時履行의 抗辯權에 관한 규정을 두고 있지는 아니하지만, 雙務契約으로부터 생기는 채무 사이의 牽連性의 원리와 매매에 관한 개별적인 규정인 佛民 §§ 1612, 1653, 伊民 §§ 1469 I, 1510 등을 근거로 하여 학설·판례가 독일과 유사한 내용의 同時履行의 抗辯權을 인정하고 있다. 英美法에서도 영국의 動產賣買法(Sales of Goods Act) § 28, 미국의 模範商法(Uniform Commercial Code) §§ 2-507(1), 2-511(1), 模範賣買法(Uniform Sales Act) § 42 등에서 규정한 同時的 條件(Concurrent condition)이 이 抗辯權과 유사한 제도이다.[1)]

참고로 우리 민법과 같은 입법례에 속하는 독일민법의 규정을 좀더 자세히 살펴보기로 한다. 雙務契約에 관한 獨民 § 320 이하의 규정은 각 당사자는 반대급부의 이행이 있을 때까지는 자기가 부담하는 급부를 거절할 수 있다는 契約履行의 抗辯權(die Einrede des nicht erfüllten Vertrags)을 인정하고 있다. 그런데 獨民 § 273 I은 널리 동일한 법률관계에서 발생한 채권채무에 관하여도 이른바 債權的 留置權(obligatorisches Zurückbehaltungsrecht)이라는 이름으로 당사자 일방이 변제기에 달한 청구권의 만족을 얻을 때까지 자기 채무의 이행을 거절할 수 있는 권리를 인정하고 있다. 이 債權的 留置權은 상대방이 다른

1) 黃迪仁, 현대민법론(4), 105-107; 澤井裕, 註釋民法(13), 240.

담보를 제공함으로써 소멸시킬 수 있고, 또 미리 주장하여야만 履行遲滯의 책임을 면할 수 있도록 되어 있어 그 효력은 本條의 抗辯權보다 오히려 약한 일면이 있다고 한다.[2] 獨逸에서의 위 同時履行의 抗辯權은 債權的 留置權의 特則으로서의 성격이 있으며, 占有의 효력으로서 인정되는 占有者의 留置權(獨民 §1000 이하)도 역시 債權的 留置權의 일종으로서 상대방의 未履行을 이유로 하는 給付拒絶權으로 규정되어 있다.

3. 根 據

同時履行의 抗辯權을 인정하는 근거는 "公平의 觀念과 信義則"이라고 할 수 있다. 서로 견련되어 있는 채무 중 어느 일방의 채무의 이행이 불확실한 상태에서 상대방의 채무만을 먼저 이행하도록 하는 것은 공평하다고 할 수 없고, 신의성실의 원칙에도 어긋나는 것이기 때문이다. 그러나 이 제도는 쌍방의 채무이행을 견련지으려는 당사자의 의사를 公平의 觀念과 信義則에 따라 합리적으로 해석한 결과 인정되는 것에 지나지 않으므로 本條는 強行規定이 아니다.[3] 따라서 雙務契約에서 발생한 서로 대가적 의미가 있는 채무라도 당사자는 同時履行하지 않을 것을 特約할 수 있다.

4. 性 格

同時履行의 抗辯權은 상대방의 청구권의 작용을 저지할 수 있는 실체법상의 抗辯權으로서, 소송상의 단순한 공격방어방법이 아닌 독립한 권리이다. 그러나 이 抗辯權은 상대방의 청구권을 영구히 소멸시키는 永久的 抗辯權이 아니라 일시적으로 그 작용을 저지하는 데에 불과한 "延期的 抗辯權"이라는 것이 통설이다.[4] 雙務契約의 당사자라고 하더라도 아무런 내용상의 제약 없이 상대방의 채무이행을 청구할 수 있는 채권을 가지는 것이고, 다만 상대방은 반대급부를 받을 때까지 일시적으로 자기 채무의 이행을 거절할 수 있을 뿐, 상대방에 대한 반대급부의 이행이나 그 이행의 제공이 상대방에 대한 이행청구의 요건이 되는 것은 아니라는 것이다. 이에 대하여 雙務契約에 의하여 발생한 쌍방의 채무는 내용적으로 아무런 제약이 없는 單純給付가 아니라 相互

2) 郭潤直, 獨逸民法概論, 294, 319; 椿壽夫, "同時履行の抗辯權", 契約法大系 I, 245.
3) 大判 59. 6. 18, 4291民上311; 大判 68. 3. 21, 67다2444.
4) 註釋民法(下), 278; 金基善, 60; 金顯泰, 40; 李太載, 80; 黃迪仁, 89.

依存的인 相換給付라는 견지에서 상대방에 대한 반대급부의 이행이나 그 이행의 제공이 없이 상대방에 대한 이행청구를 하는 경우에는 상대방은 청구권 자체를 부인할 수 있고, 이것이 本條의 抗辯權의 본질이라고 보는 견해도 있다.[5] 입법정책과 관련하여서는 실익이 있는 논의이겠지만, 해석론으로서는 本條의 문언에 비추어 볼 때 통설이 타당하다고 생각한다.

5. 機　　能

(1) 擔保的 機能

同時履行의 抗辯權은 이를 행사하는 당사자가 상대방에 대하여 가지는 채권의 이행을 담보하는 기능을 한다. 즉 이 항변권은 상대방의 債務不履行이라는 위험을 미연에 방지하는 수단이 된다. 예를 들면 매도인은 대금을 지급받을 때까지 목적물의 소유권이전을 거절함으로써 대금채권을 확보할 수 있고, 반면에 매수인은 목적물의 소유권이전시까지 대금의 지급을 거절함으로써 목적물의 소유권을 넘겨받을 수 있는 권리를 확보할 수 있게 되는 것이다.

(2) 去來의 迅速

同時履行의 抗辯權은, 이 항변권이 붙어 있는 채권자의 입장에서 볼 때, 자기 채권을 행사하기 위하여서는 우선 자기 채무를 이행하여야 한다는 의미를 가지는 것이기 때문에 변제를 받으려는 당사자 쌍방으로 하여금 자기 채무의 이행을 위한 노력을 선행할 것을 촉구하고, 그 결과 거래의 신속한 마무리를 촉진하는 기능을 한다.

(3) 訴訟經濟

소송에서 同時履行의 抗辯權이 援用된 경우에 법원은 쌍방의 채무를 함께 확정하여 相換履行判決을 함으로써 訴訟經濟에도 이바지하는 기능을 하는 면이 있다.

Ⅱ. 成立要件

1. 「對價的 意味」가 있는 債務의 대립

(1) 동일한 雙務契約에 의하여 당사자 쌍방이 서로 대가적인 의미가 있

5) 請求權否認說: 三宅正男, 契約法總論, 49-50 참조.

는 채무를 부담하고 있어야 한다.[6] 쌍방이 서로 채무를 부담하고 있더라도, 그 채무들이 다른 법률상의 원인에 의하여 발생한 것이라면 本條가 정한 同時履行의 抗辯權은 인정되지 않는다. 예를 들어, 당사자 쌍방이 각각 별개의 약정으로 상대방에 대하여 채무를 지게 된 경우[7]라든지, 임대차계약의 해제에 따른 임차인의 목적물반환채무와 임대인이 임차인에게 목적물을 사용수익하게 할 의무를 불이행한 데 대하여 손해배상을 하기로 한 각서에 기하여 발생한 약정손해배상채무 사이와 같이 하나의 임대차계약에서 이루어진 계약이행의 원상회복관계에 있는 것이 아니라 그 발생원인을 달리하고 있는 경우[8] 등에는 同時履行의 抗辯權이 없다.

또 동일한 계약에 의하여 생긴 채무들이라고 하더라도 상호간에 대가적 의미가 없는 때에는 원칙적으로 本條가 규정한 同時履行의 抗辯權은 성립하지 않는다고 보아야 한다. 통상적으로 雙務契約에서 발생한 주채무 상호간에 대가적 의미가 있는 것이라고 해석된다. 公有水面占用權의 讓渡讓受契約에 의하여 발생한 讓受代金支給義務와 그 점용권에 관한 名義變更義務 사이,[9] 지입차량의 매매에 있어서 자동차인도 및 그 위탁명의변경절차이행채무와 대금지급채무 사이[10] 등을 그 예로 들 수 있다. 그러나 상품의 공급자에게 부과된 附隨的인 商品宣傳債務를 이행하지 아니하였다고 하여 상품의 인수자가 商品引受債務를 거절할 수는 없다.[11] 또 附隨的인 매수인의 登錄稅負擔義務와 매도인의 所有權移轉登記義務 사이에도 대가적 의미는 없다.[12] 매도인이 매매목적물을 다시 임차하는 경우 그 賃料支給債務와 매수인의 賣買代金支給債務,[13] 不動産賃借權의 登記義務와 賃料支給義務,[14] 임대인의 비용상환의무와 임차인의 임차물반환의무[15] 등도 위와 같다. 그러나 附隨的인 채무라도 당사자가 특

6) 英美法에서 말하는「Quid pro Quo」또는 당사자간에 계약체결의 동기가 되고 계약을 유효하게, 또 구속력 있게 하는 상호적인 約因(Mutual Consideration)과 동일한 의미라고 생각한다. 상세는 雙務契約의 效力 참조.
7) 大判 89. 2. 14, 88다카10753(公 1989, 423).
8) 大判 90. 12. 26, 90다카25383(公 1991, 632).
9) 大判(全) 68. 3. 21, 67다2444(集 16-1 民 170).
10) 大判 73. 6. 26, 73다123(集 21-2 民 105).
11) 大判 76. 10. 12, 73다584(公 548, 9387).
12) 日京都地判 昭 29. 11. 6(判例體系 民 12, 1, 227).
13) 日大判 昭 8. 7. 8.
14) 日大判 昭 17. 1. 27.
15) 임대차가 종료된 후 임차인은 임차물에 관하여 지출한 필요비·유익비를 상환받을 때까지 임차물의 인도를 거절할 수 있으나, 이것은 留置權에 기한 것이지 同時履行의 抗辯權에 기한 이행거절이라고 할 수 없다.

히 그 이행을 主債務履行의 조건으로 삼은 경우에는 이 抗辯權의 성립을 인정하여야 할 것이다.

대가적인 의미가 있는지의 여부는 채무 자체에 관한 문제이므로, 債權讓渡·債務引受·包括承繼·轉付命令 등으로 채권자나 채무자의 변경이 있더라도 채무의 동일성이 유지되는 경우에는 대가적 의미가 상실되지 않는다.[16] 일방의 채무가 債務不履行 등으로 인하여 損害賠償債務로 변하거나 代償請求權이 발생하는 경우에도 마찬가지이다. 違約金債務(民 §398)에 관하여는 이를 遲延賠償債務와 구별할 만한 실질적 근거가 없다는 이유로 同時履行의 抗辯權을 긍정하는 견해[17]와 原債務와는 별개의 원인(違約金 約定)에서 발생하는 것이라는 이유로 부정하는 견해[18]가 대립되어 있다. 違約金債務가 형식적으로는 별개의 원인에서 발생한 것이라고 하더라도 본래의 채무의 불이행으로 인하여 생기는 것이라는 점을 감안하면 公平의 관념에 비추어 同時履行의 抗辯權을 인정하여도 무방하지 않은가 생각한다.

대가적인 의미를 갖는 전형적인 예로 부동산매매계약에서 발생하는 매도인의 목적물에 대한 소유권이전등기의무와 매수인의 대금지급의무를 들 수 있다.[19] 그런데 이와 관련하여 매도인이 매수인의 대금지급의무와 대가관계에 있는 소유권이전등기의무를 이행하기 위하여 교부하여야 할 登記所要書類의 범위가 종종 문제로 된다. 매도인이 매수인의 同時履行의 抗辯權을 소멸시키기 위하여는 원칙적으로 곧바로 등기신청을 할 수 있는 정도의 서류를 구비하여 교부 또는 제공하여야 하는 것이지만,[20] 등기에 관하여 共同申請主義를 채택하고 있는 法制[21] 아래에서는 매수인도 등기절차의 이행에 협력하여야 하는 것이므로, 구체적인 경우에 어느 정도의 서류들을 갖추어야 하는가 하는 문제에 대하여는 결국 本條의 근거인 公平의 觀念과 信義則에 따라 결정할 수

16) 大判 89.10.27, 89다카4298(集 37-3 民 278). 그러나 당사자의 교체가 更改로 인하여 생긴 경우에는 舊債務가 소멸하는 것이므로 同時履行의 抗辯權도 소멸한다. 日大判 1921.6.2(民錄 27, 1048).

17) 澤井裕(註 1), 241, 242.

18) 柚木馨, 總合判例硏究叢書 民(2), 126.

19) 大判 67.2.21, 66다2443, 2444; 大判 92.2.14, 91다12349(公 1992, 1011) 등. 大判 81.7.7, 80다2388은 매매목적물이 未登記建物인 때에도 그에 관한 소유권이전등기와 잔금지급의무는 同時履行關係에 있다고 판시하고 있다.

20) 大判 70.4.14, 69다1223, 1224(集 18-1 民 321); 大判 87.9.8, 86다카1379(公 1987, 1553); 大判 90.11.13, 90다카23882(公 1991, 88); 大判 92.7.14, 92다5713(公 1992, 2397).

21) 不登 §28 참조.

밖에 없을 것이다. 매매목적물이 농지인 경우 農地賣買證明,[22] 國土利用管理法에 의한 規制區域 내의 토지인 경우 土地去來申告畢證[23] 등을 구비서류에 포함시켜야 할 것임은 물론이다. 또한 매도인이 목적부동산에 대한 소유권이전등기소요서류를 교부하거나 제공하였더라도 제3자로부터 소유권이전등기말소소송이 제기되어 있다거나,[24] 根抵當權設定登記, 國稅滯納으로 인한 押留登記 등이 말소되지 아니한 채 남아 있다거나,[25] 매매목적물인 토지일부에 대하여 收用決定이 되어 있다거나[26] 하는 등의 경우에는 매수인이 대금지급청구에 대하여 同時履行의 抗辯을 할 수 있다.

動產賣買契約에서는 목적물의 인도가 소유권이전의 요건이므로 그 引渡義務와 代金支給義務 사이에 對價關係가 있음은 두말할 필요가 없다. 그런데 부동산매매계약에 있어서 목적부동산에 관한 소유권이전등기 이외에 그 引渡義務도 대금지급의무와 대가관계에 있다고 볼 것인지가 문제이나, 이를 긍정하는 것이 다수의 판례이다.[27]

(2) 동일한 雙務契約에서 발생한 서로 대가적인 채무는 同時履行의 관계에 있는 것이 보통이다. 그러나 雙務契約에 있어서도 계약의 성질상 일방 당사자가 先履行義務를 부담하는 것으로 해석하여야 할 경우가 있다. 예컨대 雙務契約인 都給契約에 있어서 도급인이 일을 완성할 채무와 수급인의 報酬支給債務는 대가적 의미가 있음이 분명하지만, 일을 완성할 채무가 先履行되어야 함이 분명하다. 有償任置에 있어서 목적물보관의무와 報酬支給義務, 雇傭·委任에 있어서 勞務提供義務·事務處理義務와 報酬支給義務, 임대차에 있어서 목적물을 사용케 할 의무와 借賃支給義務 사이에서도 마찬가지이다. 外上去來·割賦賣買와 같은 信用去來에 있어서 代金은 後拂로 정하여진다.[28] 또한 雙務

22) 大判 54.5.22, 4286民上130; 大判 75.9.23, 74다2022.
23) 大判 92.2.14, 91다12349(公 1992, 1011).
24) 大判 75.8.19, 75다1100(民判集 212-557).
25) 大判 49.3.5, 4281民上307(카 5396); 大判 55.4.21, 4287民上287(카 4834); 大判 62.6.21, 62다200(集 10-3 民 93); 大判 67.7.11, 67다813(集 15-2 民 160); 大判 79.11.13, 79다1562(公 623, 12347), 大判 80.8.26, 80다1037(公 642, 13123); 大判 91.11.26, 91다23103(公 912, 286) 등. 또한 말소되어야 할 등기들이 假處分登記後에 경료된 가처분내용에 위반된 등기들이거나(大判 92.2.14, 91다12349(公 1992, 1011)), 지상권설정등기 또는 가압류등기 등이 남아 있는 경우(大判 91.9.10, 91다6368(公 1991, 2505))에도 마찬가지로 해석하여야 할 것이다.
26) 大判 81.7.28, 80다2400(公 665, 14252).
27) 大判 57.10.21, 4290民上419; 大判 80.7.8, 80다725 등. 다만 大判 76.4.27, 76다297, 298은 반대의 견해를 보이고 있다.
28) 重機의 所有權留保附 割賦賣買에 있어서 매도인의 重機製作證交付義務를 매수인의 割賦金支給義務보다 先履行義務로 본 大判 91.8.9, 91다13267(公 1991, 2320) 참조.

契約을 체결한 당사자가 특약으로 대가관계에 있는 일방의 채무를 先履行義務로 정할 수도 있다. 다만, 이러한 특약의 존재는 그 認定에 엄격할 수밖에 없다. 특히 巨額의 거래에 관한 雙務契約이 書面에 의하여 이루어지는 경우에는 특별한 사정이 없는 한 통상 그 계약서에 특약의 취지가 명시되어야 하고, 계약 후에 특약이 이루어진 경우라고 하여도 이를 書面化함이 경험칙에 합치된다는 판례가 있다.[29)]

(3) 때로는 동일한 雙務契約에서 발생하기는 하였지만 서로 대가적인 의미가 없는 채무 사이에서도 公平의 觀念과 信義則에 비추어 同時履行의 관계를 인정하여야 할 경우가 있다. 有償任置에 있어서 報酬支給義務와 任置物返還義務, 都給契約에 있어서 완성된 일의 引渡義務와 報酬支給義務 등을 그 예로 들 수 있다. 판례 중에는 부동산매매계약에서 매수인이 그 부동산의 양도에 따른 讓渡所得稅를 부담하기로 한 경우, 이를 부담하기 위한 이행제공의 형태·방법·시기 등에 관한 당사자의 약정내용에 따라 매수인의 양도소득세부담의무가 매도인의 소유권이전등기의무와 同時履行의 관계에 있을 수 있다는 뜻으로 판시한 사례가 있다.[30)]

그러나 이러한 예에서 인정되는 것은 本條가 準用되거나 해석에 의하여 類推適用되는 廣義의 同時履行의 抗辯權으로서 아래에서 보는 非雙務契約상의 同時履行의 抗辯權과 같은 내용의 것이다.

(4) 非雙務契約上의 同時履行의 抗辯權 : 동일한 雙務契約에서 발생한 고유의 대가관계가 있는 채무가 아니더라도, 구체적인 계약관계에서 각 당사자가 부담하는 채무에 관한 약정내용에 따라 이행상의 견련관계를 인정하여야 할 사정이 있는 경우에는 公平의 觀念과 信義則에 비추어 同時履行의 抗辯權을 인정할 수 있다.[31)]

㈎ 準用規定이 있는 경우　　민법은 전세권이 소멸한 때에 傳貰權者의 目的物引渡 및 傳貰權設定登記抹消義務와 傳貰權設定者의 傳貰金返還義務 사이(民 §317), 계약해제의 효과로서 부담하는 쌍방의 原狀回復義務 사이(民 §§ 549, 548 I),[32)] 負擔附贈與契約에 의한 쌍방의 채무 사이(民 §561), 매도인의 擔保責任을 물어 解

29) 大判 84. 10. 10, 83다카1337.

30) 大判 91. 5. 28, 90다카27471(公 1991, 1749); 大判 92. 8. 18, 91다30927(公 1992, 2737).

31) 大判 92. 8. 18, 91다30927(公 1992, 2737); 崔公雄, "非雙務契約에서 認定되는 同時履行抗辯權," 司法行政 13-3, 37 이하 참조.

32) 大判 68. 4. 23, 68다36(集 16-1 民 277).

除 또는 代金減額請求를 함으로써 발생하는 쌍방의 채무 사이(民 §583), 수급인의 瑕疵補修責任과 도급인의 報酬支給義務 사이(民 §667),[33] 終身定期金契約의 해제로 인한 쌍방의 채무 사이(民 §728)에 모두 本條를 준용하고 있다. 위와 같은 경우들은 동일한 雙務契約에서 생긴 대가적 채무 사이가 아니더라도 公平의 觀念과 信義則에 비추어 그 이행을 견련시키는 것이 타당하기 때문이다.

그 밖에 假登記擔保에 있어서 채권자의 清算金支給義務와 채무자의 擔保不動產移轉登記 및 引渡義務 사이에도 本條가 준용된다(假擔法 §4 Ⅲ). 擔保假登記 후에 對抗力 있는 賃借權을 취득한 자도 청산금의 범위 안에서는 미찬가지이다(假擔法 §5 Ⅴ).

(나) 해석에 의하여 同時履行의 抗辯權을 확장하는 경우

(a) 辨濟와 領收證　　民 §474는 변제자에게 영수증청구권을 인정하고 있을 뿐, 변제와 영수증 교부 사이에 同時履行의 관계를 인정한 것인지 분명하지 않다. 그러나 변제자에게 영수증 교부청구권을 인정한 취지가 변제자에게 변제의 증거를 제공하려는 데에 있다는 점을 고려하면 변제와 상환으로 영수증을 교부받도록 함이 상당하다.[34] 이와는 달리 辨濟는 채권자의 債權證書返還義務(民 §475)보다는 先履行되어야 한다고 보는 것이 통설이다.[35] 규정의 文言解釋상으로도 그러하지만 변제와 영수증 교부를 同時履行하는 것만으로 변제자의 보호에 충분하다고 할 것이므로 통설의 견해는 타당하다고 생각한다. 또한 채권의 변제와 그 채권을 위하여 설정된 담보권의 소멸절차 사이에서도 辨濟가 先履行되어야 한다.[36]

(b) 변제와 어음·수표　　어음·수표와 같이 권리가 화체된 증권은

---

33) 瑕疵補修義務는 개념상 '일을 완성할 채무'에 속하는 것이어서 도급계약의 성질상 報酬支給義務보다 先履行되어야 한다고 해석할 수 있고, 또 民 §667 Ⅲ은 같은 조 제2항의 경우에만, 다시 말하면, 瑕疵補修에 갈음하거나 瑕疵補修와 함께 하는 손해배상청구에 관하여만 同時履行의 抗辯權을 준용하는 것이라고 좁게 해석할 수도 있으나, 판례는 일단 완성된 목적물에 瑕疵가 있어 이를 補修할 수급인의 의무는 도급인의 報酬支給義務와 동시이행의 관계에 있다고 판시하고 있다. 大判 65.11.16, 65다1711; 大判 91.12.10, 91다33056(公 1992, 490). 수급인의 瑕疵保證金預置義務와 도급인의 報酬支給義務도 모두 그 이행기를 도과한 것이면 동시이행의 관계에 있다는 판례도 있다. 大判 91.4.9, 90다18173(公 1991, 1351).

34) 通說 郭潤直, 95; 金基善, 61; 金容漢, 債總, 527; 日大判 昭 16.3.1.

35) 郭潤直, 債總, 427; 金曾漢, 債總, 154; 金容漢, 債總, 529; 金基善, 債總, 286; 李太載, 375. 그러나 石坂音四郎, 日本民法, 1444은 반대의 견해를 취하고 있다.

36) 大判 62.1.31, 4294民上528; 大判 66.2.15, 65다2431(集 14-1 民 82); 大決 67.10.27, 66마1209(集 15-3 民 239); 大判 69.9.30, 69다1173(集 17-3 民 158); 大判 84.9.11, 84다카781(公 739, 1645); 大判 89.10.13, 88다카29351(公 1989, 1671); 大判 91.4.12, 90다9872(公 1991, 1368).

相換證券으로서의 성질상(어 §39; 手 §34) 당연히 그 반환이 원인채무의 변제와 同時履行의 관계에 있다고 보아야 한다.[37] 民 §519는 指示債權의 경우에도 일반적인 債權證書와는 달리 채무자는 증서와 교환하여서만 변제할 의무가 있다고 규정하고 있다.

(c) 土地賃借人이 그 地上建物의 買受請求權을 행사한 경우 임대인의 건물대금지급의무와 임차인의 토지인도의무 토지임차인이 임대차종료 후 그 지상건물의 매수청구권을 행사하면, 곧바로 지상건물에 관한 매매계약이 성립되는 것이므로 건물의 인도의무는 대금지급의무와 대가적 의미가 있음은 일반적인 매매의 경우와 다를 바 없다.[38] 그러나 대금지급의무와의 사이에 대가적 의미가 없는 土地의 引渡義務도 대금지급의무와 同時履行관계에 있다고 해석하는 것이 통설이다. 건물의 보호를 위한 사회정책적 고려에서 나온 것으로서 公平의 觀念과 信義則에 비추어서도 타당한 해석이다. 이와는 달리 건물임차인이 부속물매수청구권을 행사한 경우 임대인의 부속물대금지급의무와 건물인도의무는 同時履行의 관계에 있지 않다는 것이 일본의 판례이나, 그 타당성은 의심스럽다.[39]

(d) 無效·取消에 의한 原狀回復義務 과거의 판례 중에는 취소할 수 있는 행위에 의하여 당사자 쌍방이 상호 급부를 한 때라도 취소의 결과 각자 상대방에게 부담하게 될 原狀回復義務는 同時履行의 관계에 있는 것이 아니라고 판시한 것이 있으나,[40] 법원은 그 후 태도를 바꾸어, 계약이 無效이거나 取消됨으로 인하여 계약당사자 쌍방이 지게 된 原狀回復義務도 계약의 解除·解止의 경우와 마찬가지로 同時履行의 관계에 있다고 해석함이 公平의 觀念과 信義則에 비추어 타당하다는 견해를 취하고 있다.[41] 일본에서도 판례는 미성년자가 한 법률행위의 취소의 경우에 한하여 해제에 준하여 同時履行의 抗辯權을 인정할 것이라는 견해를 판시한 바 있으나,[42] 학설은 同時履行의 抗

37) 大判 69.4.22, 69다144(集 17-2 民 41); 大判 69.12.30, 69다1934(集 17-4 民 273); 大判 70.10.23, 70다2042(集 18-3 民 226); 大判 92.12.22, 92다8712 등. 大判 85.11.26, 85다카848(公 768, 119)는 차용금채무의 이행확보를 위하여 어음을 교부한 후 위 채무에 대한 代物辨濟로서 부동산에 대한 매매계약을 체결한 경우, 代物辨濟의 이행과 어음의 반환 사이에도 동시이행의 관계가 있다고 판시하고 있다.
38) 大判 91.4.9, 91다3260(公 1991, 1363).
39) 日大判 昭 7.9.30; 日最判 昭 29.7.22 등. 詳細는 白羽祐三, 前揭論文, 102-103 참조.
40) 朝高判 1941.4.8(판례총람 민법 2-293).
41) 大判 76.4.27, 75다1241(集 24-1 民 273); 大判 93.5.14, 92다45025.
42) 日最判 昭 28.6.16.

辯權을 無效와 取消 일반에 널리 확대하여 적용할 것이라고 한다.[43]

(e) 民 § 571에 의한 해제의 경우 매도인의 損害賠償債務와 매수인의 目的物 및 그 使用利益의 返還義務 民 § 583는 매도인의 담보책임과 同時履行에 관하여 「민법 제536조의 규정은 제572조 내지 575조, 제580조 및 제581조의 경우에 준용한다」고 규정하고 있을 뿐, 매도인이 계약 당시에 매매의 목적이 된 권리가 자기에게 속하지 아니함을 알지 못한 경우의 담보책임에 관한 民 571의 경우에도 本條를 준용하는 규정을 두지는 않고 있다. 그렇다면 民 § 571의 규정에 의한 해제의 경우, 매도인의 손해배상채무와 매수인의 목적물인도의무 및 사용이익의 반환의무는 同時履行의 관계가 없다고 해석할 것인가? 大判 93. 4. 9, 92다25946[44]은 同時履行의 관계를 긍정하고 있다. 물론 매도인의 손해배상채무는 擔保責任으로 인하여 발생한 것인 반면, 매수인의 目的物引渡義務 등은 해제로 인한 原狀回復으로 생기는 것이므로 발생원인이 각각 다르고, 또 이 경우 매도인은 매매의 목적물에 대한 궁극적인 사용권한을 가지지 못하는 것이어서 매도인이 目的物引渡義務 등을 내세워 損害賠償債務의 이행을 거절할 수 없다는 견해도 있을 수 있다.[45] 그러나 대법원은 民 § 571의 규정에 의한 해제의 효과도 일반적인 해제의 경우와 다를 바 없는 것이어서 매수인은 원상회복의무로서 인도받은 목적물을 매도인에게 반환하고 그 동안 목적물을 사용하였으면 그 사용이익을 반환할 의무가 있으며, 이것은 매도인이 목적물에 대한 사용권한이 없어서 목적물 및 사용이익을 궁극적으로 정당한 권리자에게 반환하여야 할 입장이라고 하더라도 영향이 없으며, 매수인의 위와 같은 목적물인도 및 사용이익반환의무와 매도인의 손해배상의무는 비록 그 발생원인이 다르다고 하더라도 동일한 생활관계에서 발생한 것으로 서로 밀접한 관계에 있어 그 이행에 견련관계를 인정함이 공평의 원칙에 합치한다고 판시하고 있다.

(f) 賃貸借保證金返還債務와 賃借物返還債務 임대차보증금은 임차인의 債務不履行으로 인한 손해배상채무를 담보할 목적으로 임대차계약에 수반하여 체결되는 종된 계약인 보증금계약에 따라 임대인에게 교부되는 돈이다. 그러므로 임대차보증금반환채무와 임차물반환채무는 그 발생원인이 다를 뿐만 아니라 대가적 의미를 가지는 것이라고도 할 수 없다. 여기에서 임대차

43) 椿壽夫, 前揭書, 249.
44) 법률신문 1993. 5. 13, 8면; 公 1993, 1358.
45) 前註의 大法院判決의 原審判決(釜山高判 1992. 5. 22, 91나12844).

보증금반환채무와 임차물반환채무 사이에 해석상 同時履行의 관계를 인정할 것인가가 다투어지고 있다.

(i) 肯 定 說　명문의 준용규정이 없더라도 해석이론에 의하여 同時履行관계를 인정하는 데에 지장이 없고,[46] 실질적으로 보더라도 임차인에게 임차물반환의무를 先履行하게 하고 별도로 보증금반환을 訴求하게 하는 것은 형평을 잃은 것이며,[47] 관습상으로도 임차인이 이사준비를 완료한 때에 보증금을 반환한다는 점으로 보아 同時履行의 관계를 긍정해야 한다고 주장한다.[48]

(ii) 否 定 說　임대차보증금의 교부는 그 법적 성질이 일종의 停止條件附 返還債務를 부담하는 金錢所有權의 移轉으로서, 그 停止條件은 임대차종료 후 임차물이 반환되는 때를 기준으로 하여 임차인의 賃料不支給 기타의 債務不履行이 없을 것——만일 債務不履行이 있으면 그로 인한 손해액을 공제한 나머지 액수만을 반환하게 된다——을 말하는 것이므로, 임차물반환채무가 先履行되어야 한다고 주장한다.[49] 保證金이 실질적으로 擔保方法이고 그 被擔保債權에는 임대차종료 후의 손해배상채권도 포함되어 있으므로 被擔保債權이 완전히 소멸한 때, 즉 明渡完了時에 비로소 담보로서의 존재이유가 소멸한 보증금잔액을 반환할 채무가 생긴다고도 설명하고 있다.[50]

(iii) 判　例　과거에는 肯定說을 취한 것[51]과 否定說을 취한 것[52]이 대립되어 있었으나, 大判 77. 9. 28, 77다1241, 1242(전원합의체)로 後者의 판결이 폐기되고 긍정설로 낙착되었다.[53] 그 후 하급심법원에서의 實務慣行은 肯定說을 취한 나머지 임대인의 임차물반환청구에 대하여 임차인이 보증금반환채권을 가지고 同時履行의 항변을 하는 경우에는 「임차인은 보증금액 중 차임을 연체하기 시작한 때로부터 임차물을 장차 명도할 때까지 매월 차임의 액수에 비례하는 돈을 공제한 나머지 보증금을 임대인으로부터 수령

46) 廣中, 借地借家判例の研究, 155.
47) 星野, 借地借家法, 266.
48) 金基善, 225; 李太載, 265, 崔栻, 175; 澤井, 日注釋民法(13), 250.
49) 郭潤直, 355; 金·安, 213; 金顯泰, 211; 我妻, 債權各論 中(1), 472.
50) 宮崎, 法學硏究, 34-12, 93.
51) 大判 62. 2. 15, 4294民上837.
52) 大判 62. 3. 29, 4294民上939.
53) 大判 83. 9. 11, 84다카781(公 1983, 1645); 大判 88. 4. 12, 86다카2476(公 1988, 825); 大判 88. 4. 25, 87다카2509(公 1988, 893); 大判 89. 10. 27, 89다카4298(公 1989, 1784); 大判 91. 12. 10, 91다27594(公 1992, 632); 大判 92. 5. 12, 91다35823(公 1992, 1840).

함과 동시에 임대인에게 임차물을 명도하라」는 내용의 相換履行判決을 하고 있다.

ⅳ) 私 見 肯定說은 "임차인의 보호"라는 정책적인 고려를 중시한 견해로서 公平의 觀念에 부합하는 일면이 있으나 법이론상 난점이 있고, 否定說은 임대차보증금의 의의와 그 법적 성질에 관한 법이론에 충실한 견해이지만, 임차인에게 너무 불리하여 공평치 못한 결과가 된다는 느낌을 지울 수 없다. 사견으로는 임대차보증금반환채무의 발생시기에 관한 법이론에는 다소 상치되는 느낌이 없지 않지만, 임대차보증금 및 임차물의 반환은 모두 임대차관계라는 법률관계의 청산을 둘러싼 문제이므로 同時履行을 유도하여 한꺼번에 해결함이 바람직하고, 경제적 약자인 임차인보호의 필요성과 공평의 관념에 비추어 볼 때, 임차물의 반환이 임박하여 더 이상 임대차관계로 인한 손해배상채무가 발생할 여지가 없게 된 단계에서는 그 임차물반환채무와 임대차보증금반환채무는 서로 同時履行의 관계에 있는 것으로 해석하고 싶다.

그런데 이 문제의 해결에서 긍정설이 부딪치는 가장 큰 난관은 임차인이 반환받아야 할 보증금의 액수가 목적물의 명도 이전에는 불확정적이라는 데에 있을 것이다. 하급법원의 실무관행은 차임만을 보증금에서 공제할 대상으로 삼고 있으나, 차임 이외에도 목적물의 훼손 기타 임대차관계에서 발생한 임차인의 손해배상채무로서 공제의 대상이 될 가능성이 있는 것은 적지 않으므로, 정지조건이 성취되어 반환하여야 할 보증금의 액수를 미리 확정하는 것은 불가능한 일이다. 이것은 임대인의 입장에서 보면 임차물을 반환받기 위하여서는 자신이 반환하여야 할 보증금의 액수가 정확히 얼마나 되는지를 따져볼 기회를 가져보지 못한 채 담보로서의 의미를 가진 보증금을 반환하지 않으면 안되고, 임차물을 반환받은 후 임차물의 검사를 통하여 손해발생사실을 알게 되면 별도로 손해배상청구를 하여야 하는 결과가 된다. 이러한 부당한 결과를 구제하기 위하여 임대인이 임대차보증금반환채무에 관하여 적당한 담보를 제공하는 경우에는 임차인은 同時履行의 抗辯權을 행사할 수 없다고 해석할 수는 없을까? 이와 같이 해석하게 되면 위에서 본 문제들을 해결할 수 있을 것이다. 명문의 근거는 없지만, 어차피 임차보증금반환채무와 임차물반환채무를 同時履行의 관계에 두는 것이 公平의 觀念과 信義則에 근거한 당사자들의 意思解釋의 결과라면, 같은 원칙으로부터 위와 같은 해석도 도출할 수 있는 것이 아닌가 생각한다.

2. 相對方의 債務가 辨濟期에 있을 것

(1) 原 則

雙務契約에서 생긴 채무라도 상대방의 채무가 辨濟期에 있지 아니한 경우에는 同時履行의 抗辯權이 없다(本條 I 단서). 즉 당사자 일방이 법률의 규정(民 §§ 633, 686, 665)이나 특약에 의하여 상대방보다 먼저 이행할 의무를 부담하는 경우에는 이 抗辯權을 가지지 못한다. 그러나 先履行義務라고 하더라도 이를 이행하지 않고 있는 동안에 상대방의 채무의 변제기가 도래한 때에는 다시 이 抗辯權을 행사할 수 있다는 것이 통설[54]이자 확립된 판례이다.[55] 상대방채무의 변제기 도래를 同時履行抗辯權의 요건으로 하는 까닭은, 상대방이 가진 기한의 이익을 보호하겠다는 데에 있는 것에 지나지 아니하고, 처음부터 변제기가 동일한 채무 사이에서만 同時履行의 抗辯權을 인정하겠다는 취지는 아니다. 그러므로 이 抗辯權은 상대방의 이행청구가 행하여진 시기를 표준으로 하여 그 상대방의 채무가 변제기에 있는지의 여부를 가려서 그 성립 여부를 결정하면 족하다고 할 것이다. 다만 아래 두 가지 점에 대하여 유의할 필요가 있다.

첫째, 同時履行의 抗辯權의 효과로서 일반적으로는 이 항변권이 붙은 채권은 이행지체에 빠지지 아니하지만, 先履行債務가 변제기가 지남으로써 이미 이행지체에 빠져 있다면 그 후 상대방채무의 변제기가 도래하여 이 抗辯權이 생겨나더라도 履行遲滯로 인한 손해배상을 면하지는 못한다고 해석하여야 할 것이다.[56]

둘째, 後履行義務의 이행기가 도과되었다고 하더라도 당사자의 의사가 상대방(先履行義務者)의 급부를 받은 후 일정기간이 지나서 자기의 반대급부를 이행하겠다거나, 또는 상대방의 이행을 확인한 후 자기도 이행하겠다는 것이라고 해석되는 경우에는 그 상대방에게 同時履行의 抗辯權을 인정하기 어렵다. 이러한 경우에는 後履行義務에 관하여 期限이 정하여져 있어도 이는 부차적인 것에 불과하고 先履行義務의 이행이 없는 한 그 辨濟期는 도래하지 않은 것으로 해

---

54) 郭潤直, 83; 金曾漢, 55; 金基善, 62; 李太載, 82; 黃迪仁, 110.

55) 大判 70.5.12, 70다344(集 18-2 民 22); 大判 70.9.29, 70다1464(集 18-3 民 123); 大判 80.4.22, 80다268(公 634, 12808); 大判 81.12.22, 80다3062; 大判 88.9.27, 87다카1029(公 1988, 1328); 大判 89.10.27, 88다카33442(公 1989, 1779); 大判 91.3.27, 90다19930(公 1992, 1271); 大判 91.8.13, 91다13144(公 1991, 2344); 大判 92.4.14, 91다43107(公 1992, 1582); 大判 92.7.24, 91다38723, 38730(公 1992, 2521).

56) 同旨 金容漢, "同時履行의 抗辯權", 考試研究 14-5, 12.

석하여야 하기 때문이다.

(2) **例外**(不安의 抗辯權)

先履行義務를 지는 당사자라고 하더라도 후이행의무를 지는 상대방에게 그 의무의 이행이 곤란할 현저한 사유가 있는 때에는 同時履行의 抗辯權을 인정한다(民 § 536 Ⅱ).[57] 상대방의 채무이행이 곤란할 현저한 사유란 계약성립 후 상대방의 信用不安이나 破産 기타 재산상태의 악화 등 사정으로 反對給付를 이행받을 수 없게 될지도 모를 事情變更이 생기고 이로 인하여 당초의 계약내용에 따른 先履行義務를 이행케 하는 것이 공평의 관념과 신의칙에 반하게 되는 경우를 말하는 것이고 이와 같은 사유는 당사자 쌍방의 사정을 종합하여 판단하여야 할 것이다.[58] 판례 중에는, 매매계약을 맺은 후에야 등기부상 매매목적물이 매도인의 소유가 아닌 것을 발견하였을 때,[59] 아파트건설업자가 수분양자와 분양계약을 체결하고 입주시킨 날로부터 5년여가 경과한 시기에 이르기까지 그 아파트에 대한 준공검사조차도 마치지 못하고 있는 형편인 때[60]에 각각 매수인 또는 수분양자의 先履行義務인 중도금 등의 지급을 거절할 수 있다고 판시한 사례가 있다.

3. 相對方이 자기 債務를 이행하거나 履行의 提供을 하고 있지 않을 것

상대방이 「자기채무의 이행 또는 그 이행의 제공을 함이 없이 단순히 이행을 청구」(이 뒤에는 "단순청구"라고 줄여 쓴다)한 경우에만 同時履行의 抗辯權을 행사하여 그 이행을 거절할 수 있다. 상대방이 자기의 채무를 그 내용에 좇아 이행을 하거나, 이행의 제공을 계속하고 있는 때에는 同時履行의 문제는 생길 여지가 없다. 이 요건에 관하여 다음과 같은 문제들을 유의하여야 한다.

---

57) 이 규정은, 상대방의 재산상태가 악화된 경우에 선이행의무자는 담보를 요구하거나 자기의 채무의 이행을 거절할 수 있다고 규정하고 있는 獨民 § 321, 瑞債 § 83를 본받아 신설된 조문이다. 瑞西債務法은 더 나아가서 위와 같은 경우에 상대방이 상당한 기간 내에 담보제공요구에 응하지 아니하면 선이행의무자의 계약해제권을 인정하고 있으나, 이러한 규정이 없는 獨逸이나 우리 나라에서는 해제권의 발생을 인정하기 어려운 것이다. 다만 事情變更의 원칙이 적용될 수 있다면, 이 원칙을 기초로 한 해제권이 인정될 가능성이 있을 것이다.

58) 大判 90. 11. 23, 90다카24335.

59) 大判 74. 6. 11, 73다1632(公 496, 7981).

60) 大判 92. 4. 24, 92다3779.

(1) 상대방이 일부의 이행(또는 이행의 제공)**을 하였거나, 불완전한 이행**(또는 이행의 제공)**을 한 상태에서 청구를 한 경우**

상대방의 청구가 可分的인 給付를 내용으로 한 것이라면, 원칙적으로 상대방이 이행하지 아니한 부분 또는 불완전 부분에 상당하는 채무의 이행만을 거절할 수 있다고 함이 통설이다.[61] 예를 들면 건물의 임대인이 그 건물의 수선의무를 게을리한 경우 임차인은 그에 상응하는 차임의 지급만을 거절할 수 있다고 한다. 판례 중에도 都給人의 瑕疵補修에 갈음하는 손해배상채권과 同時履行관계에 있는 受給人의 工事殘代金債權의 범위는 위 손해배상채권액과 동액의 금원에 한정된다고 판시한 사례가 있다.[62]

청구된 채무가 不可分的인 給付를 내용으로 하는 것이라면, 일부의 이행의 거절이란 있을 수 없다. 상대방이 불이행하거나 불완전하게 이행한 부분의 중요도에 의하여 해결하여야 한다는 견해도 있으나,[63] 채무의 一部履行이나 不完全履行은 채무의 本旨에 따른 이행이 아니므로 원칙적으로 同時履行의 抗辯權을 행사할 수 있다고 보는 것이 타당하지 않는가 한다. 판례도 分配農地의 一部償還만을 완료한 사람이 分配農地 전체에 대하여 소유권이전등기를 구하는 경우 국가의 同時履行의 抗辯權을 긍정하고 있다.[64] 다만 상대방이 不履行한 부분이 僅少·輕微함에도 불구하고 이를 핑계삼아 反對給付를 거절하는 것이 信義誠實의 원칙에 어긋난다고 인정될 때에는, 이 抗辯權은 인정되지 않는다고 해석하여야 할 것이다.[65] 결국 구체적인 사정에 비추어 공평의 관념과 신의칙에 따라서 同時履行의 抗辯權의 인정 여부와 그 범위를 결정할 수밖에 없다.

쌍방의 급부가 일정한 기간 回歸的 또는 繼續的 可分給付를 목적으로 하는 경우(예 : 繼續的 供給契約, 賃貸借, 雇傭 등)에 일방이 어떤 시기의 채무를 이행하지 않으면, 상대방은 그 후 이에 대응하는 범위 내에서 同時履行의 抗辯權을 행사할 수 있다. 예를 들면 계속적 물품공급계약에서 이미 공급된 물품의 대금을 지급받지 못한 공급자는 그 대금을 지급받을 때까지 장래의 공급을 거절할 수 있는 것이다.[66]

---

61) 郭潤直, 84; 金基善, 62, 63; 金顯泰, 43; 李太載, 82; 崔栻, 68; 黃迪仁, 97.
62) 大判 90. 5. 22, 90다카230(公 1990, 1353).
63) 郭潤直, 98.
64) 大判 73. 12. 11, 73다1000.
65) 獨民 § 320 Ⅱ 참조. 이것은 채무가 可分的인 경우에도 마찬가지라고 보아야 한다.
66) 大判 70. 3. 10, 69다2076.

상대방이 여럿인 경우, 그 중 자신의 채무를 이행한 한 사람이 자기에게 속하는 부분의 이행을 청구함에 대하여, 다른 사람의 채무이행이 없었음을 이유로 그 청구를 거절할 수 있을 것인가? 이를 긍정하는 입법례도 있으나,[67] 명문규정이 없는 우리 민법의 해석으로써는 일률적으로 정할 것은 아니고 부담하는 채무의 내용 등 구체적인 사정에 비추어 공평의 관념과 신의칙에 따라 해결하여야 할 것이다.

(2) **履行提供의 繼續 要否**

(가) 受領遲滯의 경우 　同時履行관계에 있는 당사자 일방이 상대방에 대하여 "일정한 일시"에 이행할 것을 최고한 때에는 "일정한 기간 내"에 이행할 것을 최고한 경우와 달리 그 기일에 履行提供이 있으면 족하고 그 기일에 이르기까지 履行提供을 계속하여야 하는 것은 아니다.[68] 그런데 상대방이 적법한 이행의 제공을 하였음에도 불구하고 이를 수령하지 않음으로써 수령지체에 빠진 당사자가, 그 후 상대방의 단순청구에 대하여 同時履行의 抗辯權을 행사할 수 있다고 할 것인지 여부가 문제가 된다. 受領遲滯를 이유로 계약을 해제하기 위하여는 다시 이행의 제공을 할 필요가 없다는 점에 異說이 없으나, 단순청구에 대하여는 同時履行의 抗辯權을 인정하는 것이 다수설이고 판례가 취하는 견해이다.[69] 受領遲滯의 효과는 履行提供이 된 상대방의 채무에 관하여 생기는 것이지 受領遲滯者 자신의 채무에 관하여 생기는 것은 아니며, 受領遲滯를 이유로 同時履行의 抗辯權을 소멸시켜 버리면, 그 후 상대방이 無資力으로 된 경우에도 반대급부에 대한 담보 없이 자신의 채무를 먼저 이행하여야 하는 결과가 되어 공평하지 않다는 것이다.

이에 대하여 적법히 이행의 제공을 한 상대방에게 그 제공의 계속을 강요하는 것이 오히려 공평의 관념에 어긋나고, 受領遲滯의 상태에서 상대방의 채무가 無資力 등의 원인으로 履行不能狀態가 되더라도 그로 인한 불이익은 受領遲滯者가 감수하여야 한다는 이유로 反論을 제기하는 견해도 있다.[70]

肯定說에 찬동한다. 受領遲滯의 효과는 채권자가 채무이행을 수령하지 않음으로써 생긴 불이익을 그 채권자에게 부담시키는 데에 있을 뿐, 채무자의

67) 獨民 §320 Ⅰ.
68) 大判 81.4.14, 80다2381(集 29-1 民 163).
69) 郭潤直, 99; 金·安, 62; 金顯泰, 43; 鄭範錫, 33; 崔栻, 68-69; 李太載, 83; 大判 66.9.20, 66다1174(集 14-2 民 52); 大判 72.3.28, 72다163(集 20-1 民 169); 大判 72.11.14, 72다1513, 1514(集 20-3 民 112).
70) 黃迪仁, 99; 柚木, 前揭書, 139-40.

채무를 면제시키는 데에 있는 것은 아니다. 그리고 이행의 제공을 한 상대방의 입장에서 볼 때 쌍방의 채무를 모두 소멸시키는 계약해제는 1회의 이행제공만으로 충분하다고 하겠지만, 본래의 채무의 이행을 청구함에 있어서는 역시 이와 견련관계에 있는 자신의 채무이행과 상환으로 하도록 한다고 하더라도 크게 불이익하다고 할 수 없다. 또 수령지체에 빠진 당사자의 입장에서 볼 때에는 1회의 수령지체만으로 이 抗辯權이 가진 담보적 기능을 상실하고 일방적으로 先履行을 강제당하는 가혹한 결과가 되어서는 안 될 것이다. 다만 채무자가 이미 同時履行의 抗辯權을 행사함으로써 일단 相換履行判決을 받은 채권자는 채무자가 受領遲滯에 있는 때에는 반대급부를 제공함이 없이 막바로 강제집행에 의하여 그 청구권을 실행할 수 있다고 보는 것이 옳지 않을까 한다.[71)]

(나) 受領拒絶 등의 경우 雙務契約의 당사자 일방이 자신의 채권에 관하여 미리 변제받기를 거절한 경우에도 상대방은 현실의 제공을 할 필요는 없으나 口頭의 提供은 하여야 하는 것이므로,[72)] 상대방의 이행청구에 대하여 同時履行의 抗辯權을 상실하는 것은 아니다. 변제받기를 거절한 당사자가 상대방의 이행청구를 받고나서 拒絶意思를 번의할 가능성이 있기 때문이다. 매수인이 계약해제사실을 주장하여 계약금 등의 반환청구소송을 제기하였다면 그 사실 자체로 일응 매수인에게 殘代金支給債務를 이행하지 아니할 의사가 있는 것으로 볼 수 있으나, 買受人敗訴의 판결이 있은 후에는 매수인의 번의를 기대할 수 있으므로 매수인의 잔대금채무와 매도인의 소유권이전등기절차이행 및 명도의무는 여전히 同時履行의 관계에 있다는 판례[73)]가 단적인 예가 될 것이다. 그러나 변제거절의 의사가 확정적으로 명백한 경우에는 同時履行의 抗辯權도 소멸한다고 해석할 것이다.[74)]

또한 당사자 일방의 책임 있는 사유로 상대방의 채무가 履行不能이 되거나 受領不能이 된 경우에는 상대방의 단순청구에 대하여 同時履行의 抗辯權을 행사할 수 없다고 함이 타당하다.[75)]

---

71) 獨民 §§274 Ⅱ, 322 Ⅲ 참조.
72) 民 §460 但.
73) 大判 59. 6. 18, 4291民上417.
74) 同旨 郭潤直, 債總, 418; 日大判 大正 10. 11. 9. 그러나 柚木, 前揭書, 139-40은 거절의사의 명확이라는 한계가 애매하고 번의의 가능성은 항상 존재한다는 등의 이유를 들어 반대의 견해를 취하고 있다.
75) 大判 73. 11. 27, 72다392.

Ⅲ. 效　　力

1. 履行拒絶權能

同時履行의 抗辯權은 상대방의 채무이행이 있기까지 자신의 채무이행을 거절할 수 있는 권리이므로, 이와 같은 履行拒絶權能이 이 抗辯權의 본체적 효력이라고 할 수 있다.

2. 援用의 要否

同時履行의 抗辯權은 앞에서 검토한 요건을 갖추기만 하면 성립하는 것이지만, 당사자가 이를 援用하지 않는 한 그 기능을 발휘하지 못한다고 보는 것이 통설·판례이다.[76] 당사자가 이 抗辯權을 援用하지 않는 한, 상대방의 이행청구는 비록 그 상대방이 자기 채무를 이행하거나 또는 이행의 제공을 한 바 없더라도 완전히 그 효력을 발휘하는 것이고, 따라서 법원도 이 抗辯權의 존재를 고려할 필요가 없이 상대방의 청구를 인용하여야 한다는 것이다. 이에 대하여 위와 같은 결과는 우리 民訴法이 辯論主義를 취하고 있어서 당사자가 주장하지 아니한 사실을 판결의 기초로 할 수 없기 때문일 뿐, 통설이 주장하는 바와 같은 실체법상 援用의 효과가 아니라는 견해가 있다.[77] 이 抗辯權이 援用에 의하여 현실화되지 않은 경우에도 이 抗辯權의 존재만으로 뒤에서 보는 바와 같은 실체법상의 효과가 발생한다는 점에 비추어 보면 援用을 이 抗辯權의 효력에 필수불가결한 것으로 보아야 하는지 의문이다. 抗辯權者가 이 抗辯權의 행사를 포기하고 자기의 채무를 이행할 수 있음은 두말할 필요도 없지만, 援用이 없다는 이유만으로 존재하는 抗辯權이 아무런 효력이 없다고 보기는 어렵기 때문이다.

이 抗辯權을 援用할 수 있는 시기와 방법에 관하여는 특별한 제한이 없고 상대방의 履行請求時에 援用하여 그 이행을 거절하면 충분하다. 履行期의 前後, 재판상 또는 재판 외이거나를 묻지 않는다. 상대방에게 先履行義務가 있다는 주장 속에는 同時履行의 抗辯이 포함되어 있다고 할 것이므로 설사 상대방

76) 郭潤直, 100; 金曾漢, 58; 金顯泰, 44; 李太載, 84; 崔栻, 70; 黃迪仁, 99; 大判 55. 4. 7, 4287民上368(集 2-3 民 17); 大判 55. 4. 21, 4287民上287(集 2-2 民 25); 大判 64. 9. 15, 64다84; 大判 67. 9. 19, 67다1231; 大判 90. 11. 27, 90다카25222(公 1991, 221).

77) 李銀榮, "雙務契約과 同時履行의 抗辯權", 考試硏究(87. 7), 127.

에게 先履行義務가 없다고 하더라도 同時履行의 抗辯權을 援用한 것으로 보아야 한다.[78)]

3. 訴訟上의 效力

(1) 原告의 청구에 대하여 被告가 적법하게 同時履行의 抗辯權을 소송상 援用한 경우 原告가 단순청구를 관철시키기 위하여서는 자기 채무를 이행하였거나, 이행의 제공을 하였음을 입증할 책임이 있다.

(2) 原告가 위에서 본 立證責任을 다하지 못한 경우 법원은 단순히 原告의 청구를 기각하여야 할 것이 아니라, 상환으로 급부를 명하는 相換履行判決을 하여야 한다는 데에 異說이 없다.[79)] 이 抗辯權은 延期的 抗辯權에 지나지 않기 때문이다.

(3) 위와 같은 相換履行判決의 旣判力의 객관적 범위가 문제가 된다. 소송물인 被告의 채무에 旣判力이 미치는 것은 당연하다. 그러나 原告의 채무의 존재 및 그 액수에 관하여는 主文에 표시되더라도 旣判力이 미치지 아니하고, 다만 被告의 채무와 同時履行의 관계에 있다는 점에 관하여만 旣判力이 있다는 것이 판례가 취하는 견해이다.[80)]

(4) 相換履行判決에 기한 強制執行을 하는 경우에 原告의 반대급부, 즉 原告가 자신의 채무를 이행하였거나 이행의 제공을 하였음을 증명하는 것은 「집행력 있는 正本附與의 요건」(民訴 § 480 Ⅱ)이 아니라, 「執行開始의 요건」(民訴 § 491 Ⅱ)이 된다.[81)] 따라서 反對給付의 이행은 강제집행이 개시되기까지 하면 되고, 그 이행 여부의 審査도 법원이 아니라, 집행관 기타의 집행기관이 하게 된다. 반대급부의 내용은 판결로 이미 확정되어 있으므로 집행기관이 심사하더라도 상대방을 특히 불이익하게 하지 않을 것이다.

4. 實體法的인 效果

(1) 相計禁止

同時履行의 抗辯權이 붙어 있는 채권을 自動債權으로 하여 相計하지 못한다. 만약 相計를 허용한다면 상대방이 가진 同時履行의 抗辯權을 잃게 되는

78) 大判 63. 3. 21, 63다43(集 11-1 民 202).
79) 獨民 § 322 Ⅰ은 이를 명문으로 규정하고 있다.
80) 大判 75. 5. 27, 74다2074. 그러나 이재성, "同時履行請求에 있어서 反對給與와 確定力", 法學 135 이하는 이 판결의 견해에 반대하고 있다.
81) 大決 61. 7. 31, 4294民再抗437; 大判 62. 6. 15, 4294民上708; 大決 77. 11. 30, 77마371 등.

결과가 되기 때문이다. 그러나 이 抗辯權 붙어 있는 상대방의 채권을 受動債權으로 하여 相計하는 것은 무방하다.

(2) 履行遲滯의 방지

同時履行의 抗辯權을 가진 채무자는 그 채무의 이행기에 이행을 하지 않더라도 상대방이 먼저 자기 채무를 이행하거나 이행의 제공을 하지 않는 한 履行遲滯에 빠지지 않는다.[82] 따라서 상대방은 履行遲滯를 이유로 손해배상채권을 취득할 수도 없고, 계약을 해제할 수도 없다. 同時履行의 抗辯權이 존재한다는 사실 자체가 반대급부의 이행이 있기까지 자기 채무의 不履行을 정당화시키는 이유가 되기 때문이다. 예컨대 임차인이 임차보증금반환채권을 내세워 임대인의 명도청구를 거절하는 경우 임대인이 임차인에게 임차보증금을 현실적으로 반환하거나 그 이행의 제공을 하여 同時履行의 抗辯權을 소멸시키지 않는 한, 임차인의 목적물에 대한 점유는 不法占有라고 할 수 없다.[83] 다만 임차인이 그 점유로 인하여 실질적인 이득을 얻은 경우 이를 不當利得으로서 임대인에게 반환하여야 하는 것[84]은 별개의 문제이다.

5. 解釋上 인정되는 同時履行의 抗辯權의 效力

앞에서 본 바와 같이 통설은, 雙務契約에서 발생한 대가적인 채무 사이가 아니더라도 널리 동일한 법률관계로부터 발생한 채무 사이에 公平의 觀念과 信義則에 비추어 타당하다고 인정될 때에는 同時履行의 抗辯權의 적용범위를 확장하고 있다. 이것은 獨逸과 같은 "債權的 留置權"의 규정이 없는 우리 민법의 빈틈을 해석으로나마 메우려는 것이라고 할 수 있다.

그러나 통설은 이와 같이 해석상 인정되는 同時履行의 抗辯權도 그 효력에 있어서는 雙務契約에서 인정되는 본래적인 同時履行의 抗辯權과 아무런 구별을 하지 않고 있다. 여기에서 가장 문제가 되는 것은 留置權制度에서 인정되는 代擔保가 인정되지 않는다는 점이다. 同時履行의 抗辯權은 원래 雙務契約에서 발생한 대가적인 채무 사이에 인정되는 것이기 때문에 그 채무 사이에

82) 大判 64.5.26, 63다934; 大判 69.7.8, 69다337; 大判 87.1.20, 85다카2197(公 1987, 357); 大判 88.4.12, 86다카2476(公 1988, 825). 학설 중에서도 異說이 없다.

83) 大判 90.12.21, 90다카24076(公 1991, 590); 大判 92.5.12, 91다35823(公 1992, 1840) 등. 大判 89.10.27, 89다카4298(公 1989, 1784)은 임차인의 임차보증금반환채권이 제3자에게 轉付된 경우에도 轉付債權者에게 임차보증금이 지급되거나 이행제공이 되기까지는 不法占有가 아니라고 판시하고 있다.

84) 大判 79.3.13, 78다2500, 2501(公 1979, 11892); 大判 81.2.10, 80다1495(公 1981, 13723); 大判 90.12.21, 90다카24076(公 1991, 590).

履行上의 牽連性이 강하고 다른 급부나 담보의 제공으로 일방의 채무를 대신하기 어렵다. 이에 비하여 해석상의 同時履行의 抗辯權은, 채무 상호간에 이행상의 견련관계를 인정하는 이유가 그 채무들이 서로 대가적인 의미를 가지기 때문이라기보다는 당사자 일방이 상대방의 채무이행이 있을 때까지 자기 채무의 이행을 거절함으로써 상대방에 대한 청구권을 확보하도록 하여 주는 것이 公平의 觀念과 信義則에 부합한다는 데에 있기 때문에, 그 청구권의 이행이 다른 담보에 의하여 확보될 수 있는 경우에도 굳이 위와 같은 同時履行의 抗辯權을 계속 보유시키는 것이 타당한지 의문이다. 특히 앞에서도 본 바와 같이 임차보증금반환채무는 그 임차보증금의 정확한 액수가 임차물의 반환이 이루어지기까지는 확정되지 않는다는 점과 임차물반환채무와 사이에 대가적 의미는 없을 뿐만 아니라 그 이행가치에 있어서도 임차물반환채무에 비하여 훨씬 낮은 것이 보통이라는 점을 아울러 감안하여 본다면, 임차보증금반환청구권을 확보할 수 있도록 다른 담보가 제공된 경우에까지 임차인에게 同時履行의 抗辯權을 그대로 유지시키는 것은 지나치다는 생각이 든다. 어차피 해석상의 同時履行의 抗辯權을 인정하는 근거가 公平의 觀念과 信義則이라면, 상당한 代擔保가 제공된 경우에는 더 이상 이 抗辯權을 행사할 수 없다고 해석하는 것이 또한 公平의 觀念과 信義則에 부합하는 것이 아닐까 생각한다. 판례도, 비록 傍論으로 설시한 것이기는 하지만, 「일반적으로 同時履行의 관계가 인정되는 경우에는 그러한 抗辯權을 행사하는 자의 상대방이 그 同時履行의 의무를 이행하기 위하여 과다한 비용이 소요되거나 또는 그 의무의 이행이 실제적으로 어려운 반면, 그 의무의 이행으로 인하여 抗辯權者가 얻는 이득은 별달리 크지 아니하여 同時履行의 抗辯權의 행사가 주로 자기 채무의 이행을 회피하기 위한 수단이라고 보여지는 경우에는 그 抗辯權의 행사는 권리남용으로서 배척되어야 할 것」이라고 판시한 것이 있다.[85)]

Ⅳ. 類似制度와의 比較

1. 相 計

相計는 채무자가 채권자에 대하여 자기도 같은 종류의 채권을 가지는 경

85) 大判 92.4.28, 91다29972(公 1992, 1699).

우에, 그 채권과 채무를 대등액에서 소멸시키는 제도이다. 本條의 抗辯權과 相計制度는 그 근거를 公平의 관념에 두고 있는 점, 擔保的인 機能을 가지는 점, 對象債務가 辨濟期에 있어야 하는 점 등에서 공통점이 있다. 그러나 ① 本條의 抗辯權은 원칙적으로 雙務契約에서 발생한 채무 상호간에 적용되는 데에 비하여 相計制度는 동종의 채무이기만 하면 원칙적으로 발생원인을 묻지 않고 적용되는 점,[86] ② 本條의 抗辯權이 상대방의 청구를 기다려서 하는 抗辯權임에 비하여 相計는 일방적인 의사표시에 의하여 행하는 形成權이라는 점, ③ 따라서 本條의 抗辯權이 소송상의 방어방법으로 행사된 경우에 相換履行判決을 하게 됨에 비하여 相計가 소송상의 방어방법으로 행사된 경우에는 청산된 채권관계에 따른 조건 없는 판결을 선고하게 되는 점 등에서 차이가 있다.

2. 留置權

(1) 留置權은 타인의 물건을 점유하는 사람이 그 물건에 대하여 생긴 채권을 변제받을 때까지 그 물건을 유치함으로써 채무자의 변제를 간접적으로 강제하는 성격을 가진 擔保物權의 하나이다(民 § 390). 留置權도 本條의 抗辯權과 마찬가지로 공평의 관념을 근거로 하고 있고, 담보의 기능을 하며, 권리를 보유하고 있는 동안에는 履行遲滯에 빠지지 않고, 履行拒絶權能을 그 기본내용으로 하는 것으로서 소송상 防禦方法으로 주장된 경우에 相換履行判決을 하게 되는 점 등 유사점이 많다.

그러나 留置權은 다음과 같은 점들에서 本條의 抗辯權과 구별된다.

① 留置權은 物權으로서 對世的 效力을 가지므로 어느 누구에 대하여서도 대항할 수 있고, 이것이 雙務契約의 당사자 사이에서만 주장할 수 있는 채권적 효력을 가지는 同時履行의 抗辯權과 근본적으로 다른 점이다. 또 本條의 抗辯權은 상대방의 破産 등에 의하여 영향을 받지 않으나, 留置權者는 유치물 소유자의 破産 또는 整理節次의 開始에 의하여 別除權 또는 整理擔保權의 형식으로 구제받게 되어 있다.[87]

② 채무 상호간의 牽連性이 아니라 債權과 留置物과의 牽連性을 요건으로 하고 있어서 그 채권발생원인이 契約이든, 不當利得이든, 不法行爲이든 묻

86) 故意에 의한 不法行爲債權(§ 496), 押留禁止債權(§ 497), 支給禁止債權(§ 498) 등의 경우를 제외한다.

87) 破 § 84; 會整 § 123. 이에 비하여 本條의 抗辯權은 破産 또는 整理節次에서도 그대로 존속하는 것으로 해석된다. 破 § 50, 會整 § 103 참조.

지 않는다. 이에 반하여 本條의 抗辯權은 원칙적으로 雙務契約에서 발생한 채권 상호간에 적용되는 것이다.

③ 留置權은 거절할 수 있는 給付의 내용이 留置物의 引渡에 국한되나, 同時履行의 抗辯權은 거절할 수 있는 給付의 내용 여하를 묻지 않는다.

④ 留置權은 채무자가 다른 담보를 제공함으로써 그 소멸을 청구할 수 있다(民 §327). 그러나 本條의 抗辯權은 다른 담보의 제공에 의하여 소멸되지 않는다.

⑤ 留置權은 同時履行의 抗辯權과는 달리 채무의 이행 이외에 留置物에 대한 占有의 喪失이 또다른 權利消滅原因이 된다.

⑥ 留置權은 留置物 전부에 대하여 不可分的으로 효력이 미치는 것이고, 本條의 抗辯權과 같이 部分的·比例的으로 권리를 행사할 수 있는 것이 아니다.

(2) **留置權과 同時履行의 抗辯權의 競合**

本條의 抗辯權과 留置權이 경합적으로 인정될 수 있는가? 학설은 대체로 긍정하는 견해를 취하고 있다.[88] 兩者의 위에서 본 바와 같은 차이점에 비추어 본다면 법률관계에 따라 두 권리가 병존하는 경우가 있을 것이다.

그런데 일본에서는 雙務契約의 전형인 賣買契約에서도 兩者의 競合을 인정할 것인가에 관한 논의가 있다. 同時履行의 抗辯權의 법적 성격에 참고가 되는 논의이므로 소개하고자 한다. 일본의 통설·판례는 肯定說의 입장을 취하고 있으나,[89] 최근에 다음과 같은 不競合論이 등장하고 있다고 한다. ① 留置權은 상대방으로 하여금 先履行을 강요하는 결과가 되는 까닭에 同時履行의 抗辯權이 성립하는 경우에는 留置權은 인정될 수 없다는 견해,[90] ② 同時履行의 抗辯權은 당사자 사이에 널리 계약관계가 있는 경우에 적용되고 留置權은 그러한 계약관계가 없는 경우에 적용되는 데에 지나지 않는다는 견해,[91] ③ 同時履行의 抗辯權은 雙務契約關係를 구성하는 대가적인 채무 사이의 이행을 견련시키는 고유의 기술임에 반하여, 留置權은 계약관계에서 인정되는 경우에도 계약관계를 청산하기 위한 附隨義務의 이행을 상대방의 대가적 채무의 이

88) 金曾漢, 54; 李太載, 85; 註釋債各(1), 275.

89) 白羽祐三, "留置權·同時履行の抗辯權と不當利得", 98 참조.

90) 薄根, 借地·借家(法律實務講座借家 編), 332. 그러나 留置權도 公平의 관념에 근거한 것이라는 점에 비추어 보면 반드시 先履行을 요구하는 것이라고 풀이할 필요는 없다고 할 것이어서 그 논거가 충분하다고 할 수 없다.

91) 鈴木, 物權法講義, 129. 그러나 넓은 의미의 계약관계가 있는 경우에도 留置權이 인정되어야 할 경우가 있다는 점(留置權의 성립을 인정하는 전형적인 예로 들고 있는 시계수리점과 시계수리의뢰인 사이에도 일종의 都給契約關係가 있다)에 비추어 보면 그 타당성이 의심스럽다.

행과 견련시키기 위한 것이라고 주장하는 견해,[92] ④ 同時履行의 抗辯權은 단지 履行拒絶權에 그치는 것이 아니라 有償·雙務契約의 관철·실현을 적극적으로 보장하는 要諦로서 雙務契約의 논리로부터 고안되고 그 논리에 의해서만 고유한 존재가치를 가지는 것인 반면, 특정한 채권의 담보로서 규정되어 있는 留置權은 雙務契約의 논리와는 별도의 논리에서 인정된 것이라는 견해[93] 등이 그것이다. 이들 不競合論者들은 物權變動에 관하여 意思主義를 취하면서 雙務契約상의 同時履行의 抗辯權에 관하여 일반적인 규정을 두고 있지 않는 佛蘭西民法에서는 雙務契約에 있어서의 대가적 채무의 이행의 보장을 非契約上의 기술인 留置權에 의하여 대위보충하고 있지만, 物權編과는 달리 債權編에 관하여는 獨逸民法의 영향으로 同時履行의 抗辯權에 관한 규정을 두고 있는 日本民法下에서는 매매에 관하여 무조건적인 경합론을 긍정하는 것은 타당하지 않다고 주장한다.

이 문제에 관한 우리 나라에서의 논의는 별로 찾아볼 수 없다. 그러나 物權變動에 관하여 形式主義를 취하고 있는 우리 나라는 일본과 사정이 다르다. 物權變動에 관하여 意思主義를 채택하고 있는 일본에서는 매매계약과 동시에 목적물의 소유권이 매수인에게 넘어가기 때문에 매도인의 입장에서 볼 때 매매의 목적물은 곧바로 타인의 물건으로 되어 반환의무를 부담하게 되며, 매도인의 매매대금채권은 그 물건에 관하여 생긴 채권으로서 留置權에 의하여 담보된다고 해석하는 것이 가능하지만, 우리 나라에서는 매매계약만으로는 목적물의 소유권이 매수인에게 이전되는 것이 아니므로 매도인에게 留置權이 인정될 수 없다. 그러므로 우리 나라에 있어서는 매매에 관하여 두 권리의 競合을 인정하는 것은 무리라고 생각한다.

[柳 元 奎]

---

92) 川村, 商品交換法の體系(上), 226.
93) 白羽祐三, 前揭論文, 100-101.

前 論[雙務契約의 特殊問題: 危險負擔]

차 례

Ⅰ. 概 觀

1. 民法의 危險負擔規定

民 §537와 §538는 給付와 反對給付의 견련(Synallagma)을 특징으로 하는 雙務契約에 있어서 당사자 어느 쪽에도 책임질 사유가 아닌 사유로 급부가 후발적으로 불능이 된 경우(民 §537)와 채권자에게 책임 있는 사유로 불능이 된 경우(民 §538)에 그러한 사정이 반대급부에 미치는 효과("위험부담")에 관하여 계약의 효력이라는 관점에서 규정함으로써 일반적 불능법리를 보충하는 기능이 있다. 이처럼 위험부담은 쌍무계약에 있어서 두 채무 사이의 존속상의 견련관계를 정하는 제도이다(통설). 채무자의 책임사유로 인한 급부불능에 관하여는 채권의 효력이라는 관점에서 채무불이행으로서의 일반적인 규정을 두었을 뿐 계약편에서 이를 보충하는 규정은 두고 있지 않다. 한편 쌍방의 책임사유에 기인하는 불능의 경우에 관해서도 아무런 규정을 두고 있지 않다(후술 後論 참조).

2. 危險의 개념

위험이란 물건이 우연히 멸실 또는 훼손됨으로써 발생하는 불이익을 종국적으로 부담해야 하는 불이익한 법적 상태를 말한다.[1] 이에는 다음과 같은 서

1) Hans Giger, Berner Kommentar zum Schweizerischen Privatrecht Ⅵ/2: Obligationenrecht(2. Aufl., 1980) Art.185 N.7(이하 Giger, OR Art.로 略한다).

로 다른 종류가 개념적으로 구별된다.

(1) 物件의 위험

물건의 우연한 멸실의 위험을 물건의 위험(Sachgefahr)이라고 부른다.[2] 특정물채권의 채권자는 물건이 멸실하면 더 이상 그 물건의 급부를 받을 수 없게 된다. 이 때에 채권자가 위험을 부담한다(Periculum est creditoris; species perit ei cui debetur)고 하는 경우는 이 물건의 위험을 의미한다. 또 선택채권에서 두 물건 중 하나가 멸실하면 채무자는 나머지 물건을 급부해야만 하므로(民 §538 I) 첫 물건의 위험은 채무자가 부담하고, 뒤의 물건이 다시 멸실하면 채권자가 물건을 급부받을 수 없다는 의미에서 채권자가 뒷 물건의 위험을 부담한다고 하는 경우(Paulus D.18.1.34.6)의 위험이란 바로 이러한 물건의 위험을 말한다. 물건이 제3자의 행위로 인하여 파괴되고 그 제3자가 그 행위(불법행위)로 인하여 배상책임을 지게 되는 경우에는 우연한 멸실이 아니다.

(2) 給付危險 및 反對給付(보수, 대가)危險

급부위험 및 반대급부(보수, 대가)위험은 채권관계에 있어서 계약의 체결과 물건급부의무의 완전한 이행 사이의 기간(이른바 "이행기간" [Erfüllungszeitraum])에만 존재한다.[3] 급부위험(Leistungsgefahr)이란 물건급부채무자가 물건의 멸실에도 불구하고 재차(또는 그 대체물을) 급부해야만 하는 위험이다. 반대급부위험(Gegenleistungsgefahr)이란 물건급부채권자가 물건급부가 이루어지지 않음에도 불구하고 반대급부를 해야 하는, 즉 대금을 지급해야만 하는 위험을 말한다. §537와 §538에서 말하는 위험이란 반대급부위험, 즉 대가위험(Vergütungsgefahr)을 의미한다(통설).[4] 견해에 따라서는 물건의 위험과 급부의 위험을 동일시하는데, 개념정의의 문제이기는 하지만 구별하여 이해하는 것이 더 합당하다고 보겠다.

Ⅱ. 適用範圍

1. 後發的 不能

민법 民 §537와 §538는——금전채무의 이행은 불능이 될 수 없으므로(民 §397)

---

2) 李銀榮, 135f.; 註釋債權各則(Ⅰ), 298(金錫宇).

3) MünchKomm-Emmerich, §323 RN.3.

4) 同旨 Vollkommer/Jauernig, BGB §323 Anm.1 a; Vor §§446, 447 Anm.2; Giger, OR Art.185 N.12f.

결국은 물건급부채무의——후발적 불능(nachträgliche Unmöglichkeit)과 이와 동일시되는 후발적 무능(Unvermögen)의 경우(獨民 §275 Ⅱ 참조)에 대해서만 적용되고, 원시적 불능과 원시적 무능의 경우는 규율하지 않는다(통설).[5] 품질의 하자는 (일부)불능의 사례에 해당되지 않고 그래서 담보책임규정만이 적용된다.[6] 상세는 후술 §537 注解 Ⅱ.2 및 §538 注解 Ⅱ.1 참조.

2. 雙務契約

① 民 §537와 §538는 기본적으로 물건유통거래행위(Umsatzgeschäfte), 즉 교환형계약을 염두에 둔 것이지만, 특별규정이 적용되지 않는 한(후술 §537 注解 Ⅰ.2 참조), 모든 쌍무계약에 적용된다(통설).[7] 후술 §537 注解 Ⅱ.1 참조.

② 쌍무계약의 규정이 준용되는 불완전쌍무계약(예: 부담부증여. 民 §561)의 경우에는 증여급부가 불능이 되면, 증여를 원인으로 하여 비로소 부담급부의무가 발생하는 것이므로 부담의무도 소멸하고, 부담급부가 불능이 된 때에는 그와 연계된 증여급부 역시 보통은 목적불능으로 소멸하지만, 부담급부가 사소한 것일 때에는 증여의무는 존속한다고 새겨야 할 것이다.[8]

③ 쌍무계약이 해제되거나, 취소 또는 무효에 의하여 상호 반환의무를 부담하는 경우에는 이행상의 견련성이 인정된다. 그러나 이러한 경우 원상의 회복은 법률의 규정에 의하여 그 결과의 야기가 命해진 것이므로 원상회복과 관련하여 각 당사자는 자신의 급부에 대한 위험을 법률상 부담하는 것으로 보아야 할 것이다. 그러므로 양 급부간의 소멸상의 견련성은 부정되어야 한다. 따라서 물건의 반환의무를 지는 자는 비록 그 물건이 양 당사자에게 책임 없는 사유로 멸실하더라도 그에 갈음하는 가격 상당의 반환의무가 있다고 새긴다. 해제나 취소, 무효와 관련하여 상대방의 잘못으로 손해를 입은 당사자는 손해배상을 청구할 수 있음은 물론이지만, 이것은 원상회복의 위험부담과는 별개

5) 註釋債權各則(Ⅰ), 302f.(金錫宇).
6) 同旨 Vollkommer/Jauernig, BGB Vor §§323-325 Anm.3 a. 異見 李銀榮, 141.
7) 同旨 Vollkommer/Jauernig, BGB §323 Anm.2 a; Vor §§323-325 Anm.3 b.
8) 학설에 대해서는 註釋債權各則(Ⅰ), 301(金錫宇) 참조. 伊太利의 경우 舊민법(1865)은 contratti bilaterali(쌍무계약)라는 용어만을 사용하였으나 학설의 비판이 있은 후 현행 민법(1942)에서는 contrattiàcon prestazioni corrispettive(상호급부의무 있는 계약)라는 용어를 채택하여 부담부증여와 같은 경우도 포섭하게 하였다. Luigi Mosco, "Impossibilità sopravvenuta della prestazione", in: Enciclopedia del Diritto 20(1970), 405ff., 436f.

의 문제이다.[9] 그리고 아직 물건급부의무를 이행하지 아니한 상태에서 계약이 해제되는 때에는 해제 이후의 위험은 채무자가 부담한다. 채무자의 급부의무도, 채권자의 반대급부의무도 존재하지 않기 때문이다.[10]

급부불능이 된 후에 해제의 의사표시가 있는 경우에 관하여는 후술 §537조 注解 Ⅰ.2.(1)(나) 참조.

Ⅲ. 立法主義

위험부담에 관한 규율방식은 크게 채무자위험부담주의, 채권자위험부담주의, 소유자위험부담주의, 쌍방위험분담주의가 알려져 있으나, 위험분담주의의 현실의 입법례는 없다. 우리 민법은 가장 합리적인 것으로 평가받는 채무자부담주의를 취하였다. 채권자부담주의는 보통 로마매매법의 원칙이 주된 예인 것으로 알려져 있지만,[11] 다음에 살펴보는 바와 같이(후술 Ⅳ.1.(2) 참조) 로마법의 태도는 오히려 위험의 이전(Gefahrübergang)을 기점으로 해서 각각 채무자와 채권자에게 위험을 부담시키는 방식이며, 다만 위험이전의 기준을 매매의 완성으로 보느냐, 아니면 인도로 보느냐에 따라서 전자의 경우 통상 채권자주의의 모습을 띠었을 뿐이었다고 이해해야 한다. 인도시로부터 비로소 채권자에게 위험을 부담시키는 독일민법의 태도도 채권자주의라기보다는 위험의 이전을 기준으로 하는 태도에 속한다. 일방적으로 채권자에게 불리한 규율이어서 논란이 많았던[12] 엄밀한 의미의 채권자위험부담주의 입법은 계약체결시부터 이

9) 유감스럽게도 註釋債權各則(Ⅰ), 301f.(金錫宇)는 이 문제와 관련하여 일본의 이론만을 소개하고 있을 뿐, 자신의 입장표명은 유보하고 있다.

10) 李銀榮, 147.

11) 姜渭斗, "民事·商事賣買에 있어서 危險負擔의 問題", 玄石金秉圭博士華甲紀念論文集(1980), 243ff., 247; 註釋債權各則(Ⅰ), 307(金錫宇); 郭潤直, 105; 金疇洙, 93; 李銀榮 137. 姜渭斗, 앞의 글, 256ff.는 로마법의 매수인위험부담주의는 상업이 발달했던 로마에서 상인과의 거래를 중심으로 채택된 원칙이었고, 또 게르만법상의 매도인위험부담주의는 농업사회에서의 일반민사매매에 채택된 원칙이었던 것으로 새기면서, 나아가 화폐경제하에서는 언제나 매수인이 유리한 지위에 선다는 전제하에 현행법의 해석에 있어서도 일반민사매매에는 민법의 채무자위험부담주의가 타당하지만, 商事매매에는 채권자위험부담주의를 취해야 한다고 피력함으로써, 종래의 통설적인 설명을 벗어나는 새로운 관점에서 논리를 전개하려고 시도하였다. 그러나 이곳에서 상론할 수는 없지만, 私見으로는 역사적인 분석도, 경제적인 논리도 그 타당성이 매우 의심스럽다고 하겠다.

12) 독일 보통법상의 논의(履行擬制說, 債務獨立說, 物權的實質淵源說, 財産移轉說, 過失說, 處分制限補充說, 沿革說, 利得損害共屬說)에 대해서는 姜渭斗, 앞의 글, 250ff.; 註釋債權各則(Ⅰ), 304f.(金錫宇); 郭潤直, 104.

미 채권자에게 위험을 부담시키는 日民 §534 Ⅰ의 규정이 대표적이다.

Ⅳ. 比 較 法

1. 로 마 법

(1) 危險의 의미

로마법의 위험부담에 관한 법리는 특히 매매와 관련하여 D.18.6 및 C.4.48에서 취급되고 있다. 위험(periculum)이란 항상 동일한 의미로 사용된 것은 아니었다.[13] 위험부담의 의미에서의 위험은 우연한 사변(casus fortuitus)에 의하여 발생한 손해(damnum fatale)를 의미했다.[14]

(2) 危險負擔의 원칙

(가) 매매의 경우에는 채권자위험부담주의(periculum est emptoris)가 인정되었으나, 그 밖에는 일반적으로 채무자위험부담주의가 적용되었다(특히 賃約의 경우 periculum est locatoris). 여기서는 매매에 관하여만 살펴보기로 한다.

(나) 賣買의 경우 危險의 이전

(a) 매매의 경우 대가지급의 위험은 물건급부의무자인 매도인이 아니라 대금지급의무자인 매수인이 부담하는 것이 원칙이었지만, 이것은 어디까지나 위험이 매수인에게 이전한 경우에 적용되는 법리였고, 아직 위험이 매도인으로부터 매수인에게 이전되지 않았을 경우에는 대금채권자인 매도인이 위험을 부담하였다. 그런데 위험의 이전을 결정하는 데 있어서 로마의 법률가들 사이에는 두 가지 견해가 대변되고 있다. 하나는 매매완성기준설이고 다른 하나는 인도기준설이다.[15]

(b) 매매완성기준설　　많은 법사료에 의하면 위험을 매수인과 매도인 중 누가 부담하는가를 알기 위해서는 매매가 완성되었는가 아닌가를 알지 않으면 안 되었다. 왜냐하면 매매가 완성되면(emptione perfecta) 비록 매매목적물이 아직 매수인에게 인도되지 않았을지라도 위험은 매수인에게 속하였기 때문이다(Paulus 33 ed. D.h.t. 8.pr; Inst.3.23.3). 매도인은 인도 전에는 소유자로 남아 있고(Inst.3.23.3 circ.fine)

13) 다양한 의미의 예: D.40.12.13.1; D.19.2.40; D.17.2.25; D.47.2.14.10; D.16.3.1.35; D.4.9.3.pr.

14) 賣買 D.h.t.1; 7; 15; Inst. Iust. 3.23.3; D.19.5.17.1/2/4; 賃約 D.19.2.9.3; 質權 C.4.24.9.

15) Giger, OR Art.185 N.23: “Konsensprinzip/Traditionsprinzip”.

물건의 위험은 통상 소유자에게 속함에도 불구하고(C.4.24.9 [a.293]), 그 물건의 소유자가 채무자이고 소유권이전의 원인이 이미 존재하는 경우에는 다르기 때문이다(Inst. 2.1.40). 후술 (3) 이하에서는 매매완성기준설에 따른 설명을 소개하기로 한다.

(c) 인도기준설　　이 설에 의하면 매도인으로부터 매수인에게 위험이 이전하는 것은 인도가 있은 연후의 일이다. 매매완성기준설이 당사자 사이의 재화귀속의 실질을 규범적으로 포착하여 엄밀한 법적 의미에서 아직 소유권의 이전이 없었더라도 물건의 매수인은 매매가 완성된 순간에 실질적인 소유자로서의 지위를 갖게 된다고 보아 이를 기준으로 위험부담의 법리를 전개했다면, 인도기준설은 물건에 대한 현실적인 지배영역이 누구에게 속하는가(말하자면 영역설)를 기준으로 하여 규범적 판단이 아니라 사실적 판단에 입각한 위험부담의 법리를 전개하였다.[16] 관련사료의 표제사항으로 판단컨대 Servius Sulpicius Rufus의 제자 Alfenus로부터 전래된 견해로 추정되며, 법의 세계와 事實界를 준별하는 세르비우스법학의 특성에도 부합하는 점으로 미루어 그 전통의 맥은 거의 확실하다. 반면에 당사자간의 재화귀속약속의 규범적 구속력을 바탕으로 법적 형식의 완비 이전에 이미 위험과 이익의 귀속을 결정하는 매매완성기준설은 그 법학적 思考의 특성으로 미루어 볼 때 Quintus Mucius Scaevola의 가치법학에서 연유하였음에 틀림이 없을 것이다. 이 점은 이쪽 사료의 상당부분이 〈Sabinus 주해〉에서 온 것임을 고려할 때 더욱 확고해진다. 유스티니아누스 황제법에서는 이 두 견해를 정리하지 않고 혼합된 채로 모두 수록하였다. 학설의 차이를 제대로 파악하지 못한 채 개별사례에 따른 決疑論的인 해결책으로 파악한 듯하다.[17] 獨民 §446 Ⅰ; 奧民 §§1064, 1049는 인도기준설을 취하고, 瑞債 §185는 매매완성기준설을 취한다. 우리 법의 해석에 관하여는 후술 §537 注解 Ⅰ. 2. (1) 참조.

(3) 賣買가 완성된 경우

(가) 원　칙　　매매는 매도되는 물건이 어떤 것이고 어떤 질의 것이고 어느 분량의 것인가 하는 점이 분명해지고 가격에 관하여 조건 없이 합

16) 유명한 침대매매사건(Paulus 3 Alfeni epit. D.h.t.13, Iulianus 3 ad Urs. Ferocem D.h.t.14, Paulus 3 Epit. Alfeni D.h.t.15.pr) 외에 가령 목재매매사건(Paulus 3 Epit. Alfeni D.h.t.15.1)을 들 수 있다.

17) Manlio Sargenti, "Rischio Ⅰ.a) Diritto romano", in: Enciclpoedia del Diritto 40 (1989), 1126ff.는 유스티니아누스입법에 대해 극히 비판적이지만(1132: "un quadro estremamente contraddittorio"), 후대의 텍스트 改纂만을 고려할 뿐 학설의 대립이라는 면은 간과하고 있다.

의가 이루어지는 때에는 완성된 것이다(Paulus 33 ed. D.h.t. 8.pr; Inst.3.23.3). 따라서 매도된 포도주가 酸化하거나 또는 그 밖의 하자가 발생하는 경우,[18] 토지가 매수 후 강물의 범람으로 훼손되거나 전부 멸실한 경우,[19] 임대용 건물이 화재로 燒失한 경우,[20] 또는 매도된 노예나 동물이 죽은 경우[21]에는 위험은 매수인이 부담한다.

(나) 예 외 그러나 다음과 같은 경우에는 예외이다.

① 매도인의 악의, (중, 경)과실이 先行한 경우[22]

② 매도인이 위험과 우연을 인수한 경우[23]

③ 매도된 물건이 先在한 하자로 인하여 멸실한 경우[24]

(4) 賣買가 미완성인 경우

매매가 미완성인 경우에는 매도된 물건의 위험은 통상 매도인이 부담한다(Paulus 33 ed. D.h.t. 8.pr; Inst.3.23.3). 다음 경우에는 매매는 아직 미완성이다.

① 조건부로 매매되고 조건이 아직 성취되지 않은 경우[25]

② 서면방식을 취한 매매인데 서면이 아직 완성되지 않은 경우[26]

③ 도량형에 따라 매도되었으나 아직 측정이 안 된 경우[27]

이 경우에는 매도인의 위험부담으로 돌아간다(D.h.t.1.1; Paulus 5 Sab. D.h.t.5; C.4.48.2). 비록 포도주가 試飮을 했고 포도주 항아리에 봉인을 했더라도 그렇다(D.h.t.1. pr/2). 그러나 다른 약정이 있거나(D.50. 17.23), 물건이 측정 없이 매수인에게 인도되었거나(C.4. 48.2) 또는 측정이 행해지지 않은 데에 매수인에게 책임이 있으면(C.4.48.2; D.h.t. 1.3; D.h.t.5) 그렇지 않다. 수령지체 후에는 매도인은 악의와 중과실에 대해서만 책임을 지기 때문이다(D.h.t.5; Pomponius 31 Qu. Muc. D.h.t.18). 매도인 자신이 항아리가 필요한 경우 매수인에게 포도주를 가져가거나 포도주를 쏟아버릴 것임을 알도록 증인입회하에 통지한 경우에는 매도인은 포도주를 쏟아버릴 수도 있다(Ulpianus D.h.t.1.3/4; D.h. t.4.2; Gaius D.h.t.2.pr). 그러나 로마의 법률가는 쏟아버릴 수도 있었으나 그렇게 하지 않은 경우에는 稱讚할 것이

18) Ulpianus 28 Sab. D.h.t.1.pr; Gaius 2 cott. rer. D.h.t.15.
19) Paulus 5 Sab. D.h.t.7.pr; Scaevola D.h.t.11; Inst.3.23.3.
20) Alfenus 2 dig. D.h.t.12.
21) Inst.3.23.3.
22) Inst.3.23.3; Gaius 10 ed. prov. D.18.1.35.4.
23) Ulpianus 28 Sab. D.h.t.1.pr; 29 Sab. D.50.17.23; Inst.3.23.3.
24) C.4.48.6 [a.294].
25) D.h.t.8.
26) C.4.48.4 [a.239]; C.4.21.17 [a.528].
27) Gaius 10 ed. prov. D.18.1.35.5; Ulpianus 28 Sab. D.h.t.1.1; C.4.48.2 [a.223].

라고 첨언한다(D.h.t. 1.3).

포도주를 항아리당, 기름을 메트레타(metreta)당, 곡물을 모디우스(modius)당으로 가격을 매긴 경우에도 같은 법리가 적용된다(D.18.1. 35.5). 그러나 있는 만큼의 모든 포도주 혹은 기름 혹은 곡물을 하나의 가격으로 혹은 일괄가격으로(per aversionem) 매도한 경우에는 그렇지 않다. 이 경우에는 매매는 완성된 것이고 위험은 매수인이 부담한다(D.18.1.35.5; Ulpianus 28 Sab. D.h.t.4.1/2).

④ 試味매매의 경우

이 때에는 試味 前의 위험은 매도인이 부담한다.[28] 그러나 일정한 試味기간이 정해지고 매수인이 試味를 지체한 경우에는 그렇지 않다(D.h.t.4.1; Gaius 2 cott. rer. D.h.t.16).

⑤ 개별물이 제시되지 않은 채 물건이 종류물로 매도된 경우[29]

⑥ 매매가 선택적인 경우[30]

이 경우에는 선택 전에는 먼저 멸실한 물건의 위험은 매도인이 부담한다. 그러나 나중에 멸실한 물건의 위험은 매수인이 부담한다. 두 물건이 동시에 멸실한 경우에는 매도인에게 대금을 지급해야만 한다. 왜냐하면 두 물건 중 하나는 매수인의 위험이기 때문이다(D.18.1. 34.6).

(5) 利益의 歸屬

로마의 법률가들은 매매가 완성되면 매도된 물건의 위험을 통상 매수인이 부담하듯이 이익과 부합물도 매수인에 귀속하는 것이 공평하다고 보았다.[31]

2. 中世 및 普通法

(1) 中世로마法

중세의 주석학파와 주해학파는 본질적으로 로마법대전의 전승을 고수하였다. 후기 중세에 일정한 형평성고려가 도입된 정도였다. 매매계약의 경우에는 매수인위험부담주의가 인정되었다. 그러나 예외가 체계화되었다. 즉시의 위험移轉의 요건은 구술의, 무조건부 특정물매매일 것, 다른 특약이 없을 것, 채무자측의 불이행이 없을 것이었다. Accursius는 賃約의 경우에는 로마법대전의 일방적인 해결책을 벗어났고, 고용계약의 경우에는 일종의 영역설을 취하여 각자는 자신에게 발생하는 우연한 장애에 대한 위험을 스스로 부담해야 한다

28) D.h.t.1; D.h.t.4.pr/1; D.18.1.34.5.
29) D.h.t.8.pr.
30) Paulus 33 ed. D.18.1.34.6.
31) Paulus 5 Sab. D.h.t.7.pr; C.4.48.1[a.223]; Inst.3.23.3.

고 하였다.[32)]

(2) 普通法

보통법(Ius commune)에서는 매수인위험부담주의가 유지되었으며,[33)] 이에 기초한 교회법[34)]과 윤리신학,[35)] 그리고 후대의 막시밀리안 바이에른민법전(Codex Maximilianeus Bavaricus Civilis 1756) 제 4 부 제 3 장 §11 및 작센민법전(Sächsisches BGB 1865) §§866, 867, 1013, 1091도 동일한 태도를 취하였다.[36)] 그러나 자연법론에서는 引渡主義를 매매의 합의만으로 소유권이 이전되는 合意主義로 대체하면서 매수인위험부담주의도 비판을 받게 되었고, 위험이전도 소유권의 이전과 결부되었다.[37)]

---

32) G. Wesenberg/Gunter Wesener, Neuere deutsche Privatrechtsgeschichte im Rahmen der europäischen Rechtsentwicklung(3.Aufl. 1976), 50; 상세는 Hermann Dilcher, Die Theorie der Leistungsstörungen bei Glossatoren, Kommentatoren und Kanonisten(1960), 191ff.; Italo Birocchi, “Rischio I. b) diritto intermedio”, in: Enciclopedia del Diritto 40 (1989), 1133ff.

33) H. Coing, Europäisches Privatrecht Ⅰ(1985), 453.

34) Remigius Maschat, Institutiones Juris Civilis et Canonici(4a ed. Augustae Vindelicorum, 1761), lib.Ⅲ tit.XVII §35(p.372).

35) 윤리신학은 한편으로는 인도로써 소유권이 이전한다고 봄으로써 인도 후에는 소유자인 매수인이 위험을 부담한다고 하면서, 다른 한편으로는 아직 인도되지 않은 특정물의 위험 역시 매수인부담이라는 전래의 원칙을 취함으로써, 비록 후자의 원칙에 대한 많은 제한을 인정하여 그 적용범위를 좁히고 있기는 하지만, 위험이전에 관하여 상반된 논리를 동시에 대변하는 어설픈 태도를 보여준다. 이처럼 技術的인 법률문제의 해결에 있어서 법적 논리가 精緻하지 못한 점에서 전문법학이 아닌 윤리신학의 한계를 간취해 볼 수 있다. Constantinus Roncaglia, Universa Moralis Theologia, Ⅰ(Lucae 1773), tract.XIV quaest.Ⅱ cap.Ⅵ(p.539f.): Q.I. Ad quem pertineat periculum rei venditae. R.I. Si res fuit tradita emptori,ipsi perit, quamvis nondum solutum fuerit pretium. Ratio est, quia perit suo domino; eo autem ipso quod res vendita tradita fuerit emptori, in ipsius dominium transivit…… Nec refert pretium non fuisse solutum…… R.Ⅱ. Si res nondum tradita vendatur in individuo, v. g. hic equus, hoc pallium, haec domus &c. totum periculum pertinet ad emptorem, si forte v. g. illa res pereat, vel fiat deterior…… Ratio etiam suffragatur, quia cum commoda & fructus talis rei nondum traditae pertineant ad emptorem, ut statim dicemus; conveniens est ad ipsum pertinere interitum, vel deteriorationem ejusdem…… quod valet etiam si pretium solutum nondum fuerit, quod solvere tenetur…… Neque contrarium convincitur; si dicatur rem domino perire, adeoque rem nondum traditam debere perire venditori; utpote quia adhuc sub ejus dominio perseverat. Responderi enim debet hoc verum esse, quando adhuc fructus rei ad dominum pertinent, non vero si ad alium pertineant fructus rei, quam per accidens venditor nondum tradidit. Vel etiam dici potest, quod licet res nondum fuerit tradita, nihilominus saltem fictione juris(sic!) emptor illius dominus reputetur…… Haec autem doctrina plures admittit limitationes……

36) W.X.A. Freiherr von Kreittmayr, Compendium Codicis Bavarici(Reprint der Ausgabe von 1768), 1990, 210f.; Staudinger-Hansjörg Otto, §323 Rz.3.

37) H.Coing, ibid., 455. 예컨대 특히 Grotius, De Iure Belli ac Pacis libri tres(curavit B.J.A. de Kanter-van Hettinga Tromp, Lugduni Batavorum 1939), lib.Ⅱ cap.XII §15, 1(p.349): De venditione et emtione notandum etiam sine traditione ipso contractus

(3) 中世獨逸法

독일법에서도 대가위험은 매매법에 있어서 중요했다. 독일법은 급부위험과 대가위험의 개념을 명확하게 구별하지 않았다. “Gefahr”(위험)라는 용어는 라틴어 periculum의 譯語였고 내용적으로는 대가위험을 의미했다.[38] 뤼벡크(Lübeck)법은 이 표현을 피하고 매도인에게 물건이 입은 “Schaden”(손해)을 부과하였다. 대가위험은 원칙적으로 매도인이 매수인에게 직접적 게베레(Gewere)를 부여할 때까지 매도인이 부담하였다. 그러므로 위험부담에 대하여는 계약체결이 아니라 인도가 기준이었다. 다른 장소로의 송달과 토지의 Auflassung도 게베레移轉과 동일시되었다. 일반적으로 매수인이 수령지체에 빠지더라도 위험부담은 전가되지 않았다. 그러나 비인(Wien)도시법은 로마법에는 잘 알려진 이러한 법률효과를 규정하였다. 슈바벤法鑑(Schwabenspiegel) §229는 이미 로마법을 따랐다. 그러나 독일법의 관점이 지배적이었고, 이것은 프로이센일반국법(ALR), 오스트리아민법전(ABGB), 그리고 독일민법전(BGB)에 채택되었다.[39]

3. 佛蘭西法[40]

(1) 所有權移轉을 내용으로 하지 않는 契約의 경우

(가) 급부의 불능과 급부의무의 면제

(a) 급부목적물의 전부멸실에 관하여 기본적으로 佛民 §1302 이하에서 규정한다. 이들 규정들은 급부목적물이 확정된 특정물임을 전제한다(즉 genera non per-

---

momento transferri dominium posse…… Quod si actum sit ne statim dominium transeat, obligabitur venditor ad dandum dominium, atque interim res erit commodo et periculo venditoris: quare quod venditio et emtio constat praestando, ut habere liceat et evictionem, item quod res periculo est emtoris et ut fructus ad eum pertineant antequam dominium transeat, commenta sunt iuris civilis, quod nec ubique observatur: imo plerisque legum conditoribus placuisse, ut ad traditionem usque res commodo et periculo venditoris sit, notavit Theophrastus……

38) E. Kaufmann, “Gefahr”, in: Handwörterbuch zur Deutschen Rechtsgeschichte I (1971) Sp. 1429.

39) W. Bungenstock,, “Gefahrtragung”, in: Handwörterbuch zur Deutschen Rechtsgeschichte Ⅳ(1971) Sp. 1430f.

40) Alain Sériaux, Droit des obligations(1992), 632ff.; Henri Roland/Laurent Boyer, Adages du droit français(3e éd. 1992), 146ff.; 818ff. 상세는 Jacques Chestin/Marc Billiau, Traité de droit civil. Les obligations: Les effets du contrat(1992), 515ff.——유사한 이탈리아법에 대한 개관은 Maria Costanza, “Perimento-I. Perimento della cosa”, in: Enciclopedia del Diritto 33(1983) 35ff., 57ff.; Guido Alpa, “Rischio-I.c) Diritto vigente”, in: Enciclopedia del Diritto 40(1989) 1144ff.

eunt의 법리가 적용된다). 불융통물로 되거나 물건의 소재를 더 이상 알 수 없는 경우에는 멸실된 것으로 본다. 원칙적으로 "그 특정물이 채무자의 과실 없이 그 지체가 있기 전에 멸실 또는 유실된 때에는 채무는 소멸한다"(佛民 §1302 I). 이러한 요건이 갖추어지는 경우에는 채무자는 더 이상 급부의무를 지지 않고, 또 손해배상의 무도 지지 않는다(佛民 §1148). 조건부채무의 경우에 조건이 성취되기 전 "계약목적물이 채무자의 과실없이 완전히 멸실된 때"에도 같다(佛民 §1182 II). 모든 경우에 멸실한 물건에 갈음하여 채무자가 전보(예컨대 보험금)를 받은 때에는 채무는 소멸하지 않고 그 전보물[代償]에 존속한다. 채권은 비록 목적물을 달리하지만 존속하는 것이다(이것을 보통 物上代位 subrogation réelle로 설명한다). 佛民 §1303는 이러한 경우 "그 물건에 관하여 배상의 권리 또는 소권이 있는 때에는 채무자는 채권자에게 이를 양도하여야 한다"고 규정하여 그와 같은 대상급부법리를 완성시키고 있다.

(b) 채무는 그 밖에 다음 네 경우에도 소멸하지 않는다.

(i) 물건의 전부멸실이 채무자의 과실에 기하는 경우 　이 때에는 채무자는 채권자에게 멸실한 물건의 가액에 따라 배상하여야 한다(佛民 §1147). 채무자는 물건의 멸실이 우연에 의한 것, 즉 자신의 과실에 기한 것이 아니라는 점에 관하여 입증책임을 부담한다(佛民 §1302 III: "채무자는 불가항력에 관한 입증책임이 있다").

(ii) 채무자가 급부의무를 지체중에 물건의 멸실이 일어난 경우 　이러한 이행지체의 경우에는 물건의 멸실이 채무자에게 귀책될 수 없다 하더라도 채무자는 채권자에게 손해를 배상할 책임을 부담한다. 그러나 "채무자가 지체중에 있고, 불가항력의 경우가 아닌 때에도, 그 목적물을 채권자에게 이미 인도하였어도 마찬가지로 멸실되었을 때에는 그 채무는 소멸된다"(佛民 §1302 II).

(iii) 멸실된 물건이 채무자에 의하여 절취되었던 경우 　이 때에는 "멸실은 그 멸실된 방법의 여하를 불문하고 그 절취한 자의 대금반환의무를 면제하지 아니한다"(佛民 §1302 IV). 절취란 널리 타인에게 속하는 물건을 부당하게 유치하고 따라서 그에게 반환해야 하는 모든 경우에 인정된다.

(iv) 채무자가 우연에 의한 멸실을 인수한 경우(佛民 §1302 II 참조) 　물건의 일부멸실――훼손은 이에 준한다――의 경우에는 그것만으로는 채무는 소멸하지 않는다. 부분적으로 파괴되었거나 멸실한 물건의 급부의무는 존속한다. 그러나 채권자에게 부분적 급부를 수령하거나 거절할 선택권을 주는 것이 합당한 것으로 보인다. 채권자가 부분이행을 거절하면 채무는 소멸한다. 부분이행을 선택한 경우에는 채권자는 부분멸실이 채무자의 과실로 생긴 경우, 채무

자지체 후에 생긴 경우, 채무자가 절취한 물건인 경우, 채무자가 멸실위험을 인수한 경우에는 배상을 청구할 수 있다. 정지조건부 법률행위의 경우에도 같은 법리가 적용된다(佛民 §1182 Ⅲ 및 Ⅳ).

(나) 反對給付의 운명　佛民에는 이에 관하여 명문의 일반규정을 두고 있지 않지만, 쌍무계약의 성질상 채무를 면한 채무자는 반대급부청구권도 잃는다는 것이 정설이고 異論이 없다(佛民 §1722[임대차], §1790[도급] 도 같은 법리의 표현으로 본다).

(2) 所有權移轉을 내용으로 하는 契約의 경우

(가) 그러나 佛民은 물건의 공여채무에 있어서는 소유권이전과 관련하여 당사자의 합의만으로 족하고 별도의 물권행위나 방식을 요하지 않는 고로(佛民 §§1138 Ⅰ, 1583[매매]. 同旨 伊民 §1376), 물건의 인도채무는 물건의 인도가 아직 행해지지 아니한 때에도 목적물이 인도되어야 하는 때로부터 채권자를 그 소유자로 하며, 따라서 채권자가 그 위험을 부담하므로(佛民 §1138 Ⅱ. 同旨 伊民 §1465 Ⅰ), 이러한 한도 내에서는 채무자위험부담주의의 원칙은 배제되고 소유자위험부담주의(Casum sentit dominus; Res perit domino; 佛民 §§1730, 1810, 1884 등 참조)가 적용된다.

(나) 그러나 다음 경우에는 매도인이 위험을 부담한다.

① 매수인이 대금지급일 또는 물건인도일에야 비로소 소유권자가 된다고 약정한 경우.

② 종류물에 관한 계약일 때(Genera non pereunt).

③ 우연에 의한 멸실을 채무자가 책임지기로 한 경우(佛民 §1302 Ⅱ).

④ 물건의 우연에 의한 멸실시 채무자가 지체중이었던 경우. 그러나 인도하였더라도 채권자 수중에서 멸실했을 것임을 입증하는 경우에는 그러하지 않다(佛民 §1302 Ⅱ).

4. 英國法

12세기의 영국매매법에서는 물건을 점유하는 자가 위험을 부담하였다.[41] 1893년/1979년의 동산매매법은 §20 Ⅰ에서 "Unless otherwise agreed, the goods remain at the seller's risk until the property in them is transferred to

41) Tractatus de legibus et consuetudinibus regni Anglie qui Glanvilla vocatur (ed. by G. D. G. Hall), 1993, lib. Ⅹ cap. 14 i.f. (p. 130): "Periculum autem rei empte et uendite illum generaliter respicit qui eam tenet, nisi aliter conuenerit."(The risk in respect of the thing purchased and sold is generally on the party in possession, unless there is an agreement to the contrary.)

the buyer, but when the property in them is transferred to the buyer the goods are at the buyer's risk whether delivery has been made or not"이라고 규정한다. 통설은 매매계약의 체결과 동시에 소유권이 이전하며, 그와 동시에 위험도 매수인에게 이전하는 것으로 하여 소유자위험부담주의를 취하는 것으로 이해한다.[42)]

5. 美國法

미국의 통일매매법, 통일상법전은 대륙법계의 입법례들과 달리 목적물이 멸실하더라도 위험을 부담하는 자에게 급부의무(다른 물건의 급부 또는 전보배상)를 면제시키지 않음으로써 상대방은 계약의 이행이익을 상실하지 않도록 규정한다. 위험은 매매목적물인 동산의 소유권이 이전하는 때에 매수인에게 이전한다. 그러나 통일상법전(Uniform Commercial Code 12th Edition 1990)은 원칙적으로 매수인에게 이행의 제공이 있은 때 이전된다고 규정한다.[43)] 통일상법전의 입법기조는 손실위험에 대한 방지조치를 가장 잘 취할 수 있는 자에게, 또한 위험을 보험으로 예비해 둘 가능성이 가장 높은 자에게 부담시킨다는 데 있다.[44)]

6. 國際統一賣買法

國際統一賣買法(1980, 비엔나)에 의하면 원칙적으로 "위험이 매수인에게 이전한 후의 목적물의 멸실 또는 훼손은 매수인의 대금지급의무를 면하지 아니한다. 다만 멸실 또는 훼손이 매도인의 작위 또는 부작위에 의한 경우에는 그러하지 아니하다"(§66).[45)] 그리고 매매계약이 운송을 포함하고 매도인이 이를 특정장소

42) 姜淵斗, 앞의 글, 249f.; 註釋債權各則(Ⅰ), 308(金錫宇); 郭潤直, 105; 상세는 Benjamin's Sale of Goods(4th ed., 1992) 6-002ff.(p.257ff.)(A.G. Guest); F.G. von Westphalen(Hg.), Handbuch des Kaufvertragsrechts in den EG-Staaten einschl. Österreich, Schweiz und UN-Kaufrecht(1992) 385 Rz. 41ff.(Jenkins/Henshall/Holland) 참조.

43) 李銀榮, 138 및 각주 2/3; 상세는 李泰熙, "美國統一商法典에 있어서의 危險負擔", 辯協 99(1984.8), 43ff.; 金宗允, "賣買契約에서의 危險의 移轉", 法曹 37/1(1988.1), 117ff., 138ff.; Selected Commercial Statutes 1992 Edition, West Publishing Co., St. Paul, Minn., 1992, 1ff., 131ff. ad UCC §2-509/510; Bradford Stone, Uniform Commercial Code in a Nutshell(2nd ed. 1984) 555ff.

44) 李泰熙, 앞의 글, 45.

45) 이하 번역은 黃迪仁, "國際物品賣買契約에 관한 條約의 硏究", 서울대학교 法學 24/4(1983.12) 35ff.에 의하였다. 원문은 다음과 같다(Selected Commercial Statutes 1992 Edition, West Publishing Co., St. Paul, Minn., 1992, 1379ff.): "Loss of or damage to the goods after the risk has passed to the buyer does not discharge him from his obligation to pay the price, unless the loss or damage is due to an act or omission of the seller."

에서 교부할 의무를 부담하지 않을 때에는 최초의 운송인에게 교부한 때에, 특정장소에서 교부할 의무를 부담할 때에는 그곳에서 교부한 때에 매수인에게 위험이 이전되며(§67), 운송중에 매각된 물품의 위험은 계약체결시에 매수인에게 이전한다(§68). 그 밖의 경우에는 매수인이 목적물을 수령한 때, 또는 수령지체시에 위험이 매수인에게 이전한다(§69). 그러나 이들 규정에도 불구하고 위험이전은 일차적으로 당사자의 약정과 §9에 의하여 고려해야만 하는 관습 또는 관행에 의하여 규율된다고 새긴다. §67 이하의 기본틀을 벗어나서 §70는 추가적으로 “매도인이 중대한 계약위반(a fundamental breach of contract)을 한 경우”에는 매수인의 불이익으로 위험이 이전하지 않는다고 규정한다.[46]

7. 日本民法

일본민법(우리의 舊민법)은 채무자주의를 원칙으로 하고 예외적으로 채권자주의에 의하였으나, 그 예외가 매우 광범하여 실질적으로는 채권자주의에 가까운 것이었다.[47]

[崔　秉　祚]

46) von Westphalen(Hg.), op. cit., 31ff. Rz. 71ff.(Piltz); 金宗允, 앞의 글, 119ff.; 李銀榮, 138 및 각주 4.

47) 崔炳煜, “危險負擔(上)”, 考試界 22/3(1977. 3), 33ff., 40; 郭潤直 106; 상세는 註釋債權各則(Ⅰ), 309ff.(金錫宇) 및 관련 일본문헌 참조.

第537條(債務者危險負擔主義)

雙務契約의 當事者 一方의 債務가 當事者 雙方의 責任 없는 事由로 履行할 수 없게 된 때에는 債務者는 相對方의 履行을 請求하지 못한다.

차 례

Ⅰ. 總　說

1. 意　義

본조는 위험부담에 관하여 다음과 같이 규정한다: 불능한 급부의 채무자가 반대급부(대가)의 위험을 부담한다. 급부간의 견련관계에서 나오는 결과이다(전술 前論 I 참조). 이는 경제적으로 보자면 채무자가 완전한 이행의 순간까지 투자에 대한 모든 위험(Investitionsrisiko)을 부담한다는 취지이다.[1]

2. 特別規定

본조의 규정은 다양한 쌍무계약의 경우 특별규정들에 의하여 수정되고 있다(瑞債 §119 Ⅲ 참조).[2]

---

1) MünchKomm-Emmerich, §323 RN. 4; Palandt/Heinrichs, BGB §323 RN. 1.
2) 독일에서의 논의는 우리에게 많은 참조가 된다. MünchKomm-Emmerich, §323 RN. 8ff.

(1) **賣買契約**——賣買契約에서의 危險移轉法理——

(가) 契約金이 수수되지 않은 경우

(a) 동산의 경우 우리 민법은 매매에 관하여 특별히 위험의 이전과 관련하여 규정을 두고 있지 않다. 그러나 §587는 매매목적물의 인도가 없으면 果實이 매도인에게 속하고, 인도시로부터는 매수인은 매매대금의 이자까지도 부담한다는 취지로 미루어 볼 때 인도시를 기준으로 하여 목적물의 경제적 귀속이 매도인에게서 매수인에게로 옮겨간다는 사고를 전제하고 있으며, 그렇다면 이득이 귀속하는 자에게 위험도 부담되어야 한다(Eius periculum esse debet, cuius commodum est, Inst. Iust.3.23.3의 逆명제)는 보편적 명제에 따라서 목적물의 우연적 멸실, 훼손에 대한 위험 역시 이 시점을 기준으로 하여 매도인으로부터 매수인에게 이전한다고 새기는 것이 논리일관될 것이다[3](獨民 §446는 계약의 완성[perfecta emptione]으로써 아직 물건이 인도되지 않았더라도 위험을 매수인에게 이전시키는 로마법의 periculum est emptoris 법리와 달리 인도를 위험이전의 기준으로 삼는 게르만법의 원칙을 좇아서 이 점을 명정한다.[4] 네델란드 新민법 제7편 제1장 §10[5]도 같다).[6] 또 매매대금을 완납한 때에는 그 이후의 과실수취권은 (실질적인 소유자로서의) 매수인에게 귀속하지만[7] 그렇다고 그가 이전받지도 않은 물건의 멸실에 대한 위험을 부담해야 한다는 것은 분명 부당하다. 매매목적물의 인도시로부터 매수인은 개입과 감시의 가능성을 갖는 것이므로 이 시점으로부터 그에게 우연적 멸실의 위험을 부담시키는 것이 領域的 思考에도 부합하기 때문이다.[8] 요컨대 동산을 인도받은 채권자는 불능사유가 현실적으로 자기의 지배영역에서 발생하게 되면 그것이 자신에게 귀책할 사유로 인한 것이 아님을 입증하더라도 그 불능으로 인한 위험, 즉 반대급부의무를 부담한다. 인도란 원칙적으로 직접점유의 이전이며, 간접점유로써 위험이 이전되기 위해서는 계약에서 간접점유만을 이전한다는 약정이 있을 때에 한한다고 새긴다.[9] 그리고 인도와 동일한 효력이 있는 화물상

---

3) Giger, OR Art.185 N.5: "위험과 이익의 법적 운명공동체"(Rechtliche Schicksalsgemeinschaft von Gefahr und Nutzen).

4) 姜渭斗, 앞의 글, 248f.; 郭潤直, 105; Bungenstock, 앞의 글, Sp.1431; MünchKomm-Emmerich, §323 RN.2. 그러나 로마법에서도 인도기준설이 주장되었음은 이미 살펴보았다(전술 前論 Ⅳ.1.(2)(나) 참조).

5) "매매목적물은 소유권이 아직 이전되지 않았을지라도 교부(aflevering)시로부터 매수인의 위험으로 한다. 그러므로 매수인은 매도인에게 귀책할 수 없는 원인으로 인한 매매목적물의 멸실 또는 퇴행(achteruitgang)에도 불구하고 매매대금 지급의무를 부담한다." (拙譯)

6) 비교법에 관해서는 또한 Giger, OR Art.185 N.24f. 참조.

7) 大判 93.11.9, 93다28928(公 959, 80).

8) Gerhard Walter, Kaufrecht(Handbuch des Schuldrechts, Bd.6, 1987) 266f.

9) 同旨 Palandt/Putzo, BGB §446 Rn.6. 이를 계약해석의 문제로 보는 李銀榮, 146 및 각주 1)도 이론적으로는 넓게 인정하는 것이지만, 실제적으로는 같은 결과에 이르는 것으로 이해된다.

환증(商 §133), 창고증권(商 §157) 등의 교부도 위험이전효가 인정된다.[10)]

(b) 부동산의 경우 그러나 이상은 동산의 매매에 한하고, 부동산 매매의 경우에는 달리 보아야 할 것이다. 왜냐하면 인도에 의한 위험의 이전과 관련한 (천연 및 법정)과실의 수취권 配定법리는 동산·부동산의 구별을 예정하지 않은 것이 사실이지만, 인도로써 위험영역이 바뀌고 위험의 정도가 달라지는 것은 동산에 한하고 부동산의 경우에는 통상 점유자가 바뀌었다고 해서 위험정도가 바로 달라지는 것은 아니므로 위험이전의 논리를 즉시 적용하기 어렵고, 또 무엇보다도 부동산이나 그 밖에 권리의 이전에 등기 또는 등록을 요하는 물건의 경우에는 동산소유권의 이전(民 §188 I)에 있어서와는 달리 현실의 인도는 권리의 법적인 귀속과는 무관한 문제이기 때문이다(民 §186). 따라서 부동산의 경우에는 등기로써(인도 없이도) 위험이 이전된다고 새겨야 한다. 등기 없는 인도만으로는 위험은 이전되지 않는다.[11)] 그러나 부동산을 인도받은 채권자는 불능사유가 현실적으로 자기의 지배영역에서 발생하게 되면 그 이행불능이 자신의 귀책사유에 의하지 아니한 것임을 입증할 책임이 있고, 그 원인이 불명인 때에도 그 책임을 면하려면 그 부동산의 보존에 관하여 선량한 관리자의 주의의무(民 §374)를 다하였음을 입증하지 않으면 안 된다.[12)] 적어도 반대급부의 완전한 이행이 있기까지는 경제적으로 자기재산이 아니고, 또 채무자의 이익을 위한 보관도 아니며(民 §695 참조), 따라서 항상 있을지도 모르는 반환에 대비하여야 하기 때문이다.

물론 등기나 등록이 경료된 때에는 소유자의 실질적인 변경이 있은 것이므로, 그 후의 위험은 소유자로서의 매수인이 부담한다(同旨 獨民 §446 II). 그리고 아직 인도되지 않은 경우에는 채무자가 무귀책의 입증책임을 부담한다. 그러나 이것은 더 이상 §537에서 말하는 위험부담의 문제는 아니다. 이행이 완료된 후이기 때문이다.

(나) 계약금(해약금)이 수수된 경우 계약금이 수수된 경우에는 위 (가)의 법리는 계약금의 법리(民 §565)에 의하여 수정된다. 경우를 나누어 살펴보아야 한다. 즉

(a) 계약금만이 수수된 경우

(i) 아직 인도가 없었던 때 당사자들은 언제든지 계약적 구속을 일방적으로 벗어날 수 있으므로(民 §565) 약속된 급부는 경제적으로 아직 채권

10) 李銀榮, 148.
11) 同旨 李銀榮, 145 및 각주 2). 異見 黃迪仁, 118; Palandt/Putzo, BGB §446 Rn.10.
12) 大判 94.2.8, 93다22227(公 965, 1002) 참조.

자에게 확정적으로 귀속시킬 수 없다. 따라서 이 단계에서 급부가 쌍방무귀책 불능이 되면 불능이 된 급부의 채무자는 급부를 면함과 동시에, 그 불능은 자신의 위험으로 돌아가야 할 것이므로(Casum sentit dominus. 소유자위험부담주의), 이미 수령한 계약금을 부당이득법리에 따라서 반환하여야 할 것이다. 무귀책인 채무자는 선의일 터이므로 통상 §748 Ⅰ이 적용될 것이다. 현존이익반환으로 인해 채권자에게 있을 수 있는 손해는 不測의 불능에 대하여 쌍방이 공평하게 위험을 분배한다는 의미가 있다고 할 것이다.

(ii) 이미 인도가 있었던 때　① 동산의 경우: 이 때에는 (계약금이 교부되지 않았더라면 위험을 전적으로 이전받았을) 채권자(전술 ㈎(a) 참조)로서는 계약금을 포기하고 계약을 해제할 수 있다고 새긴다.[13] 이 때에도 계약금의 상실은 不測의 불능에 대하여 쌍방이 공평하게 위험을 분배한다는 의미가 있다고 할 것이다. ② 부동산의 경우: 동산의 경우와 달리 인도는 큰 의미가 없으므로(전술 ㈎(b) 참조) 채권자로서는 계약금을 부당이득법리에 따라서 반환청구할 수 있다고 새길 것이다. 그러나 인도 후에 그 토지로부터 수취한 것이 있을 때에는 해제의 원상회복법리(民 §548)에 따라서 반환하지 않으면 안 됨은 물론이다.

(b) 당사자의 일방이 이미 이행에 착수한 때　예컨대 중도금 이상이 이미 지급된 경우.[14] 이 때에는 계약적 구속은 확고해지므로 계약금의 교부가 없었던 경우(전술 ㈎ 참조)와 다를 바 없다.

(c) 다른 유상계약에의 준용　이상의 논의는 다른 유상계약에도 준용된다(民 §567).

㈐ 임의규정성　그러나 매매법상의 위험이전법리는 임의법규이므로 당사자들은 물론 이와 다른 약정을 할 수 있다. 瑞債 §119 Ⅲ은 채무자위험부담 원칙의 예외를 위험이 법률의 규정에 의해서 또는 계약의 내용상 이행전에 채권자에게 이전하는 경우에 일반적으로 인정한다.

---

13) 獨民 §350는 권리자(예컨대 매수인)가 이미 인도받은 물건이 우연히 멸실하더라도 계약을 해제할 수 있다고 일반적으로 규정함으로써 채무자위험부담주의를 규정한 獨民 §323와 달리 모든 위험을 해제로 인한 물건반환급부의 채권자(예컨대 매도인)에게 부담시키고 있다. 그런데 이 조문은 바로 이런 이유 때문에 법정책적으로 매우 다투어진다. Palandt/Heinrichs, BGB §350 RN.3; Vollkommer/Jauernig, BGB §350 Anm.2 b). 이런 규정이 없는 우리 민법으로서는 인도받은 후에 물건이 우연히 멸실하는 경우 다른 사정이 없는 한 원칙적으로 해제할 수 없으므로, 결국 이와 같은 상황이 문제될 수 있는 것은 해약금이 수수된 때에 한한다. 그리고 이 때에는 일반해제의 특칙인 해약금규정이 우선한다.

14) 大判 77.1.25, 76다1886(요지집 924 No.28).

(2) **賃貸借契約**

임대차계약의 경우에는 임대인은 목적물을 임차인에게 인도하고 계약 존속 중 그 사용 수익에 필요한 상태를 유지하게 할 의무를 부담하므로(民 §623) 계약당사자들의 귀책사유 없는 목적물 멸실 등으로 인한 사용 수익의 불능은 원칙적으로 그러한 상태를 유지할 의무자인 임대인이 부담한다(Periculum est locatoris).[15] 이와 같이 §537의 일반법리에 부합하는 위험부담원칙은 임차물의 일부가 임차인의 과실 없이 멸실 기타 사유로 인하여 사용 수익할 수 없는 때에는 임차인은 그 부분의 비율에 의한 차임의 감액을 청구할 수 있다고 규정하는 §627 I 에도 그대로 반영되어 있다.

(3) **雇傭契約, 勤勞契約**

사회정책적 고려에 의한 임금의 계속지급이 고려될 수 있다. 종래 경영위험(Betriebsrisiko)분배원칙으로 대체된다고 보는 "영역설"이 주장되었으나[16] 근래 독일에서는 비판된다.[17] 勤基 §37가 규정하는 임금의 非常時지불은 "기왕의 근로에 대한 임금"이므로,[18] 위험부담의 원칙에 대한 예외가 아니다.

(4) **都給契約**

(가) 一般都給契約 도급계약의 경우에는 §537의 적용 여부는 완성된 도급목적물의 인도(Abnahme. §§665 I, 670 I·II, 671 I 참조)의 전후에 따라서 결정해야만 한다. 왜냐하면 목적물의 인도로써 계약은 그 완성된 목적물로 특정되기 때문이다. 그리하여

(a) 인도 전에는 §537는 제한 없이 적용되고, 따라서 이미 완성되었으나 아직 인도되지 않은 목적물이 인도 전에 멸실한 경우에는 수급인은 보수청구권을 잃는다(同旨 獨民 §644 I 1문. Periculum est conductoris). 그리고 이 경우 수급인은 계약에 기하여 원칙적으로 새로이 일을 완성할 의무를 진다. 물론 새로이 일을 완성하는 것 자체가 불능이 된 경우에는 예외이다. 그러나 목적물의 하자가 도급인이 제공한 재료의 성질 또는 도급인의 지시에 기인한 때에는 수급인의 책임(民 §§ 667, 668)을

---

15) 同旨 大判 65. 11. 23, 65다1898(요지집 861-3). 다만 동 판결에서는 "채무자인 건물 소유자가…", "그 건물의 소유자는…" 등의 표현을 사용하여 일견 소유자위험부담주의를 취한 것은 아닌가 하는 의혹이 들지만, 채무자임을 분명히 밝히고 있고 소멸된 건물반환채무와 전세금반환채무의 동시이행관계 여부를 판단하고 있는 점으로 보아 소유의 문제는 관심사가 아니므로 임대차관계에 있어서 채무자위험부담주의를 천명했음에 의문이 없다. 이러한 구별은 소유자가 아닌 임대인의 경우에 실익이 있음은 물론이다.

16) 金亨培, 勤勞基準法(1993), 282f.

17) MünchKomm-Emmerich, §323 RN.14 참조.

18) 文元柱, 註釋實務勤勞基準法(1993) 308ff.; 金亨培, 勤勞基準法(1993), 270f.

면제시키고 있는 民 §669 및 商 §134 Ⅱ(후술 (나) 참조)의 법정신을 살려서 수급인이 급부할 수 없게 된 불능이 도급인측의 사정이나 행위에 돌릴 수 있는 경우에는 비록 도급인에게 귀책할 수 없는 경우라 하더라도 채권자인 도급인이 (부분적인) 반대급부의 위험을 부담해야만 한다고 새겨야 할 것이다(同旨 伊民 §1673 Ⅰ·Ⅱ). 이 경우 民 §669 단서의 취지도 함께 적용된다고 새겨야 한다. 따라서 수급인은 도급인이 제공한 재료나 지시가 부적당함을 알고서도 이를 도급인에게 고지하지 않았고 그로 인한 목적물의 하자 때문에 목적물의 멸실에 이른 경우에는 반대급부(보수)를 청구하지 못한다고 할 것이다(또한 民§672 도 참조).

(b) 인도 후에는 비록 하자가 있을지라도 인도를 받은 목적물로 계약이 특정되므로 이제부터는 도급인이 대가의 위험을 부담하게 된다. 따라서 인도를 받은 도급인은 수급인이 완전히 이행하기 전이라도 쌍방의 무귀책으로 목적물이 멸실하는 경우 보수지급의무를 지게 된다. 그리고 목적물에 하자가 있는 경우에는 그에 관한 특칙인 民 §§667-672가 적용되고 民 §537의 적용은 배제되므로, 비록 목적물이 멸실하더라도 그것이 하자에 기인하는 때에는 民 §671 Ⅱ만이 적용될 뿐이다.

(나) 물건운송계약(商 §134) 물건운송계약의 경우에는 民 §537의 일반원칙이 그대로 적용된다. 따라서 운송인은 송하인의 책임 없는 사유로 인하여 운송물의 전부 또는 일부가 멸실한 때에 운송채무를 면하는 한편, 그 운임을 청구하지 못한다(商 §134 Ⅰ 1문은 이 한도 내에서 확인적 성격의 규정이다).[19] 商 §134의 의미는 이와 함께 民 §538의 일반법리를 재확인한 동조 Ⅱ 후단(송하인의 과실로 인하여 멸실한 때)에 있는 것이 아니라, 운송물의 전부 또는 일부가 그 성질이나 하자로 인하여 멸실한 경우에 비록 송하인에게 귀책사유가 없다 하더라도 위험을 송하인에게 부담시켰다는 점과 (전술 (가) 참조), 멸실한 부분의 비율을 고려하여 또는 멸실의 시점에 이미 운송한 거리의 비율에 따라 운임을 청구할 수 있도록 하지 않고(商 §139 Ⅰ 및 후술 위임계약 부분 참조) 운임의 全額청구를 인정한 점에 있다. 이것은 또한 商 §149 Ⅰ에 의하여 여객운송의 경우 운송인이 여객으로부터 인도를 받은 수하물에 관하여도 적용된다.

(5) 組　合

민법상의 조합에 대해서 §537는 그저 극히 예외적인 경우에 한하여 적용이 생각될 수 있고, 일반적으로는 적용되지 않는다. 왜냐하면 조합원의 출자급부(民 §703)가 불능이 된 경우에는 해당 조합원의 조합에 대한 관계에 있어서 그

19) 崔基元, 商法學新論(上)(第 7 全訂增補版, 1996), 286.

가 조합계약의 (보충적) 해석상 금전출자의 의무를 지는 것은 아닌가 하는 점이 일차적으로 검토되어야 하기 때문이다. 예외적으로 이러한 의무가 부인되는 경우에 한하여 (일부불능의 경우의) 위험부담원리가 적용되고, 그 결과 해당 조합원의 이익배당청구권이 감축된다고 새길 것이다. 그 밖에 동 조합원의 제명(民 §§717 iv, 718)이 고려될 수가 있다. 그리고 경우에 따라서는 조합의 해산(民 §720)이 고려될 수도 있다. 伊民 §1466는 그 흠결된 급부가 사정상 본질적인 경우에 한하여 해산을 인정한다. 조합원 상호간의 관계에 있어서도 民 §537는 통상 적용이 없다고 보아야 한다. 오히려 자신의 출자급부가 불능이 된 조합원은 다른 조합원들로부터 그들의 출자를 이행할 것을 청구할 수 없다고 보아야 하기 때문이다. 그러나 다른 조합원들의 출자의무는 그 밖에는 아무런 영향을 받지 않는다고 할 것이다. 그러나 출자급부의 불능은 이미 언급했듯이 부득이한 사유에 해당되어 조합의 해산을 가져올 수가 있다(民 §720).

(6) 保險契約

民 §537는 일반적으로 보험계약에는 적용되지 않는다. 보험료지급의무나 보험금지급의무나 모두 금전채무이기 때문에 불능이 인정되지 않는 까닭이다(후술 요건 참조).

(7) 委任契約 및 委任契約法이 준용되는 계약(예: 위탁매매업, 商 §112)

수임인이 위임사무를 처리하는 중에 수임인의 책임 없는 사유로 인하여 위임사무의 처리가 불능이 된 때에는(가령 위탁매매를 맡긴 물건의 멸실; 수임인의 사망, 民 §690) 위임계약은 종료하고, 따라서 수임인은 民 §686 Ⅲ에 의하여 이미 처리한 사무의 비율에 따른 보수를 청구할 수 있다. 이 규정은 따라서 民 §537에 대한 특칙이다.

(8) 民法 이외의 경우들

㈎ 民訴 §639에 의하면 買收가격의 신고 후에 천재지변 기타 자기가 책임질 수 없는 사유로 인하여 부동산이 훼손된 때에는 그 훼손이 경미한 경우가 아니라면 最高價매수인은 경락불허가신청을, 경락인은 대금을 납부할 때까지 경락허가결정의 취소신청을 할 수 있다. 이것은 경매와 관련하여 민법이 정하는 채무자위험부담주의의 취지를 관철시키기 위한 규정이다.

임의경매에 관하여는 임의경매절차가 진행되어 그 경락허가결정이 확정되었는데 그 경락대금 지급기일이 지정되기 전에 그 경락목적물에 대한 소유자 내지 채무자 또는 그 경락인들의 책임으로 돌릴 수 없는 사유로 말미암아 그 경락목적물의 일부가 소실되었고 그 경락인이 그 나머지 부분이라도 매수할 의사가 있어서 경매법원에 대하여 그 경락대금의 감액신청을 하여 왔을 때에는 경매법원으로서는 민법상의 쌍무계약에 있어서의 위험부담이론을 적용하여 그 감액결정을 허용하는 것이 상당하다 할 것이고, 이 경우에 경매법원으로서는 멸실부분에 관하여 그 확정된 경락허가결정을 취소하고 그 경락을 불허하며 나아가 그 경매신청을 각하할 수 있는 것은 아니라 할 것이다라는 대법원 판례가 있다.[20]

(나) 토지수용법 §68에 의하면 토지수용위원회의 재결이 있은 후 수용 또는 수용한 토지나 물건이 토지소유자 또는 관계인의 고의나 과실 없이 멸실 또는 훼손되었을 때에는 그로 인한 손실은 起業者의 부담으로 한다. 토지수용위원회의 재결로써 토지에 대한 종전의 지배는 종결되는 것으로 보기 때문이다.

3. 任意規定性

(1) 總　說

본조는 강행규정이 아니고, 따라서 이와 다른 위험부담에 관한 약정이 있으면 그에 따른다(통설).[21] 그러나 약관에서 민법상 사업자가 부담하여야 할 위험을 상당한 이유 없이 고객에게 이전시키는 조항을 둔 때에는 그 조항은 무효이다(約款 §7 ii). 법정의 위험부담원칙과 다른 약정을 하였다는 점에 대한 입증책임은 그로써 부담을 면하거나 경감하려는 채무자가 부담한다.[22]

(2) 危險負擔에 관한 特約

(가) 당사자들은 계약목적물의 규정을 통하여 위험을 채권자에게 이전시킬 수 있다.

〈예〉 희망매매(emptio spei)의 경우(가령 장래의 수확매매). 이 때에는 채권자가 이득기회의 불실현에 대한 위험을 부담한다. 그 밖의 도박성계약의 경우(가령 경계인 담을 이웃의 이의권을 쌍방당사자가 알면서 광고판 목적으로 임대하고 임대인이 제반사정상 이웃의 이의가 없으리라는 보장을 인수하려고 하지 않은 경우).[23]

(나) 이행상의 어려움을 알면서도 이행기간을 아주 짧게 정하는 경우에

20) 大決 73. 12. 12, 73마912(集 21③ 민 219).

21) 註釋債權各則(Ⅰ), 304(金錫宇). 同旨 Cian/Trabucchi, Commentario breve al Codice Civile(4a ed., 1992), §1463 n.Ⅰ.3[이하 C/T §로 略한다]; Cian/Trabucchi, Commentario breve al Codice Civile. Complemento giurisprudenziale(2a ed., 1992), §1463 n.Ⅴ.1[이하 C/T-C §로 略한다]; Vollkommer/Jauernig, BGB §323 Anm.1 c.

22) H. Becker, Berner Kommentar zum Schweizerischen Privatrecht Ⅵ/1: Obligationenrecht(2. Aufl., 1990) Art.119 N.15.(이하 Becker, OR Art.로 略한다).

23) Becker, OR Art.119 N.15.

는 묵시의 위험인수가 있는 것으로 새길 수 있다. 따라서 약정기간 내에 이행이 불가능하더라도 채무자는 불능을 원용할 수 없다.[24)]

(다) 계약의 내용을 채권자가 전혀 위험을 부담하지 않게끔 하는 방식으로 정함으로써 채무자에게 위험을 부담시키는 방법도 가능하다.

〈예〉 －성공적인 결과가 나와야 계약의 이행이 된 것으로 정하는 경우(결과책임).

－공여된 물건 이외의 물건으로 반환해도 좋다고 정한 경우(가령 불규칙임치).

－이른바 Eisernviehvertrag(contractus socidae)[25)]와 같이 (용익)임대차에 있어서 물건의 평가액을 정하여 물건의 용익을 인수하고 계약종료시 그 평가액대로 물건을 보충하여 반환하기로 약정하는 경우.

－수급인이 도급인이 제공한 재료를 이용하여 일을 하기로 하는 도급계약.[26)]

(라) 법정의 위험부담원칙을 채무자에게 불리하게 약정하는 경우의 하나가 이른바 손해담보계약(Garantie)이다. 채무자가 이러한 담보를 인수한 경우에는 계약체결시 예견가능한 일정한 위험에 대해서만 위험인수를 하고자 한 것인지 아니면 도대체가 우연한 사고에 대해서까지 위험인수를 한 것인지, 후자라면 통상의 우연에 대한 것만인지 아니면 비상의 우연(가령 국가의 고권행위, 전쟁, 봉쇄, 무장강도 등)에 대한 위험인수까지를 한 것인지를 검토해야 한다.[27)]

(마) 이행지 또는 공급지 규정[28)]을 통하여 위험이전과 위험부담에 관하여 법률의 규정과 달리 정할 수 있다. 외국의 입법례는 특히 이 점에 있어서 이른바 託送매매(Versendungskauf)와 관련하여 명문의 규정을 두기도 한다(예: 獨民 § 447).

(바) 국제매매에 있어서 통용되는 위험이전에 관한 특별조항들:[29)] 이러한 전형적 引渡조건이 정해진 경우에는 매도인측이 정해진 조건대로 이행했을

24) Becker, OR Art. 119 N. 22.

25) Glück, Ausführliche Erläuterung der Pandecten, XVII/2(1816) 489ff. 그러나 伊民 §2170 이하의 Soccida계약(가축용익임대차, 가축사육위탁계약)에서는 역사적 先驅형태과 달리 오히려 위험은 임대인이 부담한다(동법 §§2175, 2176 Ⅰ, 2183).

26) Becker, OR Art. 119 N. 20.

27) Becker, OR Art. 119 N. 19.

28) 이러한 약정이 제도화한 형태인 이른바 Locoklausel에 관하여는 Giger, Art. 185 N. 83.

29) 이하는 International Commercial Terms(Incoterms) Revision 1980에 의한 설명으로 Karsten Schmidt, Handelsrecht(3. Auflage 1987) 741ff.; Baumbach/Duden/Hopt, Handelsgesetzbuch(Beck'sche Kurz-Kommentar, 28. Auflage 1989) 1142ff.(Anh. 6); Münch-Komm-H. P. Westermann, §447 RN. 9ff.; Giger, OR Art. 185 N. 87ff.; 宋相現·金炫, 海商法原論(1993) 293f. 참조. 독일어 텍스트는 Manfred Straube, Kommentar zum Handelsgesetzbuch(Wien 1987) 700ff.에도 실려 있다.

때에 위험이 매수인에게 이전한다.

〈예〉 ex works=à l'usine=ab Werk(工場渡); for=free on rail/free on truck=franco wagon=frei Waggon(鐵道積載渡); fob=free on board=port d'embarquement convenu=frei an Bord(船舶積載渡. UCC §2-319 참조); cif=cost, insurance, freight=coût, assurnce, fret=Kosten, Versicherung, Fracht(費用·保險料·運賃賣渡人引受渡. UCC §2-320/321 참조). 이 경우에도 위험은 船積으로 매수인에게 이전한다; ex quay=à quay=ab Kai(指定目的港埠頭渡) 등등.

(3) 危險領域에 따른 분배

예방의 관점에서 법률과 다른 규율이 인정되는 경우. 당사자의 의도에 따르면 각 당사자는 자신의 (기업의) 위험권에 속하는 방지가능한 위험을 부담한다고 추정된다. 위험을 예방할 지위에 홀로 혹은 보다 나은 위치에 있는 자가 의심스러운 때에는 또한 위험을 부담하여야 한다는 이유에서이다.

〈예〉 -소식을 제3자에게 了知하게끔 전달해야 할 使者의 경우 당사자들이 예상 못한 채 그 제3자가 여행을 떠났거나 사망하였다면 使者는 그 수고에 대한 보수를 청구할 수 있다. 그러나 그가 도중에 교통사고를 당하여 소식을 전달할 수 없었을 때에는 보수청구권이 없다.[30]

-근로자가 작업도구를 제공하기로 한 고용계약의 경우 작업도구의 하자로 말미암은 위험은 근로자가 부담한다. 따라서 그는 작업도구를 믿을 수 있는 공급자로부터 구입했고 그 하자를 스스로 인식할 수 없었다는 주장으로써 위험부담을 면할 수 없다.[31]

Ⅱ. 要 件

1. 雙務契約

① 유효한 (쌍방적 또는 多方的) 쌍무계약의 존재

② 불능이 된 급부는 쌍무적 관계에 있어야만 한다. 따라서 쌍무계약상의

30) Becker, OR Art. 119 N. 16.

31) Becker, OR Art. 119 N. 22.

의무라 하더라도 쌍무적 관계에 서지 않는 의무는 불능이 된다 하더라도 위험부담의 문제는 생기지 않는다. 그러나 본조는 매매와 같은 물건을 주는 급부를 예정한 것이기 때문에 노무의 제공이나 일의 완성을 내용으로 하거나 물건의 이용을 취지로 하는 계약에는 흔히 적합하지 않다. 그 밖에는 전술 前論 Ⅱ.1 참조.

2. 後發的 不能(無能)

불능(무능)은 채권채무관계의 발생 후, 이행 전에 생긴 후발적인 것이고 (기준시점: 계약체결시. 조건부 및 기한부 계약의 경우에도 같다),[32] 또 일시적이지 않은 지속적인 것이어야 한다. 그 밖에 前論 Ⅱ.1 참조.

① 어느 경우에 불능을 인정할 것인가는 이행불능에 관한 일반법리를 따른다.[33] 불능은 채무자의 주(급부)의무에 관한 것이고, 따라서 불완전이행이나, 부수의무 및 보호의무의 위반은 (일부)불능이 아니다. 또 부작위의무의 이행 자체는 그에 위반하는 행위를 함으로써 불능이 되지만, 채무자가, 이행을 함으로써 계약상의 (또한 재판상 확정된) 부작위의무에 위반하게 될, 급부의무를 지는 경우라도 그 이유만으로 그가 부담한 급부의무가 불능으로 되는 것은 아니다.[34]

객관적 불능(Venuleius D.45.1.137.4: impedimentum naturale)과 동일시되는 주관적 무능(D.eod.: facultas dandi의 결여)은 금전채무의 경우(民 §397 및 獨民 §270 I 참조)와 통상 종류채무(民 §375)의 경우에는 인정되지 않는다. 금전채무는 가액채무로서(民 §§376-378) 지급무능력은 급부의무로부터 면제시키지 않는다는 일반법원칙이 적용되고, 후자의 경우에는 채무자가 시장에서 유통되고 시장가가 있는 종류물의 조달의 위험을 부담하기 때문이다(genus perire non censetur "종류물은 멸실하는 것으로 간주되지 않는다"; 獨民 §279 참조. 그러나 이것은 제한종류채무에는 적용되지 않는다. 그리고 종류채무의 특성과 상관없는 주관적 무능, 예컨대 질병·귀책사유 없는 자유의 제한 등은 물론 경우가 다르다). 드물기는 하지만 가령 급부하기로 한 상품이 시장에서 완전히 사라진 경우나 종류물 전체에 대하여 압수가 행해진 경우 등에는 종류채무라 하더라도 불능이 인정된다. 그러나 그 밖에는 후발적 불능이 문제되는 경우들에 있어서 두루 인정된다.

② 〈후발적 불능의 예〉:

—이행행위에만 허가가 필요한 경우 그 허가가 종국적으로 거절되고 경우

32) Vollkommer/Jauernig, BGB §275 Anm.2 a bb.

33) 李銀榮, 139.

34) Vollkommer/Jauernig, BGB Vor §§275-292 Anm.2 c cc.

에 따라서 변경된 형태의 급부도 가능하지 않은 경우.[35] 그러나 허가요건이 채권행위에 대해 존재하는 때에는 계약은 우선은 浮動的으로 무효이고 불허가가 확정되는 경우에 종국적으로 무효가 되는 것으로 새긴다. 이 때에는 가능했던 계약이 유효하게 성립하지 못한 것이므로 처음부터 불가능한 객관적 원시적 불능에 해당하지 않는다. 그러나 浮動상태에서 이미 협조의무는 존재한다.[36]

– 매매계약 당시 예견하지 못했던 세법개정은 급부를 불능으로 하는 사유가 아니다.[37]

– 임대인이 소유권을 상실하였다는 이유만으로 목적물을 사용수익케 할 의무가 불능하게 된 것이라고 단정할 수는 없다.[38]

③ 지속적인 불능이 아니면 채무자에게 책임이 있는 한 통상 이행지체일 뿐이다. 기준시점은 급부장애의 발생시점이다.[39] 따라서 그 시점에 지속적인 불능이 인정되면 나중에 급부가 다시 가능하게 되더라도 급부불능에 변함이 없다. 그러나 경우에 따라서는 신의성실의 원칙상 당사자들에게 새로운 계약체결의 의무가 발생할 수가 있다. 이행기간이 도과함으로써 일시적인 급부장애는 보통 종국적인 급부장애로 된다. 예외적으로 계약목적의 달성이 의문시되고 상대방에게 급부장애가 없어질 때까지(이것은 또한 불확실하다) 계약을 준수할 것을 기대할 수 없을 경우에는 일시적 불능(무능)도 지속적인 것과 같이 보아야 한다. 계속적 채권관계의 경우 이러한 요건들이 통상 존재한다.

3. 當事者 쌍방에 責任 없는 사유로 인한 不能("우연한 不能")[40]

① 무엇이 당사자들에게 귀책될 것인가는 일차적으로 당사자들의 약정과 보충적으로 民 §387 이하의 규정에 의하여 결정한다. 채권자가 지시를 한 경우에는 다른 약정이 없는 한 그와 결부된 위험은 채권자가 부담한다(전술 적용 범위 참조).

35) 이행행위가 법에 의하여 금지된 경우도 마찬가지이다. 예: 임대주택건설촉진법에 의한 임차권양도금지: 大判 93. 11. 9 92다43128(公 959, 59).
36) Vollkommer/Jauernig, BGB §275 Anm. 2 a bb.
37) 서울高判 80.1.16 79나2350(고 80(민 1), 1) 참조.
38) 大判 94. 5. 10 93다37977(公 970, 1645).
39) 異見 李銀榮, 139(이행기 기준).
40) 李銀榮, 139 각주 3)은 송하인의 과실로 인한 운송물의 멸실의 경우에 채권자인 송하인에게 위험이 부과되는 것(商 §134 Ⅱ)을 §537의 쌍방에 귀책사유 없는 급부불능에 대한 특칙으로 설명하지만, 이것은 분명히 §538의 특칙이지 §537의 특칙이 아니다.

② 〈쌍방에 책임을 돌릴 수 없는 사유의 예〉:[41]

－천재지변 등 不可抗力,[42]

－측량하여 팔기로 한 농지의 分筆허가가 거절된 경우 등 계약의 시행에 필요한 관할당국의 승인이 거절되는 모든 경우,

－계약목적물의 압수, 正租인도급부가 米穀收集令에 의하여 이행불능이 된 경우,[43]

－관할당국에 의한 공급금지,

－점령군에 의한 강제조치,

－예약한 관광여행에 질병으로 참가할 수 없게 되는 경우,

－법률의 개정 기타 유사한 경우들.

그러나 불능이 두 가지 원인에 기인하고 각 당사자가 각 원인 하나에 대하여 책임이 있는 때에는 우연한 불능이 아니다(후술 後論 참조).

4. 立證責任

급부가 불능이 되었음에 대한 입증책임은 후발적 급부불능이 權利滅却的 사실이므로 채무자가 부담한다. 또 채무자의 귀책사유 없음에 대한 입증책임도 채무자가 부담한다.[44] 상세는 후술 Ⅲ. A. 1. (3) 참조.

Ⅲ. 法律效果

[1] 全部不能의 경우의 法律效果

1. 債務者의 法的 地位

(1) 給付義務의 탈락

채무자는 급부의 이행이 자신에게 책임 없는 사유로 불능이 되면 더 이상 그러한 급부의무를 지지 않게 된다(Debitor rei certae interitu rei liberatur. Pomponius D.45.1.33; 獨民 §275 Ⅰ; 瑞債 §119 Ⅰ; 伊民 §1256 Ⅰ 참조). 뿐만 아니라 2차적인 배상의무도 부담하지 않는다. 채무자가 책임을 면하는 것은 그에게 귀책사유가 없기 때문이다. 이와 같은 채무면제효과는 법률의 규

41) MünchKomm-Emmerich, §323 RN. 24.

42) 大判 65. 11. 23, 65다1898(요지집 861-3)(전세목적물의 멸실).

43) 大判 48. 4. 6, 4280민상279(요지집 861-1).

44) 同旨 C/T §1463 n. Ⅱ.1; Vollkommer/Jauernig, BGB §275 Anm. 2 a aa; b.

정에 의한 것이므로 채무자의 항변과는 무관하다. 그러나 경우에 따라서 채무자는 신의칙상 통지의무를 질 수 있다.[45)]

(2) 反對給付請求權의 상실

그리고 급부의무의 탈락과 더불어 채무자는 반대급부청구권을 잃는다[46)](Res perit debitori. 同旨 獨民 §323 I 1문; 伊民 §1463 전단; 中民 §266 I 1문.). 준비행위에 대한 비용배상청구권도 갖지 않는다. 그러나 일정한 계약유형의 경우 급부결과가 달성불가능하거나 달리 달성되는 때에는 부분적인 보수청구권이 문제될 수가 있다.[47)]

따라서 계약의 내용이 쌍방의 급부의무에 한정되어 있고 채무자가 또한 불능이 된 급부에 대한 代償物을 취득한 바 없고 채권자는 채권자대로 아직 급부를 하지 않은 경우라면 채권관계는 완전히 소멸한다. 채권자는 이러한 법률효과를 장래에 대하여 확실하게 하기 위하여 상응하는 의사표시(특히 계속적 채권관계에 있어서는 해지의 의사표시)로써 구속력 있게 확정할 수가 있다.[48)] 그 밖의 경우에는 (반대)급부의무의 탈락에도 불구하고 채권관계 그 자체는 존속한다[49)](후술 2. 참조).

(3) 給付不能과 歸責事由에 대한 立證責任

(가) 債權者가 履行을 請求하는 경우　　급부가 불능이 되었음에 대한 입증책임은 후발적 급부불능이 권리멸각적 사실이므로 급부의무를 면하려는 채무자가 부담한다. 또 채무자의 귀책사유 없음에 대한 입증책임도 채무자가 부담한다(전술 II. 4 참조).

(나) 債務者가 反對給付의 履行을 請求하는 경우　　채무자가 자신의 급부가 불능이 되었음에도 불구하고 상대방으로부터 반대급부의 이행을 청구하는 경우에는 상대방인 채권자는 선택을 할 수가 있다. 그는 民 §537를 원용하여 반대급부의무의 탈락을 주장할 수 있으나, 이 때에는 원고(채무자)의 급부의무의 불능에 대한 입증책임을 부담한다. 입증에 성공하면 訴는 기각된다. 그러나 채권자는 다른 한편으로는 또한 단순히 民 §536(동시이행의 항변권)를 원용할 수가 있다. 이 때에는 경우에 따라서 쉽지않은 불능의 입증을 피할 수가 있으나, 대신에 상환급부판결을 받게 된다. 그런데 동시이행관계에 있는 반대채권의 이행은 집행개시의 요건이므로(大判 62. 2. 15, 4294민상708) 판결은 집행될 수 없고, 결과는 실

---

45) Jauernig/Vollkommer, BGB §275 Anm. 3.
46) 大判 62. 10. 11, 62다492(요지집 895-4).
47) Vollkommer/Jauernig, BGB §323 Anm. 3 a.
48) MünchKomm-Emmerich, §323 RN. 25.
49) 李銀榮, 140; Vollkommer/Jauernig, BGB §323 Anm. 3 a i. f.

제로 訴의 기각과 같게 된다(다만 비용면에서 의 차이는 있다).[50]

2. 債權者의 權利

(1) 代償請求權

(가) 代償請求權의 인정 여부

(a) 總 說 후발적으로 불능이 된 급부의 채무자가 그에 갈음하는 代償(commodum repraesentationis; stellvertretendes commodum; Surrogat 代替利益)——대체된 물건(Ersatz)이나 대체된 청구권(Ersatzanspruch)——을 취득한 경우에 채권자는 그것을 청구할 수 있는가?[51] 외국의 입법례(獨民 §§323 Ⅱ, 281; 佛民 §1303; 伊民 §1259)와 달리 명문의 규정이 없는 우리 민법의 해석론은 종래 일반적인 긍정설이 압도적인 다수설이었는데,[52] 대법원 1992. 5. 12 선고, 92다4581, 4598 판결[53]이 최초로 이를 긍정하는 판시를 한 이래 일반적 인정설[54]과 제한적 인정설[55]이 아직 대립하고 있으나, 전자가 다수설이다. 代償청구권을 인정하는 說은 그 근거를 각자에게 그의 몫을 돌리고자 하는(suum cuique) 민법의 근본사상에 부합한다는 데서 구한다.[56] 즉 약속된 급부는 물권적인 형태의 이행이 이루어지기까지는 엄격한 법적 형식논리를 따를 경우 아직 채권자의 것이라고는 말할 수 없다 하더라도 당사자간의 채권적인 관계는 이행되어야 할 급부가 경제적으로 볼 때 마땅히 채권자에게 귀속해야 할 것임을 전제하고 있고, 따라서 그 급부에 갈음하는 다른 이익이 발생했을 경우에도 이를 마땅히 채권자에게 귀속시키는 것이 공정한 재화귀속의 질서(aequitas)일 것이며, 유효하게 맺어진 채권관계의 존재를 우연한 후발적 이행불능이라는 사건을 빌미

50) 同旨 MünchKomm-Emmerich, §323 RN. 40.

51) 물건의 멸실과 代償機制 일반에 관하여는 Maria Costanza, 앞의 글, 52ff.

52) 舊민법하의 논의에 관해서는 註釋債權各則(Ⅰ), 322f.(金錫宇) 참조. 현행법 해석과 관련하여 註釋債權各則(Ⅰ), 323(金錫宇) 자신은 손해를 한도로 하는 제한적 인정설을 취한다.

53) 公 923, 1849.

54) 宋德洙, "代償請求權", 民事判例硏究 ⅩⅥ(1994), 19ff.

55) 梁彰洙, "賣買目的土地의 收用과 補償金에 대한 代償請求權", 判例月報 268(1993. 1), 28ff.(채권자가 입은 손해를 한도로 인정하는 설); 金俊鎬, "履行不能의 효과로서의 代償請求權", 司法行政(1993. 6), 79ff.(片務契約에 한하여 긍정하는 설); 李銀榮, 141 각주 1(부정설을 취하면서 신의칙상 예외를 인정하는 설. 그러나 토지대금을 전부 또는 상당부분 지급한 후 收用이 된 경우에는 代償청구를 인정하면서 수용이 된 다른 경우에는 부인하는 근거가 박약하고 해결방식이 통일적이지 못하며 불확정개념의 구별기준을 제시하므로 실천적이지도 않다).

56) 宋德洙, 앞의 글, 32ff.

로 이를 해소시키는 쪽으로 법을 운용한다면, 이것은 분명히 당사자들이 애초에 의도했던 재화이전의 합의에 반하고, 또 그와 함께 법률행위우대의 해석원칙(favor negotii)에도 반할 것이라고 보는 것이라고 보는 것이다. 긍정설 중에는 당사자간의 법률관계는 급부의 후발적 불능으로 인하여 완전히 소멸하는 것이 아니라 계속 존속하는 것이며("채권관계의 연장효[Fortwirkung]"), 이 관계야말로 代償청구를 인정하는 실질적인 근거라고 하면서, 실정법상의 法條的 근거로서는 民 §537와 더불어 민법상의 일반 급부장애법상의 관련조문(民 §390)과 나아가서는 궁극적으로 民 §2의 신의성실의 원칙을 드는 견해가 있다.[57] 그런데 이에 대해서는 우선, 법률관계를 근거로 代償의 청구를 인정하면서, 다른 한편으로는 代償청구가 인정되기 때문에 법률관계가 존속하는 것이라는 循環論法的인 논변에 빠진 것은 아닌가 하는 의문이 제기될 수도 있을 것이다. 어쨌든 현재 代償청구를 인정해야 한다는 긍정설이 제시하는 그 근거[58]는 설득력의 면에서 문제가 있는 것이 사실이다. 현행법이 명문으로 인정하지 않는 代償청구를 인정하기 위해서는 매우 신중한 검토가 선행하지 않으면 안 될 것이다. 이하에서는 위험부담의 원칙과 代償청구의 관련이라는 맥락에서 연혁적으로 볼 때 그 기원에 해당하는 로마법과의 대비를 통하여 우리는 代償청구권을 어떻게 이해하고 해석할 수 있을 것인지를 살펴보기로 한다.

(b) 危險負擔原則과 法學的 思惟의 두 樣態 　우리 민법은 §537에서 쌍무계약의 당사자 일방의 채무가 당사자 쌍방의 책임 없는 사유로 이행할 수 없게 된 때에는 "債務者는 相對方의 履行을 請求하지 못한다"라고 규정할 뿐, 이와 같은 상황에서 예상될 수 있는 그 밖의 다른 법률문제들에 관해서는 아무런 규정을 두고 있지 않다. 그러나 현재 이 조문과 관련하여 주지하듯이 통설은 쌍무계약에 있어서 후발적 불능은 당사자 쌍방이 그 불능에 대하여 무귀책인 한, 일차적으로 채무자의 급부의무가 소멸하고, 따라서 그것과 쌍무적 견련관계에 있는 상대방의 반대급부의무 역시 소멸한다는 점을 규정한 조문으로 이해하면서도, 다른 한편으로는 특히 이와 관련하여 가령 토지수용보상금을 매도인이 수령한 경우처럼 채무자에게 원래의 급부목적물에 갈음하

57) 安法榮, "債權的 代償請求權 —우리 民法의 發展的 形成을 위한 比較法的 小考—", 金亨培敎授華甲紀念論文集 債權法에 있어서 自由와 責任(1994), 234ff., 252.

58) 池元林, "占有取得時效 完成 이후의 事情變更과 代償請求權", 民事判例硏究 XVIII (1996), 128ff., 148ff.; 李相京, "代償請求權—大法院 1992. 5. 12. 宣告 第1部 92다4581 [本訴), 4598(反訴) 判決—", 松泉李時潤博士華甲紀念 民事裁判의 諸問題(上) (1995), 240ff., 253ff. 참조.

는 이익(소위 代償)이 발생한 경우에 채권자(본기의 경우 매수인)는 그것을 원래의 급부에 갈음하여 청구할 수 있는가 하는 것이 문제로 된다고 하면서 이를 긍정한다. 물론 이와 같은 문제가 발생하는 것은 경제적으로 볼 때 매매 이후의 地價 상승 등이 발생하고, 그로 인한 경제적 이득을 누구에게 귀속시킬 것인가 하는 관점에서 당사자 사이에 분쟁이 발생하기 때문이다. 필자는 기존의 다양한 학설 중에서 어느 하나의 견해가 절대적으로 옳다는 斷定的 입장이 아니라, 결국 이 문제의 해답은 우리가 어떤 法學的 思惟의 態樣을 선호할 것인가의 문제로 귀착한다는 점을 밝히고자 한다. 그리고 그 점에 있어서 民 §537의 위험부담원칙 규정이 성립한 법학적 사유의 場을 지적함으로써 이를 뒷받침하고자 한다. 주지하듯이 이러한 고찰은 필연적으로 로마법으로 이끈다.[59]

(i) 代償청구의 문제와 위험부담원칙과의 연관성　　이와 관련하여 우선 지적할 수 있는 점은 현행민법의 이른바 채무자위험부담주의(民 §537)는 문제된 法域에 따라서 다른 원칙을 채택했던 로마법의 규율모습을 일률적으로 합리화시킨 법전편찬의 결과라는 것이다. 현재 이 조문의 합리성을 의문시하는 견해는 찾아볼 수 없다. 재미있는 것은 로마법상 代償청구가 인정된 사례들을 살펴보면 가장 많은 사례들이 바로 로마식 위험부담원칙의 결과 야기되는 불합리 내지는 不合當을 적어도 최소화하려는 正義이념의 발로였다는 점이다. 이하에서는 이와 같은 말하자면 규율상의 흠 내지는 흠결을 보충할 필요성이라는 면에서 로마법과 현행법을 비교검토하기로 한다.

(ii) 로마법상의 代償청구

(ㄱ) 로마법상의 위험부담의 원칙　　로마법은 일반적으로 현행민법과 같은 채무자위험부담주의를 취하였음에도 불구하고 가장 중요한 거래행위영역에 대하여 현행법과 달리 채권자위험부담주의를 취하였다. 바로 매매의 영역이 그것이다. 그 결과 매도인은 매매당사자 쌍방에게 귀책시킬 수 없는 사유로 자신의 매매목적물 급부의무가 후발적으로 불능으로 된 경우에도 매수인에게서 약정한 매매대금을 청구할 수가 있었다(periculum est emptoris).[60] 이러한 규율의 근거 내지 이유에 대해서는 여러 가지 설명이 시도되었지만, 그 진위나 당부를 떠나서 규율의 내용만큼은 확실히 채권자위험부담주의가 지

59) 安法榮, 전게논문, 283면은 "로마법의 불분명한 淵源으로부터 발전"하였다고 지적하는데, 후술하듯이 로마법의 태도는 결코 불분명하지 않으며, 오히려 배울 바가 많은 훌륭한 法敎義學的 내용을 담고 있다.

60) 郭潤直/崔秉祚, 民法注解 債權各論(1997), §537 前論 Ⅵ.1 주석 참조.

배하였던 것이다. 그러므로 만일에 채무자인 매도인이 불능으로 인하여 일정한 이득을 얻게 된 경우에 쌍무계약상의 상호성을 고려하면 이 代償을 목적물급부의 불능에도 불구하고 대금지급의 의무를 계속 부담하는 매수인인 목적물채권자에게 이전하는 것이 ——마치 채무변제자의 대위(民 §§480 이하)나 손해배상자의 대위(民 §399)에 있어서처럼—— 善과 衡平(bonum et aequum)에 맞는 결론이라는 데 아무런 의문이 일어날 수 없었다. 더욱이 로마매매법상 매도인은 현행법상의 매매에 있어서와는 달리 소유권이전의무를 부담하지 않았고, 다만 평온한 점유(habere licere)를 보장해 주는 것으로 족하였으며,[61] 그 결과 追奪擔保의 원칙(Eviktionsprinzip)이 지배했으므로,[62] 매수인의 위험부담은 그만큼 더 균형을 잃은 측면이 강하다는 사정도 이러한 결론을 지지하였던 것이다. 이제 매매의 경우를 포함하여 문제된 사안을 유형별로 정리하여 살펴보기로 한다.

(ㄴ) 로마법상의 代償청구

① 賣買의 경우

a) 매도인이 매매목적물을 竊盜·強盜 당한 경우 　　먼저 대상청구가 인정된 사안유형에는 매도인이 매매목적물을 절도나 강도당한 경우를 들 수가 있다. 이러한 경우에는 우선 매도인이 물건의 절취위험에 관하여 어떠한 보관(custodia)의 책임을 인수했는가에 따라서 매도인측의 귀책의 여부가 결정되는데, 인수한 custodia 책임의 정도를 고려하더라도 매도인에게 귀책시킬 수 없는 경우, 곧 쌍방에 귀책사유가 없는 경우에는 매매법상의 위험부담원칙이 적용된다. 이런 경우 매수인은 매매대금을 지급해야만 하지만(특히 아래 인용원문 (ε)의 울리아누스의 소견 참조),[63] 다른 한편으로 아직 형식적으로 소유자로서의 이익을 가지는 매도인은 절도자이나 強盜者를 상대로 해당소권을 취득한다. 매매대금지급의무가 "실질적"인 新소유자로서의 매수인의 지위에서 오는 것이라면 이러한 소권의 귀속 역시 "실질적"인 소유자인 매수인이 가지는 것이 정의에 합당한 바이므로, 로마인들은 이러한 경우 제3자를 상대로 한 해당소권을 매수인이 "代償"으로 청구할 수 있는 것으로 보았다. 즉 이러한 경우 매수인은 해당소권의 양도를 청구하거나(아래 인용원문 (α), (β), (δ)의 언명), 또는 매도인이 이미 訴로써 취득

61) Zimmermann, The Law of Obligations(1992), 278ff.
62) Zimmermann, a.a.O., 293ff.
63) D. 47, 2, 14, pr Ulp. 29 ad Sab.; Geoffrey MacCormack, "Custodia and Culpa", SZ 89(1972), 149ff., 189.

한 물건을 청구할 수 있었다(아래 인용원문 (δ-1)의 언명). 이러한 결론은 학파를 불문하고 인정되었다(Celsus, Iulianus, Gaius, Ulpianus, Iustinianus).[64]

IJ. 3, 23, 3a

(α) Quod si fugerit homo qui veniit aut subreptus fuerit, ita ut neque dolus neque culpa venditoris interveniat, animadvertendum erit, an custodiam eius usque ad traditionem venditor susceperit. sane enim, si susceperit, ad ipsius periculum is casus pertinet: si non susceperit, securus erit. idem et in ceteris animalibus ceterisque rebus intellegimus. utique tamen vindicationem rei et condictionem exhibere debebit emptori, quia sane, qui rem nondum emptori tradidit, adhuc ipse dominus est. idem est etiam de furti et de damni iniuriae actione.

D. 18, 1, 35, 4 Gai. 10 ad ed. provinc.

(β) Si res vendita per furtum perierit, prius animadvertendum erit, quid inter eos de custodia rei convenerat: si nihil appareat convenisse, talis custodia desideranda est a venditore, qualem bonus pater familias suis rebus adhibet: quam si praestiterit et tamen rem perdidit, securus esse debet, ut tamen scilicet vindicationem rei et condictionem exhibeat emptori. (γ) unde videbimus in personam eius, qui alienam rem vendiderit: cum is nullam vindicationem aut condictionem habere possit, ob id ipsum damnandus est, quia, si suam rem vendidisset, potuisset eas actiones ad emptorem transferre.

D. 47, 2, 14, pr Ulp. 29 ad Sab.

(δ) Eum qui emit, si non tradita est ei res, furti actionem non habere, sed adhuc venditoris esse hanc actionem CELSUS scripsit. mandare eum plane oportebit emptori furti actionem et condictionem et vindicationem, (δ-1) et si quid ex his actionibus fuerit consecutus, id praestare eum emptori oportebit: (ε) quae sententia vera est, et ita et IULIANUS et sane periculum rei ad emptorem pertinet, dummodo custodiam venditor ante traditionem praestet.

D.18, 4, 21 Paul. 16 qu.(아래 주 71 인용원문 (γ)의 언명)

b) 共有物의 持分 賣買와 共有物分割에 의한 새로운 귀속의 경우 로마법상 代償이 문제된 또 다른 경우로는 공유물의 지분을 매

64) Max Kaser, "Die actio furti des Verkäufers", SZ 96 (1979), 89ff., 115ff.; 118ff.; Manfred Harder, "Commodum eius esse debet, cuius periculum est," Festschrift für Max Kaser zum 70. Geburtstag (1976), 351ff.

매하였으나, 이 지분이 매매 후에 일어난 공유물분할소송——여기서는 공유자 중 어느 일방에 물건 전체를 취득하도록 강제되었다(아래 인용원문 (α), (β), (ε)의 언명)——의 결과로 말하자면 公的인 결정에 의하여 당사자들의 귀책 없이 移轉不能에 이른 사례유형이 있다. 이 경우에 공유지분의 매도자가 공유물분할로 수령한 지분가액이 代償으로 인정되었다(아래 인용원문 (γ), (δ)의 언명). 이 사례는 매매의 일반적인 경우와 다를 바 없다.[65]

D. 10, 3, 7, 13 Ulp. 20 ad ed.

(α) Si debitor communis praedii partem pignori dedit et a domino alterius partis provocatus creditor eius aut ab alio creditore alterius debitoris licendo superavit et debitor eius cui res fuit adiudicata velit partem suam praedii reciperare soluto eo quod ipse debuit: eleganter dicitur non esse audiendum, nisi et eam partem paratus sit reciperare, quam creditor per adiudicationem emit. (β) nam et si partem vendideris rei et prius, quam traderes emptori, communi dividundo iudicio provocatus fueris aliaque pars tibi adiudicata sit, consequenter dicitur ex empto agi non posse, nisi totam rem suscipere fuerit paratus, quia haec pars beneficio alterius venditori accessit: quin immo etiam ex vendito posse conveniri emptorem, ut recipiat totum: solum illud spectandum erit, num forte fraus aliqua venditoris intervenit. (γ) sed et si distracta parte cesserit victus licitatione venditor, aeque, pretium ut restituat, ex empto tenebitur. haec eadem et in mandato ceterisque huius generis iudiciis servantur.

D. 19, 1, 13, 17 Ulp. 32 ad ed.

(δ) Idem CELSUS libro eodem scribit: fundi, quem cum Titio communem habebas, partem tuam vendidisti et antequam traderes, coactus es communi dividundo iudicium accipere. si socio fundus sit adiudicatus, quantum ob eam rem a Titio consecutus es, id tantum emptori praestabis. (ε) quod si tibi fundus totus adiudicatus est, totum, inquit, eum emptori trades, sed ita, ut ille solvat, quod ob eam rem Titio condemnatus es. sed ob eam quidem partem, quam vendidisti, pro evictione cavere debes, ob alteram autem tantum de dolo malo repromittere: aequum est enim eandem esse condicionem emptoris, quae futura esset, si cum ipso actum esset communi dividundo. sed si certis

65) Karlheinz Misera, "Akzession und Surrogation zufolge einer adiudicatio. Adiudicatio und voraufgehendes Rechtsgeschäft bezüglich einer pars," SZ 103 (1986), 383ff., 388.

regionibus fundum inter te et Titium iudex divisit, sine dubio partem, quae adiudicata est, emptori tradere debes.

공유지분의 매매와 약간 다른 사안이 공유지분으로써 嫁資의 공여를 한 경우이다. 이 때에는 후발적 공유물분할소송의 결과로 夫가 嫁資로 보유하고 있던 공유지분에 상당하는 가액을 수령하게 되면 이 지분가액이 이후 嫁資에 속하는 것으로 인정된다(아래 인용원문 (α)의 언명). 이 사안은 物上交替가 일어났으나 그 형식적 주체[夫]의 면에서는 아무런 변화가 없으므로 굳이 後의 물건을 前의 물건에 대한 代償으로 "구성"하지 않더라도 이 주체에 관한 한 아무런 문제도 없으나, 그 실질적 주체[妻]의 입장에서는 이를 代償으로 "구성"하여 그 물건의 嫁資로서의 목적규정상의 동일성을 유지시켜주지 않으면 부당하게 불이익을 당하게 되는 경우이다. 이런 의미에서는 매수인의 실질적 지위를 보상하려는 의도에서 인정된 代償과 다를 바가 없다.[66]

D. 23, 3, 78, 4 Tryph. 11 disp.

(α) Si fundus communis in dotem datus erit et socius egerit cum marito communi dividundo adiudicatusque fundus socio fuerit, in dote erit quantitas, qua socius marito damnatus fuerit aut, si omissa licitatione extraneo addictus is fundus fuerit, pretii portio, quae distracta est, sed ita, ut non vice corporis habeatur nec divortio secuto praesenti die quod in numero est restituatur, sed statuto tempore solvi debeat. (β) quod si marito fundus fuerit adiudicatus, pars utique data in dotem dotalis manebit: divortio autem facto sequetur restitutionem, propter quam ad maritum pervenit, etiam altera portio, scilicet ut recipiat tantum pretii nomine a muliere, quantum dedit ex condemnatione socio: nec audiri debebit alteruter eam aequitatem recusans, aut mulier in suscipienda parte altera quoque aut vir in restituenda. sed an constante matrimonio non sola pars dotalis sit, quae data fuit in dotem, sed etiam altera portio, videamus. IULIANUS de parte tantum dotali loquitur, et ego dixi in auditorio illam solam dotalem esse.

그러나 매매당사자 사이에서, 매매목적물에 대한 각종 피해 우려, 특히 工

66) Karlheinz Misera, SZ 103(1986), 383ff., 399f. 다만 非代替的 특정물 급부로부터 代替的 금전의 급부로 嫁資반환의 내용이 변경된 결과 다른 약정이 없는 한 3년할부 (annua bima trima die) 반환이 가능하다(Ulp. Epit. 6, 8). Max Kaser, Das römische Privatrecht I (2. Aufl., 1971), 340 Fn. 34.

作物설치로 인한 피해 우려가 있는 때에 아직 형식상 소유자로 남아 있는 매도인이 그러한 사정과 관련하여 그러한 우려를 야기하는 제3자를 상대로 하여 취득한 소권(가장 대표적인 것이 未發生損害의 擔保 청구이다)[67]을 매수인에게 양도할 의무를 부담하는 것은 형식적 지위와 실질적 지위의 괴리를 가교하려는 일련의 조치들임에는 틀림없으나(아래 인용원문 (α),(γ),(δ)의 언명), 당사자들 사이의 주된 급부의무의 후발적 불능으로 인한 위험부담원칙, 그리고 이와 관련한 "代替的 利益"(stellvertretendes commodum)과는 별도로 제3자를 상대로 附加的으로 문제가 되는 이익("accessorisches commodum")의 향배에 관한 것으로서 엄밀한 의미의 代償이 아닌 경우이다.[68] 같은 법리는 高價請約留保附(in diem addictio)賣買에 있어서 후에 高價의 청약이 있어서 원래의 매매가 해소됨으로써 매매목적물의 반환관계에 들어간 경우에도 쌍방의 역할이 이제는 서로 뒤바뀌었다는 점을 제외한다면 마찬가지로 적용된다(아래 인용원문 (ε)의 언명).[69]

D. 19, 1, 13, 12 Ulp. 32 ad ed.

(α) Sed et si quid praeterea rei venditae nocitum est, actio emptori praestanda est, damni forte infecti vel aquae pluviae arcendae vel Aquiliae vel interdicti quod vi aut clam.

D. 43, 24, 11, 8 Ulp. 71 ad ed.

(β) Si postea, quam vi aut clam factum est, venierit fundus, an venditor nihilo minus hoc interdicto experiri possit, videamus. et extat sententia existimantium nihilo minus competere ei interdictum nec finiri venditione: sed nec ex empto actione quicquam ei praestandum emptori ex eo opere, quod ante venditionem factum est: satis enim esse, quod utique propter hoc opus viliori praedium distraxerit. certe etsi non viliori vendidit, idem erit probandum.

D. 43, 24, 11, 9 Ulp. 71 ad ed.

(γ) plane si post venditionem fundi opus factum est, etsi ipse experiatur venditor, quia nondum traditio facta est, tamen ex empto actione emptori tenebitur: omne enim et commodum et incommodum ad emptorem pertinere debet.

67) 상세는 拙稿, "건축물 붕괴의 위험과 미발생손해의 담보—고전로마법상의 Cautio damni infecti에 관한 소고—", 厚巖郭潤直先生古稀紀念 民法學論叢·第二(1995), 53ff., 73ff.; "로마법상의 미발생손해 담보문답계약. D. 39. 2의 對譯", 서울대학교 法學 36/3·4 (1995. 12), 215ff., 특히 248f.

68) Geoffrey MacCormack, "The Cautio Damni Infecti: Buyer and Seller", SZ 88 (1971), 300ff., 310ff.

69) Frank Peters, Die Rücktrittsvorbehalte des römischen Kaufrechts(1973), 158ff.

[In diem addictio 조항부 매매의 경우]

D. 43, 24, 11, 10 Ulp. 71 ad ed.

(δ) si fundus in diem addictus sit, cui competat interdictum? et ait IULIANUS interdictum quod vi aut clam ei competere, cuius interfuit opus non fieri: fundo enim in diem addicto et commodum et incommodum omne ad emptorem, inquit, pertinet, antequam venditio transferatur, et ideo, si quid tunc vi aut clam factum est, quamvis melior condicio allata fuerit, ipse utile interdictum habebit: sed eam actionem sicut fructus medio tempore perceptos venditi iudicio praestare cogendum ait.

c) 相續財産 및 그에 속하는 물건의 매매의 경우 우리가 "代償"이라고 칭할 만한 것이 등장하는 또 하나의 사안유형은 상속인이 이미 취득한 상속재산을 매도하는 경우이다. 그런데 이 때에는 매매의 대상이 포괄재산인 상속재산이라는 데서 오는, 일반적인 매매의 경우와는 다른 특수한 규율——가령 상속재산에 귀속하는 모든 것을 매수인이 청구할 수 있다거나, 또는 상속재산에 속하는 자금으로 구입한 모든 물건 역시 상속재산에 속한다거나 하는[즉 物上代位]——하에 놓여 있었고,[70] 더욱이 이 때에는 당사자 사이에 그와같은 내용의 특약을 문답계약으로 체결하는 것이 상례였으므로, 이들 사례를 바탕으로 로마법에서의 代償청구 일반을 논하기는 여러 모로 어려운 것으로 생각된다. 특히 오늘날의 "代償"청구에 해당하는 사안을 다루고 있는 다음의 개소는 상속재산매매에 따르는 특수한 문답계약이 개재되어 당사

70) 최근 Arno Welle, In universalibus pretium succedit in locum rei, res in locum pretii. Eine Untersuchung zur Entwicklungsgeschichte der dinglichen Surrogation bei Sondervermögen (1987)는 상속재산(hereditas)을 비롯하여 特有재산(peculium), 嫁資(dos) 등의 이른바 집합재산(universitas rerum)의 경우 物上代位를 부정하는 설을 취하였다. 그에 의하면 로마법은 이들 경우에 원칙적으로 채권적인 代償으로서의 청구를 인정하였을 뿐이며, 그것도 그 본질은 당사자의 주관적 의사에 기초한 귀속결정(Bewidmung)이었다고 한다. 그러나 그의 법사료에 대한 정밀한 분석에 기초하지 않은 연구성과는 取信할 수 없다. 同旨 Fritz Sturm, SZ 111 (1994), 616ff. 로마인들의 경우 확인되는 物上代位의 법리는 註解학파(특히 Bartolus, Jason de Mayno)에 의해 발전하여 이후 특히 16세기 이래 —Faber나 Cuiacius의 제한설도 있었지만— 널리 인정되기에 이르렀다가, 독일에서는 다시 Hasse와 Mühlenbruch 등에 의해 보편성이 의문시되었으나, 프랑스의 註釋학파(école de l'exégèse)는 광범위하게 이 법리를 인정하였다. 物上代位의 법리는 우리 民 §§1083, 1084에서도 발견된다. 우리 민법과 달리 가령 伊民 §673는 유증의무자에게 귀책할 수 없는 사유로 인하여 유증의무의 이행이 불가능하게 된 때에는 그 의무가 소멸한다고 규정한다. 이러한 태도 역시 로마법에서 연유하는 것이며(D. 30, 26, 1 Pomp. 5 ad Sab.; D. 30, 36, 3 Pomp. 6 ad Sab.; D. 30, 47, 6 Ulp. 22 ad Sab; Inst. Iust. 2, 20, 16: Si res legata sine facto heredis perierit, legatario decedit), 로마법의 한 특징인 행위지향적 思考가 반영된 것이다. 어쨌든 통설에 따르는 한 이들 사례들은 "債權的" 代償청구와는 무관하다.

자들의 의사에 기한(ex voluntate partium) "代償"의 결정이라는 점에서 위험 부담의 원칙과도 무관하고, 또 당사자간의 형평 도모와도 무관한 특수한 경우 이다.[71]

D. 18, 4, 21 Paul. 16 quaest.

(α) Venditor ex hereditate interposita stipulatione rem hereditariam persecutus alii vendidit: quaeritur, quid ex stipulatione praestare debeat: nam bis utique non committitur stipulatio, ut et rem et pretium debeat. et quidem si, posteaquam rem vendidit heres, intercessit stipulatio, credimus pretium in stipulationem venisse: quod si antecessit stipulatio, deinde rem nactus est, tunc rem debebit. si ergo hominem vendiderit et is decesserit, an pretium eiusdem debeat? non enim deberet Stichi promissor, si eum vendidisset, mortuo eo, si nulla mora processisset. sed ubi hereditatem vendidi et postea rem ex ea vendidi, potest videri, ut negotium eius agam quam hereditatis.

(β-1) sed hoc in re singulari non potest credi: nam si eundem hominem tibi vendidero et necdum tradito eo alii quoque vendidero pretiumque accepero, mortuo eo videamus ne nihil tibi debeam ex empto, quoniam moram in tradendo non feci (pretium enim hominis venditi non ex re, sed propter negotiationem percipitur) et sic sit, quasi alii non vendidissem: tibi enim rem debebam, non actionem. (β-2) at cum hereditas venit, tacite hoc agi videtur, ut, si quid tamquam heres feci, id praestem emptori, quasi illius negotium agam: quemadmodum fundi venditor fructus praestet bonae fidei ratione, quamvis, si neglexisset ut alienum, nihil ei imputare possit, nisi si culpa eius argueretur.

(γ-1) quid si rem quam vendidi alio possidente petii et litis aestimationem accepi, utrum pretium illi debeo an rem? utique rem, non enim actiones ei, sed rem praestare debeo: et si vi deiectus vel propter furti actionem duplum abstulero, nihil hoc ad emptorem pertinebit. (γ-2) nam si sine culpa desiit detinere venditor, actiones suas praestare debebit, non rem, et sic aestimationem quoque: nam et aream tradere debet exusto aedificio.

② 任置 또는 使用貸借계약의 경우 매매계약 이외의 사안에서 代償청구가 인정된 사안들은 모두가 일방적인 의무의 이행이 쌍방당사

71) 이 개소에 관한 보다 자세한 논의는 일응 Horst Heinrich Jakobs, Lucrum ex negotiatione. Kondiktionsrechtliche Gewinnhaftung in geschichtlicher Sicht(1993), 10ff.

자 모두에 귀책할 수 없는 사유로 불능이 되고, 그에 갈음하는 이익이 발생한 경우를 다루고 있다. 쌍무계약인 매매에서 代償청구가 인정되었던 것이 채권자위험부담의 법리로 인하여 채무자인 매도인이 부당하게 이득하는 것을 저지하기 위한 방편이었다면, 이들 경우에는 일방적인 의무의 이행이 불가능하게 됨으로써 채무자가 부당하게 이득하는 것을 저지하기 위한 해결책으로서 代償청구가 인정되었다는 점에서 보자면, 결국 양 사례유형에는 공통된 법이념이 개재해 있음을 알 수 있다. 구체적으로 보자면 任置계약 또는 使用貸借계약상 물건의 반환의무를 부담하는 채무자의 상속인이 피상속인의 상속재산 중에 들어 있던 임치물 또는 사용대차물을 상속재산의 일부인 줄로 알고 선의로 매각한 경우에 이미 대금을 받은 경우에는 그 매득금이(아래 인용원문 (α)의 언명), 아직 대금을 받지 않은 경우에는 대금을 청구할 수 있는 매도인소권(아래 (β)의 언명)이 임치인 또는 사용대주 측에서 청구할 수 있는 代償으로 인정되었다.72)

D. 16, 3, 1, 47 Ulp. 30 ad ed.

(α) Quia autem dolus dumtaxat in hanc actionem venit, quaesitum est, si heres rem apud testatorem depositam vel commodatam distraxit ignarus depositam vel commodatam, an teneatur. et quia dolo non fecit, non tenebitur de re: an tamen vel de pretio teneatur, quod ad eum pervenit? et verius est teneri eum: hoc enim ipso dolo facit, quod id quod ad se pervenit non reddit.

D. 16, 3, 2 Paul. 31 ad ed.

(β) Quid ergo, si pretium nondum exegit aut minoris quam debuit vendidit? actiones suas tantummodo praestabit.

③ 所有物返還請求의 경우　채권적 관계가 아닌 물권적 관계에서도 일정한 사례유형의 경우에는 代償청구가 인정되었다. 이 경우도 방금 살펴본 임치나 사용대차의 경우와 마찬가지로 목적물의 일방적인 반환급부의무가 당사자 쌍방에 책임을 돌릴 수 없는 사유로 말미암아 이행할 수 없게 된 때에 그 代償의 청구를 인정한 것으로 반환의무의 근거가 상대방의 물권이라는 점만이 채권적인 임치나 사용대차의 경우와 다를 뿐, 그 밖의 사정과 법리는 마찬가지이다. 구체적으로는 收用類似의 경우에 관한 다음 개소의 사안을 들 수가 있다. 여기서는 소유물반환청구의 대상이 된 토지를 점유중인

72) Johannes Voet, Commentarius ad Pandectas I (editio ultima accuratior, Colloniae Allobrogum 1757), ad D. 16. 3 n. 7 (p. 592).

피고로부터 公有地로 수용한 다음, 이를 제대군인들에게 ——소유권 또는 용익권을 행사하도록—— 배분하고, 약간의 보상금조의 급부가 점유자에게 제공된 경우인데, 이 때 그 보상금이 소유물반환 청구를 하는 소유자가 토지 대신에 청구할 수 있는 代償으로 취급되었다. 이 경우에도 만일에 무귀책으로 이행불능에 빠진 점유자로 하여금 이것을 이유로 免訴판결을 내린다면 그가 취득한 보상금조의 급부는 원소유자와의 관계에서는 부당한 이득이 되므로 원소유자가 점유중에 收用유사의 처분을 당한 경우와의 균형상 인정될 수밖에 없었던 필연성이 긍정된다.[73)]

D. 6, 1, 15, 2 Ulp. 16 ad ed.

Item si forte ager fuit qui petitus est et militibus adsignatus est modico honoris gratia possessori dato, an hoc restituere debeat? et puto praestaturum.

일견 代償청구를 인정한 것 같으나 사실은 이와는 무관한 특수한 경우에 속하는 사안으로 매도인의 소유가 아닌 물건(노예)을 매수하여 현재 점유중인 자가 追奪을 피하기 위하여 자신이 점유하던 물건을 매도하고 그 물건이 멸실(피살)된 경우를 다루고 있는 다음의 개소를 들 수가 있다. 왜냐하면 여기서는 점유자가 악의적으로 점유를 포기하였으므로 소유물반환청구법상의 특수한 법리에 따라서 마치 아직도 점유중에 있는 것처럼 법률상 취급되고, 그 결과 가액상당의 유책판결을 피할 수 없는데, 여기서 마지막 문장의 pretium은 금전유책판결의 원칙에 따른 판결채무액으로서의 물건의 가액을 의미하는 것이기 때문이다.[74)]

D. 6, 1, 17 Ulp. 16 ad ed.

IULIANUS libro sexto digestorum scribit, si hominem, qui Maevii erat, emero a Titio, deinde cum eum Maevius a me peteret, eundem vendidero eumque emptor occiderit, aequum esse me pretium Maevio restituere.

㈐ 小 結 이상에서 살펴본 바를 다시 한 번 정리해 보면 다음과 같다.

73) Martin Pennitz, Der 'Enteignungsfall' im römischen Recht der Republik und des Prinzipats. Eine funktional-rechtsvergleichende Problemstellung(1991), 242ff.

74) Pennitz, a.a.O., 299f.

① 代償청구 인정의 근거 로마법상 代償청구가 인정되는 근거는 이를 부인하는 경우에 당사자 사이에 그들의 내적 관계에 비추어 볼 때 마땅히 존재해야 할, 正義에 합치하는 재화의 귀속질서(aequitas naturalis)[75]가 깨어지는 결과를 초래하므로 이를 교정해야 할 객관적 필요성이 있다는 점에 있다.

② 代償청구권자의 범위 그리하여 로마법상 代償청구가 인정되는 범위는 원칙적으로 특정물의 급부의무를 부담하는 일방 당사자가 당사자 어느 쪽에도 귀책할 수 없는 사유로 그 의무의 이행이 불능으로 된 결과 그 급부의무를 면하게 됨과 동시에 그에 갈음하는 일정한 이익을 얻는 경우에 한하여 인정될 수 있게 된다. 이 때 급부의무의 근거는 매매처럼 급부의무 자체를 발생시키는 계약이거나, 아니면 이미 상대방에게 그 이행을 청구할 수 있는 채권적 또는 물권적 권리가 존재하는 경우의 그 채권 또는 물권이다. 이에 따라 로마법상 代償청구는 이 세 문제영역 내에서만 고려될 수 있는 가능성이 있다. 그런데 로마법은 쌍무계약인 매매에 있어서 다른 영역에 있어서와는 달리 債權者危險負擔主義를 취하고 있으므로 이러한 이론상의 가능성은 실제적 문제상황으로 발생하게 된다. 반면에 債務者危險負擔主義를 취하는 다른 모든 쌍무계약의 영역에 있어서 채권자는 채무자의 급부의무 면제와 동시에 자신의 의무 역시 면제되고, 이로써 원래의 급부를 둘러싼 양 당사자의 관계는 終止하므로 代償청구의 문제는 발생하지 않았고, 실제로 이것이 거론된 사례도 전해지는 것이 없다. 당사자 사이에 이미 채권적 법률관계에 기한 급부의무가 존재하는 경우란 특정물의 반환의무를 근거지우는 채권적 법률관계가 존재하는 경우일 수밖에 없고, 또 물권적 법률관계에 기한 급부의무가 이미 존재하는 경우 또한 특정물의 반환의무를 근거지우는 물권적 법률관계가 존재하는 경우일 수밖에 없으므로, 결국 임치나 사용대차 및 이에 준하는 관계 또는 嫁資관계, 또는 소유물반환청구관계만이 문제될 수 있고, 또 실제로도 문제가 되었다.

③ 代償의 범위 그런데 여기서 특히 주의해야 할 것은, 이미 지적했듯이 로마법상 代償은 어디까지나 당사자 사이의 "내적인 관계에 비추어 볼 때" "마땅히 존재해야 할 재화의 귀속질서"를 회복하려는 취지에서 인정된 것이므로, 어디까지나 판단의 기준인 "내적인 관계"가 代償의 청구가

75) 이에 관해서는 拙著, 로마法硏究(I)(1995), 124ff. 또한 138ff.

문제되는 시점에도 여전히 損傷되지 않은 상태로 온전히 존속해야 한다는 점이다. 代替的 이익이라는 것은 개념필연적으로도 원래의 급부물을 전제로 하는 것인데, 이것은 원래의 관계가 그대로 유지되는 경우에 한하여 인정될 수 있는 것이기 때문이다. 그러므로 급부의무를 부담한 당사자가 그 자신에게 귀책할 수 없는 사유로, 따라서 자신의 의사와는 무관한 사유로 의무를 이행할 수 없게 된 경우에 한하여 原關係의 내적 질서가 교란되지 않았다고 할 수 있고, 그가 급부해야 할 물건을 意識的으로 달리 처분한 때에는 惡意인 한 이미 原關係의 파기를 의도한 것이므로(이 때 원래의 급부의무에 갈음하여 발생한 손해배상의무는 원래의 급부의무와는 성질을 달리하는 것이고) 그로 인하여 취득한 이익은 더 이상 그들 사이에 존재해야 할 原關係에 따른 재화의 귀속질서의 틀 속에서 논의될 수 있는 바가 아니고, 따라서 이러한 이익은 代償이 아니다. 이 경우 관계의 청산은 채무불이행법의 일반적 법리에 의한다. 이것이 로마 법률가들의 생각이었다. 이것을 현대적으로 표현하자면 로마의 법률가들은 의무당사자에게 物上交替에도 불구하고 여전히 義務拘束意思(Verpflichtungswille)가 ── 실제적 의사이든, 아니면 사안의 양태로부터 객관적으로 추정되는 의사이든 ── 시인될 수 있는 경우에 한하여 代償을 인정하였다. 환언하면 로마법상의 代償은 원칙적으로 급부의무자의 행위가 개입되지 않은 "物의 交替에 의한"(ex re) 경우에 한하였고, 급부의무자 자신의 "거래처분에 기한"(ex negotiatione) 代替利益은 善意의 처분인 경우에 한하여 代償으로 취급하였다.

현행법과 관련하여 채무자의 귀책사유의 여부를 묻지 않고 ── 따라서 급부의무자의 악의적 거래처분에 기한 代償까지를 포함하여 ── 전면적으로 代償청구를 인정하는 견해들[76]은 이러한 주장에 대하여 아무런 근거도 대지 않는다. 어쨌든 이러한 전면적 인정설의 입장에서는 다시 그 자체의 논리로 인하여 代償청구권이 손해배상청구권과 경합적으로 인정되거나[77] 또는 부당이득청구권과의 균형을 고려하여 代償청구권의 범위를 어떻게 확정지을 것인가[78] 하는 스스로 작출해낸 難題에 직면하게 되며, 이의 해결을 둘러싸고 또 다시 ── 논리적 일관성을 희생하면서 ── 제한설이니 무제한설이니 하여 학설의 대립을 가져오므로 모든 것이 대단히 혼란스럽고 불확실할 수밖에 없게 된다. 판례 역시 아직까지는 그 태도가 불명료한 상태이다.[79]

76) 李垠厓, "우리 民法상 〈이른바 代償請求權〉의 認定", 司法論集 26(1995. 12), 179ff., 209; 李相京, 전게논문, 256.
77) 李垠厓, 司法論集 26(1995. 12), 179ff., 221.[이유제시 없음]; 李相京, 전게논문, 258.
78) 李相京, 전게논문, 252f., 255f., 259.
79) 李垠厓, 司法論集 26(1995. 12), 179ff., 212ff. 참조.

(iii) 현행민법상의 代償청구 현행법상의 代償청구에 관하여는 이미 기왕의 연구들이 나와 있으므로 이곳에서는 기억을 상기시키는 의미에서 핵심적인 점 몇 가지만을 지적하는 데 그치기로 한다.

우리 민법은 代償청구에 관하여 명문의 규정을 두고 있지 않다. 이런 의미에서 비교법적으로 보면 형식적으로는 오히려 다수의 입법례에 속한다고 말할 수 있을 것이지만, 유럽 각국의 경우 명문의 규정이 없는 곳(오스트리아, 스위스 등)에서도 학설과 판례로 이를 인정하고 있으므로[80] 실질적으로도 그런 것은 아니다. 그러나 주지하듯이 대법원이 대법원예규[81]와 92. 5. 12, 92다4581 판결(公 923, 1849)을 통하여 토지수용보상금에 대한 매수인의 代償청구권을 인정한 이후로 다수설과 판례는 원칙적으로 이를 인정하는 견해이다. 다만 그 실정법적 근거에 관해서는 여러 가지로 논란이 있다. 특히 현행 우리 민법은 로마법상의 다원적인 위험부담원칙을 채무자위험부담주의로 통일하였는바(民 §537), 이 규정에 대한 이해가 代償청구 문제와 맞물려 있음은 이미 지적하였다. 좀더 자세한 논의는 다음 절(2.)에서 私見을 밝히는 가운데 진행시키기로 한다.

(iv) 私 見

(ㄱ) 民法 제537조 危險負擔原則 규정의 이해: 法學的 思惟의 두 유형

① 主給付義務의 不能과 契約的 拘束의 존속: Rechtsakt적 사유와 Rechtsverhältnis적 사유 로마법으로부터 이어받은 위험부담원칙의 규정은 그 해석에 있어서 종래 간과되어 온 로마법학의 주요한 思惟定向의 맥 속에서 파악하는 경우에만 그 의미가 제대로 포착될 수 있다. 로마인들은 급부가 불가능한 경우 단도직입적으로 급부행위의 對象이 결여된 것으로 인식하였다. 즉 법적으로 유관한 사태의 作動的 측면 그 자체를 고립적으로 포착하였지(Rechtsakt적 시각), 오늘날처럼 당사자 사이의 관계구조를 출발점으로 삼지 않았다(Rechtsverhältnis적 시각). 그 결과 오늘날처럼 의무의 이행으로서의 급부가능성의 결여, 그리고 그에 따르는 계약에 대한 영향은 일차적인 인식의 범위 밖에 있었다. 채권채무"관계"가 아니라 계약의 체결"행위" 자체를 포착했던 로마인들에게는 불능한 급부를 내용으로 하는 계약은 無意味·無目的·無對象의 행위로서 단도직입적으로 무효였고, 이에 반하는 당사자의 (그런 의미에서는 비합리적인) 의사 역시 인정될 수 없는 것으로 여겼다. 그러므로 급

80) 池元林, 전게논문, 151. 이러한 결과는 한편으로는 독일법의 영향, 다른 한편으로는 현대법을 지배하고 있는 관계위주적 사고방식에 기인하는 것이다.
81) 池元林, 전게논문, 147.

부가 불능이 된 경우에 당사자 사이에는 적어도 그 급부에 관한 한 어떠한 형태의 급부의무의 존속도, 따라서 어떠한 형태의 관계도 상정될 수 없는 것이었다. 관계적 시각에서 유일하게 문제되었던 것은 쌍무계약의 경우 불능에 의해 영향받지 않은 반대급부의 운명이었으며, 위험부담의 논리는 바로 이 반대급부만을 포착한 또 하나의 고립적 사유의 소산이었다.[82] 그러므로 民 §537가 위험부담의 원칙을 정하는 경우 불능이 된 원래의 급부와 관련된 일체의 언급이 없는 것은 바로 이러한 로마적 사유의 一端이 그대로 수용된 것에 다름아니다.

② 法과 經濟의 分離와 牽連: Isolation적 사유와 Relation적 사유 로마적 分離思考의 모습은 위험부담과 관련하여 법적 논변에 있어서 경제적 고려가 배제되었다는 점에서도 유지되었다. 현대의 법적 사고는 代償의 귀속주체를 결정하는 것과 같은 법률문제의 해결에 있어서 무엇보다도 당사자들의 법률관계와 실질적으로 견련된 경제적 이익을 우선적으로 고려한다. 代償청구권 인정설의 논거는 바로 이러한 논변의 궤도를 움직인다. 가령 "대상청구권을 인정하지 않으면, … 채무자는 원래 자신에게 속할 것이 아닌 이익(손해배상이나 수용보상금)을 보유할 수 있게 되는" 부당한 결과가 초래된다거나, "채무자가 이행불능을 일으킨 사정에 기하여 채무자의 재산 속에 경제적으로 원래의 급부에 갈음하는 이익, 즉 대상이 발생한 경우에, 그것은 채권자에게 속하여야 하는 것이므로 이제 채권자는 그 대상을 청구할 수 있는 법적 가능성이 인정되어야 할" 것이라거나 하는 언명들이 바로 그것이다.[83] 특히 代償청구를 명문으로 규정한 독일민법전과 같은 근대 민법의 입법자가 代償청구의 기초로서 완전경쟁의 시장을 모델로 한 자유시장 경제질서를 전제한 것으로 평가되고 있는 것[84]도 결국은 이러한 경제적 이익을 고려한 가운데 그 형평성이 代償청구제도를 통하여 담보될 수 있다고 생각했으며 그 사회경제적 기초로서 理想的 시장질서의 機制를 상정했음을 의미하는 것이다.[85] 그러나 로마인들은 이와 달리 경제적 고려를 법적 논변의 요소로 간주하지 않았고, 법을 다른 영

82) 상세는 Werner Flume, Rechtsakt und Rechtsverhältnis. Römische Jurisprudenz und modernrechtliches Denken(1990), 106ff.; 99ff.

83) 池元林, 전게논문, 148-152.

84) 安法榮, 전게논문, 283.

85) 安法榮, 전게논문, 268면도 "우리 민법상 債權的 代償請求權의 效果는 … 自由市場原理에 따라 원칙적으로 給付의 去來價值(…)인 市價(=時價: Marktwert)에 제한되어야" 한다고 보는 점에서 이러한 사고방식을 그대로 취하고 있다. 그러나 이러한 제안의 설득력은 전혀 별개의 문제이다.

역으로부터 고립된 독자의 영역으로 인식하고 그에 고유한 논변으로써 문제를 해결하고자 하였다.[86] 법과 경제의 분리사고는, 특히 타인의 금전으로써 매수한 경우에 매매계약에(직·간접의 대리 방식을 포함하여) 직·간접적인 어떤 방식으로도 전혀 연루되지 않은 금전의 원소유자에게 매수한 물건에 대한 물권(소유권)을 인정하여 이 점에서 物上代位의 원칙을 기본으로 삼았던 고대 오리엔트의 법(古이집트법, 바빌로니아법, 헤브라이법) 및 그리스법[87]과 비교할 때, 로마법의 매우 두드러지는 특색이다.

이러한 사고의 결과로 예컨대 매매된 토지가 수용되어 보상금이 지급된 경우에 매매대금, 市價, 보상금 사이의 경제적 손익계산은 애초부터 로마법률가들의 고려대상이 아니었고, 더욱이 對象이 탈락하여 무의미해진 급부관계를 계약적 의무구도의 關係網 속에 존속시키려는 생각 역시 가지지 않았다. 그들에게 있어서 법률관계는 원자적으로 고찰된 급부행위들의 다발이었지, 사비니 이후 근대적 法思考가 자명한 것으로 전제했고, 그로부터 각종의 개별적인 의무와 권리가 도출되는 것으로 상정된 포괄적 관계질서가 아니었다.[88] 이들에게 代償은 당사자들 사이의 법률관계의 요소가 아니었다. 그러나 이미 살펴보았듯이 채권자위험부담주의가 적용되거나 기타 그들이 파악하기에 관계적 구도의 틀이 깨어지지 않은 범위 내에서 형평과 정의의 요청에 부합한다고 평가되는 경우에는 그 때에 한하여 제한적으로 代償의 청구를 인정하였던 것이다.

③ 小　結 　이상의 로마법과의 비교고찰을 통하여 代償청구를 인정할 것인가 아닌가 하는 문제는 결국 논리의 문제라기보다는 오히려 ―각각 그 나름으로 일관된 자체논리를 갖는― 법적 사유방식의 문제라는 사실을 확인할 수가 있다. 사실 土地收用補償金 청구의 사례만 하더라도, 그 보상금을 代償으로 청구하는 것을 인정할 것인가 하는 여부는 순수한 논리만으로는 결정할 수 없는 것이다. 당사자의 意思만 하더라도, 사실상 전혀 예기하지 못했던 수용이라는 사태에 대해 당사자들의 실제의사란 아예 존재하지 않았던 것이고 보면, 결국 假定的 意思(der hypothetische Wille)를 확인하는 수밖에 없게 되는데, 그것이 본래의 급부가 불가능해짐으로써 계약목적을 달

86) 상세는 Fritz Schulz, Principles of Roman Law(1956), 19ff.; Alan Watson, The Spirit of Roman Law(1995), 64ff.; 111ff.; 158ff.

87) Fritz Pringsheim, The Greek Law of Sale(1950), 205f.; 185f.; Arno Welle, a.a.O., 22ff.; 25.

88) 拙稿, "사비니 以前의 法律行爲論", 李好珽敎授華甲紀念論文集(1996), 3ff. 참조.

성할 수 없어서 관계를 그야말로 청산해 버리려는 것인지, 아니면 원래 의도했던 재화의 이동을 가능한 한 도모하기 위하여 계약적 구속을 연장 내지 지속시키려는 것인지는 확정적으로 결정할 수 없다.[89] 이러한 각 구성의 저변에 깔린 경제적 이해득실의 계산 역시 구체적 상황에 따라서 다르게 나타나므로 문제의 해결을 난처하게 할 뿐 전혀 도움이 되지 못한다.

이러한 난점을 해결하기 위하여 채권자에게 代償청구권과 손해배상청구권의 선택적 경합을 인정하는 견해가 있다. 그러나 손해배상청구권은 이행불능이 채무자에게 책임 있는 사유로 발생한 경우에 법이 인정한 그야말로 원칙적 구제수단이므로, 채무자에게 책임 없는 경우에 혹시 인정될 수도 있는 규율의 흠결사태와는 달리 규율상의 아무런 흠결이 없는 것이며, 따라서 무슨 이유로 손해배상청구권 외에 다시 代償청구권이라는 별개의 제도를 굳이 마련해야만 하는 것인가는 매우 의심스러운 것이 아닐 수 없다. 우리 민법은 손해배상의 방법으로서 일반적 금전배상을 정하였지, 물적 代償의 급부를 예정하고 있지 않으며, 더욱이 양자의 경합을 인정하는 경우 발생할 수 있는 다양한 번잡함[90]을 아울러 고려하면 왜 법의 기본결정을 흔드는 그와 같은 가외의 제도가 필요한지 도저히 이해할 수 없게 된다. 이 모든 "自殺골(goal)"적 思考의 낭비는 결국은 당사자들의 관계를 오로지 경제적 관점에서만 접근하면서, 代償법리라는 似而非 "自然法"에 지나치게 경도되었기 때문에 일어난 것이다.

특히 급속한 투기적 이득을 챙길 수 있는 상황에서 과연 누구의 손을 들어주는 것이 법적 正義에 부합하는 것이겠는가는 누구도 확답할 수 없는 것이다.

一說[91]에 의하면 대상청구권은 권리이지 의무가 아니기 때문에 쌍무계약의 채권자는 쌍방무귀책 이행불능의 경우 채무를 면하는 쪽을 선택하거나, 아니면 반대급부를 하면서 대상청구권을 행사하는 쪽을 선택할 수 있다고 전제하면서, 후자의 경우 대상이 본래의 급부보다 적은 경우에는 채권자의 반대급부채무도 그에 상응하여 줄어든다고 한다. 그러나 이것은 우선 아무런 실익이 없는 논의이다. 代償이 본래의 급부보다 적은 경우에 대상청구를 할 채권자란 실제로 찾아볼 수가 없을 것이기 때문이다(모든 경우 채권자는 代償이 주는 이익이 크기 때문에 현실로 代償을 원할 것이다). 또 설령 그렇다 하더라도 이를 관철하는 경우 代償이 본래의 급부보다 큰 경우와 균형이 맞

89) 契約嚴守의 요청(pacta sunt servanda)을 근거로 代償청구를 설명하려는 시도(李相京, 전게논문)는 무엇이 과연 구체적으로 이러한 요청에 부합하는 계약내용이냐 하는 일방 계약해석의, 타방 계약구성의 문제에 대한 답을 미해결로 남겨 놓는다는 점에서 본문에서 지적한 불확정의 상태를 전혀 제거하지 못한다.
90) 池元林, 전게논문, 160f.
91) 池元林, 전게논문, 161.

지 않는다. 代償이 적은 경우에는 말하자면 계약상의 급부와 반대급부가 代償의 크기에 비례하여 축소된 상태로 유지된다고 보는 데 반하여, 代償이 본래의 급부보다 큰 경우에는 이와 같은 방식으로 급부와 반대급부의 비례적인 증대를 요구하지 않고, 채권자가 입은 손해액에 한하여 代償의 청구를 인정하므로 결국 초과이득을 채권자와 채무자가 나누어 갖도록 하기 때문이다.

이러한 문제상황에서 대상청구권의 범위를 제한함으로써 부당한 재화귀속을 피해 보려는 견해가 있다.[92] 이 설에 따르면 대상청구권의 범위는 이행불능으로 인하여 채권자가 입은 손해의 한도로 제한하는 것이 타당하다고 한다. 그러나 이 견해는 우선 원래의 급부에 갈음하는 것이 代償이기 때문에 이를 채권자에게 귀속시킨다는 제도의 취지에서 볼 때 논리일관적이지 못하며(독일은 논리일관되게 무제한설을 취한다.[93]) 손해액의 확정이라는 또 다른 문제를 야기함으로써 代償청구의 실익을 희석시킨다. 그러나 무엇보다도 왜 원래의 급부가 제대로 이행되었더라면 귀속했을 초과이득분을 代償이 발생한 경우에는 포기해야만 하는지, 원래대로라면 전혀 기대할 수도 없었던 이 초과이득을 왜 채무자가 차지해야만 하는지 설득력 있게 설명하지 못한다. 부당이득제도와의 균형을 이유로 대지만, 그와 같은 균형을 생각하지 않을 수 없게 된 원인이 바로 代償청구를 인정하기 때문이라는 점은 간과되고 있다. 이 설은 특히 채무자에게 귀책사유가 있는 경우에 손해배상청구권과 대상청구권의 경합을 인정하고, 따라서 대상청구권의 범위를 손해배상청구의 범위로 제한하는 것이 타당하다는 의견을 취하는 것으로 보인다. 그러나 방금 살펴보았듯이 이러한 경합의 필요성 자체가 매우 의심스러운 것이다.

이상의 논변은 예컨대 保證人이나 物上保證人에 대한 관계에서도 마찬가지로 적용될 수 있다. 一說[94]은 "代償請求權은 본래의 채권관계를 근거로 해서 인정되는 것이므로 본래의 채무에 대한 보증인이나 물상보증인은 代償請求權에 대해서도 책임을 진다"고 보는데, 代償청구권이 본래의 채권관계를 근거로 한다는 주장부터가 이미 지적했듯이 결코 自明한 논리가 아닐 뿐더러, 과연 보증인 등에게 그와 같은 책임의 연장 내지 확대를 기대할 수 있는(zumutbar) 것인지 하는 문제도 결코 그처럼 단언할 수는 없는 것이다.

그러므로 私見으로서는 로마인들처럼 경제적 고려를 배제한 채 순수히 법적 논리로써 해결책을 찾는 것이 타당하다고 생각된다. 두 사유방식 중 어느 쪽이 더 타당한가 하는 것은 쉽게 결정될 수 있는 것이 아니다. 그야말로 當·不當의 문제가 아니라 서로 다른 選擇枝의 문제이기 때문이다. 그렇다면 결론은 전체 법질서와의 조화 여부[無矛盾性] 및 상대적으로 덜 무리하고 덜 번삽

92) 池元林, 전게논문, 158ff.
93) MünchKomm-Emmerich §281 RdNr.15.
94) 李垠厓, 司法論集 26(1995. 12), 179ff., 216.

한 쪽을 선호해야 한다[思考의 經濟性]는 것일 수밖에 없을 것이다.

또 하나 고려해야 할 점은 현행민법은 종래 부당하다고 비판받아 온 채권자위험부담주의를 취하지 않고 일률적으로 채무자위험부담주의를 채택하였다는 사실이다. 이로써 로마법과 달리 형평의 입장에서 矯正해야 할 문제영역이 크게 축소되었다. 즉 代償청구가 문제되는 가장 중요한 분야인 매매법에 있어서 이것을 인정하지 않더라도 부당한 결과가 나오지 않도록 배려한 입법을 한 것이다. 民 §537를 원래의 전통에 맞는 로마적 이해를 떠나서 현대적으로 관계적 사고방식을 가지고 이해하더라도 그 관계 속에 반드시 代償청구가 포함되어야만 하는가는 확실하게 근거지우기 어렵다는 점도 아울러 고려하지 않으면 안 될 것이다. 더욱이 이런 의미에서 실정법적인 기초가 박약한 代償청구를 개별적인 경우에 인정하면서, 이를 物的 交替는 物의 동일성에 별다른 변화를 가져오는 것이 아니라는 막연한 논리로 代償의 법리를 일반적인 법리로 내세우면서 그 범위를 확장시키는 경우에는 예상하기 어려운 논란을 야기함으로써 법질서의 평화를 교란시킬 것이다.

예컨대 代償청구의 논의에 二重賣買의 사례를 포섭하면서, 故意의 이행불능의 경우에 채무자가 얻은 代償的 이익 전부를 代償으로 청구할 수 있도록 하는 것이 법정책적으로 타당하다는 주장[95]은 이러한 혼란의 대표적인 예이다. 같은 주장을 펴는 李相京[96]은 이 경우 "엄격한 논리에 따르면" 代償청구를 인정함에 필요한 "因果關係가 없는 것으로 보이는 면이 있"음을 스스로 시인하면서도 그와 같은 주장을 고수한다. 또 다른 예로서 代償청구의 범위에 포함시킬 것인지가 크게 다투어지는 것으로 보험금을 들 수 있다.[97] 李垠厓[98]도 전면적으로 代償청구권을 인정하면서 방금 지적한 모든 경우가 代償에 해당된다고 주장하는

95) 安法榮, 전게논문, 268
96) 李相京, 전게논문, 256
97) 상세는 李相京, 전게논문, 256f.[자신은 부정설]. 순전히 경제적인 관점에서만 보자면 보험금은 이행불능으로 야기된 "代償"에 해당하는 이익인 것처럼 보이지만, 사실은 그렇지 않다. 왜냐하면 代償이기 위해서는, 가령 수용보상금이라든가 매득금, 또는 급부목적물을 멸실시킨 제3자에 대한 손해배상청구권과 같이, 채무자의 급부목적물에 대한 직접적 내적 관계를 기초로 하여 이행불능된 급부목적물에 갈음하여 필연적으로 발생하는 이익이어야 하는데, 付保 여부는 통상 임의적이므로 우연적일 뿐만 아니라, 무엇보다도 보험금은 제3자와의 별도의 법률관계[보험계약]에 기하여 취득하는 이익이기 때문이다. 이런 점에서 보험금은 "代替的" 이익이라기보다는 오히려 "追加的" 이익에 가까우며, 따라서 代償청구의 對象이 아니라고 보아야 한다. 자신의 위험에 대한 대비라는 보험계약의 취지 역시 이러한 결론을 지지한다. 제3자를 위한 보험계약의 경우에도 보험금을 청구할 수 있는 것은 그것이 代償이기 때문이 아니라, 계약에서 정한 급부이기 때문인 것이다. 모든 경우에 보험금은 代償이 아니다.
98) 李垠厓, 司法論集 26(1995. 12), 179ff., 210.

데, 근거를 찾아볼 수 없다. 또 비용의 공제에 관해서도 사안에 따라 일관되지 못한 태도를 취하는 것[99] 역시 근본적인 관점의 혼란에 기인하는 것이다.

私見으로는 매매의 경우에는 民 §537의 原趣旨에 충실하게 代償청구를 인정하지 말고, 따라서 물건급부 의무자인 매도인이 법이 정하는 위험부담의 원칙에 따라 물건의 후발적 불능으로 인한 모든 위험을 부담하는 것에 상응하여 또한 그로 인한 이익을 부담하며("이익은 위험을 부담하는 자의 몫이어야 한다." Commodum eius esse debet, cuius periculum est), 매수인은 거래관계로부터 이탈하는 것으로 법을 정립하는 것이 모든 불확실성을 제거하고 관련된 법률관계를 깨끗하게 처리하는 방법일 것이다.[100] 따라서 代償청구는 그 밖의 다른 경우로서 代償청구를 인정하는 것이 필요한 경우(가령 로마법에서 살펴본 바와 같이 일방만이 말하자면 片務的으로 급부의무를 부담하는 사례들)에 한하여 제한적으로 인정하는 것이 타당할 것이다.[101] 우리 민법 §1083 및 §1084는 이러한 사례유형에 해당하는 특정한 경우에 다름 아니다.[102]

第1083條(遺贈의 物上代位性) 遺贈者가 遺贈目的物의 滅失, 毁損 또는 占有의 侵害로 因하여 第三者에게 損害賠償을 請求할 權利가 있는 때에는 그 權利를 遺贈의 目的으로 한 것으로 본다.

第1084條(債權의 遺贈의 物上代位性) 〈1〉 債權을 遺贈의 目的으로 한 境遇에 遺言者가 그 辨濟를 받은 物件이 相續財產中에 있는 때에는 그 物件을 遺贈의 目的으로 한 것으로 본다.

〈2〉 前項의 債權이 金錢을 目的으로 한 境遇에는 그 辨濟받은 債權額에 相當한 金錢이 相續財產中에 없는 때에도 그 金額을 遺贈의 目的으로 한 것으로 본다.

따라서 無償의 片務계약(대표적으로 증여)의 경우에는 채권자에게 어떤 불이익도 없기 때문에 代償청구를 인정할 것인지는 의문이 있다는 견해[103]는 그대로 일반화시킬 수 없다. 민법은 적어도 동일한 가치판단이 가능한 遺贈에 관한 한 달리

---

99) 李垠厓, 司法論集 26(1995. 12), 179ff., 215f.

100) 이행불능의 원인에 따라 代償청구의 要否를 달리 결정하여 제3자에 의한 불법행위의 경우에는 제3자의 채권침해로 인한 손해배상청구권이 인정되므로 代償청구권은 필요하지 않다는 견해가 있으나(李相京, 전게논문, 251, 253), 제3자의 채권침해 자체의 認否가 다투어질 뿐 아니라, 代償청구의 법리상 일관성의 결여라는 점에서 문제가 아닐 수 없다. 그 밖의 비판점에 관하여는 池元林, 전게논문, 149f.

101) 同旨 金俊鎬, "履行不能의 효과로서의 代償請求權", 司法行政 1993/6, 79ff. 가령 사무관리로 인한 취득물의 인도나 권리의 이전이 사무본인과 사무관리자 쌍방에 귀책할 수 없는 사유로 이행불능이 된 경우에 代償이 있는 때에는 이에 대한 청구를 사무본인에게 인정해야 한다는 李相京, 전게논문, 252가 들고 있는 예도 이러한 사례유형에 속한다.

102) 위 주 70 참조.

103) 李相京, 전게논문, 251, 255.

결정하였다. 우선적으로는 당사자들의 意思해석을 통하여 결정할 문제이지만,[104] 어쨌든 代償청구를 肯認하는 한 원칙의 문제로서도 증여물의 代償을 청구할 수 없다고 못박을 수 없음은 분명하다. 이러한 혼란은 이미 지적했듯이 모두가 代償청구의 법률문제를 필연적으로 주관적일 수밖에 없는 당사자관계의 경제적 평가에 연계시키는 데서 기인하는 것이다.

따라서 이 규정들을 근거로 代償청구를 일반적으로 인정한다면[105] 이는 논리의 비약이 아닐 수 없다. 그러나 代償請求權의 인정 여부와 관련해서는 이미 대법원의 판례가 나와 있으므로 약간의 어려움이 있는 것은 사실이다.

(ㄴ) 판례이론의 제한적 엄격해석　　주지하듯이 大判 92. 5. 12, 92다4581(公 923, 1849)은 원심이 (당사자 쌍방의 귀책사유 없는) "이행불능이 생긴 것과 동일한 원인으로 채무자인 피고가 이행의 목적물의 대가로 볼 수 있는 이익을 취득한 때에는 채무자는 이행불능이 생기지 않았던 경우 이상으로 이익을 받을 이유가 없으므로 채권자인 원고는 위 이행불능으로 인한 손해를 한도로 하여 채무자인 피고에 대하여 위 이익의 상환을 구할 이른바 대상청구권이 있다"고 판단한 것을 지지하여 "우리 민법에는 이행불능의 효과로서 채권자의 전보배상청구권과 계약해제권 외에 별도로 대상청구권을 규정하고 있지 않으나 해석상 대상청구권을 부정할 이유가 없다"고 판시하였다. 토지매매의 경우에 아직 소유권이전등기가 경료되지 않은 동안에 收用이 이루어지고 매도인이 수용보상금을 취득하게 된 경우에 과연 매수인에게 이 수용보상청구권 내지는 수령한 보상금을 代償으로서 청구할 수 있도록 인정할 것인지, 아니면 민법이 원래 예정했던대로 위험부담의 원칙에 따라서 매수인은 대금지급의무를 면함과 동시에 계약관계로부터 이탈하고 매도인이 소유물의 代償인 수용보상금을 받는 것으로 일단락되는 것인가 하는 문제는 앞서도 지적했듯이 계약관계, 특히 쌍무계약관계의 본질 및 구속력의 사정거리에 대한 관점의 차이에서 비롯하는 것이며, 그런 의미에서 특히 物 자체의 대체이익에 해당하는 수용보상금의 경우에 이를 代償으로서 수긍하는 판례의 입장도 가능한 것이다. 그러나 이러한 타당성이 비교적 납득할 만한 경우에 인정된 代償논리를 일반적인 代償請求權의 무차별적인 확대로 연결시킨다면 그것은 문제가 아닐 수 없다.

104) 同旨 金疇洙, 親族·相續法—家族法—(1991), 628, 638ff.
105) 李垠厓, 司法論集 26(1995. 12), 179ff., 201f. 참조.

(ㄷ) 하나의 특수한 사안에 대한 管見: 취득시효완성자의 代償청구 代償청구권과 관련한 그와 같은 적용범위의 확대경향은 최근 부동산의 점유취득시효가 완성된 자가 아직 소유권등기를 경료하기 전에 토지가 수용되어 보상금이 나온 경우에 이 토지수용보상금을 代償으로서 청구할 수 있는가 하는 문제를 둘러싸고 긍정설을 주장하도록 이끌었다. 이 문제의 해답은 무엇보다도 취득시효완성자의 법적 지위를 어떻게 이해할 것인가 하는 점과 代償청구권 일반에 대한 이해에 달려 있음은 물론이다.

① 취득시효완성자의 법적 지위 이와 관련하여 大判 95. 7. 11, 94다4509(公 1995, 2747)은 "부동산점유자에게 시효취득으로 인한 소유권이전등기청구권이 있다고 하더라도 이로 인하여 부동산소유자와 시효취득자 사이에 계약상의 채권·채무관계가 성립하는 것은 아니므로, 그 부동산을 처분한 소유자에게 채무불이행책임을 물을 수 없다"고 판시하였다. 이것은 시효완성자는 등기를 함으로써 비로소 소유권을 취득하며, 등기와 관련해서는 시효완성 당시의 소유자에 대하여 "채권적"인 등기청구권을 가질 뿐임[106]을 전제로, 시효완성 후 그 등기 전에 제3자가 소유권을 취득한 때에 소유권이전등기가 당연무효가 아닌 한,[107] 소유명의자의 소유권이전등기의무가 이행불능으로 되어[108] 시효권리자는 그 제3자에 대하여 시효취득을 주장할 수 없고,[109] 또 취득시효완성 사실을 알면서 소유명의자로부터 그 부동산을 매수하여 소유권이전등기를 마친 자라고 하더라도, 소유명의자와의 사이에서 소유명의자의 소유권이전등기의무를 인수하여 이행하기로 묵시적 또는 명시적으로 약정하였다는 등의 특별한 사정이 인정되지 않는 한, 위의 의무를 승계한다고 볼 수 없다[110]는 판례와 궤를 같이하는 것이다. 이러한 판례의 태도에 대하여 비판적인 학설은 시효완성 이후 소유자는 시효권리자에게 등기를 해 줄 의무가 있으므로, 불법점유임을 이유로 그 지상건물의 철거와 대지의 인도를 청구할 수 없고, 점유로 인한 부당이득의 반환을 청구할 수 없다는 점에서 사실상 물권에 준하는 지위가 판례상 인정된 것으로 이해한다.[111]

106) 大判 93. 9. 14, 93다10989(公 1993, 2764).
107) 가령 大判 95. 2. 24, 94다18195(公 1995, 1427); 大判 92. 9. 25, 92다21258(公 1992, 2997).
108) 大判 93. 4. 9, 92다41498(公 1993, 1362).
109) 가령 大判 91.1.15, 90다8411, 8428(公 1991, 736); 大判 91. 4. 9, 89다카1305(公 1991, 1339).
110) 大判 94. 4. 12, 93다50666, 50673(公 1994, 1422).
111) 池元林, 전게논문, 132f.

그러나 이것은 양 당사자간의 관계를 올바르게 이해한 것이라고 보기 어렵다. 왜냐하면 소유명의자의 시효완성자에 대한 권리행사가 일정범위에서 저지될 수 있다 하더라도, 이것이 시효완성자가 "물권적"인 지위를 가진다는 것을 반드시 의미하는 것은 아니기 때문이다. 판례는 오히려 이 지위를 "채권적"인 것이라고 명언한다. 여기서 소유권이전등기"義務"를 부담한다고 하지만, 그 실질은 原始取得인 시효취득의 실현절차상 법이 궁극적 요건으로 정하고 있는 등기에 협력할 소극적인 지위를 말하는 것일 뿐이며, 그것도 시효완성자의 일방적인 주도(initiative)로 등기이전청구가 행해지고, 그 타당성이 법적으로——통상 소송을 거쳐서——확정되어야 비로소 확정되는[112] 受忍的 성격의 의무라면 의무에 지나지 않는다.[113] 시효취득은 原始取得이므로[114] 등기의 "移轉"이라고 하지만 이 또한 어디까지나 등기부상의 외관적 표기를 고려한 편의적인 표현에 불과한 것이고, 승계취득에 있어서처럼 등기명의인인 소유자에게 진정한 의미의 적극적인 등기이전의무가 인정된다는 의미일 수 없다. 이처럼 "移轉"의무라고 하는 것 자체가 실질적·논리적으로 移轉의무일 수 없으므로 설사 법이 "의무"로 규정했다 하더라도 그것은 "법정의 의무"일지언정 "법정의 移轉의무"일 수는 없으므로, 시효완성자의 상대방으로서의 등기명의인인 소유자에게 법정의 移轉채무가 있다는 전제하에 일반적으로 민법은 채무불이행책임의 경우 계약상의 채무, 법률상의 채무를 구별하지 않는 것이므로 이 때에도 채무불이행책임을 인정하는 것이 가능하다는 주장은 그 외관과 달리 설득력이 없는 것이다. 이런 의미에서 "계약상의" 채권·채무관계가 성립하는 것이 아니라는 설시는 정확한 것이지만, 엄밀히 말하자면 "채권적" 의무라는 표현은 오해의 소지가 있는 것이다. 판례의 태도는 法定의 채권채무관계는 존재한다는 전제에 선 것으로 이해된다. 왜냐하면 大判 94.12.9, 94다25025(公 1995, 450)은 취득시효가 완성된 토지가 수용됨으로써 취득시효 완성을 원인으로 하는 소유권이전등기 의무가 이행불능이 된 경우에 그 소유권이전등기 청구권자에게 代償청구권을 인정하여 토지수용보상금의 청구를 긍정하고

112) 郭潤直/尹眞秀, 民法注解 V: 物權 (2)(1992), §245, 408.

113) 그 결과 취득시효가 완성된 후 점유자가 그 취득시효를 주장하거나 이로 인한 소유권이전등기 청구를 하기 이전에는 특별한 사정이 없는 한 그 등기명의인인 부동산 소유자로서는 그 시효취득 사실을 알 수 없는 것이므로 이를 제3자에게 처분하였다 하더라도 불법행위가 성립하는 것은 아니다(大判 1995.7.11, 94다4509(公 1995, 2747)).

114) 郭潤直/李仁宰, 民法注解 V: 物權 (2)(1992), 357f.

있기 때문이다.[115] 그러나 시효완성자의 상대방인 소유자는 시효완성자에 대하여 전혀 "채무"(Schuld=Leistensollen)를 부담하는 것이 아니며, 기껏해야 법이 부과하고 있는 말하자면 일정한 "책임"(Haftung=Einstehenmüssen)을 부담할 따름인 것이다. 이의 반면으로서 시효완성자에게 인정되는 전술한 沮止效도 (본래 부존재하는) 채무의 반면으로서의 채권이거나, 아직 취득하지 않은 물권적 지위로부터 나오는 적극적인 권리행사(로마법식으로 표현하자면 actio 訴權)라기보다는 소유자의 "책임"(Haftung)에 대응하여 인정된 "소극적인 방어(로마식으로는 exceptio 抗辯)의 측면을 표현한 것일 뿐이다.

② 代償청구의 許否 그러므로 채무 없는 소유자의 처분이 채무불이행이 될 수 없음은 자명한 이치이며, 채무에 대응하는 채권이 없는 시효완성자에게 "채권적" 代償청구를 인정한다는 것은 자체 모순인 것이다. 법이 시효완성자에게 인정하고 있는 것은 아무런 채무(Schuld)가 없는 등기명의인인 소유자에게 등기의 이전이라는 형식으로 협력할 것(Haftung)을 요구할 수 있는 권리인 것이지, 그가 그에 관해 아직 아무런 권리도 취득하지 못한 객체가 변용된 代償物을 추급할 수 있는 권리가 아닌 것이다. 시효완성자의 "채권적" 代償청구권은 자체 모순이며, 부정되어야 한다. 소유자의 선의의 처분이 유효하며 불법행위가 되지 않듯이, 즉 이 한도 내에서 시효완성자의 지위가 "보장"이 되지 않듯이, 소유자에게 귀책사유 없는 이행불능도 마찬가지로 시효완성자의 "위험"으로 돌아갈 수밖에 없다고 새기는 것이 평가상으로도 균형이 맞는다.[116]

(나) 代償請求權의 구체적 내용 현재 代償請求權 자체를 부인하는 견해는 없으므로, 남은 문제는 그 구체적인 세부규율을 어떻게 할 것인가 하는 점이다. 앞으로 판례의 발전과 학설의 논구를 거쳐서 보다 명확한 형태로 정착되어야 하고, 또 명문화도 고려해야 할 것이지만, 우선 기왕의 외국의 입법례를 참조하여 해석론을 펴보면 다음과 같다.

(a) 適用範圍 代償請求權은 i) 특정한 물건의 급부를 내용으로

115) 이에 적극 동조하는 입장으로는 文興洙, "占有取得時效完成後의 時效取得者, 所有名義者, 第3取得者 相互間의 法律關係", 法曹 474(1996. 3), 125ff. 그 전제는 시효완성자의 우선적인 보호사상이다. 법질서가 시효취득을 널리 인정하고 조장할 것인지 아니면 예외적인 제도로서 가급적 제한할 것인지는 법정책적 판단의 문제이다. 私見으로는 제한하는 쪽으로 나아가는 것이 법정책적으로 올바른 방향이라고 생각한다. 일응 拙稿, "부동산의 점유취득시효와 점유자의 所有意思의 추정", 서울대학교 法學 37/1(1996. 5), 101ff.

116) 同旨 李相京, 전게논문, 260.

하는, ii) 채무관계에 한하여 인정된다(獨民 §§323 Ⅱ, 281; 佛民 §1303; 伊民 §1259).[117] 따라서 작위나 부작위를 내용으로 하는 채무에도,[118] 물권적 반환청구권이나 부당이득반환청구권에도 적용되지 않는다.[119]

(b) 要 件

(i) 代償의 취득　　代償이란 채무자의 급부목적물에 대한 직접적 內的 관계에 기초하여 불능으로 된 급부에 갈음하여 채무자의 재산에 필연적으로 발생한 모든 경제적인 이익(물건 및 권리)을 의미하는 것으로 이해한다.

〈예〉 제3자의 불법행위로 인한 손해배상금부, 수용으로 인한 보상금부(이른바 commodum ex re)[120]; 달리 처분함으로써 얻은 매득금(이른바 commodum ex negotiatione).[121]

그러므로 목적물의 파괴로 인한 保險金은 代償이 아니다(위 註 97).

(ii) 인과관계　　또 불능사유와 대상취득 사이의 인과관계가 요구되는데, 상당인과관계로 족하고, 경제적으로 함께 속하는 것은 단일한 것으로 파악한다(그 결과 매득금은 채권계약에 기하는 것이고 급부불능을 비로소 초래한 물권적 양도에 기인하는 것이 아님에도 불구하고 매득금은 代償으로서 상환해야 한다고 본다).[122]

(iii) 동 일 성　　그리고 급부목적물과 代償物 사이의 동일성이 요구된다. 따라서 소유물의 代償은 소유권 이전의무가 있는 때에만 상환해야 하고, 단지 점유의 이전(물건의 사용)만이 문제가 되는 때에는 상환의무가 없다.

〈예〉 임대물의 멸실시 임차인은 代償物을 임대할 것을 청구하거나 보상액의 이자를 청구할 수 없다. 타물권을 설정할 부동산을 양도한 경우 타물권을 설정받아야 했던 채권자는 타물권의 부담이 없었기 때문에 얻은 매득금의 증가분을 청구할 수 없다.[123]

(iv) 계약적 구속의 공고성　　채권자가 代償을 청구할 수 있기 위해서는 그의 경제적인 지위가 법적으로 공고한 것이지 않으면 안 된다. 즉 약속된 급부 또는 그 代償을 채권자에게 확정적으로 귀속시키는 것은 계약관계를 당사자 일방이 임의로 해소시킬 수 없어야만 비로소 가능하다. 따라서 계약금이 교부된 때에는 경우를 나누어서 살펴보아야만 한다. 우선, 아직 계약금만 교부된 단계에서는 채무자가 代償을 취득하였더라도 채권자는 代償청구

117) Vollkommer/Jauernig, BGB §281 Anm.2 a.
118) 伊太利의 경우에는 학설상 대립이 있다. C/T §1259 n.Ⅱ.
119) Vollkommer/Jauernig, BGB §281 Anm.1 c.
120) 大判 92.5.12, 92다4581, 4598(公 923, 1849).
121) Vollkommer/Jauernig, BGB §281 Anm.2 c aa; 宋德洙, 앞의 글, 42. 단 善意處分의 경우로 제한해야 한다는 것이 私見임은 前述하였다.
122) Vollkommer/Jauernig, BGB §281 Anm.2 c bb; 宋德洙, 앞의 글, 42f.
123) Vollkommer/Jauernig, BGB §281 Anm.2 c cc; 宋德洙, 앞의 글, 43.

를 할 수 없다고 새긴다. 채무자가 그에 응하면 이 때에는 목적물을 변경하여 代償에 관하여 새로운 계약을 체결한 것으로 보아야 하며, 채무자가 거절하면 그 때에는 계약은 해소된다고 보아야 하기 때문이다. 따라서 이행에 착수한 후(가령 중도금 이상을 지급한 때)에야 비로소 채권자는 代償을 청구할 수 있다고 보지 않으면 안 된다.

(c) 效 果

(i) 代償請求權의 성질 代償請求權은 손해배상청구권도 아니고 부당이득청구권도 아니다. 대상청구권은 법률상 당연히 발생하는 것이 아니라 채권자의 요구에 의하여 비로소 발생하는 채권적 청구권이다.[124] 代償을 청구할 것인가의 여부는 채권자의 자유이다(채권자의 선택권).[125] 따라서 채무자는 채권자가 계약관계의 종국적인 해소를 원하는지 아니면 代償을 청구할 것인지를 결정하기 전까지는 부동적인 상태에 놓이게 된다. 그러나 다른 한편으로 채무자를 무한정 불확실한 상태에 두어서는 아니될 것이므로, 民 §552(해제권행사 여부의 催告權)를 유추하여 채무자는 상당한 기간을 정하여 채권자에게 선택의 의사표시를 할 것을 최고할 수 있고, 그 기간 내에 확답이 없으면 代償請求를 포기한 것으로 보아 계약관계는 소멸한다고 새길 것이다.[126] 代償청구권은 본래의 채권에 근거하는 것이므로 보증인 및 物上보증인은 대상청구권에 대하여 책임을 진다고 보는 견해가 있다.[127] 그러나 이 경우에도 이들의 책임은 원래의 채권 상당액까지만 인정해야 할 것이다.

(ii) 代償請求權의 범위 代償請求權은 채무자에게 실제로 흘러 들어간 모든 것의 상환을 내용으로 한다. 그러므로 매득금은 거래차익을 포함하여 전액을 상환하여야 한다. 그러나 채무자의 비용은 공제할 수 있다.[128] 채권자의 손해의 범위 내에서만 인정하려는 견해가 있으나 부당하다.[129]

(iii) 代償請求權의 정산 상환채무는 (계속 존속하는) 원래의 채권관계에 따라서 청산된다.[130] 따라서 다른 약정이 없으면 원래의 채무의 이행기 전에는 채무자는 代償청구를 거절할 수 있다고 새긴다. 원래급부, 그리

---

124) Vollkommer/Jauernig, BGB §281 Anm.3 a.
125) C/T §1259 n.Ⅲ.
126) 宋德洙, 앞의 글, 48.
127) 宋德洙, 앞의 글, 44 Fn.49.
128) Vollkommer/Jauernig, BGB §281 Anm.3 b; 宋德洙, 앞의 글, 44f.
129) 상세는 宋德洙, 앞의 글, 44f. 제한설은 梁彰洙(앞의 글) 외에 金亨培, 李銀榮 등이 취한다(宋德洙, 앞의 글, 44 Fn.53). C/T § 1259 n.Ⅳ.2도 제한설이다.
130) Vollkommer/Jauernig, BGB §281 Anm.3 c.

고 그에 따라 代償급부의 이익은 이행기 이후에야 채권자에게 귀속할 것이기 때문이다.[131] 채권자가 代償을 청구하는 경우에는 반대급부의 의무가 있다.[132] 따라서 채권이 양도된 경우에는 선택권은 양도인이 아니라 양수인이 행사하지만, 양수인이 代償청구를 선택하는 경우에는 양도인의 반대급부의무가 (다시) 발생한다. 채권자의 반대급부의무는 代償이 원래의 급부에 대하여 가지는 가치의 비례에 따라서 감축되는가? 긍정해야 한다는 견해가 있으며, 이 견해는 가치산정의 기준시점은 계약체결시로 보아야 할 것이라고 한다.[133] 그러나 이러한 경제적 고려는 相換物의 代替에 불과한 代償청구관계를 지나치게 복잡화하는 단점이 있다. 부정설이 타당하다고 생각한다.

㈐ 代償請求時의 立證責任 代償을 청구하는 경우에는 청구자가 채무자의 급부가 불능이 된 사실과 채무자가 代償을 취득한 사실을 입증하여야 한다.[134]

(2) 이미 이행한 反對給付分의 返還請求

㈎ 旣履行 反對給付分의 返還請求

(a) 채권자는 채무자의 급부가 불능이 된 경우 자신이 이미 이행한 급부의 반환을 청구할 수 있는가? 외국입법례(獨民 §323 Ⅲ; 伊民 §1463 후단; 中民 §266 Ⅱ)와 달리 우리 민법은 이 점에 대해서도 명문의 규정을 두고 있지 않다. 그러나 채무자는 사후적으로 그 급부를 청구할 수 없게 되었음(民 §537)에도 불구하고 수령한 것이므로 이는 법률상 원인 없이 이득을 취한 것이 되어 부당이득법리에 의하여 반환하여야 한다는 데에 의문의 여지가 없다.[135] 商 §134 Ⅰ 2문은 물건운송계약에 관하여 이를 명정한다(이것은 또한 商 §149 Ⅰ에 의하여 여객운송의 경우 운송인이 여객으로부터 인도를 받은 수하물에 관하여도 적용된다). 독일의 통설은 獨民 §323 Ⅲ의 이해에 있어서 채권관계 그 자체는 존속하므로 이는 진정한 의미의 부당이득반환청구권(同旨 瑞債 §119 Ⅱ)이 아니라, 부당이득법 규정에 의하여 결제되는 데 불과하다고 새기지만(법률효과지시설), 의문이다.[136]

131) 伊太利의 경우 학설이 갈린다. C/T §1259 n.Ⅳ.1.
132) 宋德洙, 앞의 글, 39; Vollkommer/Jauernig, BGB §323 Anm. 3 b aa.
133) 宋德洙, 앞의 글, 46f.
134) 宋德洙, 앞의 글, 47; MünchKomm-Emmerich, §323 RN. 40.
135) 大判 75. 8. 29, 75다765(月報 64, 5)는 목적소멸에 의한 부당이득임을 지적한다. 타당하다. 同旨 C/T-C §1463 n.Ⅳ.2: condictio ob causam finitam. 채무자의 이행이 이미 불능이 되었음에도 불구하고 이를 알지 못하고 한 반대급부는 비채변제(condictio indebiti)에 의한 부당이득으로서 반환청구가 가능하다. 통설 郭潤直, 106; 註釋債權各則(I), 316 및 각주 6/7(金錫宇).
136) 同旨 MünchKomm-Emmerich, §323 RN. 35.

(b) 〈旣給付分 返還請求의 예〉:[137]

－주식인수서에 기명날인하고 인수가액을 납입하였으나 회사가 성립에 이르지 못한 경우,

－기계 혹은 군수품의 공급에 대하여 계약금을 지급하였으나 후에 매도인의 공장이 수용되거나 다른 전쟁상의 이유로 공급이 이루어지지 못한 경우,

－농지의 매매대금을 전액 지급하였는데 소유권이전에 필요한 분필허가가 관할당국에 의해 거절된 경우,

－계약금이 지급된 임목매매에 있어서 벌채허가를 얻을 수 없었던 경우,[138]

－고용계약에 있어서 노무자가 체약수수료를 지급하였는데, 고용관계가 단시일 내에 다시 종료된 경우,

－전세목적물이 쌍방귀책 없이 멸실한 경우 전세금의 반환.[139]

반환의 방법과 범위는 원칙적으로 부당이득법의 규정(民 §§ 747-749)에 따른다. 그러나 부당이득법리로 인하여 채무자가 투자의 위험을 부담한다는 위험부담의 법리가 잠탈되어서는 아니되므로 채무자는 채권자의 旣給付分 반환청구에 대하여 나중에 불능으로 된 급부를 위하여 지출한 비용이 채권자의 기급부분을 상회한다는 이유로 더 이상 이익이 현존하지 않는다는 주장을 할 수 없다고 새긴다. 즉 채무자의 이행을 위한 비용은 원칙적으로 부당이득을 감소시키는 사유로 고려되어서는 안 된다. 그러나 채무자가 전재산을 상실한 경우에는 그러하지 아니하다. 왜냐하면 재산총액이 부당이득청구권의 가액을 더 이상 충당할 수 없는 경우에는 항상 부당이득이 탈락한 것으로 간주되기 때문이다.

(나) 契約金(解約金)의 반환　　아직 계약금만이 교부된 경우의 반환청구에 대해서는 이미 살펴보았다(전술 I.2.(1)(나) 참조).

[2] 一部不能의 경우

1. 통상의 一部不能의 경우

(1) 不能이 된 부분의 給付義務免除

채무자는 일부불능이 된 부분에 한하여 급부의무를 면하고,[140] 나머지 가

137) MünchKomm-Emmerich, §323 RN.36.
138) 大判 75.8.29, 75다765(요지집 1110-39).
139) 서울高判 65.8.20, 65나652(고 65(민), 397).
140) 大判 48.4.6, 4280민상279(요지집 861-1).

능한 부분에 관하여는 급부의무가 존속한다. 채권자는 따라서 가능한 부분의 급부를 이행제공받고도 이를 수령하지 않으면 수령지체에 빠진다(이것은 일반적으로 채무자에게 일부이행을 할 권리가 없다는 법리[獨民 §266 참조]에 대한 예외가 된다).[141]

(2) **反對給付義務의 감축**

급부의무가 불능된 부분만큼 면제되는 것과 비례하여 반대급부의무도 감축된다(民 §627 I[142] 참조. 통설. 同旨 伊民 §1464 전단; 中民 §266 I 2문).[143] 평가의 기준시점은 계약체결시이다.[144] 채권자의 반대급부가 금전일 경우에는 감액은 아무 어려움 없이 행해질 수가 있다. 채권자가 이미 급부한 금액이 감액분을 공제한 액보다 많을 때에는 그 차액을 부당이득으로서 반환청구할 수 있음은 물론이다. 그러나 채권자의 급부의 전부 또는 일부가 금전이 아니고 또 可分的이 아닌 경우에는 비례적인 감축은 현실적으로 불가능하므로, 이러한 경우에는 채권자는 반대급부 전부의 이행의무를 부담하되 그 대신에 채무자로부터 채무자의 급부감소분을 전보하기 위한 추가적인 지급을 할 것을 청구할 수 있다고 새겨야 할 것이다.[145]

반대급부(보수)를 시간에 따라서 산정해야 하는 경우에는 작은 시간단위가 아니라 거래관념상 합당한 시간단위에 의하여 계산한다.[146]

경락허가결정이 확정된 후 대금지급기일의 지정 전에 목적물이 일부멸실된 경우에 경락인이 그 소실된 물건에 관하여 화재보험금을 수령하였더라도 그것이 경락인이 위 목적물에 대한 근저당권자로서 그 소실로 인한 손해 때문에 받은 것인 때에는 대금감액과는 상관이 없다는 판례가 있다.[147]

(3) **이미 履行한 反對給付分의 返還請求**

채권자는 불능한 급부의 부분에 대하여 (전부 또는 일부의) 반대급부를 한 경우에는 그것을 반환청구할 수 있다(同旨 伊民 §1463 후단).[148]

(4) **一部不能의 예**

계속적 채권관계에 있어서 채무자의 급부가 일시적으로 혹은 장래에 대하

---

141) MünchKomm-Emmerich, §323 RN. 29.
142) 다만 이 임대차의 경우에는 차임이 당연히 감축되는 것이 아니라, 그 감액을 청구할 수 있을 뿐이다. 註釋債權各則(Ⅰ), 316(金錫宇).
143) 大決 73. 12. 12, 73마912(集 21 ③ 민 219)(경락허가결정); 大判 48. 4. 6, 4280민상279(요지집 861-1).
144) Vollkommer/Jauernig, BGB §323 Anm. 4 b.
145) 통설 註釋債權各則(Ⅰ), 316 및 각주 9(金錫宇); MünchKomm-Emmerich, §323 RN. 33.
146) Becker, OR Art. 119 N. 3.
147) 大決 73. 12. 12, 73마912(集 21 ③ 민 219).
148) 大判 48. 4. 6, 4280민상279(요지집 861-1).

여 불가능하게 되는 경우가 대표적인 예이다. 따라서

- 컴퓨터 사후서비스계약에서 서비스가 일시 행해지지 못하거나,
- 에너지공급계약에서 에너지의 공급이 일시 중단될 수밖에 없는 경우,
- 가옥매수인이 매도인에게 아파트의 임대를 약속하였는데 임대가 관할당국에 의하여 금지된 경우,
- 다수의 수렵장임차권 매도에 있어서 이들 중 일부의 이전이 허가의 흠결로 불가능하게 된 경우,
- 巡航관광계약에 있어서 악천후로 인하여 예정된 항구의 일부에 정박하지 못한 경우 등의 경우에는 일부불능이 인정된다.

원칙적으로 계속적 공급계약의 경우에도 일부 분할급부의 불능은 그 부분의 불능으로만 인정된다. 혼합계약에 있어서 다양한 형태의 급부들이 결합된 경우에도 원칙적으로 동일한 법리가 적용된다.

2. 全部不能과 동일시되는 一部不能의 경우

그러나 다음의 경우에는 예외적으로 일부불능이라 하더라도 전부불능과 동시한다. 따라서 이 때에는 위 Ⅲ. A의 법률효과가 발생한다.

① 불가분적 급부의 일부불능.

〈예〉 매도된 가옥이 부분적으로 불탄 경우.

② 계약의 특별한 내용과 목적상 일부급부가 양적으로뿐만 아니라 질적으로도 전부급부와 다른 것으로 평가되어 전부급부가 아니면 채권자에게 의미가 없는 경우(同旨 伊民 §1464 후단).

〈예〉 - 다수의 목적물에 관한 통일적 계약(가령 한 조를 이루는 네 마리의 말 중 일부가 사망한 경우),[149)]

- 건축부지의 일부가 수용이 되어 부분적으로만 건축이 가능해진 경우 축소된 규모의 건축으로는 계약목적을 달성할 수 없을 때,
- 계속적 공급계약에 있어서 매수인이 규칙적인 공급에 의존함으로써 개별적인 분할급부의 탈락만으로써도 이미 즉시 다른 공급원을 물색해야만 하는 경우,
- 민법 §627 Ⅱ의 경우 등.

③ 채권자의 급부가 불가분적이어서 부득이 전부급부를 하고 상응하는 추

149) 통일적 한 組로서의 四頭匹馬(quadriga)에 관해서는 이미 Paulus D.9.2.22.1; Africanus D.21.1.34.1; Ulpianus D.eod.38.14; D.45.1.29 참조.

가적 금전지급을 받는 것(전술 1.(2) 참조)이 계약당사자들의 원래의 의도와 합치하지 않는 경우. 이 때에는 쌍방당사자에게 그와 같은 방식의 계약이행을 거절할 권리가 인정된다고 새긴다.

3. 適用範圍

급부가 계약에서 정한 성상대로 행해질 수 없는 경우에는 (물건의 교부시까지) 전부불능의 원칙이 적용된다. 교부시로부터는 하자담보에 관한 특별규정이 적용된다(전술 前論 II.1 참조).

[崔 秉 祚]

第 538 條(債權者 歸責事由로 因한 履行不能)

① 雙務契約의 當事者 一方의 債務가 債權者의 責任 있는 事由로 履行할 수 없게 된 때에는 債務者는 相對方의 履行을 請求할 수 있다. 債權者의 受領遲滯中에 當事者 雙方의 責任 없는 事由로 履行할 수 없게 된 때에도 같다.

② 前項의 境遇에 債務者는 自己의 債務를 免함으로써 利益을 얻은 때에는 이를 債權者에게 償還하여야 한다.

I. 總 說

1. 意 義

원칙규정인 民 §537의 예외규정이다. 반대급부(보수)청구권의 존속이유는 채권자가 급부불능을 책임져야 하면 마치 채무자가 이행한 것처럼 다루어야 한다고 법이 평가하기 때문이다.[1)]

---

1) Vollkommer/Jauernig, BGB §324 Anm.1 a.

2. 適用範圍

① 원칙적으로 모든 쌍무계약에 적용된다(전술 §537 주해 Ⅱ.1 참조). 商 §134 Ⅱ 후단(송인의 과실로 인하여 운송물의 전부 또는 일부가 멸실한 때)은 같은 법리를 물건운송계약에 관하여 확인함과 아울러, 멸실부분이나 旣운송거리의 비율에 따라 운임을 청구할 수 있도록 하지 않고 운임전액의 청구를 인정한 특칙임은 民 §537와 관련하여 이미 살펴보았다(전술 §537 주해 Ⅱ. 2.(3)(나) 참조).

② 종류채권의 경우에는 특정 후에 적용된다는 점에 의문이 없다.[2] 그러나 또한 특정 전이라도 채권자가 종류물 전체의 멸실을 책임져야 하는 때, 또는 지참채무에 있어서 채무자가 이미 특정한 물건을 채권자가 파괴하고 그로써 급부가 불능이 되게 한 때 등에는 적용이 가능하다.

③ 위임계약의 경우 및 위임계약법이 준용되는 경우(가령 위탁매매업, 商 §112)에는 원칙적으로 각 당사자는 언제든지 계약을 해지할 수 있으므로(民 §689 Ⅰ) 채권자인 위임인은 수임인의 위임사무의 처리를 언제라도 저지할 수 있고, 따라서 본조의 적용이 없다(전술 §537 주해 Ⅰ. 2.(7) 참조).

도급, 고용, 임대차계약의 경우 흔히 달리 규율된다.

勤基 §38에 의하면 사용자의 귀책사유로 인하여 휴업하는 경우에는 사용자는 휴업기간중 당해근로자에 대하여 평균임금의 100분의 70 이상의 수당을 지급하여야 한다. 다만, 부득이한 사유로 사업계속이 불가능하여 노동위원회의 승인을 얻은 경우에는 그 범위 이하의 휴업지불을 할 수 있다. 이 규정은 民 §538의 적용을 배제하지 않는 노동법상의 특칙이다(통설).[3]

3. 任意規定性

본조는 강행규정이 아니다.[4] 따라서 당사자들은 개별약정을 통하여 언제라도 반대급부위험의 분배를 달리 정할 수 있다. 그러나 보통거래약관의 경우에는 約款 §7 ii의 범위 내에서 사업자기 부담해야 할 위험을 고객에게 이전시키는 조항은 무효이다.[5]

---

2) 李銀榮, 147f. 참조.
3) 상세는 金亨培, 勤勞基準法(1993), 280ff.; 文元柱, 註釋實務勤勞基準法(1993), 312ff.; 박홍규, 노동법(1992), 475ff.; 註釋債權各則(Ⅰ), 324f.(金錫宇) 참조.
4) 同旨 Vollkommer/Jauernig, BGB §324 Anm.1 c; MünchKomm-Emmerich, §324 RN. 31.
5) 李銀榮, 約款規制法(1994), 228.

Ⅱ. 要　件

1. 雙務契約상의 後發的 不能(§537와 같다)

목적교란의 경우에는 통상 수령지체가 아니라 불능으로 볼 것이다.[6] 이 양자를 구별하는 결정적인 기준은 급부가 아직 만회가능한가 하는 점이다. 급부장애가 어느 "영역"(채권자, 채무자, 중립영역)에서 나왔는가는 중요하지 않다. 따라서 수령지체는 채권자가 수령할 용의가 없거나 일시적으로 수령(또는 협조)가 방해되고 있는 때에 한하여 인정되고, 급부의 수령에 지속적인 협조장애가 발생할 때에는 항상 불능을 인정해야 한다.

〈예〉 －여행예정자의 건강상태로 인하여 관광을 할 수 없는 경우에는 수령지체가 아니라 급부불능이다(BGH 60, 17).

－자문을 해줄 회사가 문을 닫는 바람에 장기적 기업자문이 불가능해 진 경우.

2. 債權者의 責任 있는 사유

① 「채권자의 책임 있는 사유」란 그 의미가 반드시 명확한 것이 아니므로 그 해석을 둘러싸고 다양한 견해가 가능할 수 있다. 그러나 모델이 되었던 독일법의 규정(獨民 §324 I 1문)에서도 간취할 수 있듯이 채권자의 책임 있는 사유란 "그로 인하여" 이행이 불능으로 된 책임사유를 의미한다기보다는 "그 결과로" (infolge) 이행이 불능으로 된 책임사유(ein Umstand, den der andere Teil zu vertreten hat)를 의미하는 것으로 이해하여야 할 것이다. 따라서 이 책임사유에는 무엇보다도 우선, 채권자가 관련급부장애의 위험을 인수(Risikoübernahme)한 경우가 속한다고 볼 것이다. 그러므로 채권자가 인수한 위험이 실현되면 채권자는 계약대로 위험을 부담한다.[7]

② 그 밖에 책임 있는 사유란 원칙적으로 채무자의 급부가 불능이게 된 데에 원인이 된 채권자의 모든 有責한 계약위반적 행태를 의미한다고 이해한다.[8] 본인의 책임(객관적 주의의무 위반으로 족하다)에 관한 규정뿐만 아니라 이행보조자의 책임에

---

6) Vollkommer/Jauernig, BGB §324 Anm. 2 a.
7) MünchKomm-Emmerich, §324 RN. 6.
8) MünchKomm-Emmerich, §324 RN. 7 참조.

관한 규정도 준용가능하다.[9] 채권자의 위험영역에서 나오는 모든 급부장애에 책임을 확장할 것인가는 다투어진다. 이러한 확장은 적용(경우에 따라서 준용)될 수 있는 특별규정들에 대해서 인정되어야만 할 수도 있으나 본조의 범위 내에서는 부인할 것이다.[10] 그러므로 다른 무엇보다도 약정의 위험배분(vertragliche Risikoverteilung)을 출발점으로 삼아야 할 것이다.[11]

③ 〈채권자 책임사유의 사례유형〉:[12]

－채권자의 유책한 위법행위(불법행위)로 급부의 불능을 야기한 경우. 따라서 사용자의 근로자에 대한 퇴직처분이 무효인 경우에 근로자는 사용자의 귀책사유로 인하여 근로의 제공을 못하였으므로 民 §538 Ⅰ에 의하여 사용자에게 그 기간중에 근로를 제공하였을 경우에 받을 수 있는 반대급부인 임금의 지급을 청구할 수 있다.[13]

－채권자의 계약상의 행태의무(가령 보호의무, 감호의무) 위반.

〈예〉 임차인의 부주의한 행태로 인한 임차물의 멸실

－그 이행이 있어야 채무자의 급부가 비로소 가능한 계약상의 협조의무나 간접의무(Obliegenheiten)의 위반,

－급부를 좌절시키는 채권자 자신의 계약불성실.

〈예〉 매매대금채무의 지급지체가 매매목적물의 경매를 결과한 경우. 변호사에게 소송의 수행을 위임하고 소송에 필요한 비용은 수임인이 부담하되 승소시에는 승소금의 45%를 보수금으로 지급하기로 약정하였고, 그 약정에 따라 소송을 수행하였고, 2심판결에 불복하여 상고장을 고등법원에 접수시키려 할 때에 위임인측이 정당한 사유 없이 상고심에서는 다른 변호사를 선임하겠다고 하면서 상고장을 빼앗아

9) 李銀榮, 142; 註釋債權各則(Ⅰ), 319(金錫宇); Vollkommer/Jauernig, BGB §324 Anm.2 b.

10) Vollkommer/Jauernig, BGB §324 Anm.2 b; MünchKomm-Emmerich, §324 RN.8/9. 異見 李銀榮, 142f. 우리 나라와 일본의 학설도 견해가 갈려 있으나 실제상의 차이가 생길 만한 것은 아니다. 金疇洙, 95; 註釋債權各則(Ⅰ), 318f.(金錫宇).

11) MünchKomm-Emmerich, §324 RN.9; 또한 Palandt/Heinrichs, BGB §324 RN.6.

12) Vollkommer/Jauernig, BGB §324 Anm.2 b. 그 밖의 우리 나라 및 일본의 판례에 대해서는 註釋債權各則(Ⅰ), 321(金錫宇) 참조.

13) 부당해고와 임금청구에 관하여 확립된 판례. 大判 93.12.21, 93다11463(公 962, 488); 大判 93.9.24, 93다21736(公 956, 2925); 大判 93.5.25, 92다31125(公 949, 1839); 大判 92.12.8, 92다39860(公 932, 441); 大判 92.11.13, 92다16690(公 935, 103); 大判 92.3.31, 90다8763(公 1992, 1395); 大判 91.12.13, 90다18999(公 1992, 497); 大判 91.6.28, 90다카25277(公 1991,2021); 大判 89.5.29, 87다카2132(公 1989, 972); 大判 81.12.22, 81다626(月報 140-90).

갔고 그 후 위임인의 使者가 수임인의 사무실에 와서 위임인이 맡긴 서류의 반환을 요구하므로 수임인의 사무원이 당시 집에 있던 수임인으로부터 전화승낙을 받은 다음 수임인이 작성한 소송에 관한 서류를 제외하고 위임인 소유의 나머지 서류를 내주었고, 위임인은 그 후 상고심에서 다른 변호사를 선임하였고, 한편 수임인이 수행한 제1심의 판결 선고 전에 당사자 사이에 추가계약을 체결하고 위 다른 변호사를 수임인의 복대리인으로 선임하기로 하는 반면 종전에 수임인에게 지급하기로 한 보수금에 관하여 이를 40%로 감축하기로 약정한 사실관계에서 수임인이 상고심에서 위임인의 소송대리를 한 바 없다 할지라도 이는 위임인의 귀책사유로 인한 이행불능이었으므로 특별한 사정이 없는 한 추가계약에 의하여 약정한 승소액의 40%를 보수금으로 지급청구할 수 있다는 판례가 있다.[14]

Ⅲ. 法律效果

1. 債務者의 給付義務의 면제

채무자는 급부의무를 면한다(Impossibilium nulla obligatio est, Celsus D.50.17.185).

2. 債務者의 권리

(1) 反對給付請求權

채무자는——경우에 따라서 감축할——반대급부(보수)청구권을 보유한다(Res perit creditori).

(2) 債務者의 그 밖의 권리

채무자는 채권자의 책임 있는 사유가 불법행위 등에 해당하는 경우 손해배상청구권을 가진다.[15]

14) 大判 74.12.24, 73다800(月報 56-14).
15) Vollkommer/Jauernig, BGB §324 Anm.3 c.

3. 債務者의 의무

(1) "利益"의 償還義務

채무자는 "자기의 채무를 면함으로써 얻은 이익"의 상환의무를 진다. Ⅱ의 이익상환은 통상 채권자의 이의에 의하여 고려되는 감액의 형태를 취할 것이다. 민법상 상계의 규정(§492 이하)은 적용되지 않는다고 새긴다.[16] "자기의 채무를 면함으로써 얻은 이익"이란 채무를 면함으로써 지출할 필요가 없어져서 지출하지 않은 비용이나 노무를 달리 제공함으로써 얻은 것이나 얻을 수 있었는데도 불구하고 악의적으로 부작위함으로써 얻지 못한 것의 가액을 모두 포괄하는 것으로 볼 것이다(獨民 §324 Ⅰ 2문 참조).[17] 이 때 악의란 채권자를 해칠 의도까지를 요구하는 것은 아니고 모순되는 행태(venire contra factum proprium)로 족하다고 볼 것이다.[18]

판례에 의하면 사용자의 귀책사유로 인하여 해고된 근로자는 그 기간중에 노무를 제공하지 못하였더라도 民 §538 Ⅰ 본문의 규정에 의하여 사용자에게 그 기간 동안의 임금을 청구할 수 있고, 이 경우에 근로자가 자기의 채무를 면함으로써 얻은 이익이 있을 때에는 民 §538 Ⅱ의 규정에 의하여 이를 사용자에게 상환할 의무가 있다고 할 것인데, 근로자가 해고기간중에 다른 직장에 종사하여 얻은 수입은 근로제공의 의무를 면함으로써 얻은 이익이라고 할 것이므로 사용자는 근로자에게 해고기간중의 임금을 지급함에 있어서 위의 이익(이른바 중간수입)을 공제할 수 있다.[19] 그러나 중간수입을 공제할 경우에도 중간수입이 발생한 기간이 임금지급의 대상으로 되는 기간과 시기적으로 대응하여야 하고 그것과는 시기적으로 다른 기간에 얻은 이익을 공제하여서는 아니된

16) 同旨 Vollkommer/Jauernig, BGB §324 Anm.3 b. 異見 註釋債權各則(Ⅰ), 322(金錫宇).

17) 宋德洙, 앞의 글, 37f.; MünchKomm-Emmerich, §324 RN.27-29. 제한설 李銀榮, 144 각주 3.

18) Vollkommer/Jauernig, BGB §324 Anm.3 b.

19) 大判 91.12.13, 90다18999(公 1992, 497). 동 판결은 또, 근로기준법 제38조의 규정은 근로자의 최저생활을 보장하려는 취지에서 사용자의 귀책사유로 인하여 휴업하는 경우에는 사용자는 휴업기간중 당해 근로자에게 그 평균임금의 100분의 70 이상의 수당을 지급해야 한다고 규정하고 있고, 여기서의 휴업에는 개개의 근로자가 근로계약에 따라 근로를 제공할 의사가 있음에도 불구하고 그 의사에 반하여 취업이 거부되거나 또는 불가능하게 된 경우도 포함되므로 근로자가 사용자의 귀책사유로 인하여 해고된 경우에도 위 휴업수당에 관한 근로기준법이 적용될 수 있으며 이 경우에 근로자가 지급받을 수 있는 해고기간중의 임금액 중 위 휴업수당의 한도에서는 이를 중간수입공제의 대상으로 삼을 수 없고, 그 휴업수당을 초과하는 금액범위에서만 공제하여야 할 것이다라고 판시하였다. 중간수입공제에 관한 異見 註釋債權各則(Ⅰ), 322 각주 16(金錫宇).

다.[20] 또 상환하여야 할 이익은 채무를 면한 것과 상당인과관계에 있는 것에 한한다고 할 것이지만, 근로자가 해고기간중에 노동조합기금으로부터 지급받은 금원은 그가 노무제공을 면한 것과 상당인과관계에 있는 이익이라고 볼 수 없다.[21]

(2) 代償給付義務

채무자는 불능이 된 급부의 代償을 취득한 경우에는 채권자의 청구에 의하여 이를 급부할 의무가 있다.[22] 비록 채권자에게 불능에 대한 귀책사유 있는 경우라 하더라도 객체의 동일성을 가지는 代償이 취득되었다면, 그것은 마땅히 채권자에게 돌아가야 하기 때문이다.

Ⅳ. 受領遲滯중의 給付不能(Ⅰ 2문)

1. 總 說

(1) 意 義

위험부담원칙을 규정한 것이다.[23] 수령지체(民 §400)로써 반대급부(보수)의 위험은 채권자에게 이전한다.[24] 채권자의 위험권역의 확장에 관해서는 후술 2. (3) 참조.

(2) 適用範圍

본 규정은 종류채권에도 적용된다. 그러나 모든 경우에 급부의 특정(民 §375 Ⅱ)이 필요하다.

〈예외〉 전체 (제한)종류물의 멸실.[25]

2. 要 件

① 수령지체(民 §400). 종류채무의 경우 특정이 필요하다(전술 1. (2) 참조).

② 수령지체중의 후발적 불능(무능).

20) 大判 91. 6. 28, 90다카25277(公 1991, 2021).
21) 大判 91. 5. 14, 91다2656(公 1991, 1627).
22) 李銀榮, 145; Vollkommer/Jauernig, BGB §324 Anm. 3 d.
23) 이에 관한 규정을 두지 않았던 舊민법(일본민법)하에서의 논의에 관해서는 註釋債權各則(Ⅰ), 319(金錫宇) 참조.
24) Vollkommer/Jauernig, BGB §324 Anm. 4 a aa. 〈도급계약의 예〉: 大判 93. 3. 26, 91다14116(公 944, 1280)(이에 관해서는 拙稿, 民事判例研究 XVI[1994], 131ff., 157f. 참조).
25) Vollkommer/Jauernig, BGB §324 Anm. 4 a bb.

〈예〉[26] — 매수인의 수령지체 후 수출금지 또는 압류조치가 내려진 경우.

— 매수인이 이유 없이 이의를 제기하여 반송 도중 물건이 멸실한 경우.

— 기업가가 區域報酬청구권을 가진 代理商과의 관계를 이유 없이 解止한 경우. 그 후로 기업가 자신에 의해 체결된 모든 계약에 대해 보수를 청구하는 경우.

③ 채무자에 책임 없는 사유.

수령지체중에는 채무자의 책임이 고의와 중과실로 경감되므로(民 §401) 경과실이 있는 경우에도 본조의 의미에서 책임이 없는 것으로 본다(통설). 채권자지체중에 채무자가 채권자를 위하여 사무관리를 하였으나 무위로 그친 경우에도 본조가 적용된다.[27]

3. 法律效果

위 Ⅲ 참조.

Ⅴ. 立證責任

이행의 訴의 경우 일반적으로 불능하게 된 급부의 채무자가 채권자의 책임 있음에 대하여 입증책임을 부담한다. 그러나 개별적인 채무관계에 있어서 예외가 존재할 수 있다.

〈예〉 임대차계약에서 손해의 원인이 임차물의 사용에 기인하는 경우.[28]

① 채무자가 자신의 급부가 불능임에도 불구하고 채권자에게 반대급부를 청구하는 경우에는 채무자가 자신의 급부가 불능이 된 사실과 그 불능이 채권자에 의하여 야기된 것이라는 사실에 대한 입증책임을 진다. 채무자가 이의 입증에 성공한 경우 채권자는 그 불능에 대하여 예외적으로 자신에게 책임이 없음을 입증함으로써 면책을 하지 않으면 안 된다. 그 밖에 채권자는 본조 Ⅱ에 의한 채무자의 상환의무의 요건 전부에 대하여 입증책임을 부담한다.[29]

26) MünchKomm-Emmerich, §324 RN.18 참조.
27) MünchKomm-Emmerich, §324 RN.7; 17.
28) Vollkommer/Jauernig, BGB §324 Anm.5.
29) MünchKomm-Emmerich, §324 RN.32; Palandt/Heinrichs, BGB §324 RN.10.

② 채무자가 채권자의 수령지체중에 급부가 불능이 되었다는 이유로 반대급부를 청구하는 경우에도, 자신의 수령지체에도 불구하고 채무자가 특히 중과실이 있기 때문에 불능에 대하여 책임이 있다는 점을 주장하고 입증해야 하는 것은 채권자의 일이다.[30)]

[崔　秉　祚]

後　　論[第537條, 第538條]

──當事者 쌍방의 責任 있는 사유로 不能이 된 경우의 法的 處理──

1. 문제의 所在와 學說

민법은 이러한 경우를 직접 규율하고 있지 않다. 채권자가 수령지체중이고 채무자에게 중과실이 있는 경우(民 §401)에도 같은 문제가 발생한다.

독일의 판례는 누구의 과실이 주된 것인가에 따라서 獨民 §324(우리 民 § 538 해당) 또는 §325[채무자귀책사유 있는 불능](우리 民 §§ 390, 546 참조)를 선택적으로 적용하고, 다음 단계로 권리자의 공동과실에 비례하여 청구권을 감축하는 방식을 택하였으나, 쌍방의 과실이 동등한 경우와 채권자가 손해배상이 아니라 해제를 선택하는 경우에 적용하기 어렵다는 등의 이유로 학설은 獨民 §324와 §325의 중첩적 적용을 지지하는 설이 다수설이지만, 아직 세부적인 점에 있어서는 견해의 일치를 보지 못하고 있다.[1)]

국내의 학설로는 불능이 채무자에게 책임 있는 사유로 생긴 때에 채권자에게 책임 있는 사유가 경합적으로 존재하는 경우에는 과실상계(民 §396)의 문제로 된다는 점을 제외하고는 채무자에게 책임 있는 사유로 인한 불능의 일반적 경우와 같다는 견해가 보인다.[2)] 또 기본적으로 이와 같은 견해면서, 다만 채권자의 귀책사유가 급부불능에 결정적인 영향을 미친 경우에는 채무자의 채무불이행책임을 면책시키되 채권자에 대한 반대급부청구권을 채무자의 과실만큼 감축시켜야 하고, 채권자가 해제권을 행사하는 경우에는 자기 과실만큼의 반

30) MünchKomm-Emmerich, §324 RN. 33; Palandt/Heinrichs, BGB §324 RN. 10.
1) Palandt/Heinrichs, BGB Vor §§323-325 RN. 4; MünchKomm-Emmerich, §324 RN. 19-22; Jauernig/Vollkmmer, BGB §325 Anm. 5 a.
2) 註釋債權各則(Ⅰ), 303(金錫宇).

대급부의무를 진다는 견해도 주장된다.[3]

2. 私 見

이 문제의 해결은 사실 쉽지 않다. 私見으로는 일응 다음과 같이 해결하는 것이 타당하다고 생각된다. 즉 채권자는 채무자에게만 과실이 있는 경우라면 얻었을 이익(통상 손해배상액) 중에서 이행불능에 대한 過失의 비율에 따른 몫을 받고, 채무자는 채권자에게만 과실이 있는 경우라면 얻었을 이익(반대급부액) 중에서 이행불능에 대한 過失의 비율에 따른 몫을 받도록 하는 것이다. 예를 들어 보면 가액이 1500 상당인 특정물을 대금 1000으로 매매계약을 체결한 경우에 그 물건이 매도인의 과실 40%, 매수인의 과실 60%로 멸실하였다면, 물건급부채무자인 매도인은 반대급부액 1000의 60%인 600을, 채권자인 매수인은 보통의 이행불능이었다면 청구할 수 있었을 손해배상액, 즉 매매차익 1500-1000=500의 40%인 200을 청구할 수 있다. 매매차익이 없거나 마이너스인 때에는 매수인은 아무 것도 청구할 수 없고, 매도인만 매매대금의 일정부분을 청구할 수 있게 된다.

[崔 秉 祚]

3) 李銀榮, 143.

第 539 條(第三者를 위한 契約)

① 契約에 依하여 當事者 一方이 第三者에게 履行할 것을 約定한 때에는 그 第三者는 債務者에게 直接 그 履行을 請求할 수 있다.

② 前項의 境遇에 第三者의 權利는 그 第三者가 債務者에 對하여 契約의 利益을 받을 意思를 表示한 때에 생긴다.

차 례

Ⅰ. 序 說

契約이 체결되면, 그에 기하여 債權이 발생한다. 그리고 그 債權은 보통 契約當事者에게 귀속하게 된다. 즉 계약상의 채권자는 원칙적으로 契約當事者인 것이다. 그런데 경우에 따라서는 契約의 효력을 계약에 참가하지 않은 제3자에게 확장하여야 할 실제상의 필요성이 존재하기도 한다. 그리하여 民法은 일정한 범위에서 그러한 필요성에 부응하는 제도를 두고 있다. 民 §539 이하의 "제3자를 위한 契約"도 그 중 하나이다.

널리(廣義로) 제3자를 위한 契約이라고 하면 제3자에게 給付하여야 하는 契約 모두를 가리킨다. 그리하여 그 가운데에는 제3자가 契約에 기하여 給付請求權을 취득하는 경우가 있는가 하면, 제3자는 權利를 취득하지 않고 단지 債務者가 제3자에게 給付하여야 할 의무가 있거나 또는 그러한 權限이 있는 경우도 있다. 앞의 경우를 眞正한 제3자를 위한 契約(echter oder berechtigender Vertrag zugunsten Dritter)이라고 하고, 뒤의 경우를 不眞正한 제3자를 위한 契約(unechter oder ermächtigender Vertrag zugunsten Dritter)[1]이라고 한다. 이들 중 後者에 있어서는 契約上의 權利·義務는 계약의 당사자에게만 귀속되며 제3자에게 취득되지 않는다.[2] 다만 그 경우에 債務者(諾約者)는 그의 給付義務를 그의 상대방(要約者)에 대하여가 아니고 그 자가 지정한 제3자에게 행함으로써 履行할 수 있는 權限을 要約者로부터 부여받았을 뿐이다.[3] 따라서 債務者와 제3자 사이에는 義務關係가 존재하지 않는다. 제3자는 債務者에 대하여 債權을 취득하지 못하고 단지 債務者가 행한 給付를 수령할 수 있는 권한만을 갖는다.[4] 예컨대 甲이 꽃가게 주인인 乙에게 부탁하여 꽃바구니

1) Soergel/Hadding, §328 Rdnr. 6은 "권리부여"(Berechtigung)도 급부를 수령할 "권한의 부여"(Ermächtigung)이기 때문에, ermächtigender Vertrag zugunsten Dritter라는 표현은 獨民 §328 Ⅰ의 계약 즉 진정한 제3자를 위한 계약과 명확하게 대비시키지 못하며, 따라서 "제3자를 위한 계약"에 대하여 "단순한 제3자를 위한 계약"(einfacher Vertrag zugunsten Dritter)라고 표현하는 것이 타당할 것이라고 한다.
2) Soergel/Hadding, §328 Rdnr. 7; Staudinger/Kaduk, vor §328ff. Rdnr. 2.
3) Larenz, SchuR Ⅰ, §17 Ⅰa(S. 217).
4) Soergel/Hadding, §328 Rdnr. 6.

를 甲의 약혼녀인 丙에게 배달하도록 한 경우는 부진정한 제3자를 위한 계약에 해당하는데, 그 경우에는 꽃바구니의 배달청구권은 甲에게만 속하고 丙에게는 속하지 않는다.[5] 이렇게 不眞正한 제3자를 위한 契約의 경우에는 제3자가 債權을 취득하지 않기 때문에, 그것은 결코 民 §539 이하의 제3자를 위한 契約이 아니다. 民法上의 제3자를 위한 契約은 "眞正한" 것만을 가리키는 것이다. 그러므로 以下에서는 본래의 의미의 것인 "眞正한 제3자를 위한 契約"을 "제3자를 위한 契約"이라고 표현하기로 한다. 그리고 주로 그것에 관하여만 살펴보려고 한다. 왜냐하면 不眞正한 제3자를 위한 契約의 경우에는 제3자가 단지 사실적으로만 이익을 얻는 데 불과하여 보통의 債權關係와 현저하게 다르지 않고,[6] 따라서 자세한 검토가 특별히 요구되지 않기 때문이다.

(眞正한) 제3자를 위한 契約은 契約當事者가 아닌 제3자로 하여금 직접 계약당사자의 一方에 대하여 債權을 취득하게 하는 것을 목적으로 하는 契約이다. 여기에서 제3자에 대하여 債務를 부담하게 되는 계약당사자를 諾約者(또는 約束者)[7](Versprechender oder Promittent)라고 하고, 그의 상대방을 要約者(또는 受約者)[8](Versprechensempfänger, Promissar oder Stipulant)라고 하며, 債權을 취득하는 제3자를 受益者(Dritter oder Destinatär)라고 한다.[9] 民法에서는 諾約者를 債務者로, 受益者를 제3자로 표현하고 있다. 예컨대 甲이 乙에게 土地를 賣渡하면서 甲의 요청으로 乙이 丙에 대하여 직접 代金支給債務를 부담하기로 하는 경우(즉 甲과 乙 사이의 계약에 의하여 丙이 乙에 대하여 직접 代金支給을 청구할 수 있다고 약정하는 경우)에는 제3자를 위한 계약이 존재하며, 이 때 甲이 要約者이고 乙이 諾約者(債務者), 丙이

5) 그 결과 꽃에 瑕疵가 있는 경우에 民 §§580 또는 581에 의한 담보책임은 甲만이 물을 수 있다.

6) MünchKomm/Gottwald, §328 Rdnr.5; Staudinger/Kaduk, vor §328ff. Rdnr. 14.

7) 이는 要約者의 채무부담약속을 수락하는 자 또는 채무부담을 약속하는 자의 의미이다.

8) 이는 諾約者의 채무부담약속을 요청하는 자 또는 낙약자의 채무부담약속을 받는 자(즉 상대방)라는 의미이다.

9) 李銀榮, 149 註 2는 "요약자·낙약자라는 용어는 舊民法時代에 사용된 로마法 또는 獨逸法의 번역용어로서 용어의 까다로움과 非日常性 때문에 개념상의 혼란을 가져온다"고 하면서, 同書에서는 요약자·낙약자·제3자 대신에 채권자·채무자·제3자라는 용어를 사용하겠다고 한다. 생각건대 요약자·낙약자 등의 용어가 부적당하다는 지적은 경청할 만하나, 그 代案은 적절하지 못한다. 우선 요약자가 채권자로 표현될 수는 없다. 제3자를 위한 계약의 경우에는 제3자가 채권자이기 때문이다. 그리고 낙약자를 채무자로 표현하는 것은 제3자의 채권에 관한 한 적당하지만, 특히 雙務契約의 경우에는 요약자도 채무를 부담하게 되어 때에 따라서 구별하여 설명하여야 하는 번거로움이 따른다. 그러고 보면 채권자·채무자라는 일반적인 용어를 사용하기보다는 오히려 "요약자·낙약자"를 적당한 다른 용어로 바꾸는 시도를 하는 것이 더 나을 것이다. 私見으로는 要請者·受諾者라고 하면 어떨까 한다.

受益者(제3자)이다.

제3자를 위한 契約의 경우에는 계약당사자가 아닌 제3자가 계약에 기하여 직접 당사자 일방인 諾約者에 대하여 債權을 취득하게 됨으로써 여러 가지 문제가 발생하게 된다. 以下에서, 먼저 제3자를 위한 계약의 沿革과 立法例를 정리한 뒤, 각각의 法律問題를 자세히 살펴보기로 한다.

Ⅱ. 沿革 및 立法例

1. 沿　革

(1) 로마法

로마인의 관념으로는, 法律行爲는 행위자가 직접 하여야만 하였다. 따라서 로마法에서는 法律行爲가 행위자에 대하여만 法律效果를 발생시킬 수 있었다.[10] 즉 "누구도 타인을 위하여 契約을 할 수 없다"(alteri stipulari nemo potest)는 원칙이 지배하였다. 그리고 이 원칙에 의하여 代理뿐만 아니라 ── 진정한 ── 제3자를 위한 계약도 배제되었다.[11][12] 로마法上, 계약에 기한 債權은 원칙적으로 계약당사자만이 취득할 수 있었던 것이다.[13]

다만 ── 진정한 제3자를 위한 계약과 달리 ── 不眞正한 제3자를 위한 契約만은 로마法에서도 일정한 요건하에 인정되었다.[14] 그것은 제3자에의 給付를 訴求할 수 있는 당사자가 금전으로 평가할 수 있는 자신의 고유한 이익을 가지고 있는 경우에 그러하였다. 한편 後期로마法에 와서는 제3자가 계약체결에 의하여 직접 당사자의 일방에 대하여 訴權을 취득할 수 있는 예외들이 인정되게 되었다. 예컨대 負擔附贈與, 受置人이 제3자에게 물건의 返還義務를 부담하는 경우의 任置契約, 要約者의 상속인에의 給付約定, 소유자에의 반환의

10) Jörs/Kunkel/Wenger-Honsell/Mayer-Maly/Selb, Römisches Recht, 4.Aufl., 1987, S. 111-2(§49 I). 무엇보다도 로마古代의 要式主義(Formalismus)가 이 원칙에 대한 근거가 되었을 것이다. 그리고 이 원칙은 要式行爲에서 성립했지만 不要式契約에도 적용되었다.

11) Kaser, Römisches Privatrecht, 14.Aufl., 1986, S.159(§34 Ⅰ 2e); Jörs/Kunkel/Wenger-Honsell/Mayer-Maly/Selb(註 10), S.112, 223; Staudinger/Kaduk, vor §328ff. Rdnr. 5a.

12) 로마法上 이 둘은 구별되지 않았다(前註).

13) 로마古代의 債務는 특정한 권리자만을 위한 人的인 拘束性을 발생시켰으며, 따라서 그에 대응하는 채권은 양도될 수 없었고 또 타인(대리인)에 의하여 취득될 수도 없었다. Kaser(註 11), S.159; Jörs/Kunkel/Wenger-Honsell/Mayer-Maly/Selb(註 10), S.223.

14) Kaser(註 11), S.159; Staudinger/Kaduk, vor §328ff. Rdnr. 5a.

合意下에 타인의 물건의 使用貸借 또는 供託, 채무자를 위한 再引受權의 合意下에 質物의 賣渡 등이 그에 해당한다.[15]

(2) 獨逸普通法

초기의 獨逸普通法은 로마法의 원칙을 유지하였으나, 제3자가 계약에 기하여 직접 권리를 취득할 수 있는 예외들이 점차 증대되었다.[16] 그 法은 특히 통상적인 농부들의 所有地引受(Gutsübernahme), 生命保險契約, 終身定期金契約의 경우에 제3자를 위한 계약의 가능성을 인식하였다. 그렇지만 제3자가 직접 계약당사자 일방(諾約者)에 대하여 債權을 취득하게 되는지 여부와 그 要件이 무엇인지에 관하여는 갈피를 잡지 못하고 있었다.[17] 그리하여 아직도 給付義務를 부담하는 당사자(諾約者)의 상대방만이 제3자에의 給付를 訴求할 수 있다는 원칙이 그대로 유지되었다고 할 수 있다.[18]

(3) 獨逸의 여러 란트法(Landrechte) 및 기타

과거의 獨逸의 法律, 즉 란트法들은 그것들이 제정될 당시의 이론을 토대로 하고 있었고, 새로운 立法을 하는 경우에도 철저하게 최근이론을 수용하는 관점에 서 있지 못했다.[19]

우선 바이에른란트法(Bayerisches Codex Maximilaneus Civilis)(Ⅳ 1 §13)(1756년)에 의하면, 제3자를 위한 계약은 그것이 제3자에게 유익하고 또 제3자가 손수 裁可하거나(ratifizieren) 승인한 경우에만 유효한 것으로 인정되었고, 따라서 제3자는 그러한 경우에만 訴權을 가질 수 있었다. 그리고 프로이센一般란트法(ALR I 5 §§ 74-77)(1794년)에서는 제3자를 위한 계약이 원칙적으로 인정되었지만, 계약에 직접으로도 간접으로도 관여하지 않은 제3자는 그가 주된 당사자들(적어도 요약자)의 同意(Bewilligung)에 의하여 계약에 (명시적으로) 가입한 경우에만 訴權을 가질 수 있었다. 이 경우에 契約當事者들이 제3자에게 加入을 청약하지 않은 동안에는, 그들은 合意에 의하여 계약을 변경하거나 폐기할 수 있었다. 그러나 제3자에의 請約이 행하여진 뒤에는 그들은 승낙에 관한 제3자의 표시를 기다려야 하고, 따라서 표시기간 동안에는 제3자에 대하여도 그

15) Staudinger/Kaduk, vor §328ff. Rdnr. 5a.
16) Staudinger/Kaduk, vor §328ff. Rdnr. 6.
17) Soergel/Hadding, vor §328 Rdnr. 1.
18) Staudinger/Kaduk, vor §328ff. Rdnr. 6.
19) 以下는 주로 Mugdan, Die gesammten Materialian zum Bürgerlichen Gesetzbuch für das Deutsche Reich, Bd.2 Recht der Schuldverhältnisse, 1899 Neudruck 1979, S.147-9를 참조하였다.

들의 말에 구속되었다. 제3자는 加入과 함께 諾約者에 대하여 자신의 독립한 訴權을 취득하였다. 이러한 규정들은 예외가 없었다. 그런데 프로이센의 法院實務는 법률생활의 필요성 때문에 所有地移轉契約(Gutsübergabevertrag)[20]과 生命保險契約에 있어서는 加入表示 없이도 제3자에게 訴權이 생길 수 있음을 인정하였다.

헤센(Hessen)民法草案(191, I 193)(1842년-1853년)은 제3자를 위한 계약이 원칙적으로 無效라는 데에서 출발하였다. 그러나 同草案은, 로마法과 관련하여, 要約者가 자신의 고유한 재산적 이익 때문에 제3자에의 給付를 약속하게 한 경우에는 그에게 약속의 이행에 관한 債權이 성립하고 이 채권의 의제된 讓渡에 의하여 제3자에게 이전된다고 하였다. 바이에른(Bayern)民法草案(33, II 31)(1861년)은 본질적으로는 프로이센一般란트法을 따르고 있고, 단지 要約者의 訴權이 제3자에게 약속된 給付에 대한 要約者 자신의 재산적 이익의 존재에 좌우된다는 점에서만 아직도 로마法의 태도와 같다. 한편 작센(Sachsen)民法(§§ 853-856)(1863년)은 새로운 法觀念에 좀더 접근하였다. 同法에 의하면, 제3자에의 給付의 약속이 要約者 및 제3자에게 의무를 부담할 의도로 행하여진 경우에는, 要約者뿐만 아니라 제3자도 그 계약으로부터 직접 履行請求權을 취득하게 되었다. 다만 이 경우에 제3자가 要約者의 의사에 좌우되지 않는 독립적인 권리를 취득하게 되는 시점은 그가 계약에 가입하거나 또는 그에게 이익이 되는 給付를 수령하는 때이며, 따라서 그 때까지는 要約者는 諾約者의 의무를 면해줄 수 있었다. 드레스덴(Dresden)債權法草案(§§ 203-207)(1866년)도 要約者뿐만 아니라 제3자에게도 履行請求權을 인정하였다. 그러나 계약으로부터 직접 債權을 취득하는 자는 要約者만이고, 제3자는 ── 그것이 계약당사자의 의도에 상응하는 한 ── 단지 그 채권을 행사할 권한만을 가질 뿐이었다.[21] 그리고 이 草案은, 실제의 필요성 때문에, 제3자가 채무자에게 給付 자체를 청구하려고 한다는 것을 표시한 경우에는 철회를 배제하였다. 그러한 표시에 의하여 제3자와 채무자와의 사이에 要約者의 간섭을 받지 않는 독립적인 債權關係가 설정된다고 본 것이다.

20) 이는 父母와 그들의 한 子女 사이에 다른 子女를 위한 약정과 함께 체결된 계약인데, 이 경우에 뒤의 者들은 前述한 加入表示가 없이도 訴權을 가질 수 있었다. 물론 이는, 문제되는 계약을 代理의 범주에 포함시키거나 父母가 이 계약에 있어서 그들의 子女를 代理하였음을 인정한 결과이다.

21) 즉 그는 委任訴權(actio mandata)을 가진다.

(4) 獨逸民法

獨逸民法은 그 이전의 法들에 비하여 크게 진전된 모습을 보인다. 독일민법에 와서 비로소, 제3자를 위한 계약의 경우에 제3자가 그의 관여 없이 계약으로부터 "직접" 諾約者에 대한 給付請求權을 취득하게 되었다.[22]

同法은 제3자를 위한 계약을 원칙적으로 허용한다. 그럼에 있어서 제3자가 계약으로부터 직접 權利를 취득하는지는 완전히 당사자의 意思에 맡기고 있다. 따라서 계약당사자들의 意思가 제3자의 權利發生에 향하여져 있는 경우에는, 제3자는 契約의 성립과 더불어 계약으로부터 직접 給付請求權을 취득하게 된다(獨民 §328). 그리고 제3자의 加入表示 내지 受益表示는 필요하지 않다.[23] 다만 제3자가 諾約者에 대하여 계약으로부터 취득한 權利를 거절한 때에는, 그 權利는 취득되지 않았던 것으로 看做된다(獨民 §333).

旣述한 바와 같이, 獨逸民法에서는, 제3자를 위한 계약에 의하여 제3자가 직접 權利를 취득하는가는 당사자의 約定에 좌우된다. 그런데 때에 따라서는 당사자가 제3자의 권리취득에 관하여 특별한 약정을 하고 있지 않아서 문제이다. 이처럼 특별한 약정이 없는 경우에 대하여, 獨逸民法은, 제3자의 권리취득 여부, 제3자의 權利가 즉시 성립하는지 아니면 일정한 요건이 갖추어져야만 성립하는지, 제3자의 權利를 그의 同意 없이 소멸 또는 변경시킬 權限이 계약당사자들에게 留保되어야 하는지 여부를 諸般事情, 특히 契約의 목적으로부터 추론할 것이라고 한다(獨民 §328 Ⅱ). 그런가 하면 同法은 履行引受와 生命保險契約·終身定期金契約 등에 관하여 解釋規定들도 두고 있다. 그에 의하면, 履行引受의 경우에 의심스러운 때에는 제3자(본래의 채권자)는 履行引受人에 대하여 직접 채권을 취득하지 않는 것으로 되고(獨民 §329), 生命保險契約이나 終身定期金契約에서 保險金 또는 定期金이 제3자에게 지급되도록 약정된 경우에 의심스러운 때에는 제3자가 직접 給付請求權을 취득하는 것으로 된다(獨民 §330). 나아가, 要約者의 死亡 후에 제3자에의 給付가 행하여져야 하는 경우에, 의심스러운 때에는, 제3자는 要約者의 死亡과 함께 給付請求權을 취득한 것으로 되며(獨民 §331 Ⅰ),[24] 要約者가 제3자의 출생 전에 사망한 경우에는 제3자에의 급부약속은 소멸 또

22) Soergel/Hadding, vor §328 Rdnr. 2.

23) 獨逸의 학설에 의하면, 제3자는 계약당사자들이 그러한 효과를 의욕하기 때문에 그들이 체결한 계약으로부터 권리를 취득하게 된다고 한다. Staudinger/Kaduk, vor §328ff. Rdnr. 9.

24) 이 규정은 실제상으로는 要約者가 자신이 사망할 때까지는 제3자에의 권리부여를 철회하거나 변경할 수 있다는 의미를 갖는다.

는 변경에 관한 권한이 유보된 때에만 소멸 또는 변경될 수 있다고 규정한다(獨民 §331 Ⅱ). 그리고 要約者가 諾約者의 동의 없이 계약에서 표시된 제3자를 다른 자로 교체할 권한을 유보한 경우에, 의심스러운 때에는, 이것은 死因處分으로도 할 수 있다고 한다(獨民 §332). 한편 獨逸民法에 의하면, 諾約者는 계약으로부터 발생한 抗辯을 가지고 제3자에게 대항할 수 있다(獨民 §334). 또한 同法은, 계약당사자의 다른 意思가 인정되지 않는 한 제3자가 給付請求權을 가지는 경우에도 要約者가 제3자에의 給付를 청구할 수 있다고 明示的으로 규정하고 있다(獨民 §335).

현재 獨逸의 학자들 사이에서는 제3자를 위한 處分(物權契約 등)이나 제3자의 負擔을 위한 契約, 그리고 개별적인 계약이 제3자를 위한 계약인가에 관하여 많이 논의되고 있다. 그런가 하면, 이른바 第3者保護效力 있는 契約을 독립한 제도로 확립해 놓고 있는데, 그에 관하여는 뒤에 따로 자세히 설명한다.[25]

(5) **日本民法**

日本民法은 제3자를 위한 계약에 관하여 §§537 내지 539의 3개 조를 두고 있다.[26] 그 중 §537 Ⅰ에서는 제3자를 위한 계약을 일반적으로 인정하고 있다. 그런데 同條 Ⅱ에서는, 제3자의 權利는 受益의 意思를 表示한 때에 발생한다고 하여, 제3자의 權利가 발생하는 것을 제한한다. 이는 종래의 두 立法例, 즉 제3자가 契約에 관여한 경우에 한하여 이익을 받는다는 主義와 獨逸民法 第1草案과 같이 제3자가 계약으로부터 직접 權利를 취득하고 다만 권리취득을 거절하는 경우에는 權利를 잃는 것으로 하는 主義를 절충한 것이라고 한다.[27] 한편 日民 §538에서는 제3자의 權利가 발생한 후에는 당사자는 이를 변경하거나 소멸시킬 수 없다고 규정한다. 만약 당사자가 마음대로 제3자의 권리를 변경시키거나 소멸시킬 수 있다면 제3자의 權利는 有名無實해질 것이어서 두어진 규정이다.[28] 그리고 日民 §539에서는, 債務者 즉 諾約者가 제3자를 위한 契約에 기인하는 抗辯을 가지고 그 계약의 이익을 받을 제3자에게 대항할 수 있다고 한다.

---

25) 後述 XIII. 참조.

26) 日注民(13), 322는 제3자를 위한 계약에 관한 日本民法의 규정은 간단하고 불명료하여 실제문제의 해결에 있어서 해석상의 어려움을 초래하고 있다고 비판한다.

27) 廣中俊雄 編, 民法條正案(前三編)の理由書, 1987, 515-6.

28) 前註, 516.

(6) 우리 民法

우리 民法은 §§539 내지 542에서 제3자를 위한 契約에 관하여 규정하고 있다. 그 내용은 §540를 제외하고는 日民 §§537-539와 같다.

民 §540는 日本民法에는 없는 것으로 우리 民法이 新設한 규정이다. 그러나 同條가 우리의 창작물은 아니며 그것은 滿洲民法을 따른 것이다(滿民 §527). 즉 정부가 제출한 우리 民法草案은 §529에 滿民 §527와 꼭같은 다음의 규정을 두었다.

> **第529條(債務者의 第3者에 대한 催告權)** 前條의 경우에 債務者는 상당한 기간을 정하여 그 기간 내에 契約의 이익을 받을 여부의 確答을 제3자에게 催告할 수 있다. 債務者가 그 기간 내에 確答을 받지 못한 때에는 제3자가 契約의 利益 받을 것을 拒絶한 것으로 본다.

草案의 이 규정에 대하여는 심의과정에서 몇 가지의 의견이 開陳되었다. 우선, "前條 제2항에 의하여 제3자의 受益의 意思表示가 있을 때까지는 당사자간의 法律關係가 불확정상태에 놓여 있게 되므로 債務者에게 이러한 상태로부터 면하기 위한 방법을 許與함이 可하므로 本條의 新設은 타당하다"고 하였으며, "無能力者 및 無權代理人의 本人은 특히 보호할 필요가 있으므로 草案(제14조, 제126조)(제446조도 같다)이 확답에 있어서 發信主義를 취하였으나 제3자를 위한 계약의 경우나 草案 제541조의 解除權의 경우는 이와 사정을 달리하므로 확답에 있어서 受信主義를 채택한 것은 타당하다"고 하였다.[29] 그 뒤 同條의 前段 가운데 "그 기간 내에"가 삭제(草案 §§126, 14 참조)되어야 한다는 데에 의견이 모아졌다.[30] 그렇게 하여 만들어진 것이 民 §540이다.

2. 立法例

大陸法系 주요국가들 가운데 앞에서 설명되지 않은 몇 나라의 立法과 英國法에 대하여 살펴보기로 한다.

(1) 佛蘭西民法

佛蘭西民法은 로마法의 영향을 강하게 받고 있어서 제3자를 위한 契約을 원칙적으로 인정하지 않았다.[31] 다만 다음의 두 경우, 즉 제3자에의 給付가

29) 民議院 法司委 民法案審議小委, 民法案審議錄, 上卷 總則編·物權編·債權編, 1957, 314-5.

30) 前註, 315.

31) 佛民 §1165에 의하면, 合意는 원칙적으로 당사자 사이에서만 효력이 생긴다. 佛民

계약당사자 사이에 合意된 給付에 대한 條件인 경우[32]와 贈與가 負擔附로 행하여진 경우[33]에만은, 예외적으로 제3자를 위한 계약이 허용되었다(佛民 §1121). 그러나 19세기 중엽 이후에 보험제도, 특히 生命保險이 발전하면서 佛蘭西의 判例와 學說은 이와 같은 법적인 제한을 무시하였다.[34] 그렇지만 오늘날에도 佛民 §1121의 文言에 기하여 諾約者에 의한 제3자에의 履行에 대한 要約者의 고유한 ── 비록 단지 비재산적인 것만에 불과할지라도 ── 이익이 전제되고 있다.

한편 佛民 §1121 2文은 要約者의 제3자에의 出捐은 제3자의 受益의 意思表示가 있으면 철회하지 못한다고만 규정한다. 그 결과 同法上 제3자가 계약성립시에 계약으로부터 權利를 취득하는지 아니면 수익의 意思表示를 하는 때에 비로소 權利를 취득하게 되는지가 분명하지 않다. 그런데 學說은 일치하여 前者로 이해한다.[35] 契約은 한편으로는 要約者에게 法律效果를 발생하지만, 제3자는 그 때 이미 ── 要約者에 의한 撤回의 유보하에 ── 債權을 취득한다는 것이다. 그리고 제3자가 受益表示를 한 경우에는, 제3자는 債權을 계약으로부터 직접 취득하며, 要約者로부터 承繼받는 것이 아니다.[36] 따라서 제3자의 권리는 要約者의 相續人이나 채권자 또는 破産管財人에 의하여 침해될 수 없다. 佛蘭西民法上 제3자는 要約者가 死亡한 후에도 수익의 표시를 할 수 있다. 만약 제3자가 受益을 거절하면, 그는 이미 취득한 債權을 포기한 것으로 된다.

佛蘭西民法에서는, 제3자가 債權者이기 때문에, 要約者는 원칙적으로 諾約者에게 履行을 청구할 수 없다. 그러나 제3자에의 給付에 관하여 要約者가 고유한 법적인 이익을 가지는 경우에는, 그는 스스로 諾約者에 대하여 제3자에의 履行을 청구할 수 있다. 한편 諾約者가 제3자에게 履行을 하지 않는 경우에는 要約者는 債務不履行에 관한 일반규정(佛民 §1184)에 따라 法律關係를 해소시킬 수 있다.[37]

---

§1119도 참조.

32) 예컨대 諾約者가 제3자에게 終身定期金을 지급한다는 조건으로 要約者가 그의 가옥을 諾約者에게 有償으로 양도하는 경우.

33) 예컨대 제3자에의 부담의 實行이 요약자의 낙약자에 대한 증여의 解除條件인 경우.

34) Ferid, Das Französische Zivilrecht, 1. Band Allgemeine Lehren · Recht der Schuldverhältnisse, 1971, S. 545; Soergel/Hadding, vor §328 Rdnr. 18. Zweigert/Kötz, Einführung in die Rechtsvergleichung, Bd. II Institutionen, 2. Aufl., 1984, S. 169도 참조.

35) Ferid(前註), S. 546.

36) Ferid(註 34), S. 546; Soergel/Hadding, vor §328 Rdnr. 18.

37) Ferid(註 34), S. 547.

(2) 墺地利民法

墺地利民法은 1916년에 비로소 제3자를 위한 契約을 받아들였다.[38] 同法 §881에 의하면, 당사자들은 要約者만이 제3자에의 給付를 청구할 수 있는 權利를 갖는 것으로 약정할 수도 있고, 제3자도 또는 제3자만이 債權을 가지는 것으로 약정할 수도 있다. 그리고 墺民 §881 Ⅱ은, 의심스러운 경우에는, 給付가 주로 제3자에게 이익이 되는 때에는 (진정한) 제3자를 위한 계약을 인정할 것이라고 한다.[39] 그렇지만 아무도 그의 意思에 반하여 出捐받을 수 없어야 하기 때문에, 제3자는 權利取得을 거절할 수 있다(墺民 §882). 제3자가 권리취득을 거절하지 않는 경우에는, 그의 재산이 종국적으로 그 권리만큼 증대된다.[40] 그리고 墺地利에서도 債務者(諾約者)는 要約者에 대하여 가지는 抗辯으로 제3자에게 대항할 수 있다. 한편 제3자를 위한 契約의 경우에 제3자는 단순히 權利만을 갖는 것이 아니고 諾約者에 대하여 保護義務도 부담한다.[41]

(3) 瑞西債務法

瑞西債務法은 제3자를 위한 계약에 관하여 단지 두 규정(§§112, 113)만을 두고 있다. 同法은 제3자를 위한 계약을 일반적으로 허용하는 입장을 취하고 있다(§112). 그런데 제3자를 위한 계약의 경우에 제3자가 契約으로부터 곧바로 권리를 취득하는지 여부는 제1차적으로 계약당사자의 意思에 달려 있다.[42] 즉 同法上, 要約者와 諾約者는 要約者만이 제3자에의 급부를 청구할 수 있다고 약정할 수도 있고(瑞債 §112 Ⅰ), 제3자도 스스로 諾約者에 대하여 給付를 청구할 수 있다고 약정할 수도 있다(瑞債 §112 Ⅱ). 뒤의 경우에는 제3자가 계약에 관여할 필요 없이 給付請求權을 취득한다. 그런가 하면 慣行에 맞는 경우에는 당사자 사이의 약정을 묻지 않고 제3자의 給付請求가 인정된다(瑞債 §112 Ⅱ). 다만 제3자의 給付請求權이 발생한 경우라 하더라도, 다른 약정이 없는 한, 要約者는 제3자가 자신의 권리를 행사하지 않고 있거나 적어도 자신의 권리를 행사할 意思를 표시하지 않는 동안에는 제3자의 債權取得을 철회할 수 있으며, 要約者와 諾約者도 그 기간 동안에는 그들 사이에 체결된 계약을 無效化하여 제3자의 債權

38) Soergel/Hadding, vor §328 Rdnr. 17. 墺民 §881는 1916년의 改正 전에는, 누구도 다른 사람을 위하여 약속을 引受할 수 없다고 규정하고 있었다.

39) Koziol/Welser, Grundriß des bürgerlichen Rechts, Bd. Ⅰ Allgemeiner Teil und Schuldrecht, 6. Aufl., 1983, S. 241.

40) Soergel/Hadding, vor §328 Rdnr. 17.

41) Koziol/Welser(註 39), S. 242.

42) Guhl/Merz/Kummer, Das Schweizerische Obligationenrecht, 7. Aufl., 1980, S. 155(§22 Ⅱ).

取得을 배제할 수 있다(瑞債 §112 Ⅲ).[43] 그런데 瑞西債務法에는 제3자의 受益拒絶에 관한 獨民 §333와 같은 규정은 없다.

한편 瑞債 §113는, 使用者가 法定賠償責任의 결과를 보험에 붙이고 被用者가 보험료의 반 이상을 급부한 경우에는 보험으로부터 발생하는 청구권이 모두 피용자에게 귀속된다고 규정한다.

(4) 英 國 法

英國法은 大陸法의 의미의 제3자를 위한 계약을 원칙적으로 알지 못한다.[44] 다만 배우자 및 자녀를 위한 生命保險契約만이 法律에 의하여 비슷하게 규율되고 있을 뿐이다. 英國에서는 제3자를 위한 계약의 기능을 信託(trust)이 담당하고 있다.[45][46]

Ⅲ. 有效根據

1. 學 說

제3자를 위한 契約이 유효한 근거가 무엇인가에 관하여 우리의 通說은 계약당사자의 意思에 기하여 효력이 생긴다고 설명하는 것으로 충분하다는 입장이다.[47] 즉 계약당사자가 특별한 경제적·사회적 이유로 계약에서 생기는 효과를 제3자에게 귀속시키려고 할 때에 그 意思表示의 효과를 인정하여도 私的 自治 내지 契約自由에 비추어 조금도 이상할 것이 없다고 한다. 다만 제3자는 그의 意思에 기하지 않고서 이익을 얻게 되나, 이는 제3자에게 귀속하는 法律效果를 절대적인 것으로 하느냐 여부의 문제에 불과하고 계약의 성립 자체에 관한 문제는 아니라고 한다.[48] 어떤 문헌은, 위와 같은 설명에 덧붙여 제3자를 위한 계약이라는 제도가 契約法의 세계에서 인정되고 있는 이유를 다음 세 가지로 요약하기도 한다.[49] 첫째 제3자가 원하는 이상 그 意思에 법

43) 前註, S. 156(§22 Ⅱ 4).
44) Soergel/Hadding, vor §328 Rdnr. 19.
45) Soergel/Hadding, vor §328 Rdnr. 19.
46) 美國法에서의 제3자를 위한 계약에 관하여는 Zweigert/Kötz(註 34), S. 176-7; 梁明朝, "私法硏究 3: 契約受益者의 法理와 美國契約法", 契約法의 諸問題(私法硏究會 編), 1988, 95 이하 참조.
47) 郭潤直, 120; 金曾漢, 69; 金曾漢·安二濬, 新債各(上), 96; 金疇洙, 98; 李亥雨, "第3者를 위한 契約", 司行 31(1969. 7), 31; 李根植, "第3者를 위한 契約", 考試界 1981. 10, 32.
48) 대표적으로 郭潤直, 120.
49) 註釋債各(Ⅰ), 333.

적 효력을 부여하는 것은 私的 自治의 원칙으로부터 시인되어 당연하고, 둘째 제3자에게 귀속하는 것은 계약상의 지위나 의무가 아닌 권리인 것으로 그에 대응하는 의무를 부담하는 것은 원칙적으로 당사자 일방이므로 제3자의 이익에 대하여 어떠한 침해도 가하는 것이 아니고, 셋째 누구도 권리의 취득을 강요당하지 않는다고 하는 원칙은 제3자의 수익의 意思表示를 권리발생의 요건으로 하는 한 제3자를 위한 계약과 모순하지 않기 때문이라는 것이다.

2. 檢討 및 私見

旣述한 바와 같이, 우리의 通說은 제3자를 위한 계약의 有效性을 당연한 것으로 여기고 있으나, 과연 그러한지는 의문이다. "제3자를 위한 계약"이라는 예외적인 法現象의 유효성이 통설이 설명하는 것만으로 충분하게 납득되지는 않기 때문이다.

제3자를 위한 계약이 우리 民法上 有效하다는 데 대하여는 異論의 여지가 없다. 즉 제3자가 수익의 意思表示를 하지 않고 있는 동안에도 그 계약은 유효하다. 民 §539(특히 I)가 제3자를 위한 계약의 有效性을 당연한 전제로 삼고 있기 때문이다. 그런데 제3자를 위한 계약이 民 §539 이전에 私的 自治에 의하여 이미 그 有效性이 정당화되는가? 前述한 바와 같이, 이에 관하여 우리의 通說은 긍정하고 있다. 그러나 그러한 통설의 타당성은 의심스럽다.

그런데 여기서 주의할 것은, 우선 有效性이 문제되는 제3자를 위한 계약이 제3자에게 債權을 취득시키는 것을 목적으로 하는 이른바 眞正한 제3자를 위한 계약이라는 점이다. 不眞正한 제3자를 위한 계약의 경우에는 계약당사자만이 債權을 취득하고 제3자는 단지 給付를 수령할 權限만을 가지는 데 불과하기 때문에 契約自由의 원칙상 그 유효성이 당연히 인정된다. 民法은 그에 관하여 명문의 규정을 두고 있지 않지만 그것의 有效性은 자명한 것으로 전제되어 있다.[50] 그에 비하여 眞正한 제3자를 위한 계약은 제3자에게 직접 債權을 취득시키는 것을 목적으로 하기 때문에 그 有效性이 문제되는 것이다. 한편 (眞正한) 제3자를 위한 계약에 있어서는 특히 제3자의 受益의 意思表示가 있기 전에도 그것이 유효하게 되는 근거가 무엇인가를 탐구하여야 한다. 제3자의 수익의 意思表示가 있은 후에는 제3자의 참가에 의하여 계약이 유효하게 된다고 할 수 있기 때문이다.

50) Staudinger/Kaduk, §328 Rdnr. 2.

우리 民法上——明文의 규정[51]은 없지만——債權은 法律에 특별규정이 없는 한 당사자 사이의 계약에 의하여서만 성립할 수 있다고 하여야 한다. 따라서 계약당사자 아닌 자는 원칙적으로 그의 事前同意 없이는 타인들이 체결한 계약에 기하여 債權을 취득할 수 없는 것이다. 그러기 때문에 역으로 契約當事者들에 의하여 행하여진 제3자에의 권리취득약정은 원칙적으로 유효할 수 없다. 다만 이와 같은 원칙은 法律에 특별규정이 있는 경우에는 적용되지 않는데, 民 §539 Ⅰ은 바로 그러한 특별규정에 해당한다. 民 §539 Ⅰ에 의한 제3자를 위한 계약의 허용은 私的 自治의 당연한 결과라고 볼 수 없다.[52] 왜냐하면 계약당사자들이 그들의 契約에서 타인에의 권리취득을 규율하는 것은 그들의 私的 自治의 범위에는 포함될지 몰라도 제3자의 私的 自治에는 반하기 때문이다.

여기에 대하여 우리 民法에서는 제3자의 受益의 意思表示가 있어야만 제3자가 債權을 취득하게 되므로 문제될 것이 없다고 反論을 제기할지 모른다. 그러나 그러한 생각이라면, 제3자의 수익의 意思表示가 있기까지는 제3자를 위한 계약이 無效이거나 적어도 流動的인 상태에 있다고 하여야 할 것이다. 만일 그렇게 새기지 않는다면, 제3자의 負擔을 목적으로 하는 契約도——제3자의 同意가 있어야만 제3자가 債務를 부담하게 되고——제3자의 同意(또는 追認)가 있을 때까지는 유효하다고 하여야 할 것이다. 이 계약의 경우에 제3자의 同意(또는 追認)가 없는 한 제3자가 債務를 부담하지 않는다고 해석한다면, 그 때까지 有效性을 인정하여도 제3자에게 불이익하지 않고, 따라서 제3자를 위한 계약과 차이를 둘 이유가 없기 때문이다. 그러나 뒤에 보는 바와 같이 제3자의 負擔을 목적으로 하는 계약은 제3자의 同意나 追認이 없는 한 무효라고 하여야 하고, 그 점에서 제3자를 위한 계약과 달리 보아야 하는 것이다.[53]

그런가 하면 제3자를 위한 계약이 단순히 "실제에 있어서의 인정필요성" 때문에 有效性이 인정될 수도 없다.[54] 또한 제3자에게 權利를 취득시키는 것

51) 참고로 말하면 獨民 §305는 "法律行爲에 의한 債權關係(여기의 채권관계는 債權을 의미함: 필자 註)의 성립을 위하여서는, 그리고 채권관계의 내용의 변경을 위하여서는, 법률이 다른 것을 규정하고 있지 않는 한, 당사자들 사이의 계약이 필요하다"고 규정한다.

52) Larenz, SchuR Ⅰ, S.219(§17 Ⅰ a)도 제3자계약 인정은 自明한 것이 아니라고 한다. 그리고 Staudinger/Kaduk, §328 Rdnr. 2도 같은 취지이다.

53) 後述 Ⅺ. 참조.

54) 反對 Zweigert/Kötz(註 34), S.169-70.

이 제3자에게 유리하기 때문에 유효성을 인정한다고 할 수도 없다. 그러한 思考는 급기야는 贈與契約의 경우에 贈與者의 의사표시만으로, 受贈者의 承諾 없이도 장차 受贈拒絶을 解除條件으로 하여 또는 承諾을 停止條件으로 하여 유효하다고까지 하게 될 것이다.

결국 우리 民法上 제3자를 위한 契約은 民 §539 Ⅰ에 의하여 인정된다고 하여야 한다. 한편 法律이 제3자를 위한 계약의 有效性을 인정하는 경우에 제3자의 권리취득을 위하여 제3자의 協力을 요구하지 않을 수도 있었을 것이다.[55] 그런데 우리 民法은 제3자의 權利取得을 그의 의사에 반하여 강요하지 않기 위하여 民 §539 Ⅱ에서 제3자의 受益의 意思表示가 있어야만 제3자가 債權을 취득하는 것으로 규정한다. 이는 ── 제3자의 ── 私的 自治에 부합하는 방향으로 權利取得을 규율한 것이다.

Ⅳ. 第三者를 위한 契約의 法的 性質

제3자를 위한 契約의 法的 性質에 관하여는 과거 독일에서 깊이 있게 논의된 적이 있다. 그럼에 있어서, 어떤 학자(Staudinger)는 제3자를 위하여 給付義務를 부담하는 諾約者의 意思表示는 이 경우에 예외적으로(獨民 §305 참조) 법률효과를 발생시키는 單獨行爲라고 하였고, 제3자를 위한 계약을 낙약자와 요약자 사이의 계약으로 보되 그 계약을 낙약자가 요약자에 대하여 의무를 부담하게 되는 主된 契約(Hauptvertrag)과 낙약자가 주된 계약에 의하여 성립한 의무를 제3자에게 이행하여야 하는 근거가 되는 계약인 從된 契約(Nebenvertrag)으로 나누는 학자도 있었으며(Hellwig), 제3자를 위한 계약을 적극적인(aktiv) 連帶債務關係에 유사한 관계라고 보는 학자도 있었다(Staudinger Kommentar, 8. Aufl., vor §328 Ⅲ 3).[56] 그러나 근래에는 독일문헌들이 제3자를 위한 계약의 성질에 관하여 특별한 언급을 거의 하지 않고 있다. 문제될 것이 없다고 보는 것이다. 이러한 점은 우리 나라에서도 비슷하다.

생각건대 우리 民法上 제3자를 위한 契約은 결코 單獨行爲라고 할 수 없다. 그렇게 파악하는 것은 법적 근거가 없을 뿐만 아니라 民 §539에도 반하게

55) 참고로 말하면, 獨逸民法은 제3자가 협력 없이도 債權을 취득하되, 그가 권리취득을 거절하면 소급하여 권리를 취득하지 않은 것으로 간주하고 있다(獨民 §333).

56) 이에 관하여 Staudinger/Kaduk, vor §328ff. Rdnr. 42-44 참조.

된다. 그런가 하면 제3자를 위한 계약을 主된 契約과 從된 契約으로 구분하는 것도 옳지 않다. 그러한 구별은 자연스럽지 못할 뿐만 아니라 法適用에 있어서도 유익하지 않다. 또한 제3자를 위한 계약에 기하여 제3자만이 권리를 가지는 경우에는 이 견해는 적용될 수 없어서도 문제이다. 한편 제3자를 위한 계약을 連帶債務에 유사한 관계로 보는 견해도 어떤 의미 있는 결과를 가져오지 못한다. 근본적으로 이와 같은 이론구성의 시도는 충분하지도 않고 또 필요하지도 않다.[57] 民法上 제3자를 위한 계약이 "계약"임은 의심할 여지가 없다. 그리고 그 계약의 당사자는 諾約者와 要約者만이며, 受益者는 아니다. 다만 수익자는 수익의 의사표시를 함으로써 채권을 취득하게 된다. 수익자의 이러한 의사표시는 제3자를 위한 계약에 있어서 당사자들이 행한 약정 중 제3자에의 권리취득 부분에 대하여 제3자가 하는 追認의 의미를 갖는다고 할 것이다.

뒤에 자세히 설명하는 바와 같이,[58] 우리 民法上 제3자를 위한 계약의 경우에 제3자는 受益의 의사표시를 하여야만 채권을 취득하게 되지만 그가 수익의 의사표시를 하는 한 그는 낙약자와 요약자가 체결한 "제3자를 위한 계약" 자체로부터 직접 債權을 취득한다. 제3자가 요약자로부터 채권을 양도받는 것이 아니다. 채권이 요약자로부터 양도된다는 이론은 양도가 실제로 의욕되지 않았다는 이유로 독일보통법 시대에 이미 버림을 받았다.[59] 그리고 ── 뒤에 자세히 설명하는 바와 같이 ── 요약자가 제3자의 代理人으로서 행위하는 것도 아니다. 제3자를 위한 계약의 당사자들에게는 확실히 代理意思가 없다. 대리는 모두가 타인 즉 제3자의 이름으로 행위를 하는 것인데, 제3자를 위한 계약의 경우에는 계약의 당사자들이 전적으로 자신의 이름으로 행위하고 그들의 債權關係의 개별적인 법률효과만을 제3자에게 귀속시키려고 한다.[60]

제3자를 위한 계약은 독립적인 契約의 한 種類(내지 典型契約)가 아니다. 보통의 계약이 제3자를 위한 계약으로 체결될 수 있는 것이다. 그리고 우리 民法上 제3자를 위한 계약으로 체결될 수 있는 계약에는 제한이 없다. 그리하여 모든 債權契約이 제3자를 위한 계약의 형태로 체결될 수 있다. 그 결과 모든 給付約束(가령 매매·운송·보험·임대차·위임·증여·예약 등에 기한 급부약속)이 그것의 특별한 類型이나 給付客體를

57) Staudinger/Kaduk, vor §328ff. Rdnr. 44.
58) 後述 Ⅶ. 1. (1).
59) Staudinger/Kaduk, vor §328ff. Rdnr. 44.
60) Staudinger/Kaduk, vor §328ff. Rdnr. 44.

不問하고 제3자를 위하여 유효하게 인수될 수 있다.[61] 賣買契約, 雇傭契約 등의 경우에는 反對給付도 마찬가지로 제3자에게 행하여질 수 있다. 제3자를 위한 계약의 경우 당해 契約類型은 아무런 역할도 하지 못한다. 뿐만 아니라 법해석학적인 관점에서도 그 계약유형이 제3자에의 履行을 의욕하는 약속에 의하여 변하지 않는다.[62] 한편 ―前述한 바와 같이― 債權契約은 그 모두가 제3자를 위한 계약으로 체결될 수 있으므로, 그 계약이 片務契約인가 雙務契約인가, 無因契約인가 有因契約인가, 有償契約인가 無償契約인가는 묻지 않는다.

V. 三者 사이의 法律關係 槪觀

제3자를 위한 契約의 경우에는 ―전부가 계약당사자는 아닐지라도― 관계된 자가 모두 셋이므로 관계자들 사이의 法律關係도 셋이 있게 된다. 諾約者와 要約者 사이의 관계, 諾約者와 제3자 사이의 관계, 要約者와 제3자 사이의 관계가 그것이다. 이러한 三者 사이의 法律關係를 우리 문헌들은 "出捐의 原因關係"의 문제로 취급하고 있다. 즉 제3자를 위한 계약을 맺음으로써 諾約者가 제3자에 대하여 債務를 부담한다는 경제적 出捐 내지 出財를 하는 데에는, 보통 2중의 원인관계가 존재하는데, 그 중 하나는 諾約者가 제3자에 대하여 債務를 부담하는 데 관하여 諾約者와 要約者 사이에 존재하는 補償關係이고, 다른 하나는 要約者가 諾約者로 하여금 債務負擔을 약정케 하여 제3자에게 이익을 주는 데 관한 要約者와 제3자 사이에 존재하는 對價關係라고 한다.[63] 그러나 이와 같은 설명은 실익도 없을 뿐더러 法律關係 전부를 망라적으로 기술해 주지 못하는 문제점도 가지고 있다. 따라서 여기에서는 三者 사이의 法律關係를 "出捐의 原因關係"라는 시각에서 벗어나서 전체적으로 조망하는 방식으로 개괄적으로 살펴보려고 한다.

1. 諾約者와 要約者 사이의 關係(基本關係 내지 補償關係)

제3자를 위한 계약의 경우에는 要約者와 諾約者의 계약에 의하여 그들

61) Staudinger/Kaduk, vor §328ff. Rdnr. 16; Soergel/Hadding, §328 Rdnr. 32; Münch-Komm/Gottwald, §328 Rdnr. 3.
62) Staudinger/Kaduk, vor §328ff. Rdnr. 17.
63) 代表的으로 郭潤直, 124; 註釋債各(Ⅰ), 338-9.

사이에 債權關係(즉 契約關係)가 성립하게 되는데, 그러한 法律關係를 보통 補償關係(Deckungsverhältnis)라고 한다. 낙약자와 요약자 사이의 법률관계를 補償關係라고 부르는 이유는, 많은 경우에 雙務契約이 제3자를 위한 계약의 형태로 체결되고 그 때에는 諾約者가 要約者에 대하여 反對給付請求權을 가지게 되어 그 자신이 제3자에게 하는 給付의 대가를 要約者로부터 "塡補"받게 된다는 데 있다. 그러나 雙務契約만이 제3자를 위한 계약으로 체결될 수 있는 것은 아니기 때문에 補償關係라는 표현은 적절하지 않다. 어떤 학자[64]는 補償關係 대신에 "雙務契約에서 反對給付와의 牽連關係"라고 하기도 하나, 이것 역시 부적절하다. 그러한 명칭은 "補償關係"에 대하여 지적한 것과 꼭같은 문제점을 지니고 있을 뿐만 아니라 諾約者와 要約者 사이의 法律關係를 포괄적으로 나타내 주지도 못한다. 私見으로는 "基本關係(Grundverhältnis)"라고 부르는 것이 좋을 듯하다.[65] 그것은 諾約者와 要約者 사이의 法律關係가 履行하여야 할 給付와 제3자를 결정하여 法律關係 전체를 좌우하기 때문이다.

이러한 補償關係 내지 基本關係는 제3자를 위한 계약의 法的 性質을 결정하고, 그럼으로써 제3자의 債權取得의 유효요건도 결정한다.[66] 계약을 성립시키는 당사자 사이의 合意가 존재하는가, 계약이 強行法規나 社會秩序에 반하는가 등은 要約者와 諾約者 사이의 합의내용을 표준으로 하여 판단한다.[67] 제3자를 위한 계약의 方式에 대하여도 전적으로 당해 基本關係(補償關係)에 관한 규정만이 적용된다.[68]

基本關係는 제3자 기타 관계자의 債權 기타의 權利를 성립시키는 결정적인 요건이다.[69] 다만 우리 民法上 제3자는 수익의 意思表示를 하여야만 債權을 취득하게 된다. 제3자가 수익의 의사표시를 하여 債權을 취득한 경우에 제3자의 그 채권은, 계약당사자들(요약자와 낙약자)에 의하여 성립하고 제3자의 수익의 의사표시에 의하여 확장된, 그럼으로써 세 관계자 모두 사이에 존재하는 債權

64) 李銀榮, 150 本文 및 註 1).
65) Palandt/Heinrichs, Einf v. §328 Anm. 2a.
66) MünchKomm/Gottwald, §328 Rdnr. 20.
67) 그러나 제3자에의 권리취득이 낙약자와 제3자 사이의 관계로부터 社會秩序에 반하는 것으로 평가될 수도 있다.
68) MünchKomm/Gottwald, §328 Rdnr. 20; Staudinger/Kaduk, vor §328ff. Rdnr. 39; Palandt/Heinrichs, Einf v. §328 Anm. 4; Fikentscher, SchuR, Rdnr. 259; Erman/Westermann, §328 Rdnr. 5.
69) 그것은 가령 낙약자의 제3자에 대한 通知義務와 같은 "기타의 行爲義務"(附隨的 義務라고도 하는 信義則上의 의무)의 기초를 형성하기도 한다.

關係의 내용이다.[70] 어쨌든 基本關係는 제3자의 권리취득의 기초이기 때문에 그것이 무효인 경우에는 제3자는 債權을 취득하지 못한다.[71] 基本關係가 처음부터 무효인가, 후에 취소되어 무효로 되었는가는 묻지 않는다. 만일 基本關係에서 無因契約이 법률상의 원인(Rechtsgrund)을 결한 경우에는, 제3자는 不當利得의 항변권의 부담을 안고 있는 채권을 취득하게 된다. 단지 제3자의 권리취득만이, 가령 제3자의 확정불가능·사회질서 위반 또는 제3자의 수익거절 때문에 무효인 경우에, 계약이 요약자의 채권과 함께 존속하여야 하는지는 해석에 의하여 결정된다.[72] 그리고 基本關係는 계약당사자들이 제3자의 채권을 다시 소멸시킬 수 있는지 여부와 어떤 경우에 그럴 수 있는지를 확정한다. 要約者와 제3자 사이의 관계(이른바 對價關係)에서 채권자가 그러한 권리를 갖는지 여부는 撤回 또는 계약에 의한 폐기의 유효성에 영향을 미치지 않는다. 한편 제3자가 基本關係로부터 채권을 취득한 때에는 계약당사자들이 제3자의 권리를 변경 또는 소멸시킬 수 있음을 보류하지 않은 한 그들의 事後의 합의에 의하여 제3자의 권리를 변경 또는 소멸시키지 못한다(民 §541). 변경·소멸 등의 유보는 제반사정이나 계약의 목적으로부터도 추론될 수 있다. 또한 기본관계는 제3자 외에 요약자도 給付請求權을 행사할 수 있는지도 결정한다.[73] 의심스러운 때에는 이를 인정하여야 할 것이다. 나아가 基本關係는 낙약자가 제3자에 대하여 어떤 抗辯을 주장할 수 있는가도 결정한다. 다시 말하면 낙약자는 기본관계에 기한 모든 抗辯(즉 기본관계의 하자·성질·내용으로 인한 모든 항변)으로 제3자에게 대항할 수 있는 것이다(民 §542). 기본관계가 제3자의 채권을 발생시키는 근거이기 때문이다.[74]

基本關係는 반드시 有償契約일 필요가 없다. 그것은 贈與와 같은 無償契約일 수도 있다. 예컨대 甲과 乙 사이에 甲이 乙에게 일정한 금액의 금전을 증여하기로 贈與契約을 체결하면서, 그 금전을 甲이 乙 대신에 丙에게 지급하

70) Soergel/Hadding, §328. Rdnr. 17. 그에 비하여 Palandt/Heinrichs, Einf v. §328 Anm. 2c는 제3자의 채권을 제3자를 위한 계약으로부터 분리되어 있는 것으로 생각하고 제3자에 대한 관계를 "계약에 유사한" 신뢰관계일 뿐이라고 한다. MünchKomm/Gottwald, §328 Rdnr. 23-24도 같다. 그러나 이 견해처럼 새기는 경우에는 낙약자의 채무불이행을 法體系的으로 하자 없이 판단할 수 없게 된다.

71) Staudinger/Kaduk, vor §328ff. Rdnr. 38; MünchKomm/Gottwald, §328 Rdnr. 21.

72) MünchKomm/Gottwald, §328 Rdnr. 21; Staudinger/Kaduk, vor §328ff. Rdnr. 30.

73) MünchKomm/Gottwald, §328 Rdnr. 21.

74) 同旨 Staudinger/Kaduk, vor §328ff. Rdnr. 21. 그러나 우리의 通說은, 보상관계는 제3자를 위한 계약의 내용을 이루게 되어 그 흠결이나 하자는 계약의 효력에 영향을 미치고 또한 낙약자는 보상관계에서 생기는 항변권을 가지고 제3자에게 대항할 수 있다고 한다.

기로 하여 甲이 丙에게 金錢債務를 부담하게 되는 경우에 그렇다.

2. 諾約者와 第三者 사이의 關係(實行關係)

우리 문헌은 낙약자와 제3자 사이의 관계를 가리키는 용어를 만들어 사용하고 있지 않다. 그러나 그러한 용어의 존재는 제3자를 위한 계약을 설명하는 데 이로울 것이다. 참고로 말하면, 獨逸에서는 몇몇 학자들에 의하여 給付關係(Leistungsverhältnis),[75] 實行關係(Vollzugsverhältnis),[76] 第3者關係(Drittverhältnis)[77]라는 용어가 사용되고 있다.[78] 이들 가운데 "給付關係"라는 용어를 쓰게 되면, 낙약자의 제3자에 대한 직접적인 給付도 행하여진다는 것이 숨겨지게 되고, 또 雙務契約의 경우에는 給付關係가 낙약자와 제3자 사이에만 존재하지 않기 때문에 적절하지 않다. 그리고 "第3者關係"라는 용어는 그것이 외관상 제3자와 요약자 사이의 관계까지 포함하게 되기 때문에 부적당하다. 결국 ――아주 좋은 것은 아니지만―― 契約의 實行의 의미에서 "實行關係"라고 함이 무방할 것이다.

諾約者와 제3자 사이의 法律關係, 즉 實行關係는 독립한 것이기는 하지만 결코 契約關係는 아니다. 그 주된 내용은 제3자의 諾約者에 대한 債權이다.[79] 물론 우리 民法上 제3자의 수익의 意思表示가 있어야만 한다. 제3자가 債權을 취득하는 경우에 제3자는 債權을 가질 뿐이고 反對給付義務는 부담하지 않는다.[80] 그리고 제3자는 債權者로서 履行에 협력할 수 있고, 履行期를 확정할 수 있고, 履行에 갈음하여 또는 履行을 위하여 給付를 수령할 수 있고, 猶豫期間을 줄 수도 있다.[81] 그러나 그는 要約者에 대하여도 효력을 발생시키는

75) Fikentscher, SchuR, Rdnr. 248(§37 Ⅱ 2).

76) Soergel/Hadding, §328 Rdnr. 19-20.

77) MünchKomm/Gottwald, §328 Rdnr. 23.

78) Medicus, SchuR Ⅰ, S.344(§66 Ⅰ 3)는 고유한 이름이 없다고 하면서 특별한 용어를 사용하지 않는다. Staudinger/Kaduk, vor §328ff. Rdnr. 20ff.도 결과에서 같다.

79) 낙약자가 요약자와 약정한 급부의무의 내용에 좇아 제3자에 대한 관계에서 가령 處分 및(또는) 事實行爲(都給給付나 勞務給付도)를 실행하는 경우에는, 그는 채권자인 제3자에게 급부하는 것이다. 그에 비하여 부진정한 제3자를 위한 계약에 있어서는, 채무자(낙약자)와 제3자 사이의 법률관계가 요약자에 대하여 부담하는 급부가 수령할 권한이 있는 제3자에게 제공된다는 데 그치며, 이 경우에 채무자가 제3자에게 급부를 한다면 그는 언제나 요약자에게 "給付"하는 것이 된다. Soergel/Hadding, §328 Rdnr. 19-20.

80) MünchKomm/Gottwald, §328 Rdnr. 23; Staudinger/Kaduk, vor §328ff. Rdnr. 20. 그러나 제3자에게 債權을 취득시키면서 동시에 반대급부의무도 부담시키는 계약도 유효하다는 우리의 다수설의 입장에서는 本文과 다르게 설명할 것이다. 그에 관하여는 後述 Ⅺ. 참조.

81) MünchKomm/Gottwald, §328 Rdnr. 23. Staudinger/Kaduk, vor §328ff. Rdnr. 23도 참조.

免除를 할 수는 없다.

實行關係는 하나의 債權이 존재하는 단순한 관계가 아니다. 그것 역시 債權關係이기 때문에, 諾約者와 제3자는 각각 債務者와 債權者의 지위에 기하여 "기타의 행위의무"(信義則上의 의무)를 부담하게 된다.

3. 要約者와 第三者 사이의 關係(第三者受益의 原因關係 내지 對價關係)

要約者와 제3자 사이의 法律關係는 일반적으로 제3자를 위한 계약의 원인이 된다. 그리하여 그 法律關係는 要約者가 제3자를 위하여 出捐할 수 있는 법적 근거를 포함하고 있다. 그리하여 그것은 제3자가 급부를 보유할 수 있는지 여부를 결정한다.[82] 그러나 그것은 결코 제3자를 위한 계약에 의하여 성립될 수는 없으며, 오히려 契約 외에서 성립되어야 한다.[83] 그럼으로써 要約者가 제3자에게 어떤 것을 出捐하려고 하는 것이다.

이와 같은 要約者·第3者 사이의 관계를 보통 對價關係라고 하나, 학자[84]에 따라서는 "제3자수익의 原因關係"라고도 한다. 獨逸에서는 對價關係(Valutaverhältnis)[85] 또는 出捐關係(Zuwendungsverhältnis)라고 불리고 있다. 생각건대 요약자와 제3자 사이의 관계를 표현하는 용어로서 "對價關係"는 적절하지 않다. 對價關係라고 하면 제3자의 要約者에 대한 대가적인 給付義務를 당연한 전제로 하는데, 그러한 의무는 要約者가 제3자에게 무엇을 贈與하기 위하여 제3자를 위한 계약을 체결한 경우에는 존재할 수 없기 때문이다. 그리고 재산의 出捐은 基本關係와 實行關係에서도 행하여지기 때문에 出捐關係라는 용어도 부적당하다. 그에 비하여 "제3자수익의 원인관계"라는 용어는 여기의 法律關係를 비교적 잘 표현하고 있다. 要約者와 제3자 사이의 관계는 要約者가 제3자를 위하여 諾約者로 하여금 給付를 하게 하는 원인을 이루는 것이기 때문이다.

제3자수익의 原因關係 내지 對價關係의 모습은 매우 다양할 수 있다. 그 法律關係는 내용면에서뿐만 아니라 成立時期의 면에서도 다를 수 있다. 제3자수익의 원인관계는 제3자를 위한 계약이 체결되기 전에 이미 성립해 있는 때

82) Palandt/Heinrichs, Einf v. §328 Anm. 2b.
83) Staudinger/Kaduk, vor §328ff. Rdnr. 25.
84) 李銀榮, 150 本文 및 註 1, 151.
85) 우리 나라에서 일반적으로 사용되고 있는 對價關係라는 용어는 아마도 獨逸語 "Valutaverhältnis"의 번역어인 듯하다. 그러나 요약자는 제3자와의 관계에서 언제나 제3자를 위하여 "價值移動"(Wertbewegung)을 일으키려고 하기 때문에 Valutaverhältnis라는 용어가 생겨났다고 하는 독일의 한 학자의 지적이 맞다면, Valutaverhältnis는 對價關係보다는 價值關係의 의미일 것이다.

도 있다. 그 때에는 그 法律關係에 기한 給付義務를 履行하기 위하여 要約者가 제3자를 위한 계약을 체결한다. 그러나 제3자수익의 원인관계가 제3자를 위한 계약의 체결 후에 비로소 성립할 수도 있다. 이 때에는 아무리 늦어도 제3자수익의 意思表示와 함께 제3자수익의 원인관계가 성립하게 된다.[86] 한편 要約者는 많은 경우에 제3자에 대하여 그가 부담하고 있는 債務를 履行하기 위하여 제3자를 위한 계약을 체결한다. 그리고 그 債務는 契約으로부터 발생한 것일 수도 있고 法律에 의하여 생긴 것일 수도 있다. 贈與契約에 기한 債務, 消費貸借에 기한 金錢債務는 前者의 예이고, 法律上의 扶養義務는 後者의 예이다. 그런가 하면 生命保險契約의 경우처럼 要約者가 그의 死後에 자신의 배우자나 다른 近親者의 생계를 보장받을 수 있도록 그들에게 無償의 出捐을 하려는 때도 많이 있다.

구체적인 경우에 제3자수익의 원인관계가 전혀 존재하지 않거나 法的 義務關係에는 이르지 못한 것일 수도 있다. 예컨대 要約者가 事前의 증여약속 없이 제3자에게 어떤 것을 증여하려고 하는 경우에는, 現實贈與에 있어서와 같이 諾約者의 제3자에의 給付에 의하여 贈與의 合意가 성립하며,[87] 따라서 그것으로 要約者의 의도가 충분히 달성된다.[88] 要約者와 제3자 사이에 미리 贈與의 합의가 행하여졌어야 할 필요는 없다.

제3자수익의 원인관계는 제3자를 위한 계약 자체와는 아무런 관계도 없다. 따라서 그 法律關係는 諾約者와 基本關係에 아무런 영향도 미치지 못한다. 제3자의 債權取得은 無因的으로 행하여지는 것이다.[89] 제3자와 要約者 사이의 관계에서 제3자에의 財產出捐의 법적 근거가 없는 경우에도 諾約者는 給付義務를 부담한다. 基本關係와 제3자수익의 原因關係는 서로 독립되어 있고, 또 그의 의무는 基本關係로부터 생긴 것이기 때문이다.[90] 그리고 그러한 경우에 諾約者는 제3자수익의 원인관계에 기한 抗辯을 가지고 제3자에게 對抗하지도 못한다(民 §542의 반대해석). 다만 제3자수익의 원인관계는 제3자에의 給付의 법적 근거를 형성하는 것이므로, 그러한 관계가 유효하게 존재하지 않는 경우에는, 要約者는 제3자에 대하여 不當利得을 이유로 返還을 청구할 수 있다.

86) Soergel/Hadding, §328 Rdnr. 21.
87) 제3자의 受領은 묵시적인 수익의 의사표시로도 될 것이다.
88) Staudinger/Kaduk, vor §328ff. Rdnr. 25.
89) MünchKomm/Gottwald, §328 Rdnr. 22.
90) Staudinger/Kaduk, vor §328ff. Rdnr. 38도 참조.

Ⅵ. 다른 制度와의 區別

法制度 가운데에는 제3자를 위한 契約과 유사하지만 그것으로부터 구별하여야 하는 것들이 여럿 있다. 以下에서 그러한 제도들에 관하여 살펴보기로 한다.

1. 不眞正한 第三者를 위한 契約

(眞正한) 제3자를 위한 契約에 있어서는 제3자가 ―수익의 의사표시를 하게 되면― 계약으로부터 직접 諾約者에 대하여 채권을 취득하게 된다. 그러나 부진정한 제3자를 위한 계약의 경우에는 제3자는 계약당사자의 약정에 의하여 단지 債務者(諾約者)로부터의 給付를 수령할 권한만을 갖는다. 그 결과 채무자(낙약자)도 제3자에 대하여는 급부의무를 부담하지 않고 오직 채권자(요약자)에 대하여만 의무를 부담하게 된다. 물론 이 경우에 채무자의 給付義務의 내용은 수령할 권한이 있는 제3자에게 급부를 행하는 것이다.[91]

2. 代 理

로마法에서는 代理와 제3자를 위한 契約이 구별되지 않았다. 이 둘은 독일보통법 시대에 이르러 비로소 Hugo Grotius에 의하여 처음으로 구별되게 되었다.[92][93] 그리고 그 이후에는 오늘날까지도 두 제도의 구별을 당연한 것으로 인정하고 있다.

代理와 제3자를 위한 契約은, 과거에 둘이 同一視되었을 정도로 유사한 면이 있다. 실제로 계약을 체결하는 자(대리인과 요약자)가 아닌 자(본인과 제3자)에게 계약의 법률효과가 직접 귀속되는 점에서 그렇다. 그러나 두 제도는 여러 가지 점에서 크게 차이가 있다. 첫째로 代理人은 本人(제3자)의 이름으로 행위를 하는 데 비하여(民 §114), 要約者는 자신의 이름으로 계약을 체결한다. 요약자는 결코 제3자로부터 代理權을 수여받은 대리인이 아니기 때문이다. 둘째로 代理의 경우에 법률행위의 효과는 모두 본인에게 귀속하며 대리인은 법률행위에 기한 권리나 의무를 전혀 취득하지 못하나, 제3자를 위한 계약의 경우에는 제3자는 단지

91) Soergel/Hadding, §328 Rdnr. 12.
92) Soergel/Hadding, vor §328 Rdnr. 1.
93) 두 제도의 개념적인 구별은 제3자를 위한 계약의 발전에 크게 이바지하였다고 한다.

채권만을 취득할 뿐 그 밖의 권리와 의무는 전적으로 요약자에게 귀속된다. 셋째로 代理의 경우에는 代理人이 無能力者라도 法律行爲를 취소할 수 없는데 비하여(民 §117), 제3자를 위한 契約의 경우에는 계약당사자인 요약자가 무능력자이면 당연히 無能力을 이유로 취소할 수 있게 된다. 끝으로 우리 民法上 대리의 경우에 본인은 특별한 의사표시 없이 ── 대리권에 기하여 ── 권리·의무를 취득하게 되나, 제3자를 위한 계약에 있어서 제3자는 受益의 意思表示를 하여야만 채권을 취득할 수 있다.

이와 같이 제3자를 위한 계약은 이론상 代理와 명확히 구별되지만, 실제에 있어서 둘 사이의 구별이 쉽지 않은 경우도 있다. 특히 父母가 子를 위하여 행위하는 때에 그렇다.[94] 예컨대 未成年者인 甲의 片母인 乙이 甲을 위하여 醫師 丙을 부르는 경우에는, 乙이 자신의 이름으로 丙과 계약을 체결한 때에는 제3자를 위한 계약이 되지만 乙이 甲의 法定代理人으로 행위한 때에는 甲과 丙 사이에 보통의 계약이 성립한다. 그런데 乙이 계약당사자로서 행위했는지 甲의 法定代理人으로서 행위했는지를 구분하기가 용이하지 않다. 그 밖에 父母가 子와 함께 기차를 탄 경우에 그 子가 父母에 의하여 代理되는지 스스로 철도당국의 계약상대방으로 되었는지, 아니면 부모만이 당사자로 되어 제3자를 위한 계약이 존재하는지도 확실하지 않다. 이러한 경우에는 구체적인 사안에 있어서 행위자가 타인의 이름으로 활동할 의사를 외부에 드러냈는지 여부에 따라 판단하여야 한다. 따라서 不分明한 때에는 자기의 이름으로 행한 것으로 보아야 할 것이고, 결과적으로 제3자를 위한 契約을 인정하여야 할 것이다.[95] 그렇게 되면, 위의 예에서 계약의 상대방인 의사나 철도당국은 (보통 子보다 자력이 더 풍부한) 父母(친권자)에 대하여 對價支給請求權을 가지게 된다.[96]

나아가 어떤 意思表示가 제3자를 위한 계약에 있어서 제3자의 受益의 意思表示인지 無權代理의 追認인지 구별하기 어려운 경우도 있을 수 있다. 그러한 경우에는 구체적인 경우에 제반사정을 고려하여 해석으로 결정하여야 한다. 특히 행위자가 타인을 위하여(타인의 이름으로) 행위를 하였는지, 그리하여 모든 법률효과 즉 권리뿐만 아니라 의무도 타인에게 귀속시키려 했는지에 따라, 이것이 긍정되는 때에는 無權代理의 追認으로 보아야 하고, 부정되는 때에는 제3

94) Medicus, SchuR Ⅰ, S. 343(§66 Ⅰ 2).
95) 前註.
96) 親權者인 父母는 그들의 입장에서 그들의 子에 대하여 扶養義務의 이행으로 치료나 운송을 하게 할 채무가 있다(民 §974).

자를 위한 계약에서의 受益의 意思表示로 보아야 할 것이다.[97]

3. 間接代理

間接代理도 제3자를 위한 계약과 구별된다. 間接代理의 경우에는 간접대리행위의 법률효과가 일단 間接代理人에게 귀속하였다가 그것이 委託者(제3자)에게 이전되는 데 비하여, 제3자를 위한 계약의 경우에는 제3자가 계약에 기하여 "직접" 채권을 취득하게 된다.

4. 債權讓渡

債權讓渡에 있어서 讓受人은 제3자를 위한 계약의 제3자와 비슷하다. 이들은 모두 채권을 취득하기 때문이다. 그러나 債權讓渡와 제3자를 위한 契約은 차이가 있다. 우선 채권양도의 경우에 讓受人이 취득하는 채권은 이미 존재해 있는 것이다. 讓受人은 지금까지의 채권자인 讓渡人으로부터 旣存의 채권을 그대로 승계한다. 그에 비하여 제3자를 위한 계약의 경우에 제3자는—수익의 의사표시에 의하여— 기존의 것이 아닌 새로운 채권을 契約으로부터 직접 취득하게 된다. 그리고 債權讓渡에 있어서는 양수인만이 채권자이고 양도인은 아무런 권리도 갖지 못하는 데 비하여, 제3자를 위한 계약에 있어서는—불분명한 때에는— 要約者도 제3자에의 급부를 청구할 권리를 갖는다. 또한 債權讓渡의 경우에는 讓渡人이 채권관계에서 완전히 벗어나는 데 비하여, 제3자를 위한 계약의 경우에는 3者 사이에 법률관계가 존재한다.

5. 第三者에의 辨濟權限 부여

債權者가 債務者로 하여금 제3자에게 급부할 수 있도록 허락한 경우에는, 채무자는 그 제3자에의 給付에 의하여 그의 채무를 면할 수 있다. 그러나 채무자는 채권자의 허락(辨濟權限 부여)에 기하여 제3자에게 給付하여야 할 의무는 없다.[98] 물론 제3자는 채권을 취득할 수도 없다. 그에 비하여 제3자를 위한 계약의 경우에 낙약자는 제3자에게 급부할 의무를 부담하며, 제3자는 채권을 취득하게 된다.[99] 그리고 제3자를 위한 계약의 경우에는 제3자가 채권자이기

---

97) 註釋 債各(Ⅰ), 337도 참조.
98) Soergel/Hadding, §328 Rdnr. 25.
99) 부진정한 제3자를 위한 계약도 낙약자는 제3자에의 급부의무를 요약자에게 부담하는 점에서 제3자에의 변제권한부여의 경우와 다르다.

때문에 채무자에게 제3자에의 辨濟權限을 부여할 것이 요구되지 않는다.

6. 第三者의 給付의 約束

債務者가 債權者에게 제3자로 하여금 일정한, 계약상의 것이 아닌 給付를 제공하게 한다고 약속하는 경우가 있다. 이는 채무자가 자신의 급부를 제3자로 하여금 하게 하는 경우와 다르다. 그리고 제3자의 負擔을 목적으로 하는 계약과도 다르다. 제3자의 給付를 조달한다는 채무자의 약속이 제3자 자신의 의무를 발생시키는 것은 아니기 때문이다.[100] 제3자 給付約束에서는 제3자가 의무를 부담하려면 다른 계약이 더욱 필요하다. 따라서 제3자 급부약속에는 "제3자의 負擔을 목적으로 하는 契約"의 금지가 적용되지 않으며, 그러한 약속은 허용된다.[101] 이 경우는 그의 노력의 결과가 발생하여도 책임을 지지는 않는 勞務供給契約(Dienstverschaffungsvertrag)이거나 또는 그의 노력의 실패에 대하여도 책임을 지려고 하는 保障契約(Garantievertrag)이 문제된다. 물론 이러한 약속만으로 제3자가 아직 의무를 부담하게 되지는 않는다. 만약 약속한 자가 제3자 하여금 給付를 하게 하지 못한 경우에는, 그는 채권자에 대하여 債務不履行責任을 져야 한다. 따라서 제3자의 給付約束의 경우에는 때때로 (수익의 원인관계에서의) 약속을 지키기 위하여 제3자 사이에 제3자를 위한 契約(이 때는 채권자가 수익자로 됨)이 체결되기도 한다.[102] 그렇다 하더라도 두 계약은 명확히 구별되어야 한다.

7. 第三者에 의한 給付의 約束

"제3자에 의한 給付의 約束"이라 함은 채무자가 事前에 채권자와의 사이에, 채무자가 급부하여야 하지만 제3자(여컨대 履行補助者)에 의하여도 이행할 수 있다는 데 대하여 합의가 된 경우를 말한다. 따라서 이는 채무자 아닌 제3자가 자발적으로 타인의 채무를 履行하는 것(民 §469)과는 다르다. "제3자에 의한 給付의 約束"의 경우에 제3자는 채무자 자신이 부담하고 있는 채무를 이행하는 도구일 뿐이다.[103] 그리고 給付義務者는 어디까지나 채무자이기 때문에 그러한 약속이 있었다고 하더라도 스스로 이행할 수 있다. 또한 이 경우의 약속은 본질

100) Staudinger/Kaduk, vor §328ff. Rdnr. 46.

101) Staudinger/Kaduk, vor §328ff. Rdnr. 46, §328 Rdnr. 29; Soergel/Hadding, §328 Rdnr. 27; MünchKomm/Gottwald, §328 Rdnr. 12.

102) Soergel/Hadding, §328 Rdnr. 27.

103) Staudinger/Kaduk, vor §328ff. Rdnr. 52.

적으로는 단지 給付 자체를 목적으로 하며, 제3자가 급부하여야 한다는 合意는 履行의 종류 및 방법에 관한 부수적인 약정에 지나지 않는다고 보아야 한다. 그 결과 제3자에 의한 給付가 불능으로 된 경우에는, 채무자는 다른 방법으로 급부를 행하여야 하며 채무를 면하는 것이 아니다.[104] 이와 같이 "제3자에 의한 給付의 約束"은 제3자를 위한 계약이라면 낙약자의 입장에 놓일 제3자가 채무를 부담하지 않고 요약자(채무자)가 여전히 채무를 부담하는 점에서 제3자를 위한 契約과 현저히 구별된다. 한편 "제3자에 의한 급부"를 약속한 경우에는 때로 채권자(수익자)에의 급부에 대한 법적 기초를 포함하는 채무자(요약자)와 제3자(낙약자) 사이의 제3자를 위한 契約이 뒤따르기도 한다.[105]

Ⅶ. 第三者를 위한 契約의 社會的 作用

역사적으로 보면, 제3자를 위한 契約은 처음에는 生命保險契約이나 終身定期金契約과 같이 어떤 자(요약자)가 ―특히 자신이 사망한 뒤에― 그의 가족이나 기타 일정한 자를 給養(Versorgung)할 목적으로 이용되었으며, 그 후에는 급부절차의 단축의 목적으로도 이용되었다.[106] 제3자를 위한 계약의 이와 같은 목적의 종류와 순위는 오늘날에 있어서도 그대로 타당하다고 할 수 있다.

제3자를 위한 契約은 우선 제3자에 대한 給養機能(Versorgungsfunktion)을 하게 된다.[107] 어떤 자가 자신(요약자)을 被保險者로 하고 그의 子(제3자)를 保險受益者로 하여 생명보험(사망보험)계약을 체결하거나, 또 甲(요약자)이 乙(定期金債務者)에게 특정부동산의 소유권을 이전하면서 앞으로 丙(제3자)이 사망할 때까지 乙이 丙에게 매월 50만원을 지급하기로 한 경우(終身定期金契約：民 §725)가 그 예이다. 이들 가운데 앞의 예와 같은 타인을 위한 생명보험계약의 경우에는, 계약상의 채권(보험금청구권)이 발생할지도 미지수이고 보험사고로 인하여 그 권리가 발생한다고 하여도 요약자가 사망한 후에 발생하게 되므로 要約者는 債權을 취득할 수 없다. 따라서 그러한 契約은 제3자를 위한 계약 외의 방법으로는 체결될 수 없다. 제3자를 위한 계약이 필수적임을 알 수 있다.

104) Staudinger/Kaduk, vor §328ff. Rdnr. 52.
105) Soergel/Hadding, §328 Rdnr. 28.
106) Soergel/Hadding, vor §328 Rdnr. 2 참조.
107) Soergel/Hadding, vor §328 Rdnr. 3; MünchKomm/Gottwald, §328 Rdnr. 6.

제3자를 위한 契約은 그 밖에 給付過程을 단축시킨다.[108] 그럼으로써 구체적인 경우에 유용하게 이용될 수 있다. 가장 전형적인 것으로는 債務履行節次의 생략을 들 수 있다. 가령 丙에 대하여 1,000만원의 金錢債務를 부담하고 있는 甲이 자신의 부동산을 乙에게 매각하여 그 대금 1,000만원으로 丙에게 변제하려고 하는 경우에, 甲이 乙로부터 1,000만원을 받아서 丙에게 지급하는 것보다는 乙이 직접 丙에게 지급하게 한다면,[109] 법률관계가 간편하게 결제되어 매우 편리하게 될 것이다. 그런가 하면 契約의 淸算을 단순화할 수 있다. 예컨대 운송인과 운송회사 사이에 제3자 受荷人을 위한 運送契約의 경우에 그렇다. 또한 要約者의 중간취득을 피하게 하여 제3자의 채권을 요약자의 채권자로부터 보호할 수 있게 된다.[110] 제3자를 위한 계약의 경우에는 제3자가 계약에 기하여 직접 채권을 취득하기 때문에 요약자의 채권자는 그 채권을 強制執行할 수 없다. 이와 같은 제3자를 위한 계약의 給付過程이 단축기능은 오늘날 첫째의 기능 못지 않게 중요한 역할을 한다.

우리 문헌들은 한결같이 제3자를 위한 계약의 존재의의를 "給付節次의 생략(간이화)"에서만 찾으면서,[111] 前述한 첫째의 기능을 단지 절차생략에 관련된 문제쯤으로 파악하고 있으나, 그러한 태도는 올바르다고 할 수 없다.

Ⅷ. 第三者를 위한 契約의 成立

1. 成立要件

제3자를 위한 契約은 요약자와 낙약자 사이에 제3자에게 채권을 취득시킨다는 내용을 담고 있는 合意가 있으면 성립하며, 별다른 성립요건을 요구하는 것이 아니다. 따라서 여기서는 제3자를 위한 계약의 성립과 관련하여 특기할 만한 점들을 ―이미 설명된 것들도 포함하여― 정리해 보기로 한다.

제3자를 위한 契約이 성립하려면 요약자와 낙약자 사이에 債權契約을 성립시키는 合意가 있어야 한다. 계약의 당사자는 요약자와 낙약자이기 때문에

108) Soergel/Hadding, vor §328ff. Rdnr. 3; MünchKomm/Gottwald, §328 Rdnr. 6; Staudinger/Kaduk, vor §328ff. Rdnr. 10.
109) 註釋債各(Ⅰ), 333에서는 제3자에게 부동산을 이전하는 경우도 예로 들고 있으나, 그것은 "物權" 取得契約이므로 전형적인 제3자를 위한 계약이 아니고, 따라서 부적절하다.
110) Soergel/Hadding, vor §328 Rdnr. 3; MünchKomm/Gottwald, §328 Rdnr. 6.
111) 代表的으로 郭潤直, 123-24; 註釋債各(Ⅰ), 333.

그들의 합의만으로 충분하며, 제3자의 의사표시는 아무 것도 필요하지 않다. 그리고 民 §539 I 은 제3자에게 채권을 취득시켜 주는 것만 규율하고 있다. 그러므로 요약자와 낙약자 사이의 合意는 債權契約을 성립시키는 것이어야 한다. 제3자를 위한 物權契約이나 準物權契約도 허용되는가에 대하여는 뒤에 따로 기술하기로 한다.[112] 한편 債權契約이기만 하면 그것이 民法上의 典型契約인가 非典型契約인가를 묻지 않는다. 제3자를 위한 계약은 특별한 전형계약의 한 종류가 아니고 그 경우의 제3자의 권리취득약정은 보통의 債權契約에 있어서 그 내용이 특이하게 결정된 것에 지나지 않기 때문에,[113] ―雙務契約인가 片務契約인가, 有償契約인가 無償契約인가를 묻지 않고― 모든 채권계약이 제3자를 위한 계약으로 체결될 수 있는 것이다. 그리하여 豫約[114]이나 保證契約(民 §428)도 제3자를 위한 계약으로 될 수 있다.

제3자를 위한 契約은 처음부터 그러한 모습으로 체결될 수도 있지만 보통의 계약으로 성립된 것이 당사자들의 事後의 合意에 의하여 제3자에게 권리를 취득시키는 내용으로 변경될 수도 있다.[115] 그런데 후자는 이미 성립한 채권을 제3자에게 양도하는 것으로서 본래의 의미의 제3자를 위한 계약이 아니다.[116] 한편 나중에 일방적으로 제3자를 결정할 수 있는 권한이 要約者에게 보류될 수도 있다.

제3자를 위한 契約이 성립하고 또 유효하려면 基本關係(補償關係)에 관하여 요구되는 성립요건과 유효요건을 모두 갖추어야 한다. 그에 비하여 제3자 수익의 원인관계(對價關係)는 계약의 성립과 유효에 직접적인 영향이 없다. 實行關係(제3자 관계)도 마찬가지이다. 다만 이 두 법률관계는 계약에 간접적으로 영향을 미칠 수는 있다. 그리하여 요약자와 제3자 사이의 관계 또는 낙약자와 제3자 사이의 관계에서 존재하는 사정으로부터도 사회질서위반이 인정될 수 있다.[117] 이와 같이 중요한 것은 基本關係(補償關係)이기 때문에, 방식도 基本關係에서만 요구된다.[118] 그 결과 예컨대 요약자가 제3자에게 증여할 목적으로 자신의 부동

112) 後述 IX., X. 참조.
113) Soergel/Hadding, §328 Rdnr. 32.
114) 大判 57. 3. 16, 4289民上536(集 5-1 民 15)은 제3자를 위한 賣買豫約의 유효성을 인정한다.
115) Soergel/Hadding, §328 Rdnr. 32; Staudinger/Kaduk, vor §328ff. Rdnr. 18, §328 Rdnr. 31; MünchKomm/Gottwald, §328 Rdnr. 14; Erman/Westermann, vor §328 Rdnr. 5.
116) 그것에는 제3자를 위한 準物權契約 理論이 그대로 적용된다. 後述 X. 참조.
117) Soergel/Hadding, §328 Rdnr. 33.
118) Soergel/Hadding, §328 Rdnr. 33; Staudinger/Kaduk, vor §328ff. Rdnr. 39, §328 Rdnr.

산을 낙약자에게 매도하고 그 대금을 제3자에게 직접 지급하도록 한 경우에는, 요약자와 낙약자 사이의 증여는 서면으로 표시되지 않아도 解除되지 못하나(民 §555 참조), 요약자가 제3자에 대한 채무를 변제할 목적으로 낙약자로 하여금 대가를 받음이 없이 자신의 채무를 辨濟하도록 한 경우에는, 요약자와 낙약자 사이의 계약이 贈與契約인 만큼 서면으로 표시되지 않는 한 解除될 수 있게 된다.

제3자를 위한 契約으로 되려면 제3자로 하여금 직접 권리를 취득하게 하는 意思表示가 있어야 한다. 그러한 意思表示는 제3자조항(Fremdklausel)이라고 할 수 있다.[119] 제3자조항은 명시적으로 약정되는 경우가 많지만 반드시 그래야만 하는 것은 아니며 묵시적으로도 약정될 수 있다. 그리하여 大法院은, 용역경비업체인 A회사가 B회사와의 사이에 B회사 감사인 甲과 그의 가족이 거주하고 있는 甲 소유의 건물에 관하여 용역경비계약을 체결한 경우에 관하여, 적어도 최소한 A회사의 용역경비의무의 不履行으로 인한 損害賠償請求에 있어서는 제3자를 위한 계약에 해당한다고 하였다.[120]

제3자를 위한 계약의 특질은 제3자조항의 존재에 있다. 여기의 제3자는 처음부터 확정되어 있을 필요는 없으며 확정될 수 있으면 충분하다. 그리고 반드시 현존하고 있어야 하는 것도 아니다. 따라서 胎兒나 아직 성립하지 않은 法人[121]도 제3자로 될 수 있다. 그러나 契約이 효력을 발생하여 그 효과가 제3자에게 귀속하려면 제3자는 현존하여야 하고, 특정되어야 하며, 또 權利能力[122]을 가져야 한다. 한편 어떤 마을 주민 전체에게 이익을 주는 경우와 같이 특정의 다수인을 위한 계약도 제3자를 위한 계약으로 체결될 수 있다.[123] 그러나 그와 같은 경우에는 사실상 이익을 주려고 할 뿐 직접 權利를 취득시키지는 않는 때가 많을 것이다.

2. 구체적인 경우

(1) 序

제3자에의 給付를 정하고 있는 어떤 구체적인 契約이 (진정한) 제3자를

23ff.; Erman/Westermann, §328 Rdnr. 5.

119) 학자들은 일반적으로 Fremdklausel을 第3者約款이라고 번역하나, 그것은 普通去來約款과의 혼동을 가져올 수 있으므로 부적절하다. 한편 本文과 같이 李銀榮, 152는 Fremdklausel을 제3자조항이라고 번역하면서, 아울러 '第3者受益條項'이라고도 한다.

120) 大判 93. 8. 27, 92다23339(公 954, 2613).

121) 大判 60. 7. 21, 4292民上773(集 8 民 110)은 설립중의 재단법인을 제3자로 인정한다.

122) 權利能力은 自然人에게는 문제가 되지 않으나 法人의 경우에는 문제가 된다.

123) 註釋債各(I), 345.

위한 계약인가, 다시 말해서 제3자가 계약당사자에 대하여 채권을 취득하게 되는 계약인가는 계약의 해석의 문제이다.[124] 따라서 여기에도 계약의 해석의 원칙이 그대로 적용된다. 判例도 그러한 관점에서 제3자를 위한 契約의 판단기준을 다음과 같이 제시하고 있다.[125]

> "… 제3자를 위한 계약이라 함은 통상의 계약이 그 효력을 당사자 사이에서만 발생시킬 의사로 체결되는 것과는 달리 계약당사자가 자기 명의로 체결한 계약에 의하여 제3자로 하여금 직접 계약당사자의 일방에 대하여 권리를 취득하게 하는 것을 목적으로 하는 계약인바, 어떤 계약이 제3자를 위한 계약에 해당하는지 여부는 당사자의 의사가 그 계약에 의하여 제3자에게 직접 권리를 취득하게 하려는 것인지에 관한 의사해석의 문제로서 이는 계약체결의 목적, 계약에 있어서의 당사자의 행위의 성질, 계약으로 인하여 당사자 사이 또는 당사자와 제3자 사이에 생기는 이해득실, 거래관행, 제3자를 위한 계약제도가 갖는 사회적 기능 등 제반사정을 종합하여 계약당사자의 합리적 의사를 해석함으로써 판별할 수 있다.…"

그러나 判例의 이러한 판단기준은 모든 경우에 대하여 예외 없이 적용될 수는 없는 불완전한 것이다. 그것은 우리 判例가 法律行爲의 해석의 단계와 방법을 구분하지 않고 두루뭉술하게 다루고 있기 때문이기도 하다. 즉 해석의 단계와 방법을 정당하게 나누어야 하는 한 判例의 위의 기준은 그 중 일부에만 적용될 수 있는 것에 불과하다. 따라서 해석의 단계와 방법에 따라 제3자를 위한 계약의 판단기준도 다르게 설명되어야 한다.

그 결과 判例·通說과 달리 해석의 단계와 방법을 구분하는 私見의 해석이론에 따르면, 먼저 밝히는 해석(단순한 해석)에 의하여 제3자를 위한 계약인지를 결정하게 되며, 그것에 의하여 결정할 수 없는 경우에는 補充的 解釋의 방법으로 결정하게 된다.[126]

法律行爲 내지 契約의 해석은 밝히는 해석(自然的 해석, 規範的 해석)으로부터 출발한다.

---

124) 법률행위 내지 계약의 해석에 관하여는 民法注解(2), 170 이하 참조.

125) 大判 96. 1. 26, 94다54481(判公 96. 3. 15, 726).

126) 참고로 말하면, 獨逸民法은 §328 Ⅱ에서 "특별한 정함(Bestimmung)이 없는 경우에는 제3자가 권리를 취득하는지, 제3자의 권리가 즉시 성립하는지 아니면 일정한 요건하에서만 성립하는지, 그리고 제3자의 권리를 제3자의 동의 없이 소멸 또는 변경할 권한이 계약체결자에게 유보되었는지가 여러 사정, 특히 계약의 목적으로부터 끌어내져야 한다"고 규정하고 있다. 그런데 이는 제3자를 위한 계약의 존재 여부를 계약의 해석 ── 그것도 특수한 것이 아닌 일반적인 원칙── 에 의하여 판단하여야 한다는 당연한 事理를 정한 것에 지나지 않으며(Staudinger/Kaduk, §328 Rdnr. 34, 34a), 따라서 명문의 규정이 없더라도 마찬가지의 결과가 된다고 할 것이다. Staudinger/Kaduk, §328 Rdnr. 34-38; MünchKomm/Gottwald, §328 Rdnr. 25-26; Soergel/Hadding, §328 Rdnr. 70 참조.

밝히는 해석의 결과 제3자의 채권취득 여부에 관하여 계약당사자 사이에 사실상의 合意(自然的 合意) 또는 規範的 合意가 인정되는 경우에는, 그것에 의하여 제3자의 채권취득과 제3자계약의 존재 여부가 정하여 진다. 즉 제3자가 채권을 취득하는 데 관하여 合意가 인정되는 때에만, 당해 계약은 제3자를 위한 계약으로 된다. 그리고 여기의 合意는 반드시 명시적이어야 하는 것은 아니며, 묵시적인 것이라도 무방하다.

한편 제3자에게 給付하기로 하는 계약에 있어서 해석으로 제3자의 채권취득 여부를 결정할 수 없는 경우에는, 契約의 틈이 있게 되는데, 그 틈은 補充的 解釋에 의하여 채워진다. 그리하여 먼저 慣習에 의하여 규율의 틈이 메워진다(民 §106). 그 결과 어떤 모습의 계약에 있어서 慣習上 제3자에의 채권취득이 인정되는 때에는, 문제되는 계약은 제3자를 위한 계약이 된다. 그러나 慣習이 없는 경우에는 法律의 任意規定이 계약의 틈을 보충하게 된다. 예컨대 他人을 위한 保險(商 §639), 제3자를 受益者로 하는 信託(信託 §51) 등은 법률규정에 의하여 제3자를 위한 계약으로 된다고 하겠다. 이와 같은 任意規定도 없는 경우에는 고유한 의미의 보충적인 해석이 행하여진다. 즉 契約文言, 附隨的인 表示들(당사자 이외의 자에 대한 것도 포함), 계약의 目的, 給付에 대한 제3자의 이익, 당사자의 利害關係 등과 같이 해석에 끌어들여질 수 있는 모든 사정하에서 信義則에 비추어 제3자의 채권취득 여부를 결정하여야 한다. 결국 제3자를 위한 契約의 존재 여부를 판가름할 수 있는 一律的인 단일한 기준은 없으며,[127)] 개별적인 경우의 사정에 크게 좌우되게 된다. 다만 일응의 표준으로 다음과 같은 말은 할 수 있을 것이다. 계약에 제3자가 참가한 것만으로 당연히 제3자를 위한 계약으로 되지는 않는다. 또한 他人 名義를 사용하여 계약을 체결하는 것도 제3자계약의 간접증거(Indiz)에 지나지 않는다.[128)] 그에 비하여 給付가 오직 제3자의 이익을 위하여 존재하는 경우, 특히 가족에 관한 의료계약과 같이 제3자를 배려하는 성질의 계약의 경우에는 제3자를 위한 계약이 인정되기 쉬울 것이다.[129)] 그러나 이러한 것들이 절대적인 기준이 아님은 물론이다.

127) 同旨 註釋債各(I), 347. 그러나 日本에서는 구체적인 기준을 마련하려는 시도가 있으며, 그러한 견해로는 i) 계약목적에서 보아 제3자가 스스로 권리를 실행하는 것이 要約者가 권리를 실행하는 것에 비하여 合目的的이라고 볼 수 있는 경우에 한하여 제3자가 직접 권리를 취득한다는 견해, ii) 要約者의 出捐의 유무에 의하여 판단하여야 한다는 견해 등을 들 수 있다(日注民(13), 327-8). 그러나 이러한 견해는 큰 의미도 타당성도 없다.
128) MünchKomm/Gottwald, §328 Rdnr. 26.
129) Staudinger/Kaduk, §328 Rdnr. 36a.

만일 보충적 해석에 의하여서도 제3자의 채권취득 여부를 확정할 수 없는 경우에는 어떻게 새겨야 하는가? 견해에 따라서는 제3자에게 채권을 취득시키려는 뜻으로 해석할 것이라고 한다.[130] 이 견해는 아마도 "契約에 의하여 당사자 일방이 제3자에게 履行할 것을 約定한 때에는 그 제3자는 債務者에게 직접 그 履行을 請求할 수 있다"고 한 民 §539 Ⅰ의 文言을 근거로 삼고 있는 듯하다. 그러나 이러한 해석은 타당하다고 할 수 없다. 民 §539 Ⅰ의 文言만으로 보면, 위와 같은 해석도 가능하다. 그러나 그러한 해석은 지나치게 文理解釋에 치우친 것으로서[131] 당사자의 意思를 의제하는 것일 뿐만 아니라 원칙적으로 계약당사자만이 권리를 취득한다는 民法의 기본원칙에 반한다. 제도의 목적 등에 비추어 합리적으로 생각한다면, 民 §539 Ⅰ의 앞부분인 "契約에 의하여 당사자 일방이 제3자에게 履行할 것을 약정한 때"라는 것은 "제3자를 위한 契約이 존재할 때"의 의미로 해석하여야 한다.[132] 결국 同條項은 이 경우 해석근거로 될 수 없는 것이다. 私見으로는 이 경우에 있어서는 民法의 원칙에 입각하여 해석하여야 할 것으로 생각한다. 위에서 언급한 바와 같이 民法上 계약에 기한 債權은 계약당사자가 취득하는 것이 원칙이다. 이는 계약에 제3자가 관여한 경우에도 마찬가지이다. 따라서 제3자에의 給付가 약정된 경우라 할지라도 해석에 의하여 제3자의 채권취득 여부에 관하여 확정할 수 없는 때에는 前述한 원칙에 의하여 계약의 당사자만이 채권을 취득하고 제3자는 단지 급부를 수령할 권한만을 갖는다고 새겨야 한다. 즉 제3자를 위한 契約이 아니라고 하여야 한다.

아래에서 중요한 몇 가지 구체적인 경우들을 들어 제3자를 위한 계약인지에 관하여 살펴보고, 그 밖에 우리 大法院이 판단한 경우들에 대하여도 記述하기로 한다.

(2) 他人을 위한 保險契約

他人을 위한 保險契約은 保險契約者가 타인의 이익을 위하여 자기의 이름으로 체결한 보험계약이다(商 §639 Ⅰ). 損害保險에 있어서는 被保險者가, 그리고 人保險에 있어서는 保險受益者가 保險契約者가 아닌 타인인 경우가 그렇다. 타

---

130) 李銀榮, 152.

131) 사실 民 §539 Ⅰ을 엄격하게 文理解釋한다면, 제3자에의 급부를 약속한 경우에는 "언제나" 제3자가 채권을 취득한다는 것이 된다. 그러나 이는 私的自治에 폭력을 가하는 것이 된다. 獨民 §329의 해석규정도 참조(제3자의 채권취득에 소극적임).

132) 즉 同條項은, "그러한 때에는" 제3자가 계약에 기하여 곧바로 채권을 취득한다는 의미로 해석하여야 한다. 그에 관하여는 後述 Ⅶ. 1. (1)도 참조.

인을 위한 보험계약의 성질에 관하여는 商法學者들 사이에 i) 제3자를 위한 계약이라는 견해[133]와, ii) 제3자의 受益表示를 요하지 않는다는 점에서 商法上의 특수한 계약이라는 견해[134]가 대립하고 있다.

생각건대 타인을 위한 保險契約의 경우에는 대부분 당사자가 명시적으로 제3자의 채권취득을 약정할 것이다. 그러나 그러한 약정이 없더라도 제3자는 商 §639에 의하여 債權(保險金請求權)을 가지게 된다. 분명 제3자를 위한 계약인 것이다. 물론 商 §639 Ⅱ의 규정에 의하여 제3자의 受益의 의사표시는 필요하지 않다. 그러나 그것이 계약의 성질을 바꾸지는 않는다. 그것은 타인을 위한 保險의 특수성에 기하여 인정된 特例에 지나지 않기 때문이다.

(3) 責任保險契約

責任保險契約이라 함은 被保險者가 보험기간중의 事故로 인하여 제3자에게 손해배상책임을 진 경우에 保險者가 이로 인한 損害를 補償할 것을 목적으로 하는 損害保險契約이다(商 §719). 責任保險은 가입의 강제성 유무에 의하여 임의책임보험(가령 물건보관자보험)과 강제책임보험(가령 자동차보험)으로 나누어진다. 責任保險의 경우에는 그것이 임의보험이든 강제보험이든 언제나 商法이 제3자인 피해자에게 보험자에 대한 直接請求權을 인정한다(商 §724 Ⅱ).[135] 그러나 이는 보험금을 지급받은 被保險者가 피해자에게 배상을 하지 않는 것으로부터 피해자를 보호하고 피보험자의 무자력 내지 파산으로부터 피해자를 구제하기 위하여 法律이 특별히 인정한 효과라고 보아야 한다.[136] 즉 피해자의 直接請求權은 계약당사자의 의사표시에 의하여 인정된 것이 아니다. 결국 責任保險契約은 모두 제3자를 위한 계약이 아니다.[137]

(4) 運送契約

商 §140는 物件運送에 관하여 "運送物이 도착지에 到着한 때에는 受荷人은 送荷人과 同一한 權利를 취득한다"고 규정하고 있다. 그 때문에 物件運送契約이 제3자를 위한 계약인지가 문제된다. 여기에 관하여는 i) 제3자를 위한 계약이라는 견해[138]와, ii) 受荷人의 引渡請求權은 法律이 특별히 인정한

133) 鄭熙喆, 商法學(下), 1990, 405; 徐燉珏, 第3全訂 商法講義(下), 1985, 372; 梁承圭, 保險法, 1987, 153-4; 崔基元, 商法學新論(下), 1992, 582-83 등 通說.

134) 孫珠瓚, 商法(下), 1985, 338-39.

135) 商法 외에 자동차손해배상보장법 §12, 산재보험법 §12, 화재로 인한 재해보상과 보험가입에 관한 법률 §9 등에서도 직접청구권을 인정하고 있다.

136) 同旨 崔基元(註 133), 640.

137) 同旨 註釋債各(Ⅰ), 356; 日注民(13), 339.

138) 金疇洙, 100; 崔基元, 商法學新論(上), 1992, 250; 徐燉珏, 第3全訂 商法講義(上),

결과에 지나지 않고, 따라서 運送契約은 제3자를 위한 계약이 아니라는 견해[139]가 대립하고 있다.

생각건대 物件運送의 경우에 受荷人은 商 §140에 의하여 引渡請求權·損害賠償請求權과 같은 권리도 취득하지만 商 §141에 의하여 運送物受領時에는 運賃 기타 運送에 관한 비용과 替當金을 지급할 의무도 부담하게 되므로, 物件運送契約을 제3자를 위한 계약이라고 쉽게 단정할 수가 없다. 뒤에 자세히 논하는 바와 같이,[140] 어떤 계약에 의하여 제3자가 채권도 취득하면서 의무도 부담하는 경우에는, 그 계약은 제3자의 負擔을 목적으로 하는 계약이라고 보아야 하며, 따라서 그것은 제3자가 그에 대하여 事前에 同意하거나 事後에 承認한 때 또는 法律에 이를 인정하는 특별규정이 있는 때에만 유효하다고 할 것이다. 그리고 그러한 계약이 예외적으로 유효한 경우라고 하더라도 엄격하게 말하면 그것은 제3자에게 債權만을 취득시키는 民 §539 I의 제3자를 위한 계약은 아니라고 하여야 한다. 따라서 제3자인 受荷人이 권리 외에 의무도 부담하게 되는 物件運送契約은 법률규정에 의하여 예외적으로 유효성이 인정된 것으로서 본래의 의미의 제3자를 위한 계약이라고 할 수 없다. 또한 物件運送契約에 있어서는 受荷人의 권리가 발생한 후에도 受荷人이 引渡請求를 하기 전에는 送荷人이 운송의 중지, 운송물의 반환 기타의 처분을 할 수 있는데, 그 점에서도 제3자를 위한 계약으로 보는 데 무리가 있다.[141] 결국 物件運送契約은 제3자를 위한 계약이 아니며, 제3자를 위한 계약과 유사한 모습을 보이는 계약일 뿐이다. 다만 商 §141는 임의규정이라고 보아야 하므로,[142] 당사자가 同條項을 배제하면서 순수한 모습의 '제3자를 위한 계약'의 형태로 物件運送契約을 체결할 수는 있다.

(5) 第三者를 受益者로 하는 信託契約

信託法에 의하면, 信託이란 信託設定者(위탁자)와 信託引受者(수탁자)와의 특별한 신임관계에 기하여 위탁자가 특정의 재산권을 수탁자에게 이전하거나 기타의 처분을 하고 수탁자로 하여금 자기 또는 제3자(수익자)의 이익을 위하여 또는 특정의 목적을 위하여 그 재산권을 관리·처분하게 하는 法律關係이며(信託 §1), 그러

1985, 219. 이것은 獨逸의 通說이기도 하나. Soergel/Hadding, §328 Rdnr. 85; Staudinger/Kaduk, §328 Rdnr. 41; MünchKomm/Gottwald, §328 Rdnr. 42 등 참조.

139) 鄭熙喆, 商法學(上), 1989, 224; 孫珠瓚, 商法(上), 1984, 240.

140) 後述 XI.

141) 同旨 日注民(13), 331.

142) Staudinger/Kaduk, §328 Rdnr. 41.

한 信託은 위탁자와 수탁자간의 계약 또는 위탁자의 遺言에 의하여 설정될 수 있다(信託 §2). 그리고 信託行爲(계약 또는 유언)에 의하여 受益者로 지정된 자는 信託行爲에 특별한 정함이 없는 한 신탁이익을 향수하게 된다(信託 §51). 따라서 제3자를 受益者로 하는 信託契約의 경우에는 당사자 사이에 권리취득에 관한 약정이 없더라도 반대약정이 없는 한 信託 §51의 규정에 의하여 제3자가 채권을 취득하게 되며, 따라서 그러한 계약은 당연히 제3자를 위한 계약이다.

(6) **辨濟를 위한 供託**

辨濟를 위한 供託은 債權者가 辨濟를 받지 않거나 받을 수 없는 때에 辨濟者가 변제의 목적물을 채무의 이행에 갈음하여 供託所에 임치하여 그의 채무를 면하는 제도이다(民 §487). 이러한 辨濟供託의 법률적 성질에 관하여는, i) 제3자를 위한 任置契約이라는 견해(이른바 私法關係說),[143] ii) 公法關係(公法上의 任置)라는 견해,[144] iii) 供託에는 公法的인 면과 私法的인 면이 있으며, 私法的인 면에서 供託의 성질을 밝히자면, 그것은 제3자를 위한 任置契約이라는 견해[145]가 대립하고 있으며, 公法關係說이 현재의 다수설이다.

私見으로는 양면성을 인정하는 iii)說에 찬성한다. 따라서 辨濟供託은 적어도 私法的인 면에서는 債權者인 제3자를 위한 계약이다. 그리고 辨濟供託의 경우에는 明文의 규정은 없지만 供託이라는 제도의 취지상 채권자(제3자)는 受益의 의사표시가 없이도 供託物引渡請求權이라는 債權을 취득하게 된다.[146]

(7) **家族에 관한 醫療契約**

배우자, 자녀 또는 기타의 가족의 醫療行爲(진료나 치료)에 관한 계약은 제3자를 배려하는 것으로서 제3자를 위한 계약이라고 하여야 한다.[147] 따라서 醫療契約에 있어서 가족 등의 제3자는 의료행위에 하자가 있을 때 보호의무 위반을 이유로 하여 손해배상을 청구할 수 있는 외에, 주의깊은 의료행위(즉 의학의 원칙에 상응하는 의료행위)를 요구할 수도 있다.

(8) **他人(제3자) 名義의 銀行計座開設**

他人(제3자) 名義로 은행계좌를 개설하는 행위가 제3자를 위한 계약인지

---

143) 金基善, 債總, 341; 金曾漢, 債總, 172; 李太載, 債總, 297; 李銀榮, 債各, 152; 註釋債各(Ⅰ), 351.

144) 張庚鶴, 債總, 545; 金容漢, 債總, 584; 金疇洙, 債總, 424; 金亨培, 債總, 824-5; 李銀榮, 債總, 494.

145) 郭潤直, 債總, 515.

146) 通說임. 郭潤直, 債總, 522; 金基善, 債總, 342 등 참조.

147) 獨逸의 통설·판례임. MünchKomm/Gottwald, §328 Rdnr. 30; Soergel/Hadding, §328 Rdnr. 79; Staudinger/Kaduk, §328 Rdnr. 51 등 참조.

문제된다. 여기에 관하여는 제3자를 위한 契約임이 거래의 성질이나 관행으로부터 추정된다는 견해,[148] 예금자와 은행 사이에 제3자수익약정이 있는 경우에만 제3자를 위한 계약이 된다는 견해[149]가 주장되고 있다.

생각건대 타인 명의로 은행계좌를 개설하는 경우 가운데에는, 계좌개설행위자가 자신이 마치 名義人인 것처럼 名義人의 이름을 사용하여 행위를 하는 때가 있는가 하면, 행위자가 名義人이 아님을 명시적 또는 묵시적으로 밝히고서 행위를 하는 때도 있다.

이들 중 앞의 경우는 오늘날에 있어서는 행하여질 가능성이 희박하다. 왜냐하면 1993년 8월 13일에 제정·시행된 '金融實名去來 및 秘密保障에 관한 緊急財政經濟命令'이 있기 때문이다(§§3 I, 13 참조). 그렇지만 금융기관을 속이거나 기타의 방법으로 행위자가 他人의 이름으로 은행계좌를 개설하는 경우도 있을 수 있다. 그런데 그러한 경우에는 제3자를 위한 계약 여부가 아니고 단지 契約當事者의 결정이 문제될 뿐이다. 즉 합리적인 이론에 의하여 銀行去來契約의 당사자가 행위자인지 명의인인지를 결정하여야 하는 것이다.[150] 그리고 그때 명의인이 당사자로 결정된다고 하더라도, 거기에는 代理에 관한 규정이 적용[151]되며, 제3자를 위한 계약 여부가 문제되지 않는다.

그에 비하여 뒤의 경우, 즉 행위자가 자신이 名義人이 아님을 밝히고서 계좌개설행위를 하는 경우에는, 제3자를 위한 계약인지가 문제된다. 따라서 해석에 의하여 행위자와 은행 사이에 제3자에게 직접 權利를 취득시키는 意思表示(第3者條項)가 있는지에 따라 그것이 존재하면 제3자를 위한 계약으로, 그것이 존재하지 않으면 행위자의 계약으로 성질결정하여야 한다. 그런데 문제는 第3者條項의 유무가 불분명한 때이다. 그 때 제3자를 위한 계약의 성립을 推定하는 것이 적절하겠는가? 위에서 언급한 '金融實名去來 및 秘密保障에 관한 緊急財政經濟命令'만을 보면 제3자를 위한 계약의 추정이 온당할 것으로 생각된다. 그러한 推定이 은행을 곤란하게 할 여지도 없다. 왜냐하면 행위자가 통장 등을 가지고 예금을 청구하여 지급받으면, 은행은 債權의 準占有者에 대

---

148) 金疇洙, 101.

149) 李銀榮, 152; 註釋債各(I), 352.

150) 그에 관하여는 宋德洙, "他人의 名義를 사용하여 행한 法律行爲", 私法硏究 제12집, 335 이하; 宋德洙, "他人의 이름을 임의로 사용하여 체결한 契約의 當事者決定", 新聞 1996. 7. 22, 14면 참조.

151) 대리규정이 적용되는 것이 아니고 유추적용된다고 하는 견해도 있을 수 있으나, 私見은 '적용'되어야 한다고 생각한다.

한 辨濟(民 §470)에 의하여 그가 善意·無過失인 한 면책될 것이기 때문이다. 그러나 우리의 금융현실을 고려할 때 제3자를 위한 계약의 推定이 반드시 현실에 적합하다고 하기는 어렵다. 우리의 금융기관은 특히 金融綜合課稅의 대책을 위한 방법 또는 기타의 稅金支出을 줄이기 위한 방법으로 가족 명의로 예금을 분산하는 것을 권하기도 하기 때문이다. 이러한 현실에 비추어 볼 때, 타인 명의의 계좌개설의 경우에 제3자를 위한 계약으로 推定하는 것은 현실과 거리가 있는 해석으로 생각된다. 결국 제3자를 위한 계약인지 여부는 개별적인 경우의 해석으로 결정되어야 한다. 즉 개별적인 경우의 모든 사정을 고려하여 預金者의 意思에 의할 때 누가 은행에 대한 債權者로 되어야 하는지를 검토하여야 한다.[152] 계좌명의가 누구로 되어 있는지, 그리고 예금이 누구의 재산에서 연유한 것인지 등은 결정적으로 작용할 수 없는 간접증거에 지나지 않는다.

그에 비하여 行爲者가 자신을 밝히고 제3자의 명의로 지로契約을 체결하는 경우에는 특별한 반대사정이 없는 한 제3자를 위한 계약으로 보아야 한다.[153] 그리하여 지로名義者를 권리자로 인정하여야 한다. 왜냐하면 그 경우에는 은행이 그의 債權者에 관하여 명백히 알아야 하기 때문이다.

그리고 위의 이론은 은행계좌와 유사한 금융거래계좌(예컨대 證券 貯蓄計座)의 개설에 관하여도 마찬가지로 적용되어야 한다. 우리 判例는, 비록 '金融實名去來 및 秘密保障에 관한 緊急財政經濟命令'이 제정·시행되기 전이기는 하지만, 株式賣買去來計座 設定의 경우에 유사한 결과를 인정하였다. 그 判決은 다음과 같다.[154]

> "주식매매거래는 그 명의를 실거래자 이름으로 할 수 있음은 물론이고 그 명의를 타인이나 가명으로도 할 수 있고 실제거래에 있어서 거래자의 실명 아닌 다른 사람의 이름으로 거래를 하는 경우가 허다하므로, 주권매매거래 구좌설정계약서에 그 거래자 명의를 타인으로 표시하였다고 하여 곧 그 계약이 그 타인을 위한 것이라고 단정할 수 없을 것이고, 그 후 어떠한 경위로 그 타인이 위 주식거래에 관한 주권위탁자 통장이나 거래인감을 소지하게 되었다고 하더라도 그 이치는 마찬가지일 것이다."

(9) 當座預金契約

當座預金契約의 경우, 은행은 예금자와의 사이에 예금자가 발행한 수표에

152) Soergel/Hadding, § 328 Rdnr. 75; MünchKomm/Gottwald, § 328 Rdnr. 36.
153) Soergel/Hadding, § 328 Rdnr. 76; MünchKomm/Gottwald, § 328 Rdnr. 36.
154) 大判 86. 7. 22, 85다카239등(集 34-2 민 65).

대하여 예금의 한도(또는 貸越契約이 체결된 때에는 貸越의 한도) 내에서 지급하기로 약정한다. 그런데 이러한 약정은 특별한 정함이 없는 한 당사자 사이에서만 효력이 생기는 것으로 보아야 한다.[155][156] 判例도 아래에 보는 바와 같이 동일한 태도를 취하고 있다.[157]

> "수표발행인이 은행을 지급인으로 하는 것은 발행인과 은행 사이에 당좌예금계약에 따라 예금자의 예금이 있는 한도 또는 대월계약을 하였을 때에는 그 대월의 한도에 있어서 은행은 예금자를 위하여 수표의 지급보증을 하고 또는 그 지급을 할 것을 약정하는 것으로서 당사자간에 있어서만이 효력을 발생함을 원칙으로 하고 특별한 약정이 없는 한 제3자인 수표의 소지인을 위한 취지는 포함되지 아니한다고 보아야 할 것이므로 은행이 지급보증을 하였다든가 제3자인 수표소지인을 위하여 발행인과 은행간에 특약을 하였다는 것이 보이지 아니하는 본건에 있어서 소론의 부정수표단속법의 특수성에 비추어 지급인인 은행은 원고인 수표소지인에 대하여 지급할 의무를 가지는 제3자를 위한 계약이 성립되는 것이라는 논지는 독자적인 견해에 불과하고 원심이 앞서서 설시한 바와 같은 취지하에서 판단한 원판결은 정당하고 논지는 채용할 수 없다."

(10) 履行引受·債務引受

履行의 引受라 함은 채무자와 인수인 사이에 채무자의 채무를 인수인이 이행할 것을 약정하는 계약이다. 이러한 履行引受의 경우에는, 인수인이 채무자에 대하여 그의 채무를 이행하여야 할 의무를 부담할 뿐이며, 채권자가 인수인에 대한 채권을 취득하지는 않는다. 따라서 履行引受는 ——부진정한 제3자를 위한 계약에 해당하며—— 진정한 제3자를 위한 계약이 아니다.[158]

債務引受는 제3자를 위한 계약인가? 원칙적인 의미의 債務引受는 채무를 그것의 동일성을 유지하면서 引受人에게 이전할 것을 목적으로 하는 계약을 말하며, 이것은 뒤의 倂存的(중첩적) 債務引受와 구별하여 免責的 債務引受라고 한다. 이러한 채무인수의 당사자는 채권자·채무자·인수인의 三者일 수도

155) 同旨 註釋債各(I), 354; 李銀榮, 153; 兪曠洙, 101.

156) 이 경우 제3자는 직접 청구권을 가지지는 못하며, 단지 지급받을 수 있는 지위를 가지는 데에 불과하다. 그리고 그렇게 보면 당좌예금계약의 경우는 은행의 일종의 履行引受로 파악되게 된다.

157) 大判 70.11.24, 70다2046(總 3-2(A), 412-2).

158) 通說임. 代表的으로 郭潤直, 債總, 452; 郭潤直, 債各, 121; 黃迪仁, 民法 Ⅳ, 136. 그런데 郭潤直, 債總, 452 등 대부분의 문헌은, 履行引受에 있어서 인수인과 채무자가 특히 채권자로 하여금 직접 채권을 취득케 하면 일종의 제3자를 위한 계약으로서 유효하고 채권자는 직접 인수인에 대하여 권리를 취득하게 된다고 하나, 그 경우에는 이미 履行引受가 아니고 중첩적 채무인수 등으로 된다고 하여야 하며, 적어도 본래의 이행인수와는 다른 의미로 이해하여야 한다.

있고, 債權者·引受人, 債務者·引受人이나 채권자·채무자일 수도 있다. 이들 가운데 앞의 두 경우에는 채권자와 새로이 채무를 부담하게 되는 引受人이 당사자로 되어 있기 때문에 제3자를 위한 계약이 문제될 여지가 없다. 그리고 債權者·債務者가 당사자인 경우에는 제3자의 負擔을 목적으로 하는 계약에 해당하며, 그것에 대한 이론이 그대로 적용된다.[159] 따라서 제3자를 위한 계약인지 여부는 오직 債務者와 引受人 사이의 계약으로 채무인수를 한 경우에만 문제된다. 여기에 관하여는 견해가 대립된다. 多數說은, 免責的 債務引受는 채권자로 하여금 새로운 채권을 취득하게 하는 것이 아니므로 제3자를 위한 계약이라고 할 수 없다고 한다.[160] 일부 문헌은 "채무자와의 계약에 의한 免責的 債務引受는 종래의 채무자나 인수인에 대한 채권자의 승낙에 의하여 그 효력이 발생함(제454조)에 반하여, 제3자를 위한 계약에 있어서는 제3자의 受益의 意思表示는 제3자의 권리발생의 요건에 불과하고 契約 자체의 효력은 별단의 사정이 없는 한 성립과 동시에 당연히 발생하는 것이라는 점도 고려하여 否定說이 타당하다"고도 한다.[161] 그에 비하여 少數說은, 倂存的 債務引受나 免責的 債務引受는 채권자가 원래 채무자에 대하여 가지고 있던 채권이 존속하느냐 여부의 차이는 있으나(이것이 채무인수로서의 차이라고 함), 제3자가 채권을 취득한다는 점에서는 동일하므로 둘 모두 제3자를 위한 계약이라고 한다.[162] 생각건대 두 견해가 결과에서 차이를 가져오는 것은 아니지만, 이론적으로 판단해 볼 때 多數說이 타당하다고 할 것이다.

한편 倂存的(重疊的) 債務引受는 제3자(인수인)가 종래의 채무자와 더불어 새로이 동일내용의 채무를 부담하는 계약인데, 그것도 당사자의 면에서는 旣述한 免責的 債務引受와 같다. 따라서 채무자와 인수인 사이에 병존적 채무인수계약을 체결한 경우에만 제3자를 위한 계약인지가 문제된다. 그런데 여기에 관하여는 肯定說만이 주장되고 있다.[163] 그리고 判例도 같은 태도이다. 즉 우리 大法院은 "계약 당사자 사이에서 당사자 일방이 상대방 당사자가 제3자에게 부담하고 있는 채무와 동일한 내용의 채무를 중첩적으로 인수하여 직접 제3자에 대하여 이행하기로 약정하는 경우에는 제3자를 위한 계약이라고 보아

159) 後述 XI. 참조.
160) 郭潤直, 121; 李銀榮, 152; 金疇洙, 101; 註釋債各(Ⅰ), 350.
161) 註釋債各(Ⅰ), 350.
162) 黃迪仁, 民法 Ⅳ, 137.
163) 郭潤直, 債總, 450; 郭潤直, 債各, 121; 黃迪仁, 民法 Ⅳ, 136; 李銀榮, 152; 金疇洙, 101; 註釋債各(Ⅰ), 348.

야 할 것"이라고 하였다.[164]

(11) 그 밖에 우리 判例에 의하여 판단된 事例

大法院은, 賣買契約을 체결함에 있어서 매매목적물에 관하여 계약체결 이전에 발생한 전기료 등 債務도 매수인의 부담으로 청산하기로 한다는 내용의 약정을 한 경우에 관하여,

> "그 약정은 매도인이 전기료 등을 지급할 의무가 있음을 전제로 하여 그 채무를 매수인의 부담으로 청산한다는 취지로 해석함이 상당하고, 매도인이 지급할 의무조차 없는 전기료 등을 매수인으로 하여금 제3자에게 지급하도록 약정한다는 것은 일반 거래관념에 비추어 볼 때 이례에 속한다 할 것이므로 이를 인정하기 위해서는 그 약정의 동기와 경위, 당사자의 지위와 이해관계(매도인과 매수인 사이의 보상관계, 매도인과 제3자 사이의 대가관계 등), 거래관행 등 제반사정에 비추어 당사자들의 의사가 매도인이 지급할 의무조차 없는 전기료 등이지만 이를 매수인에게 부담시키려는 것이었다고 볼 만한 특별한 사정이 있어야 할 것이다.
>
> 그럼에도 불구하고 원심이 제일은행이 동오실업의 이 사건 체납 전기요금을 지급할 의무가 있는지 여부나 만약 이를 지급할 의무가 없다면 지급할 의무조차 없는 전기료 등을 아남정밀에게 부담시킬 만한 특별한 사정이 있었는지 여부 등을 심리판단하지도 아니한 채 제일은행과 아남정밀 사이의 이 사건 특약만으로 제3자인 피고를 위한 계약으로 인정한 것은 이 사건 특약조항의 해석을 잘못하였거나 심리를 다하지 아니한 위법을 저지른 것이라 할 것이다."

라고 하였다.[165]

大法院은, 약속어음의 發行人이 그 발행과 동시에 수취인에 대하여 발행인이 어음금을 支給期日에 지급하지 못할 때에는 어음소지인에게 어느 재산을 교부하기로 약속한 것은 受益者를 제3자로 하는 제3자를 위한 代物辨濟의 효과를 발생시키는 계약이라고 하였다.[166]

---

164) 大判 89.4.25, 87다카2443(集 37-1, 273). 大判 95.5.9, 94다47469(公 993, 2085)도 위의 判決을 인용하면서, "채무자와 인수인의 합의에 의한 병존적 채무인수는 일종의 제3자를 위한 계약이라고 할 것"이라고 하였다. 이 판결은, 제3자가 공장소유자로부터 공장건물과 공장대지의 분양계약자로서의 지위를 포괄적으로 인수하면서 그 공장건물에 의하여 담보된 공장운영과 관련하여 발생된 채무도 함께 인수하여 직접 채권자에게 변제하기로 약정한 경우에 관하여, "공장 양도인과 양수인간의 채무인수에 관한 합의에는 다른 특별한 사정이 없는 한 채권자로 하여금 인수인에 대하여 직접 채권을 취득하게 하는 의사도 내포되어 있다고 봄이 상당할 것이므로, 이 사건에서 피고와 A가 한 채무인수도 피고가 A에 대하여만 위 채무를 변제할 의무를 부담하는 단순한 이행인수가 아니라 피고가 채무자인 A와 나란히 채권자인 원고에 대하여도 채무를 부담하게 되는 병존적 채무인수라고" 전제한 뒤 위와 같이 판시하였다.

165) 大判 87.8.18, 86다카2857(公 809, 1454=總 §539 추록 162-4). 同旨 大判 87.12.8, 87다카2009(集 25-3, 327).

166) 大判 55.7.28, 4288民上165(集 3-1·2 민 11).

朝鮮高等法院 判例는, 원고가 소외인과의 사이에 원고는 피고에 대하여 수표금의 지급을 요구하지 않는다는 취지로 체결한 계약은 제3자를 위한 계약에 해당하고, 피고가 재판상 그 계약의 존재를 이익으로 원용하여 원고의 그 수표금의 訴求를 다투는 것은 受益의 意思表示를 한 것이라고 한다.[167] 그러나 위의 경우는 제3자를 위한 處分行爲(準物權行爲)이어서 본래의 의미의 제3자를 위한 계약의 문제가 아니다.[168]

大法院은, 미국경제원조당국과 피고(대한민국) 사이에 체결된 行政協定(국제합의)의 내용 중에 원고 공장에서 생산되는 석회를 피고 국가가 매수한다는 조항이 있다 하여 이것이 바로 私法上의 제3자를 위한 계약이라고 해석할 수는 없다고 하면서, 그 이유로 그 협정의 全文의 취지가 본건 공장의 세부운영방침에 대한 兩者간의 합의에 불과한 것으로서 위 협정의 어느 조항에도 원고회사에게 私法上의 권리를 국내법상으로 인정함을 약속한 흔적을 찾아볼 수 없다는 것을 들고 있다.[169]

또한 大法院은, 철도청에 대하여 미확정 공사대금채권을 가지고 있던 소외 회사가 그 채권의 債務者인 철도청의 채권양도 승인을 받아 피고 은행에 채권양도를 하였고, 피고 은행지점은 소외 회사로부터 위 미확정 공사대금채권이 확정되는 것을 조건으로 하여 그 중 일정금액을 원고(소외 회사에 대한 貸與金債權者)에게 지급하는 채무를 부담하라는 의뢰를 받고 이를 승낙한 경우에 관하여, 이는 피고 은행이 소외 회사와의 사이에 제3자인 원고에 대한 위 債務를 부담하는 내용의 계약을 체결한 것으로서 유효하다고 하였다.[170]

그리고 용역경비업체인 피고 회사가 소외 회사와의 사이에 용역경비계약을 체결하고 용역경비업무를 제공하여 왔는데 소외 회사의 감사의 집에서 그의 妻와 契員 등이 복면 괴한에 의하여 금품을 강취당한 경우에 관하여, 原審은 約款에 소외 회사 이외에 소외 회사의 임원이나 종업원 또는 그들의 가족 등 제3자의 손해에 대하여도 책임을 지기로 하는 아무런 명시적 규정이 없다고 하면서 제3자를 위한 계약이라고 한 데 반하여, 大法院은

> "이 사건 약관에 나타난 이 사건 계약의 목적 및 경비대상물의 정의규정과 손해배상규정을 살펴보면 소외 회사가 이 사건 계약의 용역경비의 보호대상이

167) 朝高判 30. 2. 14(總 3-2(A), 411).
168) 그에 관하여는 後述 X. 참조.
169) 大判 73. 10. 23, 69다841(總 3-2(A), 412-8).
170) 大判 76. 12. 28, 75다1610(總 3-2(A), 412-10).

되는 것이 아닐 뿐 아니라 경비대상물인 재산 및 생명과는 직접적으로 관련되어 있지 아니함을 알 수 있으므로, 최소한 피고 회사의 용역경비의무의 불이행으로 인한 손해배상청구에 있어서 위 약관상의 사용자는 소외 회사 외의 다른 제3자를 의미한다고 봄이 상당하다고 할 것이고, 따라서 이 사건 계약은 최소한 그 범위 내에서 제3자를 위한 계약으로서, 여기서 제3자라 함은 이 사건 용역경비업무의 성질, 손해배상책임의 대인배상한도액, 용역경비대상물의 소유 및 사용관계, 소외 회사가 이 사건 계약을 체결한 동기 내지 경위 등에 비추어 보면 경비대상물인 이 사건 건물을 일상적으로 사용하는 위 A(소외 회사의 감사 : 필자 註) 및 그의 처인 원고 B를 포함한 동거가족을 말한다고 봄이 상당하다고 할 것이다(피고도 원심에 이르기까지 이 점을 다투고 있지 아니하다).

그러나 나머지 원고들은 위 건물에 일시 방문한 자들로서 위 제3자의 범위에 속하지 아니한다 할 것이다."

라고 하였다.[171] 그러나 이 경우는 제3자를 위한 계약의 문제라기보다는 後述하는 第3者保護效力 있는 契約의 문제라고 보아야 할 것이다.[172]

또한 大法院은, 약속어음의 發行人이 약속어음에 대한 被詐取申告를 하고 어음금의 支給拒絶을 의뢰하면서 약속어음의 소지인이 정당한 권리자로 判明될 경우에 그 지급자금으로 충당하기 위하여 어음額面金 상당금액을 事故申告擔保金으로 예치한 경우에 관하여, 그 약정은 民法上의 제3자를 위한 계약에 해당하고, 따라서 약속어음의 소지인이 발행인을 상대로 약속어음금청구소송을 제기하여 勝訴判決을 받은 때에는 발행인은 事故申告擔保金에 대한 반환청구권을 행사할 수 없고, 따라서 피고 은행은 발행인의 담보금반환채권을 轉付받은 어음소지인에게도 담보금을 지급할 의무가 없으며, 어음소지인은 피고 은행을 상대로 직접 담보금지급을 구하여야 하고 발행인의 擔保金返還請求權을 轉付받아 청구할 것이 아니라고 하였다.[173] 더 나아가 어음소지인에 대한 은행의 支給義務는, 그가 정당한 권리자임이 판명된 경우에는, 비록 어음의 支給提示日로부터 6개월 이내에 이해관계인이 소송계속 중임을 입증하는 서면을 지급은행에 제시하여야 한다는 약정상의 조건을 갖추지 못하였더라도 발생한다고 한다.[174] 그리고 어음소지인이 정당한 권리자가 아니라고 판명되기도 전에 이를 함부로 어음발행인이나 어음발행인의 반환청구권을 채권의 동일성을 유지한 채 讓受받은 자에 불과한 轉付債權者에게 반환하거나 그에 대한 反

171) 大判 93.8.27, 92다23339(公 954, 2613).
172) 後述 XIII. 참조.
173) 大判 93.9.14, 93다16376(公 955, 2771).
174) 大判 94.4.15, 93다61000(公 969, 1442).

對債權과 相計할 수는 없다고 한다.[175] 또한 어음소지인이 事故申告擔保金의 지급을 청구할 수 있기 위한 요건으로서 정하여진 "어음소지인이 어음금지급 청구소송에서 승소하고 그 판결확정증명 등을 제출하여야 하는 경우"라는 것은 결국 어음의 소지인이 법원의 소송절차에 의하여 어음의 정당한 권리자임이 증명된 경우라는 의미로 해석함이 상당하므로, 보조참가인이 원고를 상대로 제기한 약속어음채권에 대한 整理債權確定訴訟에서 승소판결을 받고 그 판결이 확정되었다면 보조참가인은 위의 요건을 갖추게 되었다고 한다.[176]

大法院은, 대한민국이 서울특별시를 위하여 건설회사와 쓰레기처리장 건설공사계약을 체결한 사안에 관하여 제3자를 위한 계약을 인정하였다.[177] 그러나 이는 제3자가 보수도 지급하여야 하는 것으로서, 제3자가 채권을 취득하는 본래의 제3자를 위한 계약이 아니며, 일종의 제3자의 負擔을 목적으로 하는 계약에 해당한다. 따라서 그 경우에는 제3자의 同意나 追認이 없는 한 무효라고 하여야 한다.[178]

그리고 大法院은, 대한조선공사가 기업경영의 합리화를 위하여 그 소속 일부부서를 분리·독립시켜 계열회사를 설립하고 그 영업부분을 양도함에 따라 그 부서 근로자들이 公社에서 퇴직하고 신설회사에 신규입사함에 있어서 公社勞動組合이 그 근로자들을 위하여 公社와의 사이에 장래 신설회사가 조업이 불가능하여 고용을 유지하지 못하게 된 때에는 公社가 그 근로자들을 모두 재취업시키기로 하는 내용의 약정을 한 경우에 관하여, 이 再就業約定이 담고 있는 구체적인 내용에 비추어 보면, 이 약정은 대한조선공사 노동조합이 회사측과의 사이에 轉籍勤勞者들을 위하여 재고용계약을 미리 체결한 것으로서 이른바 제3자를 위한 새로운 勤勞契約이라고 하였다.[179]

한편 주택건설업자와 등록업자 사이에 등록업자가 舊 주택공급에 관한 규칙 제7조에 의한 連帶保證의 제출에 앞서 주택건설사업자의 요청에 따라 당해 주택의 준공과 그 대지의 저당권말소의 履行에 대한 연대보증을 제공하기로 약정한 경우에 관하여,

175) 大判 94.10.21, 94다16816(公 981, 3069).
176) 大判 95.1.24, 94다40321(公 987, 1132).
177) 大判 94.8.12, 92다41559(公 976, 2280).
178) 자세한 사항은 後述 XI. 참조.
179) 大判 94.9.30, 94다9092(公 979, 2839). 이는 근로자의 재취업의 가능성의 면에서 일종의 채권을 취득하는 것으로 이해될 수 있을 것이다.

"이는 달리 특별한 사정이 없는 한 주택건설사업자가 당해 주택의 준공과 그 대지의 저당권말소를 이행하지 아니하는 경우 등록업자가 이를 대신 이행하여 주택건설업자와 사이에 적법하게 분양계약을 체결한 입주자들에게 분양계약상의 주택공급의무를 이행할 것을 약정함으로써 이른바 조건부 제3자를 위한 계약을 체결한 것으로 볼 것"

이라고 하였다.[180)]

Ⅸ. 第三者에 대한 效力

1. 第三者의 債權取得

(1) 民法 第539條의 法體系上의 意味

19세기 獨逸에서는 제3자를 위한 계약의 이론구성에 관하여 근본적으로 서로 다른 견해들이 심하게 대립하고 있었다.[181)] 우선은 제3자를 위한 계약에 기하여 제3자가 債權을 취득하는 경우에, 그 제3자가 要約者의 權利承繼人으로서 채권을 취득하는가 아니면 처음부터 바로 취득하게 되는가에 관하여 다투어졌다. 많은 학자들은 제3자를 要約者의 權利承繼人으로 보았다(이른바 讓渡說 : Zessionstheorie). 이 견해에 의하면, 채권은 일단 要約者에게 취득되었다가, 그 뒤에 ―즉 "法律上의 순간"(juristische Sekunde) 후에 또는 후에 비로소― 要約者의 양도에 의하여 제3자에게 이전되게 된다. 이에 대하여 일부 학자는, 제3자가 債權을 전달받는 것이 아니고 ―요약자의 中間取得 없이― 곧바로(처음부터) 취득하게 된다고 주장하였다(이른바 直接取得說 : Anwachsungstheorie). 이러한 견해들은 실제에 있어서, 특히 제3자의 채권이 요약자의 채권자에 의하여 강제집행을 당하게 되는지의 문제에 관하여 차이를 보인다. 要約者의 中間取得을 인정하는 앞의 견해에서는 제3자를 위하여 결정된 채권에 대하여 요약자의 채권자가 강제집행할 수 있으나, 처음부터 제3자의 채권취득을 주장하는 뒤의 견해에서는 제3자가 그러한 강제집행으로부터 보호된다.[182)] 한편 讓渡說과 直接取得說의 대립과는 별도로 다른 실질적인 점에

180) 大判 96. 5. 28, 96다6592등(判公 96. 7. 15, 1988).
181) Soergel/Hadding, vor § 328 Rdnr. 4-6.
182) Soergel/Hadding, vor § 328 Rdnr. 5.

관하여 그 밖의 다툼도 있었다.[183] 일부 학자는 제3자의 채권취득을 위하여서는 권리취득에 대한 제3자의 承諾(Annahme)이 필요하다고 보았다(이른바 承諾說 : Acceptationstheorie). 권리취득에 관한 제3자의 同意만이 제3자의 私的自治的인 결정의 자유를 만족시키기 때문이라고 한다. 이 견해는 특히 프로이센一般란트法(I 5 §75)에서 명문화되었다. 이에 대하여 다른 학자들은, 제3자에게 권리취득을 소급하여 거절할 수 있는 가능성이 남아 있는 경우에는, 제3자는 그의 협력 없이도, 더욱이 그가 알지 못해도 채권을 취득할 수 있다고 하였다(拒絶說 : Ausschlagungstheorie). 이들 두 견해는 실제상으로는 특히, 제3자가 債權을 취득하는 시기가 언제인가, 그리고 유효하게 권리를 설정하는 승낙의 요건과 제3자의 소급적인 거절 가운데 어느 것이 法的으로 더 중요한가에 관하여 차이를 보이게 된다.[184]

그러면 우리 民法은 어떤 입장에 있는가? 民法은 §539 I 에서 제3자를 위한 계약의 경우에 제3자가 債務者(諾約者)에 대하여 직접 履行을 청구할 수 있다고 규정하고 있다. 이는, 제3자를 위한 계약에 있어서는 제3자가 要約者를 代位하지 않고 직접 자신이 履行을 청구할 수 있다는 의미이다. 즉 제3자가 諾約者에 대하여 債權을 취득한다는 것이다. 물론 債權取得의 근거는 要約者와 諾約者 사이의 계약이다(民 §539 I 앞부분 참조). 그러고 보면 民 §539 I 은 제3자를 위한 계약의 경우에 제3자는 契約으로부터 곧바로, 즉 "직접"[185] 債權을 취득한다는 취지를 규정하고 있는 셈이다. 그리고 民 §539 II 에서는 그 경우에 제3자의 권리는 그 제3자가 債務者(諾約者)에 대하여 계약의 이익을 받을 意思를 表示한 때에 생긴다고 한다.

이 두 규정에 관하여 우리의 學說[186]은, 民 §539 I 에는 근대적인 第3者

183) 獨逸普通法時代에는 이들 견해 외에도 요약자가 제3자의 無權代理人이고 제3자의 수익의 의사표시가 無權代理의 追認에 해당한다고 하는 代理說도 주장되었었다. 그런데 이러한 代理說도 ―그 이론의 當否는 別論으로 하고― 本文의 관점에서 직접취득설, 승낙설로 분류해 볼 수 있다.

184) Soergel/Hadding, vor §328 Rdnr. 6.

185) 여기의 "직접"은 民 §539 I 의 法文上의 것이 아니고 해석상 추론된 것이다. 생각하기에 따라서는 ―특히 民 §539의 연혁 등에 비추어― 民 §539 I 의 "직접"을 "代位함이 없이"의 의미가 아니고 권리취득이 바로 계약에 기인한다는 의미로 새길 수도 있겠고, 그런 때에는 "직접"을 해석의 추론에 의하여 추가할 필요는 없을 것이다. 그러나 그것은 결과적으로는 타당하고 간명하지만 적어도 文理的으로는 어색하다.

186) 郭潤直, 115-6. 同旨 金顯泰, "第3者를 위하여 하는 契約에 관한 考察", 法曹 5(1966. 7·8), 3. 한편 張在賢, "第3者를 위한 契約에 관한 一試論", 민법전시행 30주년 기념논문집 「민법학의 회고와 전망」, 1993, 534-5도 民 §539를 잘못된 규정이라고 하면서 同條 I 은 "제3자가 수익을 하지 않겠다는 의사표시(수익의 거부 의사표시)를 해제조건으로 당사자의 계약으로 효력을 발생한다(해제조건부 직접 발생)"고 해석하여야 한다고

契約의 法理가 그대로 인정되어 있어서 그것만을 떼어서 보면 계약당사자가 원하는 데 따라 제3자는 아무런 행위를 하지 않고서도 債權을 취득하는 것과 같이 보이지만 同條 Ⅱ에서는 제3자의 權利의 발생이 수익의 意思表示를 하느냐 않느냐에 의하여 좌우되고 要約者·諾約者 사이의 계약에 기하여 제3자가 곧 債權을 취득하는 法理는 긍정되어 있지 않은 것처럼 보여서, 이들은 적어도 表面上 서로 모순을 보인다고 한다.

그러나 이러한 설명은 올바르다고 할 수 없다. 위의 견해는 民 §539 Ⅰ에서의 "직접"이라는 표현이 "제3자의 承諾이나 기타의 協力 없이"라는 의미까지도 포함하고 있다고 보는 입장인데,[187] 그것은 民法의 태도를 잘못 파악한 것이다. 既述한 19세기 독일의 견해대립에서 본 바와 같이, 제3자를 위한 계약의 경우에 제3자가 그 계약으로부터 "직접" 債權을 취득하는가와 제3자가 債權을 취득하기 위하여 承諾이나 기타 협력을 하여야 하는가는 별개의 것이다. 前者는 제3자가 債權을 中間取得者인 要約者로부터 양도받지 않고 계약으로부터 곧바로(처음부터) 취득하느냐의 문제이며, 後者는 제3자가 債權을 취득하려면 그의 일정한 協力을 필요로 하느냐의 문제이다. 즉 民 §539 Ⅰ에서 추론되는 "직접"은 "간접"(傳來 내지 讓渡)에 반대되는 용어로서 "곧바로"(처음부터)라는 의미이고, 그것은 "제3자의 協力 없이"라는 의미까지도 포함하는 것은 아니다.[188] 제3자의 權利取得에 그의 협력이 필요한가에 관하여는 民 §539 Ⅱ에서 분명히 규정하고 있다. 그러고 보면 우리 民法에서는, 제3자를 위한 계약의 경우에 제3자는 수익의 意思表示를 하여야만 債權을 취득하게 되지만(民 §539 Ⅱ), 그가 수익의 意思表示를 하여 債權을 취득하게 되는 때에는 그는 要約者에 의하여 매개됨이 없이 契約으로부터 곧바로 債權을 취득하게 되는 것이다(民 §539 Ⅰ). 요컨대 우리 民法은 제3자를 위한 계약을 直接取得說과 함께 承諾說의 입장에서 규율하고 있다.[189] 民法이 제3자의 권리취득에 그의 受

주장한다. 그리고 그에 관하여 두 가지의 이유를 들고 있다. 그러나 그 이유는 설득력을 가질 수 없는 것들이다.

187) 이러한 誤解는 독일에서도 흔히 발생하고 있다. 가령 Zweigert/Kötz(註 34), S.164가 그렇다.

188) 同旨 Soergel/Hadding, §328 Rdnr. 9. 그에 비하여 金玟中, "契約과 第3者", 민법전시행 30주년 기념논문집 「민법학의 회고와 전망」, 1993, 489는 "제3자의 협력 없이"까지도 포함하는 의미라고 이해한다. 그러한 태도는 民 §539 Ⅱ과 조화를 이룰 수 없다.

189) 참고로 말하면, 獨逸民法은 直接取得說 및 拒絶說의 입장이다. 다만, 독일의 통설과 달리, Soergel/Hadding, §328 Rdnr. 13-15는 獨逸民法이 直接取得說과 承諾說의 입장이라고 한다.

益의 意思表示를 요구한 것은 아무도 타인이 체결한 계약에 의하여 권리취득이 강요될 수 없다는 自由主義의 기본적 요청을 立法化한 것이라고 할 수 있다. 한편 우리 民法上 제3자를 위한 계약에 있어서 제3자가 債權을 취득하는 경우에는 그가 계약으로부터 "직접" 債權을 취득하기 때문에, 要約者의 債權者는 그 債權에 대하여 強制執行을 할 수 없다.[190]

(2) 受益의 意思表示의 法的 性質

前述한 바와 같이, 우리 民法에서는 제3자가 수익의 意思表示를 하여야만 債權을 취득하게 된다. 그런데 이것이 수익의 意思表示가 있어야만 제3자를 위한 계약이 성립한다거나 效力을 발생한다는 의미는 아니다. 수익의 意思表示가 없더라도 제3자를 위한 계약이 성립하고 당사자 사이에 效力을 발생하는 데에는 전혀 지장이 없다. 그러고 보면 제3자의 受益의 意思表示는 제3자를 위한 계약의 成立要件이나 效力發生要件이 아니고 제3자가 債權을 취득하기 위한 요건이라고 하여야 한다. 우리의 通說[191]도 "제3자의 권리의 發生要件"이라고 하여 같은 태도를 취하고 있다. 그에 비하여 ——제3자를 위한 계약의 경우에 제3자의 權利는 수익거절의 의사표시를 해제조건으로 하여 당사자의 계약으로 생긴다고 하면서—— 수익의 의사표시는 제3자의 權利發生要件이 아니고 단지 民 §541가 정한 당사자의 '제3자권리의 변경·소멸권'을 소멸시키는 효과를 발생시키는 것에 지나지 않는다고 하는 견해가 주장된다.[192] 그 이유로 民 §539 Ⅰ·Ⅱ의 모순을 해결하기 위해서라는 점과, 變更·消滅은 발생 후의 문제이므로 時期가 달라져야 하고, 만일 그렇게 새기지 않으면 變更·消滅權의 의미가 없다고 한다. 그러나 民 §539의 Ⅰ·Ⅱ은 모순되지 않은 해석이 가능할 뿐만 아니라, 受益의 意思表示 없이 계약만으로 제3자에게 권리가 발생한다는 해석은 民 §539 Ⅱ에 명백히 반하며, 제3자권리의 변경·소멸은 제3자가 권리취득을 확정짓기 전에도 충분히 의미가 있기 때문에, 이러한 少數說은 타당하지 않다.

(3) 民法 第539條 第2項의 強行規定性

수익의 意思表示는 제3자의 債權取得의 절대적 요건인가? 바꾸어 말하면

190) Soergel/Hadding, §328 Rdnr. 8.

191) 郭潤直, 127; 金曾漢, 73; 金疇洙, 102; 李太載, 96; 註釋債各(Ⅰ), 360. 그에 비하여 張在賢(註 186), 535-6은, 수익의 의사표시는 당사자의 '제3자의 권리의 변경·소멸권'의 시기 및 효과를 규정한 것이라고 한다.

192) 張在賢(註 186), 535-6.

要約者와 諾約者가 제3자의 수익의 意思表示를 기다리지 않고 제3자가 당연히 債權을 취득한다고 약정한 경우에는, 民 §539 Ⅱ이 적용되지 않고 그 약정에 따라 수익의 意思表示 없이도 제3자가 債權을 취득하게 되는가? 이것이 民 §539 Ⅱ의 강행규정성 여부의 문제이다. 이에 관하여는 肯定說(절대적 요건설 : 強行規定說)[193]과 否定說(상대적 요건설 : 任意規定說)[194]이 대립하고 있으며, 後者가 약간 다수설이다.

肯定說(強行規定說)이 드는 이유는 다음과 같다. 첫째로 利益이라도 意思에 반하여서는 강요하지 못하게 하는 것이 民法의 원칙이다.[195] 둘째로 제3자를 위한 계약은 負擔附로 權利를 취득시킬 수도 있기 때문에 受益表示 不要約定의 유효성을 인정할 필요가 없다.[196] 셋째로 否定說은 제3자에게 권리를 포기할 자유가 있기 때문에 이익을 강제당한다는 결과가 되지 않는다고 하나, 우리 民法은 권리의 포기에 遡及效를 인정하지 않아서 제3자에게 이익을 주기는커녕 부당히 손해를 주는 경우가 있을 수도 있다.[197] 넷째로 특히 保險契約·運送契約·信託·供託 등의 경우에는 明文으로 제3자의 수익의 의사표시를 요구하고 있지 않으므로 法律規定이 없으면 수익의 의사표시를 요하는 것으로 해석된다.[198] 이에 대하여 否定說(任意規定說)은 다음과 같은 이유를 든다. 첫째로 近代的 法理에서는 제3자에게 직접 어떤 부담을 과하는 것이 아니면 제3자에게 이익이 되는 권리를 취득하게 하는 것은 社會秩序에 반하지 않는다는 데서 제3자를 위한 계약의 효력이 인정되고 있다.[199] 둘째로 保險契約·運送契約·信託·供託 등에서는 제3자가 당연히 권리를 취득하게 됨을 직접 또는 간접으로 인정하고 있다.[200] 셋째로 수익의 의사표시 없이 권리를 취득하게 되는 제3자도 그 권리를 포기할 수 있는 자유가 있어서 이익을 강제당하는 결과가 되지 않는다.[201]

생각건대, 前述한 바와 같이,[202] 제3자를 위한 계약에 기하여 제3자가

193) 金曾漢, 73; 金基善, 75; 金疇洙, 102; 金曾漢·安二濬, 新債各(上), 103.
194) 郭潤直, 128, 李銀榮, 156; 註釋債各(Ⅰ), 361; 李根植(註 47), 37; 金顯泰, 58; 崔栻, "第3者를 위한 契約", 司行 1964. 9, 25; 金錫宇, "第3者를 위한 契約", 考試界 1969. 6, 47.
195) 金基善, 75; 金曾漢, 73; 金疇洙, 102; 金曾漢·安二濬, 新債各(上), 103.
196) 金曾漢·安二濬, 新債各(上), 103; 金疇洙, 102.
197) 金基善, 75; 金曾漢·安二濬, 新債各(上), 103; 金疇洙, 102.
198) 金基善, 75.
199) 郭潤直, 127.
200) 郭潤直, 127.
201) 郭潤直, 127-8.
202) 前述 Ⅲ. 2. 참조.

債權을 취득하게 되는 것은 私的 自治의 당연한 결과가 아니다. 제3자의 私的 自治를 생각한다면 오히려 "私的 自治 때문에" 권리취득이 부정되어야 한다. 다만 法律에 이를 인정하는 明文規定이 있는 경우에는 사정이 다르다. 그 때에는 法律規定에 의하여 제3자의 권리취득 약정도 有效하게 될 수 있는 것이다. 그런데 民 §539 Ⅰ이 바로 그러한 규정이다. 한편 제3자를 위한 계약의 유효성을 인정하는 경우 法律은 明文으로 제3자의 承諾이나 기타의 협력 없이 債權이 제3자에게 취득되는 것으로 규정할 수도 있다.[203] 그러나 우리 民法은 제3자에게 그의 意思에 반하는 권리취득을 강요하지 않기 위하여 제3자의 수익의 意思表示를 요구하고 있다. 이러한 우리 民法上 수익의 意思表示 不要의 특약은 有效할 수 없다. 要約者와 諾約者 사이에 특약이 있다고 하여 제3자가 당연히 권리를 취득하게 된다면, 그것은 곧 제3자에게 권리취득을 강요하는 것으로서 民 §539 Ⅱ의 취지에 반하게 된다. 權利를 포기할 수 있기 때문에 利益의 強要가 아니라는 否定說의 주장(셋째 이유)은, 債務에 대하여도 똑같이 말할 수 있는 것이며, 따라서 경청할 것이 못된다. 그리고 몇몇 구체적인 경우에 있어서의 受益表示 不要에 관한 法律規定은 부정설의 근거만 될 수 있는 것은 아니고, 반대해석을 한다면 오히려 긍정설의 근거로 되게 된다.[204] 또한 否定說의 첫째 이유는 제3자를 위한 계약 자체의 인정이유는 될지언정 여기의 부정설의 근거로서는 별 의미가 없다.

결국 受益表示 不要의 특약은 強行規定인 民 §539 Ⅱ에 반하여 無效라고 하여야 한다.[205] 다만 他人을 위한 保險契約(商 §639 Ⅰ), 제3자를 위한 信託(信託 §51)의 경우와 같이 法律이 明文으로 수익의 의사표시를 요구하지 않거나, 辨濟를 위한 供託의 경우처럼 명문은 없지만 수익의 의사표시가 요구되지 않음이 해석상 당연한 때에는 수익의 의사표시는 필요하지 않다. 우리 나라의 肯定說도 같은 입장이다.[206]

(4) 受益의 意思表示의 方法

수익의 意思表示는 제3자(受益者)가 債務者, 즉 諾約者에 대하여 하여야 한다(民 §539 Ⅱ). 그 意思表示는 명시적으로뿐만 아니라 묵시적으로도 행하여질 수

203) 獨逸民法이 그러한 입장이다(同法 §333 참조).
204) 긍정설의 넷째 이유 참조.
205) 긍정설의 둘째 이유는, 제3자를 위한 계약에 기하여 제3자가 채권을 취득하면서 동시에 反對給付義務나 또는 그 밖에 일정한 부담을 지는 것을 부정하여야 한다는 私見의 입장(後述 Ⅺ. 참조)에서는 긍정설의 이유로 될 수 없다.
206) 金曾漢, 73; 金基善, 75; 金曾漢·安二濬, 新債各(上), 103.

있다. 그리하여 예컨대 제3자가 要約者를 代理하여 제3자 자신을 위한 계약을 諾約者와 체결한 때에는 특별한 사정이 없는 한 제3자는 적어도 묵시적으로 수익의 意思表示를 한 것으로 인정하여야 하고 또 제3자가 諾約者에게 履行請求를 한 때에는 수익의 意思表示가 있는 것으로 볼 수 있다.[207] 또한 이는 裁判 외에서 뿐만 아니라 裁判上 행하여질 수도 있다. 우리 判例는, 제3자가 裁判上 제3자를 위한 계약의 존재를 이익으로 援用하여 諾約者의 手票金의 訴求를 다투는 것은 수익의 意思表示를 한 것으로 보며,[208] 제3자를 위한 계약에 있어서 제3자가 受益의 意思를 기재한 訴狀 내지 準備書面을 진술하고 이 서면들이 債務者(諾約者)에게 送達되면 그 때에 수익의 意思表示가 있는 것으로 볼 수 있다고 한다.[209] 그리고 債權者에게 유리한 併存的 債務引受에 대하여 債權者인 원고가 저당목적물에 대하여 임의경매신청을 하였다거나 또는 공장대지에 관한 소유권이전등기를 유보하여 줄 것을 요청하였다는 사실만으로 受益의 의사표시를 거절한 것으로 볼 수는 없다고 한다.[210] 그 밖에 제3자의 수익의 意思表示에는 意思表示에 관한 一般規定이 적용된다.

수익의 意思表示는 權利만을 얻는 행위이므로, 제3자는 그가 未成年者나 限定治産者와 같은 無能力者라 할지라도 法定代理人의 동의 없이 단독으로 할 수 있으며(民 §5 I 但書, §10), 단독으로 행한 受益表示는 無能力을 이유로 取消할 수 없다. 물론 이는 제3자에게 債權을 취득시키면서 동시에 의무도 부담시키는 계약을 유효하다고 보지 않는 私見의 입장에서의 설명이다. 그러나 이러한 계약의 有效性을 인정하는 通說에 있어서는 경우를 나누어 債權만 취득되는 경우에 한하여 단독으로 할 수 있다고 하여야 한다.

2. 受益의 意思表示 이전의 第三者의 地位

제3자를 위한 계약의 경우에 수익의 意思表示를 하느냐 여부는 제3자의 自由에 맡겨져 있다. 그런데 만약 제3자가 수익의 意思表示를 하게 되면 그것만으로 제3자는 債權을 취득하게 된다. 따라서 제3자는 수익의 意思表示가 있기 이전에도 일방적인 意思表示에 의하여 권리를 취득할 수 있는 지위에 있게 되며, 그것은 일종의 形成權이라 할 수 있다. 제3자의 위와 같은 權利는

207) 註釋債各(Ⅰ), 361.
208) 朝高判 30. 2. 14(註 167).
209) 大判 72. 8. 29, 72다1208(總 3-2(A), 412-6).
210) 大判 95. 5. 9, 94다47469(公 993, 2085).

당사자의 契約으로 변경 또는 소멸될 수 있다(民 §541의 반대해석).[211]

제3자의 權利(形成權)가 一身專屬權인가에 관하여는 견해가 대립하고 있다. 多數說[212]은, 제3자의 形成權은 당사자의 계약으로 변경 또는 소멸될 수 있는 대단히 不安定한 것이기는 하나 재산적 색채가 강하므로 相續·讓渡는 물론이고 債權者代位權의 목적이 된다고 한다. 그에 비하여 少數說[213]은 權利者 본인의 의사를 존중한다는 이유로[214] 一身專屬權이라고 하며, 따라서 상속·양도·압류 및 債權者代位權의 목적이 되지 않는다고 한다. 생각건대 이는 제3자를 위한 계약, 특히 基本關係의 해석의 문제이다. 그러므로 당사자들의 表示·계약의 취지·거래관행 등 諸般事情을 고려하여 특정한 제3자만이 행사할 수 있는 것인지 여부를 결정하여야 한다. 그런데 만약 해석으로 결정할 수 없는 불분명한 경우에는 多數說처럼 一身專屬權으로 보지 않음이 옳을 것이다.

제3자가 수익의 意思表示를 할 수 있는 기간, 즉 제3자의 權利의 存續期間은 그에 관하여 要約者와 諾約者 사이에 특약이 있느냐에 따라 다르다. 당사자가 제3자의 權利의 存續期間을 계약에서 정하고 있으면, 그 기간 동안 존속하게 된다. 그에 비하여 존속기간의 약정이 없는 경우에는 문제이다. 여기에 관하여는 10년의 除斥期間에 걸린다는 견해,[215] 10年의 消滅時效에 걸린다는 견해,[216] 어느 說을 취해도 결과는 마찬가지일 것이라는 견해[217]가 대립된다. 그러나 除斥期間과 消滅時效는 中斷이나 停止의 인정 등에 있어서 차이가 있으므로 어느 견해든 결과적으로 상관없다고 할 수는 없고, 제3자를 위한 계약에서 要約者의 諾約者에 대한 債權이 10年의 時效에 걸리므로 10년 동안 존속한다고 하여야 하는데 제3자의 權利가 中斷이나 停止가 인정되지 않는 形成權이기 때문에 그 기간은 除斥期間이라고 하여야 할 것이다. 즉 제3자의 權利

211) 郭潤直, 128; 註釋債各(Ⅰ), 362.
212) 郭潤直, 128; 金曾漢, 74; 金曾漢·安二濬, 新債各(上), 103-4; 金疇洙, 103; 李銀榮, 157. 朝高判 40. 3. 19(總 3-2(A), 411)도 "제3자를 위하여 하는 계약에 있어서 제3자가 아직 수익의 의사표시를 하기 전에 있어서는 제3자의 권리는 이를 타에 양도하여도 채무자(낙약자 : 필자 註)에 그 효력을 미치게 되는 것이 아니다"라고 한다.
213) 金基善, 76.
214) 그 밖에, 제3자의 이 권리는 언제 당사자 사이의 계약으로 변경·소멸될지 모르므로 대단히 불안정하고 아직은 낙약자에 대하여 給付를 청구할 수 있는 청구적인 내용을 가지고 있지 않으며, 계약으로 지정된 제3자에게만 부여되고 있다는 점도 이유로 들어질 수 있을 것이다.
215) 郭潤直, 128; 金曾漢, 74; 金疇洙, 103; 李根植(註 47), 38; 金錫宇(註 194), 48.
216) 金基善, 76; 金曾漢·安二濬, 新債各(上), 104; 崔栻, 121; 金顯泰, 58; 李亥雨(註 47), 33.
217) 註釋債各(Ⅰ), 363.

는 10년의 除斥期間에 걸린다.

이처럼 제3자의 權利의 존속기간에 관하여 당사자 사이에 약정이 없는 경우에는, 제3자가 그의 一方的인 意思表示에 의하여 행사하는 권리가 10년간 존속할 수 있어서 諾約者는 매우 불안정한 지위에 놓인다.[218] 따라서 民法은, 이 경우에 諾約者는 상당한 기간을 정하여 계약의 이익의 享受 여부의 확답을 제3자에게 催告할 수 있고 諾約者가 그 기간 내에 확답을 받지 못한 때에는 제3자가 계약의 이익을 받을 것을 거절한 것으로 看做하고 있다(民 §540).[219]

제3자가 受益의 意思表示를 하여 발생하는 제3자의 채권의 존속기간은 제3자가 수익의 의사표시를 할 수 있는 기간과 같은 것은 아니다. 제3자의 채권은 그의 수익의 의사표시가 있는 때에 발생하고, 그 때부터(만일 履行期가 도래하지 않은 경우에는 이행기가 도래한 때부터) 독립하여 새롭게 消滅時效가 진행하게 된다. 이에 대하여, 제3자가 형성권을 행사하여 발생한 채권에 새로운 時效의 진행을 별도로 인정하는 것은 결국 제3자의 債權에 대한 소멸시효기간을 연장해 주는 것으로서 法이 의도하지 않은 不合理한 결과를 초래하므로 수익의 의사표시에 의해 제3자가 취득하게 되는 債權의 消滅時效도 形成權을 행사할 수 있게 되는 계약 성립시부터 진행을 개시하여 10년으로 소멸한다고 보아야 한다는 견해도 주장될 여지는 있다.[220] 그러나 이에 의하면 제3자의 債權이 행사될 수 없는 때에도 소멸시효가 진행되는 결과가 되어, 時效制度의 취지에 반하게 되어 부당하다.

要約者의 諾約者에 대한 채권에 관하여 時效의 중단이 있을 경우, 그 효과가 제3자의 形成權(受益表示를 할 수 있는 권리)에도 미친다는 견해[221]가 있다. 생각건대 이 두 기간이 모두 소멸시효기간도 아니고, 또 설사 둘 모두를 時效期間이라고 하더라도 그러한 결과를 인정할 근거를 찾을 수가 없다. 따라서 위의 견해에는 반대하여야 한다. 要約者의 債權이 時效로 소멸하였다고 하여 제3자의 受益表示를 할 수 있는 권리가 그에 영향을 받지도 않는다고 하여야 한다. 제3

218) 그러나 金曾漢·安二濬, 新債各(上), 110은 "제3자의 수익의 의사표시가 없더라도 계약은 효력을 발생하고, 따라서 요약자의 권리와 낙약자의 채무도 확정적으로 발생하였으므로 낙약자는 별로 불안한 지위에 놓여 있는 것은 아니다"라고 한다.

219) 그에 관한 자세한 사항은 後述 民 §540의 注解를 참조하라. 다만 여기서 한 가지만은 언급하기로 한다. 同條에 의하면, 낙약자의 催告權이 "前條의 경우", 즉 제3자를 위한 계약의 경우에 인정된다고 하여, 적어도 외관상으로는 제3자의 권리의 존속기간의 약정이 있는 때에도 적용되어야 할 것처럼 보이지만, 그렇게 새기면 당사자의 약정이 무시되게 된다. 따라서 同條는 존속기간의 약정이 없는 때에만 적용된다고 해석하여야 한다(明文으로 그러한 경우에만 최고권을 인정하는 民 §552 참조).

220) 註釋債各(Ⅰ), 363 참조.

221) 註釋債各(Ⅰ), 363; 金顯泰, 58.

자의 그 권리는 결코 요약자의 債權의 從된 權利도 아니기 때문이다(民 §183 참조).

제3자의 受益表示權의 존속기간은 계약성립시부터 起算하나, 다만 그 권리에 始期 또는 停止條件이 붙어 있는 때에는 期限이 도래하거나 조건이 성취된 때부터 起算한다.[222]

3. 受益의 意思表示 후의 第三者의 地位

(1) 수익의 意思表示가 있으면 제3자는 債權을 ―要約者로부터 양도받는 것이 아니고― 계약으로부터 직접 취득하게 된다. 이처럼 제3자는 債權, 즉 給付請求權만을 취득하기 때문에 諾約者의 행위 자체가 不法行爲가 되거나 계약 자체가 무효인 경우에는 제3자는 특별한 사정이 없는 한 諾約者의 不法行爲로 인한 損害賠償請求나 債務不履行을 이유로 하는 損害賠償請求는 할 수 없다.[223] 그리고 제3자의 受益의 意思表示가 있은 뒤에 낙약자의 債務不履行이 있으면 제3자는 물론 損害賠償을 청구할 수 있다.[224] 한편 요약자가 계약을 解除한 경우에는,[225] 제3자는 낙약자에게 자기가 입은 손해의 배상을 청구할 수 있으며, 따라서 都給에 있어서 제3자가 완성된 목적물의 瑕疵로 인하여 손해를 입었다면 受給人은 그 손해를 배상할 의무가 있다.[226]

그리고 제3자의 受益表示가 있으면 계약당사자는 제3자의 권리를 변경 또는 소멸시키지 못한다(民 §541).[227] 그러나 계약당사자가 미리 契約에서 제3자의 권리가 발생한 후에도 그것을 변경 또는 소멸시킬 수 있음을 보류한 때에는 예외이다.

(2) 제3자는 契約의 당사자가 아니다. 따라서 그는 諾約者의 債務不履行을 이유로 계약을 解除할 수 없으며, 解除를 원인으로 한 原狀回復請求權도 없다.[228] 또한 要約者의 無能力이나 錯誤 또는 諾約者의 詐欺·強迫 등을 이유로 계약을 取消하지도 못한다. 그리고 法律行爲의 상대방의 善意·惡意·過失·無過失 등이 문제될 때(民 §§126, 129, 135, 570-580 등)에는 오직 要約者에 관하여만 그것을 문제

222) 金基善, 76; 註釋債各(Ⅰ), 363.
223) 大判 66. 6. 21, 66다674(集 14-2 민 75).
224) 이 때 요약자도 그러한 권리를 가지는지가 문제되나, 그에 관하여는 뒤의 Ⅷ. 2에서 자세히 논하기로 한다.
225) 바로 뒤에 보는 것처럼 제3자는 解除權이 없다.
226) 大判 94. 8. 12, 92다41559(公 976, 2280).
227) 여기에 관하여 자세한 사항은 後述 §541의 注解를 참조하라.
228) 大判 94. 8. 12(註 226).

삼아야 한다.[229] 예컨대 他人의 物件의 賣買에 있어서 要約者가 그 물건이 賣渡人(諸約者)에게 속하지 않음을 알고 있었던 때에는 제3자는 善意이더라도 損害賠償을 청구하지 못한다. 한편 意思와 表示의 不一致나 詐欺·強迫의 유무에 관하여도 要約者와 諸約者를 표준으로 하여야 한다. 그런데 詐欺(및 強迫)에 대하여는 좀더 검토하여야 할 문제가 있다. 以下에서 보기로 한다.

(3) 제3자를 위한 계약에 있어서는 要約者와 受益者와의 밀접한 관계로 말미암아 民 §110 Ⅱ에 규정된 제3자의 詐欺와 관련하여 특수한 문제가 생긴다. 즉 수익한 제3자가 諸約者(表意者)에 대하여 詐欺를 행한 때에는 要約者(상대방)가 善意·無過失인 때에도 諸約者는 계약을 取消할 수 있는가, 그리고 수익자 아닌 제3자(第4者)가 諸約者(表意者)에 대하여 詐欺를 행하였고 要約者(상대방)는 이에 대하여 善意·無過失이었으나 수익한 제3자가 惡意이거나 善意이지만 過失이 있는 때에는 諸約者가 계약을 取消할 수 있는가가 문제이다. 이는 強迫의 경우에도 똑같이 문제된다. 그러나 우리 문헌들은 대체로 詐欺의 경우에 관하여만 논의하고 있다.[230] 그것은 아마도 獨逸民法의 영향 때문이 아닌가 생각된다. 獨逸民法은 詐欺에 관하여, 문제되는 위의 두 경우에 取消를 인정하는 明文規定을 두고 있다(獨民 §123 Ⅱ 2文).[231] 그러나 우리 民法에는 그와 같은 규정이 두어져 있지 않다. 따라서 해석으로 결정하여야 하는데, 그에 관하여는 學說이 대립하고 있다.

通說[232]은 위의 두 경우에 取消를 인정하지 않는다. 이 견해는, 受益者가 諸約者를 欺罔한 경우에 대하여, 그 제3자(수익자)는 계약당사자가 아니고 또한 계약의 효과는 그 전부가 제3자(수익자)에 관하여 생기지 않고 要約者도 權利·義務를 취득하므로 그 要約者를 보호할 필요가 있다는 이유로, 그것은 상대방의 詐欺라고 할 것이 아니고 제3자의 詐欺라고 할 것이라고 한다.[233] 그리하여 要約者가 受益者의 詐欺事實을 안 경우, 즉 惡意인 경우에만 取消할 수 있다고 한다. 그에 비하여 수익자 이외의 제3자가 諸約者를 欺罔한 경우에 관하여는 특별한 이유를 제시하지 않고서 要約者가 善意인 이상 取消할 수 없다고

229) 郭潤直, 129; 金疇洙, 104; 註釋債各(Ⅰ), 364.
230) 다만 李英俊, 總則, 419는 強迫의 경우도 언급하고 있다.
231) 그에 관한 자세한 내용은 宋德洙, "詐欺·強迫에 의한 意思表示", 社會科學論集(梨大法政大), 10, 73-4; 民法注解(2), 538-9 참조.
232) 郭潤直, 129; 金曾漢, 74-5; 金疇洙, 104; 註釋債各(Ⅰ), 364; 金顯泰, 60; 金曾漢·.安二濬, 新債各(上), 105-6; 崔栻(註 194), 27; 李根植(註 47), 38.
233) 郭潤直, 129; 註釋債各(Ⅰ), 364; 金曾漢·安二濬, 新債各(上), 105-6.

한다.

이러한 通說에 대하여, 獨逸民法과 같이 두 경우에 取消를 인정하는 견해[234]가 있는가 하면, "제3자를 위한 契約 가운데 第3者約款附 契約의 경우에는 取消할 수 없으나 순수 제3자를 위한 계약의 경우에는 取消할 수 있다"는 견해[235]도 있고, 또 수익자가 諾約者를 詐欺 ―또는 強迫― 한 경우만을 언급하면서 그 경우에는 要約者가 그 사실을 알든 모르든 諾約者의 取消權을 인정하여야 한다는 견해[236]도 있다. 특히 마지막 견해는 여러 가지 이유를 들고 있다. 첫째로 제3자를 위한 契約에서 諾約者로 하여금 의사의 흠결이나 하자 및 要約者에 대한 모든 抗辯事由로 계약당사자 아닌 선의의 受益者에게까지 대항할 수 있게 한 것은 제3자의 受益權이 계약의 직접적 효과로 발생한다는 이 계약의 특질을 감안하여 실질적으로는 수익자를 계약당사자인 상대방과 동일시한 것이며, 따라서 문제된 낙약자에 대한 수익자의 詐欺(強迫)의 효과에 관하여도 같은 취지에서 상대방의 詐欺(強迫)에 준하여 동일하게 해석하는 것이 합리적일 뿐 아니라 公平의 원칙에도 부합한다고 한다. 둘째로 제3자를 위한 계약에 있어서의 제3자는 바로 그 계약에 의한 受益者이므로 民 §110 Ⅱ에서 말하는 제3자와는 법률상 그 취급을 달리하여야 할 것이라고 한다. 셋째로 만약 通說에 따른다면 결국 法律이 詐欺(強迫)로 취득한 제3자의 受益權을 보호하는 결과가 되어 法理念上의 모순을 초래한다고 한다.

이들 學說을 검토해 보건대, 通說은 詐欺의 경우에 관하여만 論議하고 있는 점에서 우선 문제가 있다.[237] 우리 法上 詐欺와 強迫은 동일하게 취급되고 있으므로(民 §110 참조), 두 경우가 같이 다루어지든지, 그렇지 못할 사정이 있다면 그 이유를 밝혔어야 한다. 또한 通說이 要約者가 "惡意"인 경우에만 取消할 수 있다고 하는 것도 부정확하다. 民 §110 Ⅱ은 惡意인 경우와 善意이지만 過失 있는 경우를 똑같이 다루고 있기 때문이다. 한편 少數說 가운데 제3자를 위한 계약을 細分하는 견해(둘째 견해)는 무슨 의미인지 도무지 알 수가 없어서 문제이다. 그리고 마지막 견해는 受益者 이외의 제3자가 詐欺(強迫)를 행한 경우에 관하여 전혀 언급하고 있지 않아서 불만이다. 그렇지만 실질적인 타당성의 면에서는, 少數說 중 첫째의 것과 ―적어도 記述하고 있는 경우에 관한 한―

234) 李英俊, 總則, 419. 이 견해는 強迫의 경우에도 같은 결과를 인정한다.
235) 註釋總則(下), 272.
236) 李太載, 97-8.
237) 다만 李英俊, 總則, 419; 李太載, 97-8은 예외이다.

마지막 것이 通說보다 낫다고 할 수 있다. 특히 마지막 견해가 들고 있는 이유는 경청할 만하다. 그러나 明文規定이 없는 상태에서 그와 같은 해석이 가능할지는 의문이다. 제3자를 위한 계약에 있어서의 受益者를 民 §110 Ⅱ의 제3자로 파악하는 것이 부적당한 것은 사실이지만, 그래도 受益者를 상대방(要約者)과 동일시하는 것보다는 나아 보이기 때문이다. 따라서 우리 民法上 위와 같은 두 경우에는 取消가 인정되지 않는다고 할 수밖에 없다.[238]

위의 경우들과 달리, 受益者가 要約者(表意者)를 欺罔하거나 수익자 아닌 제3자가 要約者(表意者)를 欺罔한 때에는 특별한 문제가 생기지 않는다. 왜냐하면 제3자를 위한 계약의 경우에 受益者와 諾約者(表意者의 상대방)는 밀접한 관계에 있는 것이 아니어서, 수익자의 詐欺가 상대방(諾約者)의 詐欺로 인정될 여지도 없고, 수익자의 惡意나 過失이 諾約者의 惡意나 過失로 다루어지지도 않아야 하기 때문이다. 그리하여 이들 경우에는 오직 諾約者만을 기준으로 하여 상대방인 諾約者가 수익자의 詐欺事實을 알았거나 알 수 있었을 때 또는 수익자 이외의 제3자의 사기사실을 알았거나 알 수 있었을 때에만 取消가 인정된다.[239] 따라서 後者에 있어서는 당연히 諾約者가 善意·無過失인 한, 수익자가 惡意이거나 또는 善意이지만 過失이 있다고 하더라도 取消가 인정되지 않는다.

以上의 것들은 強迫에 의한 意思表示의 경우에도 그대로 적용되어야 한다.

(4) 受益者(제3자)는 계약의 당사자는 아니지만 계약으로부터 "직접" 債權을 취득하므로 제3자보호규정(民 §§107 Ⅱ, 108 Ⅱ, 109 Ⅱ, 110 Ⅲ, 548 Ⅰ 但書)[240]에 있어서의 제3자는 아니다.[241] 제3자보호규정에 있어서의 제3자는 당사자 또는 그 包括承繼人 이외의 자로서 당해 의사표시를 요소로 하는 法律行爲에 기하여 "새로이" 이해관계를 맺은 자를 가리킨다. 어쨌든 제3자를 위한 계약의 경우에 受益者는 제3자에 해당하지 않기 때문에, 그가 비록 善意라 할지라도 善意의 제3자로서 보호되지 못한다.

---

238) 民法注解(2), 591; 宋德洙(註 231), 105도 참조.

239) 註釋債各(Ⅰ), 364; 金曾漢·安二濬, 新債各(上), 106은 낙약자가 "惡意"인 경우에만 取消할 수 있다고 부정확하게 설명한다.

240) 李銀榮, 154는 民 §107를 제외하고 있으나(다른 문헌의 대부분은 아예 법률규정 자체를 기재하지 않고 있음), 그것이 달리 취급될 이유가 없다.

241) 同旨 郭潤直, 129; 金曾漢, 75; 金疇洙, 104; 黃迪仁, 民法 Ⅳ, 138; 李銀榮, 154; 李根植(註 47), 38.

X. 要約者에 대한 效力

1. 要約者의 履行請求權

제3자를 위한 계약의 경우에 제3자가 債權을 취득하는 것과는 별도로 要約者도 諾約者에 대하여 제3자에 대한 債務를 履行할 것을 청구할 수 있는가가 문제된다. 이에 관하여 우리의 學說[242)]은 긍정한다. 그것이 당사자의 意思에 부합한다는 것이다.

생각건대 要約者에게 그와 같은 권리가 인정되는가는 계약의 해석에 의하여 결정될 문제이다. 제3자를 위한 계약에 있어서 당사자는 제3자만이 독점적·배타적으로 債權을 취득하는 것으로 약정할 수 있다.[243)] 그러한 약정이 반드시 명시적으로 행하여졌어야 할 필요도 없다. 계약으로부터 그와 같은 취지의 당사자의 意思가 드러나는 것으로 충분하다. 제3자가 要約者의 死亡時에 비로소 債權을 취득하게 되는 경우에는 明示的인 合意가 없더라도 제3자만의 채권취득을 인정하여야 한다.[244)] 왜냐하면 이 경우에 要約者의 채권도 인정하게 되면 단지 그 권리는 그의 상속인만이 취득할 수 있게 되는데 要約者의 상속인은 일반적으로 제3자에 급부가 행하여지는 데 대하여 아무런 이해관계도 가지고 있지 않기 때문이다. 어쨌든 계약의 해석상 제3자만이 債權을 취득하여야 하는 경우에는 要約者의 청구권은 인정되지 않는다. 그런데 계약의 해석에 의하여 결정할 수 없는 경우도 있어서 문제이다. 그 때에는 要約者에게 제3자에의 給付請求權을 인정하여야 할 것이다.[245)] 왜냐하면 要約者는 諾約者가 제3자에게 給付하는 데 대하여 긴밀한 이해관계를 갖고 있는 것이 보통이기 때문이다.

2. 要約者의 債權과 第三者의 債權의 關係

要約者의 債權과 제3자의 債權은 連帶債權關係에 있는 것처럼 보인다. 그러나 要約者는 자신이 아니고 제3자에게 給付할 것을 청구할 수 있는 데 반하여 제3자는 자기에게 給付할 것을 청구할 수 있어서, 諾約者는 어느 한 債

242) 郭潤直, 130; 金曾漢, 75; 金曾漢·安二濬, 新債各(上), 106; 註釋債各(Ⅰ), 365; 李根植(註 47), 38-9.
243) Staudinger/Kaduk, vor § 328 Rdnr. 15, § 335 Rdnr. 20.
244) Staudinger/Kaduk, § 335 Rdnr. 20.
245) 獨逸民法은 이를 推定하는 明文規定을 두고 있다(§ 335).

權者를 선택해서 給付할 수 있는 것이 아니라 반드시 제3자에게 給付하여야 하기 때문에, 두 債權이 連帶債權關係에 있다고 할 수 없다.[246]

要約者의 債權은 계약에 始期 또는 條件이 붙어 있지 않는 한 계약의 성립과 함께 발생한다. 즉 제3자가 수익의 意思表示를 하기 전에도 존재한다.[247] 따라서 諾約者는 履行의 提供을 하지 않는 경우 要約者에 대하여 履行遲滯의 책임을 지게 된다.

제3자가 수익의 意思表示를 한 뒤에 諾約者의 債務不履行이 있으면 제3자는 물론 損害賠償을 청구할 수 있다. 그런데 이 경우에 要約者도 "자기에 대하여" 損害賠償을 청구할 수 있는가가 문제된다. 이에 대하여는, 要約者가 제3자에게 履行되는 것에 관하여 특별한 이익을 가질 때에는 그것에 관하여 독립 별개의 損害賠償請求權을 취득한다고 보아야 한다는 肯定說[248]과, 要約者는 다만 제3자에게 손해를 배상할 것을 청구할 수 있을 뿐이고 자기에게 배상할 것을 청구하지는 못한다고 하는 否定說[249]이 대립하고 있다. 생각건대 要約者가 제3자에의 履行에 대하여 특별한 이익을 가지고 있다 하더라도 諾約者의 債務不履行으로 그가 입은 손해는 간접적인—대부분 정신적인— 손해에 지나지 않으므로 그와 같은 손해의 배상은 인정되지 않아야 한다.

諾約者가 제3자에게 債務를 履行하면 要約者의 債權은 목적을 달성하여 제3자의 債權과 함께 소멸한다. 그리고 諾約者에게 책임 없는 사유로 履行不能이 되면 목적달성이 불가능하게 되어 제3자의 債權과 要約者의 債權은 모두 소멸한다. 要約者의 債權이 時效로 소멸한 경우는 어떤가? 要約者의 債權은 條件이나 期限이 붙어 있지 않는 한 계약성립 당시부터 행사할 수 있고, 따라서 그 때부터 消滅時效期間이 起算된다. 그 결과 수익의 意思表示가 있을 때 비로소 消滅時效期間이 起算되는 제3자의 債權보다 먼저 消滅時效에 걸려 소멸할 수 있는 것이다. 생각건대 제3자의 債權은 결코 要約者의 債權의 從된

246) 異說 없음. 郭潤直, 131, 金曾漢, 75; 金基善, 77; 金疇洙, 105; 金曾漢·安二濬, 107; 金顯泰, 60; 註釋債各(Ⅰ), 365; 李根植(註 47), 39; Larenz, SchuR Ⅰ, S.222(§17 Ⅰb).

247) 郭潤直, 131; 金曾漢, 75; 註釋債各(Ⅰ), 365.

248) 金曾漢, 76; 金疇洙, 105; 金曾漢·安二濬, 新債各(上), 107-8; 金顯泰, 61; 李太載, 98; 李銀榮, 159; Medicus, SchuR Ⅰ, S.347(§67 Ⅳ); Staudinger/Kaduk, §335 Rdnr. 21 (요약자의 손해는, 특히 낙약자의 의무위반시 제3자가 '제3자수익의 원인관계'(대가관계)에 기하여 요약자의 책임을 묻는 것에 의하여 성립한다고 한다). 李銀榮, 159에 의하면 —요약자의 손해는 급부에 갈음하는 것이 아니어서— 두 손해배상청구권은 발생원인은 같지만 그 내용이 다르며 양립할 수 있다고 한다.

249) 郭潤直, 131; 註釋債各(Ⅰ), 366; 李根植(註 47), 39; 金錫宇(註 194), 49; Brox, SchuR Ⅰ, Rdnr. 375(§28 Ⅳ 2a); Larenz, SchuR Ⅰ, S.223(§17 Ⅰb).

權利(民 §183 참조)가 아니므로 要約者의 債權이 時效로 소멸하더라도 제3자의 債權에는 영향이 없다고 하여야 한다. 그리고 要約者의 債權에 대한 時效中斷의 경우도 마찬가지로 볼 것이다.

3. 第三者의 受益拒絶 등의 경우

제3자를 위한 계약에 있어서 제3자(受益者)가 수익의 의사표시를 하지 않거나 死亡으로 인하여 할 수 없게 되거나 수익을 拒絶한 경우, 또는 수익의 의사표시를 하여 일단 취득한 권리를 포기한 경우에 要約者와 諾約者 사이의 法律關係에 어떠한 效力이 생기는가? 이는 契約의 해석으로 결정될 문제이다. 그리하여 예컨대 특정한 제3자에의 채권취득이 계약의 절대불가결한 목적이라고 인정되는 경우에, 제3자가 受益表示를 할 수 없게 되거나 수익을 거절하여 債權의 不取得이 확정된 때[250]에는, 契約은 효력을 잃게 된다.[251] 그러나 이와는 달리 해석으로 결정할 수 없는 경우도 있어서 문제이다. 그러한 몇 가지 경우에 대하여 살펴보기로 한다.

第3者가 受益의 意思表示를 하기 전에 요약자보다 먼저 死亡한 경우에는, 해석상 분명하지 않은 때에는, 요약자는 다른 受益者를 지정할 수 있고 요약자가 다른 수익자를 지정하지 않으면 요약자의 상속인에게 履行되어야 한다[252]고 새겨야 한다.[253] 따라서 원칙적으로 사망한 제3자의 상속인이 제3자의 지위를 차지하지 않게 된다. 왜냐하면 要約者가 살아 있는 한 계약상의 給付請求權은 요약자에게 귀속하기 때문이다. 그 결과 요약자는 그 권리를 處分할 수도 있고 相續시킬 수도 있다. 商 §733는 生命保險에 관하여 이러한 취지를 明文으로 규정하고 있다.

제3자가 受益을 拒絶한 경우에는, 계약을 해석하여, 거절로 인하여 要約者가 스스로 履行을 청구할 수 있는지, 거절한 제3자 대신 다른 者를 지정할 수 있는지, 낙약자의 給付義務가 소멸하는지 등을 결정하여야 한다. 제3자의 거절이 있다고 하여 곧바로 낙약자의 채무가 履行不能으로 소멸했다고 볼 것은 아니다. 해석으로 결정할 수 없는 경우에는 오히려, 제3자가 수익을 거절

250) 이 경우 受領拒絶만으로는 낙약자의 채무가 履行不能으로 되지 않으며, 사실상으로도 수령하지 않는 것이 확정되어야만 한다. 金曾漢, 75; 金曾漢·安二濬, 新債各(上), 107.

251) 따라서 낙약자는 채무를 면하며 요약자의 債權도 소멸한다. 그리고 계약이 雙務契約이면 요약자의 反對給付義務도 성립하지 않는다(成立上의 牽連性).

252) 즉 給付는 상속재산에 귀속한다.

253) Staudinger/Kaduk, §331 Rdnr. 10.

하면 약정된 급부의 請求權이 요약자에게 귀속되고, 그 결과 요약자는 다른 제3자를 지정할 수도 있고 또 스스로 급부를 청구할 수 있다고 하여야 한다.[254] 生命保險契約에 관한 商 §733도 같은 취지인 것으로 생각된다.

제3자가 수익의 意思表示를 하여 債權을 취득한 후에 그것을 포기한 경우는 다시 두 경우로 나누어 보아야 한다. 우선 제3자만이 독점적으로 債權을 가지고 있는 때에는, 낙약자는 債務를 면하게 된다. 그에 비하여 要約者도 채권을 가지고 있는 때에는, 제3자가 채권을 포기하더라도 요약자의 채권은 소멸하지 않는다. 이 때에도 제3자가 給付를 사실상 수령할 수 있고, 따라서 낙약자의 요약자에 대한 債務는 履行될 가능성이 있기 때문이다.[255] 제3자가 사실상 수령하지도 않을 경우에 낙약자의 債務는 責任 없는 履行不能으로 되어 소멸한다. 그에 비하여, 제3자가 수익표시 후에 債權을 포기하는 것이 아니고 단순히 辨濟의 受領만을 거절한 경우에는, 履行不能이 아니며 債權者의 受領遲滯로 될 뿐이다.[256]

4. 要約者의 契約上의 地位

(1) 契約上의 義務負擔

제3자를 위한 계약에 의하여 要約者의 債務負擔이 약속된 경우에는, 要約者는 물론 그 債務를 履行하여야 한다. 雙務契約에 있어서의 反對給付義務가 그 예이다.

그리고 제3자를 위한 계약이 雙務契約인 경우에는 諾約者가 제3자(및 要約者)에 대하여 부담하는 債務와 要約者가 諾約者에 대하여 부담하는 債務가 牽連關係에 있게 되므로 同時履行의 抗辯權에 관한 民 §536와 危險負擔의 法理(民 §§537, 538)가 그대로 적용된다.

(2) 雙務契約에 있어서 要約者의 債務不履行

雙務契約이 제3자를 위한 계약으로 체결된 경우에는, 債權者인 제3자가 동시에 反對給付의 債務者가 아니다. 따라서 통상의 債務不履行과 다르게 된다. 제3자에의 給付에 대한 反對給付에 관하여 債務不履行이 발생한 경우에는, 要約者만이 계약당사자로서 책임을 진다고 할 것이다.[257] 이것은 解除의

254) Staudinger/Kaduk, §333 Rdnr. 11.
255) 註釋債各(I), 366.
256) 郭潤直, 130; 註釋債各(I), 366; 金曾漢·安二濬, 新債各(上), 107.
257) Fikentscher, SchuR, Rdnr. 255(§37 Ⅲ 2(e)).

경우에도 적용된다. 그리하여 契約이 해제된 때에도 給付受領者인 제3자는 수령한 것을 諾約者에게 반환할 의무가 없다. 遡及的인 청산은 전적으로 諾約者와 要約者의 관계에서 실행된다. 다만 諾約者가 제3자에게 權利消滅의 抗辯을 할 수 있는 경우(民 §542 참조)에는 예외이며, 그 때에는 諾約者와 제3자 사이에서 不當利得을 이유로 한 반환이 이루어진다.

(3) 要約者의 契約解除權·解止權

諾約者의 債務不履行이 있는 경우에 제3자는 계약의 解除權을 갖지 못한다. 그는 계약의 당사자가 아니기 때문이다. 계약의 解除權은 要約者만이 가질 수 있다. 그런데 解除權者인 要約者가 그 권리를 단독으로 행사할 수 있는가가 문제된다.

제3자의 수익의 意思表示가 있을 때까지는, 諾約者의 債務不履行이 발생할 경우 要約者는 단독으로 계약을 解除할 수 있으며, 그것은 異論의 여지가 없다. 그에 비하여 제3자가 수익의 意思表示를 한 경우에는 사정이 다르다. 그리하여 그 경우에 대하여는 肯定說[258]과 否定說[259]이 대립하고 있으며, 前者가 多數說이다. 그리고 判例는 肯定說의 입장이다.[260]

肯定說은 제3자의 수익의 意思表示가 있은 후에도 要約者가 제3자의 동의 없이 단독으로 解除할 수 있다는 견해이다. 이 견해가 드는 이유는 여러 가지이다. 첫째로 요약자의 解除權은 계약 자체로부터 발생하는 사유이고 계약에 기인하는 것이며,[261] 둘째로 특별한 사정이 없는 한 낙약자의 債務不履行이 있을 때 요약자의 解除權이 허용되지 않는 독립된 권리를 제3자에게 부여하는 것이 계약당사자의 의사라고는 볼 수 없으며,[262] 셋째로 요약자가 제3자에게 權利를 취득시키기 위하여서는 그 자신도 채무를 부담하는 것이 보통이므로 낙약자의 債務不履行이 있는 경우에 계약을 解除하여 자기의 債務를 면하려는 것을 금할 이유가 없고,[263] 넷째로 否定說이 근거로 드는 民 §541는

258) 郭潤直, 131-2; 金曾漢, 76; 金疇洙, 106; 李太載, 99; 李根植(註 47), 39; 金顯泰, 61; 金顯泰(註 186), 14; 金曾漢·安二濬, 新債各(上), 108-9; 崔栻, 123; 金錫宇(註 194), 49. 이는 독일에서는 소수설이다. Larenz, SchuR Ⅰ, S.223(§17 Ⅰ b) 참조.

259) 李銀榮, 159. 독일에서는 否定說이 다수설이다. Staudinger/Kaduk, vor §328ff. Rdnr. 24, §334 Rdnr. 14; Palandt/Heinrichs, §328 Anm. 1c bb; Fikentscher, SchuR, Rdnr. 255 등 참조.

260) 大判 70.2.24, 69다1410등(集 18-1 민 121).

261) 金曾漢, 76; 金顯泰(註 186), 14; 註釋債各(Ⅰ), 370.

262) 註釋債各(Ⅰ), 370; 金曾漢·安二濬, 新債各(上), 108.

263) 郭潤直, 131-2; 金曾漢, 76; 金曾漢·安二濬, 新債各(上), 108.

제3자의 권리를 계약당사자의 合意로써 임의로 소멸시킬 수 없다는 것 이상의 의미가 있다고는 생각되지 않는다[264]고 한다.

그에 비하여 否定說은, 제3자의 權利가 생긴 후에는 당사자가 이를 변경 또는 소멸시키지 못한다고 규정한 民 §541를 근거로, 제3자의 受益의 意思表示가 있은 후에는 제3자의 동의가 없는 한 解除할 수 없다고 한다.

생각건대 이는 우선은 계약의 해석의 문제이다. 즉 契約解釋의 결과 어느 쪽의 내용으로 인정되면 그에 의하게 된다. 그러나 문제는 해석으로 결정할 수 없는 경우이다. 그런데 그러한 경우에 수익의 意思表示 후에도 要約者가 단독으로 解除할 수 있다고 한다면, 이는 제3자의 意思에 반하여 제3자로부터 權利를 박탈할 수 있게 되어 부당하다. 따라서 수익의 意思表示가 있은 후에는 제3자의 同意가 있는 때에만 解除할 수 있다고 하여야 한다.

한편 契約의 解止의 경우에도 위와 같은 문제가 발생하는데, 그 경우에도 마찬가지로 보아야 할 것이다.

XI. 諾約者에 대한 效力

1. 概 觀

제3자를 위한 契約의 諾約者에 대한 효력은 제3자 및 要約者에 대한 것의 反面을 이룬다. 즉 낙약자는 계약으로부터 직접 제3자에 대하여 給付하여야 할 채무를 부담하며, 그러한 채무는 특별한 사정이 없는 한 要約者에 대하여도 부담한다. 그러나 낙약자가 부담하는 채무는 모두 基本關係(補償關係)에 근거한 것이므로, 낙약자는 그 관계에 기하는 抗辯으로 제3자에게 대항할 수 있다(民 §542). 그에 관하여는 後述 §542의 注解를 참조하라.

2. 諾約者의 履行

(1) 履行의 客體

제3자를 위한 계약에 의하여 諾約者가 부담하여야 하는 債務의 내용, 즉 給付에는 제한이 없다. 따라서 모든 作爲와 不作爲(忍容 포함)가 급부일 수 있다.[265]

264) 金曾漢·安二濬, 新債各(上), 108; 金疇洙, 106.
265) Esser/Schmidt, SchuR I, S. 592(§36 II 2); Soergel/Hadding, §328 Rdnr. 37; Münch-Komm/Gottwald, §328 Rdnr. 16; Staudinger/Kaduk, §328 Rdnr. 17.

그러나 給付는 독립해서 訴求할 수 있는 것이어야만 한다. 建築制限, 競業禁止 등은 그에 해당한다. 그에 비하여 독립해서 訴求할 수 없는 "기타의 行爲義務"(신의칙상의 의무 : 부수적 의무)나 제3자를 위한 "保護效力"이 존재하는 것만으로는 충분하지 않다. 한편 낙약자로 하여금 그가 제3자에 대하여 가지고 있는 請求權을 행사하지 않도록 하는 것도 여기의 給付일 수 있다.[266] 이 경우에 제3자를 위한 계약은 제3자에게 抗辯權(給付拒絶權)을 발생시키는 이른바 請求權不行使의 약속(pactum de non petendo)에 해당한다. 예컨대 損害保險者와 被害者 사이에 행하여진 손해배상에 관한 合意는 사고를 일으킨 제3자를 위한 訴權不行使의 약속으로 해석되어야 한다.

(2) 履行 및 그 法律效果

諾約者는 債務者로서 債權者인 제3자에게 마치 그들 사이에 片務契約이 성립한 경우처럼 급부를 행하여야 한다. 그러나 제3자에 대한 낙약자의 給付의 實行은, 낙약자와 요약자 사이의 계약에 의하여 성립하고 제3자가 受益의 意思表示를 함으로써 그 관계자로 된 채권관계의 범위에서 이루어진다.[267] 낙약자의 給付가 法律行爲 이외의 행위에 의하여 행하여져야 하는 경우도 있다. 그리고 낙약자도 다른 모든 債務者들과 마찬가지로 올바른 장소 (民 §467 참조)와 時期(民 §469 참조)에 올바른 방법(民 §460 참조)으로 채권자인 제3자에게 이행하여야 한다. 낙약자가 제3자에게 내용에 좇은 履行을 한 경우에는, 實行關係(제3자 관계)에서 제3자의 채권은 履行에 의하여 소멸한다.

낙약자의 제3자에 대한 직접적인 給付는 實行關係에서의 履行의 法律效果만을 가지는 것이 아니다. 給付結果의 발생과 함께 제3자는 동시에 "제3자수익의 원인관계"(대가관계)에서 요약자의 간접적인 給付도 받게 된다.[268] 이것은 무엇보다도 "제3자수익의 원인관계"에서 제3자에 대한 의무를 履行하기 위하여 요약자가 제3자를 위한 계약을 체결한 경우에 뚜렷해진다. 그러나 제3자가 "제3자수익의 원인관계"상 요약자의 消費貸借의 목적이라고 판단되는 일정한 금액의 금전을 낙약자로부터 받거나, 심지어 요약자가 제3자에게 증여를 하려고 하는 경우조차도 제3자는 요약자의 간접적인 給付로서 수령한다. 제3자의 시각에서 볼 때 낙약자의 제3자에 대한 직접적인 出捐은, 낙약자가 제3자를 위한 계약으로 인한 제3자의 채권에 기하여(辨濟原因 : causa solvendi) 出捐을 행하

266) Soergel/Hadding, §328 Rdnr. 37; MünchKomm/Gottwald, §328 Rdnr. 17.
267) Soergel/Hadding, §328 Rdnr. 38.
268) Soergel/Hadding, §328 Rdnr. 39; Staudinger/Kaduk, vor §328ff. Rdnr. 37.

였기 때문에, 實行關係(제3자관계)에서만 原因(causa)과 결합되어 있는 것은 아니다. 오히려 동시에 "제3자수익의 원인관계"에서도 원인과 결합된 요약자의 간접적인 出捐이 존재한다. 왜냐하면 제3자는 약정된 내용에 따라 여기서도 마찬가지로 辨濟原因(causa solvendi)이나 貸借原因(causa credendi) 또는 贈與原因(causa donandi)을 요약자로부터의 수령에 대한 법적 근거로 전제하기 때문이다.[269] "제3자수익의 원인관계"에서 이러한 법적 근거가 없는 경우에는, 제3자가 수령한 급부는 不當利得으로서 요약자에게 반환되어야 한다.

제3자에 대한 諾約者의 직접적인 給付는 동시에 요약자에 대하여 낙약자가 부담하고 있는 채무를 이행한 것도 된다.[270] 따라서 諾約者의 급부로써 요약자의 채권도 소멸하게 된다.

3. 諾約者의 債務不履行

債務不履行에 관한 民法規定(民 §390 이하)은 계약의 당사자가 債權者 및 債務者로 되는 보통의 債權契約을 대상으로 하여 만들어졌다. 그런데 제3자를 위한 계약에서는 계약의 당사자가 아닌 제3자가 낙약자에 대하여 급부를 청구할 수 있는 권리를 가지며, 계약의 당사자인 요약자에게는 기껏해야 낙약자에게 제3자에 대하여 급부할 것을 請求할 수 있는 權利만이 인정된다. 따라서 낙약자가 債務不履行을 한 경우에 발생하는 法律效果는 보통의 경우와 같지 않다. 그러나 이미 앞에서 債務不履行에 있어서 중요한 損害賠償과 解除權에 관하여 설명하였으므로, 중복을 피하는 의미에서 여기서는 記述하지 않기로 한다.[271]

XII. 第三者를 위한 處分行爲(物權契約·準物權契約)

1. 序 說

民 §539 I은 제3자를 위한 계약의 경우에는 제3자가 債務者(諾約者)에 대하여 직접 "履行을 請求할 수 있다"고 규정한다. 여기의 履行請求權은 債權的

269) Soergel/Hadding, §328 Rdnr. 39.
270) Staudinger/Kaduk, vor §328ff. Rdnr. 37. 그러나 Soergel/Hadding, §328 Rdnr. 40은 낙약자의 급부는 요약자에 대한 간접적인 급부라고 하면서 여기의 의미와는 다르게 새긴다.
271) 자세한 사항에 관하여는 Soergel/Hadding, §328 Rdnr. 41-67 참조.

請求權이며, 따라서 제3자를 위한 계약이 체결되면 제3자는 ―受益의 意思表示의 요건하에― 낙약자에 대하여 채권을 취득하고 낙약자는 제3자에게 채무를 부담하게 된다. 그러고 보면 民 §539 I 이 債權을 발생시키는 계약, 즉 債權契約만을 제3자를 위한 계약으로 고려하고 있음을 알 수 있다. 그런가 하면 제3자를 위한 계약에 관한 民 §539 이하의 규정은 債權契約에 관한 法안에 위치하고 있다. 이러한 점으로 미루어 볼 때, 제3자를 위한 계약에 관한 규정은 物權契約이나 準物權契約과 같은 處分行爲에는 직접 적용될 수 없다. 그런데 그 규정의 類推適用까지도 부정하여야 하는가에 관하여는 논란이 있다. 이것은 결국 제3자를 위하여 체결한 物權契約 또는 準物權契約을 유효하다고 할 것이냐의 문제이다. 이를 인정할 경우에는 제3자의 수익의 의사표시가 있기 전에도 物權契約 등의 處分行爲는 유효하게 되고, 제3자가 수익의 의사표시를 하면 그 행위의 權利變動的 효력이 직접 제3자에게 발생하게 된다.

이러한 것은 특히 제3자를 위한 物權契約, 즉 제3자에게 物權을 취득시키는 계약에서 문제된다. 예컨대 丙(제3자)에게 부동산을 구입하여 주려고 하는 甲(요약자)이 乙(낙약자)로부터 부동산을 매수하고 그 부동산의 소유권은 乙로부터 丙에게 직접 이전하여 주기로 한 경우, 또는 甲이 乙에게 부동산을 매도함에 있어서 그 代金은 乙이 직접 丙에게 지급하기로 하고 아울러 丙의 乙에 대한 代金債權을 확실하게 변제받을 수 있도록 그 부동산에 丙의 抵當權을 설정하기로 甲과 乙이 合意한 경우에 그렇다. 그러나 債權讓渡나 債務免除契約과 같은 準物權契約에서도 똑같은 문제가 생긴다. 가령 채권자(요약자)와 채무자(낙약자)가 그들 사이에 존재하는 채권을 일정한 제3자(새로운 채권자)에게 이전하기로 合意하거나, 채권자가 ―채무자 아닌― 어떤 자와 채권을 ―채무자도 아니고 계약당사자도 아닌― 다른 자에게 이전하기로 合意한 경우, 또는 어떤 자(요약자)가 채권자(낙약자)와 채무자(제3자)의 채무를 免除하기로 하는 계약을 체결한 경우가 그 예이다.

2. 學說·判例

우리의 문헌은 대체로 여기의 문제를 주로 제3자를 위한 物權契約에 초점을 맞추어 논의하고 있다. 그리고 나서는 準物權契約이나 그 중의 하나인 제3자의 債務를 免除하는 계약에 대하여 간단히 언급하는 데 그친다.

물권을 제3자로 하여금 직접 취득하게 하는 약정, 즉 제3자를 위한 物權

契約의 유효성에 관하여는 학설이 나뉜다.

압도적인 多數說은 유효성을 인정한다.[272] 그 이유로는, 債權契約에 관한 규정은 반대의 사정이 없는 한 物權契約에도 準用할 수 있는 것이 원칙이라는 점을 들거나,[273] 또는 오늘날 제3자를 위한 계약이 인정되는 것은 당사자가 제3자의 권리취득을 원하는 意思表示를 존중하는 私的 自治 때문이고 民 §539도 이러한 私的 自治의 표현이며 그것을 債權契約에 한정하려는 것은 아니라고 보아야 하며 제3자를 위한 物權契約이 社會秩序에 반하거나 제3자의 이익을 해치지도 않으므로 그 효력을 부인할 것은 아니라고 설명한다.[274] 뒤의 견해는, 이에 덧붙여, 民 §186와의 관계에 있어서 登記는 직접 제3자가 하여야 한다고 한다. 그리하여 가령 낙약자와 요약자가 제3자에게 부동산소유권을 이전할 것을 약정한 때에는 제3자가 수익의 의사표시를 하고 낙약자와 登記함으로써 所有權을 이전하며 낙약자와 제3자 사이에 物權契約을 따로 할 필요는 없다고 한다. 그리고 같은 맥락에서 제3자를 위한 準物權契約도 유효하다고 할 것이라고 한다.[275]

그에 비하여 少數說은 우리 民法이 物權變動에 관하여 成立要件主義(形式主義)를 취하였기 때문에 登記·引渡 없이 제3자를 위한 계약만으로 제3자가 物權을 취득하지 못한다고 한다.[276] 그런데 이것이 제3자가 物權을 취득하려면 등기나 인도만 갖추면 된다는 의미인지, 낙약자와 제3자 사이에 物權契約도 따로 하여야 한다는 의미인지는 불분명하다. 만약——筆者가 추측하는 것처럼——前者의 의미라면 多數說과 少數說은 결과적으로 차이가 없게 된다. 그러나 後者의 의미라면, 소수설은, 제3자가 물권을 취득하기 위하여서는 낙약자와 제3자 사이에 物權契約이 더 있어야 된다는 점에서, 다수설과 차이가 있다.

한편 제3자를 위한 債務免除契約에 관하여는 유효성을 인정하는 데 견해가 일치하고 있다.[277] 그리고 判例도 "낙약자가 제3자에 대하여 가진 채권에 관하여 채무의 면제를 하는 계약도 제3자를 위한 계약에 준하는 것으로서 유

272) 郭潤直, 122; 金曾漢, 70-71; 金疇洙, 97·101; 註釋債各(Ⅰ), 340-41; 金曾漢·安二濬, 新債各(上), 99·101; 金顯泰, 56; 李根植(註 47), 33; 李亥雨(註 47), 33; 金錫宇(註 194), 45.

273) 金曾漢, 70 71.

274) 郭潤直, 122; 註釋債各(Ⅰ), 340-41.

275) 郭潤直, 123; 註釋債各(Ⅰ), 341.

276) 金基善, 73; 崔栻, 120.

277) 郭潤直, 123; 金基善, 73; 金曾漢·安二濬, 新債各(上), 101; 崔栻, 120; 金顯泰, 56; 註釋債各(Ⅰ), 341; 李銀榮, 154 註 3; 李根植(註 47), 33.

효하다"고 한다.[278]

3. 私 見

제3자를 위한 處分行爲의 유효성은 物權契約의 경우에 특히 중요하기는 하지만 거기에서만 논의될 것은 아니며, 그 결과가 다른 경우에까지 당연히 연장되어야 하는 것도 아니다.[279] 따라서 우선은 전체적인 입장에서 제3자를 위한 處分行爲의 유효성을 인정할 것인가를 살펴야 한다. 그 결과 전체적으로 유효성이 부인되어야 한다면 개별적인 고찰은 더 이상 필요하지 않게 된다. 그에 비하여 긍정될 수 있다면, 이제는 거기서 더 나아가 개별적으로 허용되는 범위를 정밀하게 검토하여야 할 것이다.

前述한 바와 같이, 民 §539 I 은 제3자를 위한 債權契約에 관하여만 규율하고 있고 제3자를 위한 物權契約이나 準物權契約은 그 규율대상이 아니다. 따라서 뒤의 것들에는 民 §539 I 이 직접 적용될 수 없고 단지 類推適用이 문제될 수 있을 뿐이다.[280] 그런데 과연 유추적용이 인정될 수 있고 또 인정되어야 하는가에 대하여는 의문이 있다. 앞서 지적한 것처럼,[281] 제3자를 위한 계약은 계약당사자가 아닌 자에게 그의 동의 없이 債權을 발생시키려는 것으로서 당연히 유효한 것이 아니고[282] 법률의 특별규정에 의하여 그 유효성이 인정되며, 그 법률규정이 바로 民 §539 I 이다. 그리고 보면 同條는 원칙에 대한 예외를 규정한 것으로서 당해 경우에만 한정적으로 적용되어야 한다.[283] 그런가 하면 類推適用의 전제가 되는 "規律의 틈"(Regelungslücke)이 있다고 보기도 어렵다. 제3자를 위한 物權契約이나 準物權契約의 유효성을 인정하지 않더라도 제3자는 필요한 경우 다른 제도에 의하여 그 효과를 받을 수 있다. 즉 제3자가 계약당사자의 계약의 효과를 받겠다고 하면, 그것은 곧 無權代理의 追認이 되고(民 §130), 그 때에는 계약의 효과가 제3자에게 미치게 된

278) 大判 80. 9. 24, 78다709(總 3-2(A), 412-13).

279) 각각의 구체적인 계약에 관하여 全面的인 否認에서부터 허용에 이르기까지 다양한 모습을 보이고 있는 독일의 학설을 참조하라. Fikentscher, SchuR Rdnr. 251 이하; Larenz, SchuR, I, S. 232-3; Palandt/Heinrichs, Einf v. §328 Anm. 5a, 5b; Erman/Westermann, §328 Rdnr. 3; Soergel/Hadding, §328 Rdnr. 106-17; MünchKomm/Gottwald, §328 Rdnr. 104-11; Staudinger/Kaduk, vor §328ff. Rdnr. 67 74a 등 참조.

280) Soergel/Hadding, §328 Rdnr. 116.

281) 前述 Ⅲ. 2.

282) Staudinger/Kaduk, vor §328ff. Rdnr. 4a, 5; MünchKomm/Gottwald, §328 Rdnr. 1; Larenz, SchuR I, S. 219(§17 I a).

283) Soergel/Hadding, §328 Rdnr. 116.

다.[284] 주의할 것은, 이것은 외관상으로는 民 §539 Ⅱ이 유추적용되어 제3자가 수익의 意思表示를 한 경우와 흡사하지만 결코 그러한 경우가 아니고 無權代理의 追認의 일반적인 경우라는 점이다. 결국 우리 法上 規律의 틈은 존재하지 않고 관계자들에게 충분한 가능성이 주어져 있다. 따라서 유추적용을 인정할 실제상의 필요성도 없다.

요컨대 제3자를 위한 物權契約이나 準物權契約은 어느 것이든 無效라고 하여야 한다. 그리하여 제3자에게 物權을 취득시키는 계약뿐만 아니라 제3자에게 債權을 이전하는 계약도 무효이다. 제3자의 債務를 免除해 주기로 하는 계약에 대하여는, 우리 民法上 債務免除가 채권자의 일방적인 의사표시만에 의하여 행하여질 수 있어서(民 §506) 주저되는 바가 없지 않으나, 이 때에도 원칙에 따라 無效라고 하여야 한다. 채권자가 채무자(여기서는 제3자)에 대하여 免除의 의사표시를 하는 경우와 타인과의 계약으로 제3자의 채무를 免除하여 주기로 하는 경우는 구별되어 다루어져도 무방할 것이기 때문이다. 다만 이들 경우의 무효는 확정적인 것은 아니라고 할 것이다. 즉 流動的인 상태에 있다고 하여야 한다. 그 결과 제3자가 追認을 하게 되면 無權代理의 追認의 효과로서 物權契約·準物權契約의 효력이 제3자에게 발생하게 된다. 이러한 私見에 의하면, 제3자의 추인이 있을 때까지는 계약이 무효인 점에서, 그 때에도 유효를 인정하게 되는 有效認定說과 차이가 있다.

XIII. 第三者의 負擔을 目的으로 하는 契約

제3자의 負擔을 목적으로 하는 계약이라 함은 계약당사자가 아닌 제3자에게 직접 債務를 부담시키는 내용의 계약을 말한다. 이는 제3자의 給付를 약속하는 계약[285]과는 다르다. 제3자의 給付를 약속하는 계약의 경우에는, 제3자는 결코 채무를 부담하지 않으며, 제3자의 급부가 행하여지지 않으면 계약

284) 이에 대하여 요약자가 제3자의 代理人으로서가 아니고 자신의 이름으로 계약을 체결하였으므로 代理의 法理기 적용될 수 없다는 反論을 제기할지 모른다. 그러나 代理에 있어서의 代理意思의 表示, 즉 顯名은 절대적으로 요구되는 것이 아니며(그에 관하여는 宋德洙(註 150), 348-49 참조), 그 결과 자기의 이름으로 계약을 체결한 경우에도 無權代理의 法理가 적용될 수 있다. 설사 그렇지 못하더라도 이러한 때에는 위의 法理가 유추적용될 수 있고 또 유추적용되어야 한다.

285) 前述 Ⅵ. 6. 참조.

당사자 사이에서 債務不履行의 문제가 생길 뿐이다.[286] 그에 비하여 제3자의 부담을 목적으로 하는 계약의 경우에는 ―그것이 유효하다면― 그 계약에 기하여 제3자가 직접 債務를 부담하게 된다. 따라서 그것은 제3자를 위한 계약과 정반대의 입장에 서 있다.

이와 같은 "제3자의 부담을 목적으로 하는 契約"의 유효성은 마땅히 부인되어야 한다. 私的 自治는 어느 누구도 자기의 意思에 기하지 않고서 권리를 취득하거나 특히 의무를 부담하지 않을 것을 요구한다. 다만 그러한 원칙은 法律에 특별한 규정이 있는 경우에는 예외적으로 적용되지 않는데, 제3자의 권리취득에 관하여는 특별규정인 民 §539 Ⅰ이 있는 데 비하여, 제3자의 義務負擔에 관하여는 아무런 규정도 없다. 결국 제3자의 부담을 목적으로 하는 계약은 私的 自治에 반하는 것으로서 法律의 明文規定에 의하여 유효하게 다루어지지도 않기 때문에 無效이다.[287] 우리의 學說도 ―다소 설명은 다르지만― 같은 견해를 취하고 있다.[288]

제3자의 부담을 목적으로 하는 계약은 제3자가 그것에 事前에 同意한 경우에는 有效하게 된다.[289] 그 경우에는 제3자의 授權이 있었다고 보아지므로 이미 제3자의 부담을 목적으로 하는 계약이라고 할 수 없다. 그리고 제3자가 事後에 承認한 경우에도 그 계약은 유효하다고 하여야 한다.[290] 거기에는 無權代理의 法理가 적용(내지 유추적용)된다. 그런데 追認이 있을 때까지는 無效이며, 그 점에서 유효성이 인정되는 제3자를 위한 계약과 다르다.

계약을 체결하는 자가 제3자의 意思에 기하여(예컨대 代理의 任意 경우) 또는 법률의 규정에 의하여(예컨대 代理의 法定 경우) 제3자에게 부담을 지우는 효과도 발생시키는 法律行爲를 제3자를 위하여 할 권한도 가지고 있는 경우는 제3자의 부담을 목적으로 하는 계약과 구별되어야 한다. 이러한 경우는 債權行爲를 할 권한을 인정할

286) Soergel/Hadding, §328 Rdnr. 118.

287) 그러나 여기의 無效도 확정적인 것은 아니며, 따라서 事後의 追認으로 유효하게 만들 수 있다.

288) 郭潤直, 123; 註釋債各(Ⅰ), 341; 李銀榮, 154-55; 金玟中(註 188), 518. 이들 문헌은 제3자를 위한 物權契約의 유효성은 인정하는 입장이어서 권리취득은 제외하고 의무부담에 관하여만 "법률규정이 없는 한 자기의 의사에 기하지 않고서 의무를 부담할 수 없으므로 제3자의 부담을 목적으로 하는 계약이 무효"라고 한다. 獨逸의 通說도 무효설을 취하고 있다. Fikentscher, SchuR, Rdnr. 254; Larenz, SchuR Ⅰ, S.233(§17 Ⅳ); Medicus, SchuR, Ⅰ, S.343(§66 Ⅰ 1); Erman/Westermann, vor §328 Rdnr. 10; Soergel/Hadding, §328 Rdnr. 118; MünchKomm/Gottwald, §328 Rdnr. 97; Staudinger/Kaduk, §328ff. Rdnr. 64; Palandt/Heinrichs, Einf vor. §328 Anm. 5c.

289) Palandt/Heinrichs(前註)는 同意가 있는 경우에도 무효라고 한다.

290) Larenz, SchuR Ⅰ, S.233(§17 Ⅳ); Staudinger/Kaduk, vor §328ff. Rdnr. 64-5도 참조.

것인가와 그것이 어떤 효력을 발생시킬 것인가 등에 관하여 논의되어야 할 것이다. 만약에 유효한 권한에 기하여 계약이 체결된 경우에는 처음부터 제3자의 부담을 목적으로 하는 계약이 아니다.[291]

계약당사자가 제3자에게 권리를 취득시키면서 동시에 그 권리취득에 제한을 가하는 경우는 제3자의 부담을 목적으로 하는 계약이 아니고 오히려 제3자를 위한 계약이며, 따라서 허용된다.[292] 우리 民法上 제3자를 위한 계약의 당사자는 제3자의 권리가 일정한 요건하에서만 성립하는 것으로 合意할 수도 있다고 하여야 하기 때문이다.[293] 따라서 계약당사자는 제3자가 일정한 給付義務를 引受한다는 조건하에 채권을 취득시킬 수 있다.[294] 또한 제3자가 정해진 방식으로 행위하거나 행위하지 않을 경우에는 그가 권리를 상실한다고 합의할 수도 있다(이른바 失權條項). 그러나 제3자에 대하여 債權을 취득시키면서 동시에 그 계약으로부터 직접 의무도 부담시키는 경우는 제3자의 부담을 목적으로 하는 계약이며, 따라서 무효이다.[295] 예컨대 제3자가 雙務契約인 제3자를 위한 계약에 기하여 채권을 취득하면서 동시에 反對給付義務도 부담하도록 약정되어 있는 경우에 그렇다. 그 외에도 일정한 "負擔"(Auflage)附로 제3자에게 贈與되는 경우도 마찬가지이다. 부담 있는 재산출연은 ―허용되는― 제3자를 위한 계약과 ―허용되지 않는― 제3자의 부담을 목적으로 하는 계약의 경계에 놓여 있지만, 後者로 보아야 한다. 왜냐하면 負擔은 단순한 責務(Obliegenheit)에 불과한 것이 아니고 강제할 수 있는 義務에 해당하므로 제3자의 동의 없이 제3자에게 부과될 수 없다고 하여야 하기 때문이다.[296]

이러한 私見과 달리, 우리의 多數說은 제3자에게 권리를 주는 동시에 그것과 雙務關係에 서는 反對給付를 부담하게 하는 계약도 유효하다고 새길 것

291) Soergel/Hadding, §328 Rdnr. 119. 그러나 MünchKomm/Gottwald, §328 Rdnr. 98-9는 부당하게도 그러한 경우를 제3자의 부담을 목적으로 하는 계약 가운데 예외적으로 허용되는 경우로 설명하고 있다.

292) Staudinger/Kaduk, vor §328ff. Rdnr. 65a; Soergel/Hadding, §328 Rdnr. 120. MünchKomm/Gottwald, §328 Rdnr. 100은 이 경우도 제3자의 부담을 목적으로 하는 계약이지만 허용되는 것으로 설명한다.

293) 獨民 §328는 그에 관하여 해석으로 결정하여야 함을 규정하고 있다. 그러나 明文規定이 없더라도 마찬가지로 새겨지게 된다.

294) Staudinger/Kaduk, vor §328ff. Rdnr. 65a; MünchKomm/Gottwald, §328 Rdnr. 100; Soergel/Hadding, §328 Rdnr. 120.

295) Soergel/Hadding, §328 Rdnr. 120; MünchKomm/Gottwald, §328 Rdnr. 100; Larenz, SchuR Ⅰ, S.233(§17 Ⅳ).

296) MünchKomm/Gottwald, §328 Rdnr. 100.

이라고 한다.[297] 그러나 소수설[298]은 제3자의 代理權授與 없이 채권자가 단독으로 제3자와 채무자와의 雙務契約關係를 창설하는 것은 自己決定의 원칙에 어긋나므로 허용되어서는 안 되며, 다만 제3자의 債權取得에 부수적인(상환성이나 대가성이 없는) 부담을 주는 것까지 무효로 할 필요는 없다고 한다. 그리고 그 이유로, 제3자가 그 부담을 지고 싶지 않을 때에는 수익의 의사표시를 하지 않으면 되기 때문이라는 점을 든다. 한편 判例는,

> "민법 제537조(현행민법 제539조에 해당: 필자 註)에 소위 제3자를 위한 계약이 단순히 제3자에게 권리를 수여하는 계약에 한하지 않고 제3자에게 권리를 수여하는 일방 반대급부의 의무를 부담케 하는 것이라도 제3자가 이를 승인하고 수익의 의사표시를 한다면 이를 무효로 할 필요가 없을 뿐 아니라 무권대리의 행위를 추인으로써 그 효력을 발생케 하는 대리제도에 비교하여 생각하면 도리어 거래상의 이익이 있기 때문이다. 따라서 제3자를 위한 매매의 예약도 유효하여 제3자가 이를 승인하고 수익의 의사표시를 함으로써 제3자는 직접 동 예약상의 권리를 취득하는 것"

이라고 하여,[299] 多數說과 같다. 생각건대 제3자를 위한 계약의 有效性의 근거를 法律規定(民 §539 I)에서 찾는 私見의 입장에서 다수설이 부당함은 더 말할 나위도 없다. 그에 비하여 少數說은 부분적으로는 私見과 유사하다. 그러나 그 견해에는 문제가 있다. 우선 제3자를 위한 負擔附 契約을 유효하다고 하는 점에서 그렇다. 그런가 하면 그 이유의 설명도 부적절하다. 제3자를 위한 계약의 유효성은 수익의 의사표시와 관련하여 논의될 성질의 것이 아니기 때문이다. 제3자에게 法律效果를 발생시키려고 하는 계약은, 그것이 설사 제3자의 부담만을 목적으로 하는 것이어서 무효일지라도, 제3자가 거기에 同意하거나 追認한 경우에는 유효하게 된다. 그리고 수익의 의사표시는 追認에 해당할 수 있다. 따라서 "부담을 지고 싶지 않을 때에는 수익의 의사표시를 하지 않으면 되기 때문"이라는 것은 제3자를 위한 負擔附契約의 유효성의 근거로 될 수 없다. 또한 제3자에 관계된 유효성의 문제는 제3자가 追認을 하기 전에도 유효하다고 할 것인지 여부의 것이기 때문에도, 그 이유는 부적당하다. 判例에 대하여는 다수설과 소수설에 대한 비판이 그대로 적용된다. 요컨대 우리 民法

297) 郭潤直, 123; 金曾漢·安二濬, 新債各(上), 101; 金顯泰, 57; 註釋債各(I), 344; 金玟中(註 188), 518.
298) 李銀榮, 155.
299) 大判 57.3.16, 4289民上536(集 5-1 민 15). 同旨 大判 65.11.9, 65다1620(總 3-2(A), 412); 朝高判 39.2.10(總 3-2(A), 411).

上 제3자에게 권리를 취득시키면서 의무도 부담시키는 契約은 無效이다. 다만 제3자가 事前에 동의하거나 事後에 追認한 경우에는 유효하게 된다.300)

제3자를 위한 계약에 기하여 제3자가 채권을 취득하면서 아울러 債權者의 地位에서 "기타의 행위의무"(신의칙상의 의무)를 부담하는 것은 제3자의 부담을 목적으로 하는 계약이 아니며, 이는 당연히 허용된다.301) 제3자에게 債權과 함께 責務(Obliegenheit)가 부과된 경우에도 같다.302) 이 경우에 제3자가 責務를 위반하게 되면, 그는 기껏해야 債權을 상실하게 될 뿐이다. 責務의 예로는, 타인을 위한 保險契約에 있어서의 保險受益者가 부담하는 保險事故의 通知義務(商 §657)를 들 수 있다.

XIV. 公法에서의 第三者를 위한 契約

제3자를 위한 계약에 관한 民 §539 이하의 규정은 원칙적으로 公法的인 契約에도 적용(내지 유추적용)된다고 하여야 한다.303) 그러나 특히 行政의 法律適合性(Gesetzmäßigkeit), 평등취급의 요구, 상당성의 요구, 권리남용의 금지 등으로부터 행정관청에게 부과되는 여러 구속들을 고려하여야 한다. 따라서 公法上의 權利主體는 그가 스스로 약정할 수 없는 給付는 제3자를 위한 계약에 의하여도 유효하게 취득할 수 없다.304)

公法的인 團體를 위한 公法關係에 관한 私法的인 契約도 허용된다.305) 그리하여 가령 낙약자로 하여금 요약자의 租稅債務를 변제하게 하거나 또는 그에 대하여 責任을 지게 하는 合意에 의하여 낙약자는 租稅債務者로 된다. 한편 경우에 따라서는 私人이 국제법적인 계약으로부터도 제3자로서 권리를 취득할 수 있다.306) 다만 이 때에 그 계약의 國內法的인 효력은 계약이 國內法에로 變容(Transformation)된 후에 비로소 발생한다.

300) 이는 대리규정(대리권수여, 무권대리의 추인)을 유추적용 또는 직접적용한 결과이다.
301) Soergel/Hadding, §328 Rdnr. 121; MünchKomm/Gottwald, §328 Rdnr. 102.
302) MünchKomm/Gottwald, §328 Rdnr. 103; Soergel/Hadding, §328 Rdnr. 121.
303) 同旨 Soergel/Hadding, §328 Rdnr. 123; MünchKomm/Gottwald, §328 Rdnr. 4; Erman/Westermann, §328 Rdnr. 3. 反對 Palandt/Heinrichs, §328 Anm. 1a bb.
304) Soergel/Hadding, §328 Rdnr. 123; MünchKomm/Gottwald, §328 Rdnr. 4.
305) Soergel/Hadding, §328 Rdnr. 124.
306) MünchKomm/Gottwald, §328 Rdnr. 4; Soergel/Hadding, §328 Rdnr. 124; Erman/Westermann, §328 Rdnr. 3; Palandt/Heinrichs, §328 Anm. 1a bb.

XV. 第三者保護效力 있는 契約

1. 序 說

(1) 問題의 提起

契約에 의한 權利와 義務는 契約當事者 사이에서만 발생하는 것이 원칙이다. 그러나 契約의 當事者는 債務者가 債權者 대신 제3자에게 給付할 것을 約定할 수 있으며, 그러한 경우에는 제3자가 債務者에 대하여 직접 給付를 請求할 수 있는 權利를 취득한다(民 §539 I). 이것을 (眞正한) 제3자를 위한 契約이라고 한다. 第3者를 위한 契約에 있어서는, 제3자는 給付 자체를 請求할 수 있을 뿐만 아니라, 履行遲滯·履行不能으로 인한 損害賠償請求權 또는 不完全履行으로 인한 附加損害의 賠償請求權도 가진다.[307] 그에 비하여 제3자를 위한 契約이 아닌 契約에 있어서는 契約當事者 이외의 제3자는 給付를 請求할 수 없고, 따라서 그가 契約上의 給付와 아무리 밀접한 관계에 있다 할지라도 給付履行의 障碍(Störung)를 이유로 한 賠償請求權도 가지지 못하게 된다.[308] 그 결과 給付로 인하여 제3자에게 損害가 발생한 경우에는, 給付者에 대하여 不法行爲로 인한 損害賠償請求權이 고려될 뿐이다.[309] 그러나 그 때에는 給付者가 民 §756 I 但書(使用者의 賠償責任)에 의하여 그의 履行補助者의 過失 있는 行爲에 관하여 免責될 危險을 제3자는 부담한다.[310] 만일 給付者가 責任을 免하게 되면 損害를 입은 제3자는 充分한 구제를 받기가 어려워진다. 왜냐하면 그 때에는 제3자가 履行補助者에 대하여 一般不法行爲責任을 물을 수밖에 없는데, 履行補助者는 無資力인 것이 보통이기 때문이다. 이러한 결과를 결코 바람직한 것이라고 할 수는 없을 것이다. 被害를 당한 제3자는 두텁게 보호되어야 하며, 그러기 위하여는 어떤 새로운 조치가 필요하게 된다.

(2) 獨逸의 이른바 第三者保護效力 있는 契約理論

旣述한 우리 나라의 사정은 獨逸에서도 마찬가지이다. 즉 被用者의 過失 있는 行爲에 대한 使用者責任規定(獨民 §831)은 使用者의 免責을 가능하게 하고 있다(同條 I 2文). 그 결과 債務者가 履行補助者에 의하여 給付를 하는 경우에 損害를

307) Medicus, SchuR I (1981. 이하 같음), S. 317.
308) Medicus(註 307), S. 317 참조.
309) 前註.
310) Medicus(註 307), S. 317 참조.

입은 契約當事者 이외의 자는 損害를 입었을지라도 구제받을 수 없을지 모르는 危險에 빠지게 된다. 여기서 被用者에 대한 使用者의 不法行爲責任規定(獨民 §831)을 불충분한 것으로 여기고, 그것을 獨民 §278(우리 民 §391에 해당)로 대치하고자 하였다.[311] 獨逸의 判例는 위의 요구를 제3자를 위한 契約의 확대를 통하여 달성하였다. 이는 法律이 예상하지 못한 方向으로의 발전이라고 評價된다.[312] 어쨌든 獨逸判例는, 契約 자체에 가담하지는 않았지만 債務者의 給付行爲에 대한 近接性(Nähe)과 債權者에 대한 관계에 기하여 債權者와 유사하게 보호할 價値가 있는 제3자에게 契約的인 保護義務(Schutzpflicht)의 違反을 이유로 한 請求權을 인정한다.[313] 獨逸帝國大法院(RG)의 가스計量器事件(Gasuhr-fall)이 여기에 관한 leading case가 되었다.[314][315] 그 事件은 다음과 같다. 한 使用賃借人(女)이 이사할 때에 가스施工會社에게 가스計量器(Gasuhr)를 新居住地의 浴室에 달도록 하였다. 그 會社의 技士는 그 일을 부적당하게 하였다. 흘러나오는 가스에 불이 붙어서 이사를 돕고 있던 下女가 傷害를 입었다. 獨逸帝國大法院은 會社가 技士의 過失에 대하여 獨民 §278(履行補助者의 過失)에 의하여 下女에게 責任이 있다는 것을 容認하였다. 그 理由는 都給契約이 그 下女의 利益을 위하여 締結된 것으로도 看做되어야 하기 때문이라고 하였다.[316] 이 경우는 下女와 가스施工會社 사이에 契約關係가 존재하지 않음에도 불구하고 그녀에게 契約에 기한 損害賠償請求權을 인정한 것이다. 獨逸帝國大法院의 이러한

311) Von Caemmerer, Gesammelte Schriften, Band I Rechtsvergleichung und Schuldrecht, Wandlung des Delikts, 1968, S. 460.

312) Larenz, SchuR I (1982. 이하 같음), S. 208; Soergel Komm.(1967. 이하 같음), §328 Rdnr. 12.

313) Larenz(註 312), S. 208.

314) Von Caemmerer(註 311), S. 464.

315) 가스計量器事件 외에 특기할 만한 獨逸帝國大法院(RG)의 判例 몇 개를 소개한다. 家屋所有者가 집의 修繕을 맡긴 手工業者의 過失에 의하여 使用賃借人뿐만 아니라 그의 妻·子女 그리고 下人이 侵害되었다. 침해당한 사람들과 家屋所有者 사이에는 原則的으로 契約的인 관계가 存在하지 않는다. 그럼에도 불구하고 獨逸帝國大法院은 家屋所有者가 手工業者의 過失에 대하여 獨民 §278에 의하여 使用賃借人 자신 및 그 이외의 사람들에게 責任을 지울 것을 원하였다. 그리하여 獨逸帝國大法院은 使用賃貸借契約은 묵시적으로 위의 모든 사람들을 위하여도 그들이 직접 家屋所有者에 대하여 債權을 취득한다는 效力이 있게 締結되었다는 것을 容認하였다. 그리고 택시대절자와 함께 택시에 탄 사람들에 대한 택시所有者의 責任을 인정하였다. 더 나아가서 獨逸帝國大法院은 演奏會를 위한 강당의 使用賃貸借에 있어서조차도 演奏會에 참석한 모든 사람, 따라서 완전히 槪觀할 수 없는 人的 範圍를 위한 契約을 보고, 그 결과 使用賃貸人은 강당의 통로 및 주변의 秩序에 맞는 상태를 이유로 契約責任의 原則에 의하여 모든 參加人에게 責任을 져야 한다고 하였다. 이들에 관하여는 Larenz(註 312), S. 208-9 참조.

316) RGZ 127, 218ff(1930). 이 判例에서 그 이전의 判例를 槪觀하고 있다. von Caemmerer(註 311), S. 464 참조.

입장은 獨逸聯邦大法院(BGH)에 의하여 계승되었다. 그리고 獨逸의 通說도 獨逸判例의 태도에 대체로 찬성하고 있다.[317] 다만 그 名稱에 관하여는 Karl Larenz가 주장한 '第3者保護效力 있는 契約'(Vertrag mit Schutzwirkung für Dritte)[318]이 널리 사용되고 있으며,[319] 獨逸聯邦大法院도 그에 따르고 있다.[320]

(3) 獨逸의 第三者保護效力 있는 契約理論 導入의 必要性

冒頭에서 설명한 문제점은 마땅히 시정되어야 한다. 그런데 그 방법으로 立法에 의한 해결과 解釋에 의한 해결의 둘을 생각해 볼 수 있다. 前者는 不法行爲法의 改正이며, 後者는 合理的인 결과를 가져올 새로운 理論의 정립이다. 그러나 不法行爲法의 改正에는 의문이 있고(後述) 또 현재의 事情으로 보아 그것을 期待하기도 어렵다. 이렇게 立法에 의한 해결이 곤란한만큼, 問題의 해결을 위한 새로운 理論構成이 不可避하다고 하겠다. 그러한 理論으로는 獨逸의 이른바 第3者損害淸算(Drittschadensliquidation)理論과 第3者保護效力 있는 契約理論이 고려될 수 있을 것이나, 우리와 같은 事情下에서 獨逸의 判例 및 通說이 인정하고 있는 後者가 더 훌륭해 보인다. 따라서 獨逸에 있어서의 第3者保護效力 있는 契約理論을 도입하여 우리 民法의 解釋에 적용해 보고자 한다.

2. 第三者保護效力 있는 契約의 意義 및 根據

(1) 意 義

契約當事者는 아니지만 契約關係에 기한 保護義務(Schutzpflicht)[321]의 履

---

317) Larenz(註 312), S.209ff.; Medicus(註 307), S.317ff.; Fikentscher, SchuR(1975. 이하 같음), S.153ff.; Münchener Komm.(1979. 이하 같음), §328 Rdnr. 60ff.; Staudinger Komm.(1978. 이하 같음), vor §328 Rdnr. 75ff.; Das Bürgerliche Gesetzbuch mit besonderer Berücksichtigung der Rechtsprechung des Reichsgerichts und des Bundesgerichtshofes Kommentar(以下에서는 RGR-Komm.으로 略稱함)(1976. 이하 같음), §328 Rdnr. 80ff.; Palandt Komm.(1979. 이하 같음), §328 Anm. 1b; von Caemmerer(註 311), S.464ff. 다만 Soergel Komm.(註 312), §328 Rdnr. 17(Reimer Schmidt)과 Heiseke(NJW 1960, 78) 등은 제3자는 보호하되, 第3者損害淸算의 문제로 다루어야 할 것이라고 한다.

318) Larenz(註 312), S.209-10 참조.

319) Fikentscher(註 317), S.153; Medicus(註 307), S.317; Staudinger Komm.(註 317), vor §328 Rdnr. 77 참조.
Palandt Komm.(註 317), §328 Anm. 2b; RGR-Komm.(註 317), §328 Rdnr. 80; Soergel Komm.(註 312), vor §328 Rdnr. 14; Esser/Schmidt, SchuR I/2(1977. 이하 같음), S.215 등은 Vertrag mit Schutzwirkung zugunsten Dritter라고 표현하고 있으나 Vertrag mit Schutzwirkung für Dritter와 동일한 것이다.

320) Larenz(註 312), S.210.

321) 保護義務는 "기타의 行爲義務" 내지 注意義務(Sorgfaltspflichten)의 한 내용으로, 債務의 實行으로부터 債權者(또는 제3자)에게 損害가 생기지 않게 하여야 할 義務이다.

行에 직접 利害關係를 가지는 제3자는 그 義務의 違反을 이유로 한 損害賠償請求權을 가진다.[322] 예컨대 家屋所有者가 어느 木手에게 지붕 개량을 맡긴 경우에, 그 木手가 지붕을 개량하는 동안에 不注意로 가옥소유자의 妻 및 子女에게 損害를 가한 때에는 그 妻 및 子女는 木手에 대하여 不完全履行된 都給契約으로 인한 契約的인 損害賠償請求權을 가진다.[323] 이 경우에 있어서 家屋所有者의 妻 및 子女는 지붕 개량의 履行에 대한 請求權은 가지지 못하나—그것은 都給人인 家屋所有者만이 가질 수 있다(民 §664)—木手가 그들에게 부담하고 있는 保護義務의 違反이 있기 때문에 그들이 입은 損害에 대하여 賠償을 請求할 수 있는 것이다. 이러한 경우의 契約을 "第3者保護效力 있는 契約"(Vertrag mit Schutzwirkung für Dritte)이라고 한다. 第3者保護效力 있는 契約은 제3자를 위한 契約과 마찬가지로 典型契約의 한 종류가 아니다. 단지 어떤 契約에 있어서 일정한 범위의 契約當事者 이외의 자에게 契約上의 保護效力을 인정할 수 있는 경우를 그렇게 부를 뿐이다.

第3者保護效力 있는 契約은 契約關係에 기한 保護義務의 인정을 그 당연한 전제로 한다. 환언하면 契約關係가 債權·債務의 단순한 결합에 불과하고 그 결과 債務者는 債務 이외에 아무런 義務도 부담하지 않는다고 하게 되면, 제3자에게 契約의 保護效力을 부여할 수가 없다. 그러나 契約關係를 단순히 債權·債務가 결합한 것으로 볼 것은 아니며, 그것은 信義則上의 여러 義務(기타의 行爲義務: 保護義務 기타의 附隨的 義務)를 포함하는 有機的 關係라고 하여야 한다.[324]

第3者保護效力 있는 契約은, 契約上의 給付가 제3자에게 제공되지 않아야 하고 제3자는 契約의 效力 가운데 契約的인 保護義務에만 관계된다는 점에서, 제3자를 위한 契約과 구별된다.[325][326] 그러나 이 保護義務를 違反한 경

322) Erman Komm.(1962. 이하 같음), vor §328 Rdnr. 2; Larenz(註 312), S.208 참조.

323) Fikentscher(註 317), S.153.

324) 同旨 郭潤直, 債總, 32.

325) RGR-Komm.(註 317), §328 Rdnr. 80; Larenz(註 312), S.209; Fikentscher(註 317), S.153.

326) 앞의 I.에서 설명한 바와 같이, 제3자를 위한 契約(Vertrag zugunsten Dritter)은 眞正한 제3자를 위한 契約(echter oder berechtigender Vertrag zugunsten Dritter)과 不眞正한 제3자를 위한 契約(unechter oder ermächtigender Vertrag zugunsten Dritter)으로 나누어진다. 前者는 제3자에게 諾約者(Versprechender)에 대하여 給付를 請求할 수 있는 直接的인 權利가 귀속하는 경우이고, 後者는 제3자가 給付에 대한 直接的인 權利를 취득함이 없이 단지 要約者(Versprechensempfänger)만이 제3자에의 給付를 請求할 수 있고 諾約者는 제3자에게 給付할 權能을 부여받는 경우이다. 民法은 眞正한 제3자를 위한 契約만을 規律하고 있으며(民 §539 이하), 本文의 제3자를 위한 契約도 그것만을 의미한다.

여기서 참고로 第3者保護效力 있는 契約이 不眞正한 제3자를 위한 契約과 어떠한

우에, 보호되는 제3자에게 契約的인 損害賠償請求權이 발생한다는 점에서는 제3자를 위한 契約과 같다.[327] 즉 제3자를 위한 契約에 있어서는 제3자가 給付를 請求할 수 있고 또 給付의 障碍(Störung)를 이유로 한 請求權 예컨대 履行遲滯·履行不能 또는 不完全履行으로 인한 損害賠償請求權을 가진다.[328] 그에 비하여 第3者保護效力 있는 契約에 있어서는 보호되는 제3자는 給付를 請求할 수는 없으나 債務者의 保護義務의 違反에 의하여 損害를 입은 때에는 그 賠償에 대한 자신의 請求權을 가지게 된다.[329] 第3者保護效力 있는 契約은 이와 같이 제3자를 위한 契約의 變種(Abart), 즉 그것과는 독립한 契約類型(selbständiger Vertragstypus)[330] 내지는 독립한 契約類似의 法定債權關係(vertragsähnliches gesetzliches Schuldverhältnis)이기 때문에, 제3자를 위한 契約에 관한 民法規定(§539 이하)의 대부분은 第3者保護效力 있는 契約에 적용될 수 없다.[331]

債務履行時에 피해를 당한 제3자는 不法行爲規定에 의하여 보호를 받는다. 그런데 契約의 第3者保護效力을 인정하면 보호되는 제3자는 不法行爲로 인한 損害賠償請求權 외에 契約的인 損害賠償請求權도 가질 수 있게 된다(請求權競合說의 立場). 여기서 契約의 第3者保護效力을 인정하는 경우를 인정하지 않는 경우와 비교하여 살펴보기로 한다.[332] 첫째로, 契約의 第3者保護效力을 인정하면, 債務者가 履行補助者에 의하여 債務를 履行하는 때에 第3者에게 損害가 발생하는 경우에는, 보호되는 제3자는 民 §756(使用者의 賠償責任)에 의하여뿐만 아니라 民 §391(履行補助者의 故意·過失)에 의하여도 債務者에게 履行補助者의 行爲에 대한 責任을 물을 수 있다. 그에 비하여 契約의 第3者的 效力을 인정하지 않으면, 被害를 입

관계가 있는가를 살펴보기로 한다. 本文에서 설명한 바와 같이 第3者保護效力 있는 契約은 眞正한 第3者를 위한 契約과는 분명하게 구별된다. 따라서 眞正한 第3者를 위한 契約은 第3者保護效力 있는 契約으로 될 수 없다. 그러면 不眞正한 第3者를 위한 契約은 第3者保護效力 있는 契約과 일치하는 것인가? 그렇지는 않다. 第3者保護效力 있는 契約이 不眞正한 제3자를 위한 계약과 密接한 關係에 있음은 사실이나, 後者는 ──제3자는 給付請求權을 가지지 못하지만── 제3자에게의 給付가 문제된다는 점에서, 給付義務가 아닌 注意義務만이 문제되는 第3者保護效力 있는 契約과 軌를 달리한다. 물론 不眞正한 제3자를 위한 契約이 第3者保護效力 있는 契約으로 될 수는 있을 것이다.

327) RGR-Komm.(註 317), §328 Rdnr. 80.

328) Medicus(註 307), S. 317.

329) 이 점은 앞에서 든 지붕 改良에 관한 都給契約의 예를 상기해 보면 쉽게 이해될 수 있을 것이다.

330) Larenz(註 312), S. 209 참조.

331) Münchener Komm.(註 317), §328 Rdnr. 61 참조.

332) Münchener Komm.(註 317), §328 Rdnr. 60; Palandt Komm.(註 317), §328 Anm. 2b 참조.

은 제3자는 債務者에게는 民 §756에 의한 使用者責任을 물을 수 있을 뿐이다. 이렇게 볼 때 契約의 第3者保護效力을 인정하는 경우가 그렇지 않는 경우보다 제3자를 두텁게 보호하게 됨을 알 수 있다. 왜냐하면 使用者責任에 있어서는 使用者가 民 §756 I 但書에 의하여 免責될 수 있기 때문이다. 이것이 獨逸에서 第3者保護效力 있는 契約理論을 출현시킨 근본적인 이유임은 旣述한 바 그대로이다.[333] 둘째로, 위의 것 이외에도 契約的인 損害賠償請求權이 不法行爲로 인한 것보다 제3자에게 유리하다. 不法行爲에 있어서는 過失의 立證責任을 被害者가 負擔함이 원칙인데, 契約의 第3者保護效力을 인정하면 그 때의 保護義務는 契約上의 義務이므로 債務者는 자신이 保護義務違反 및 過失이 없음을 立證하지 못하면 그의 損害賠償責任을 면하지 못한다(通說). 그리고 契約上의 損害賠償請求權은 그 대부분이 民 §162에 따라 10년의 消滅時效에 걸리나, 不法行爲로 인한 것은 3년의 時效에 걸릴 수가 있다(民 §766 I). 또한 契約의 第3者的 效力을 인정하면 賠償權者의 범위가 間接被害者에게 쉽게 확대될 수 있다.[334] 이 모든 점들은 契約의 第3者保護效力을 인정하는 경우에 被害를 당한 제3자에게 이로운 것이다. 다만 債權者 또는 受領補助者에게도 過失이 있는 경우에는, 제3자에의 契約的인 損害賠償에 있어서 過失相計에 관한 民 §396가 적용되어야 할 것이므로, 그 때에는 契約의 第3者保護效力을 인정하는 것이 被害를 당한 제3자에게 이익을 가져오지 못하게 된다.[335]

(2) **根據**(法的 基礎)

第3者保護效力 있는 契約에 있어서 第3者는 債務者가 그에 대하여 負擔하고 있는 保護義務를 違反한 경우에 그것을 이유로 한 契約的인 損害賠償請求權을 가지게 되는데, 그 法的 基礎(Rechtsgrundlage)에 관하여는 獨逸에서 크게 두 견해가 대립되고 있다. 그 하나는 제3자의 契約的인 損害賠償請求權이 契約의 補充的인 解釋에서 유래한다는 것이고,[336] 나머지 하나는 그것이 獨民 §242(信義誠實에 의한 給付)로부터, 따라서 法律로부터 유래한다는 것이다.[337] 앞의 견해는 제3자를 위한 保護義務가 獨民 §§133(意思表示의 解釋),[338] 157

333) Palandt Komm.(註 317), §328 Anm. 2b.

334) Münchener Komm.(註 317), §328 Rdnr. 60.

335) Palandt Komm.(註 317), §328 Anm. 2b; RGR-Komn.(註 317), §328 Rdnr. 84.

336) Palandt Komm.(註 317), §328 Anm. 2b; Staudinger Komm.(註 317), vor §328 Rdnr. 80. Von Caemmerer(註 311), S.466은 이 견해를 비판하고 있다.

337) Münchener Komm.(註 317), §328 Rdnr. 62; Larenz(註 312), S.209-10.

338) 獨民 §133는 "意思表示의 解釋에 있어서는 眞正한 意思가 探究되어야 하며 표현된 字句의 의미에 狗碍받지 않아야 한다"고 규정한다.

(契約들의 解釋)[339]에 의한 主된 契約(Hauptvertrag)의 補充的인 解釋에 그 근거를 가지고 있고 따라서 保護義務의 제3자에의 확대는 契約的인 內容決定의 결과라고 하는 데 비하여, 뒤의 견해는 그 때에는 信義則(獨民 §242)에 의한 契約關係의 法律的인 內容決定이 문제되며 제3자에 대한 保護義務의 認定은 獨民 §242에 의한 法官의 法形成(richterliche Rechtsfortbildung)이자 制定되어 있지 않은 法의 補充이라고 한다. 두 견해 가운데 근래에는 後說이 獨逸의 多數說이다.[340] 한편 獨逸의 判例는 과거에는(BGHZ 56까지) 앞의 견해를 따랐으나,[341] 최근에는 "차이가 없다"(gleichgültig)고 하면서[342] 未解決인 채로 남겨 두고 있다.[343] 이 問題에 관하여 어떤 입장을 취하느냐는 무엇보다도, 契約의 保護範圍에의 제3자의 편입이 契約當事者의 意思에 좌우되는지, 第3者保護效力 있는 契約理論이 契約的인 債權關係 이외의 것에도 적용되어야 하는지, 그리고 給付關係의 欠缺이 여기에 어떻게 작용하는지 등을 판단하는 데 있어서 차이를 가져온다.[344] 생각건대 제3자를 위한 保護義務의 근거를 契約의 補充的인 解釋에서 찾는 것은 옳지 못하다고 하겠다. 왜냐하면 契約當事者는 제3자에 대하여 特約을 하지 않음이 보통일 것이므로, 그러한 입장에 있게 되면, 當事者의 推定的인 意思探究에 注力하게 될 것인데, 그러다 보면 제3자의 보호를 念願한 나머지 當事者의 意思가 實際의 또는 推定된 것이 아닌 擬制的인 것으로 될 가능성이 많기 때문이다. 즉 그 견해는 광범위하게 제3자를 보호하기 위하여는 기교적인 說明이 불가피하므로, 보다 合理的인 根據說明이 추구되어야 한다. 뿐만 아니라 保護義務의 제3자에의 확대가 契約當事者의 意思에 좌우되지 않도록 하여야 한다[345]는 점에서 볼 때도 그러한 견해는 취할 바가 못 된다. 결국 契約의 第3者保護效力은 民 §2 I(信義誠實의 原則)에 기한 것으로 보아야 할 것이다. 즉 제3자를 위한 契約的인 保護義務는 信義則에 의한 債權關係(法定債權關係)의 內容을 이루고 있는 것이다. 따라서 推定的인 當事者의 意思는 契約으로 인한 保護義務에의 제3자의 편입을 補充的으로 결정하지 못한다. 오히려 제3자의 編入 여부

339) 獨民 §157는 "契約들은 去來慣行의 고려하에 信義誠實이 요구하는 바에 따라 解釋하여야 한다"고 규정한다.
340) Palandt Komm.(註 317), §328 Anm. 2b 참조.
341) RGR-Komm.(註 317), §328 Rdnr. 81.
342) BGH NJW 1977, 2073, 2074; Münchener Komm.(註 317), §328 Rdnr. 62 참조.
343) BGHZ 56, 269, 273; BGH NJW 1975, 867, 868f.; Münchener Komm.(註 317), §328 Rdnr. 62; RGR-Komm.(註 317), §328 Rdnr. 81 참조.
344) RGR-Komm.(註 317), §328 Rdnr. 81.
345) Münchener Komm.(註 317), §328 Rdnr. 62 참조.

는 주된 債權關係로부터 나오는 제3자의 期待·衡平의 원칙·有益性 등의 典型的인 社會的 利益에 의하여 결정된다.

여기서 더 나아가서, 제3자를 위한 保護效力이 契約에 좌우되는지 또는 契約締結上의 過失(culpa in contrahendo)과 유사하게 단지 社會的인 接觸(sozialer Kontakt)의 開始만을 전제로 하는지[346]가 문제된다.[347] 이것은 바꾸어 말하면 第3者保護效力이 契約이 有效하게 성립한 후에만 인정될 수 있는가, 아니면 契約의 有效한 성립에 관계 없이 인정될 수 있는가 하는 문제이다. 第3者保護效力 있는 契約에 있어서의 제3자에 대한 責任의 기초를 補充的으로 解釋된 當事者의 合意로 보지 않고 信義則에 기한 債權關係로 보는 때에는, 이 債權關係에 제3자를 편입시키는 데 필요한 요건을 갖추고 있는 한, 社會的(去來的)인 接觸으로 인한 法定債權關係 또한 제3자에게 이익이 되지 않게 하여야 할 아무런 근거도 찾아볼 수 없다.[348] 이것은 獨逸의 通說의 입장이며, 獨逸聯邦大法院이 인정하고 있는 바이기도 하다.[349] 그리고 최근에 獨逸에서 크게 세력을 얻고 있는, 契約前의 保護義務·契約的인 保護義務·契約後의 保護義務 등이 부분적으로는 法律에서 부분적으로는 契約에서 유래하지 않고 통일적인 法定債務關係에 속한다고 하며 그 實定法的 保障을 信義誠實(獨民 §242)의 命令에서 찾는 統一的인 法定保護關係(einheitliches gesetzliches Schutzverhältnis)의 理論(이른바 統一論)에 의하면, 제3자에 대한 保護義務도 이 法定保護關係의 일부분으로 看做된다.[350] 요컨대 法定保護關係의 責任根據는 원칙적으로 當事者 사이의 契約의 締結 및 有效性에 좌우되지 않는다. 따라서 제3자가 契約의 準備時에 當事者를 인식할 수 있게 도와야 하는 경우 또는 子女와 같은 제3자의 併存이 契約의 준비를 쉽게 하는 경우에는, 그 제3자는 契約商議의 단계에 있어서도 보호된다.[351] 예를 들어 시장가는 어머니를 돕기 위하여 따라간 딸이 가게에서 야채잎에 미끄러져 다쳤다면, 그 딸은 가게 主人에 대하여 ── 아직 物件에 대한 契約은 締結되지 않았을지라도 ── 損害賠償請求權을 가진

346) Larenz(註 312), S.214.

347) Münchener Komm.(註 317), §328 Rdnr. 63.

348) Larenz(註 312), S.214 참조.

349) 獨逸聯邦大法院(BGH)은 "사람들이 保護義務 및 配慮義務를 契約商議의 開始에 의하여 설정된 法定債務關係의 표준적인 내용으로 看做했고 또 契約當事者가 이 監護義務(Obhutspflicht)를 契約締結 후뿐만 아니라 그 전에도 똑같이 負擔한다는 것을 고려하는 바로 그 경우에는, 동일한 관점에서 보호할 價値가 있는 제3자들의 이 法定債務關係에의 편입이 정당하다"고 하고 있다(BGHZ 66, 51, 58).

350) Münchener Komm.(註 317), §242 Rdnr. 129, §328 Rdnr. 63 참조.

351) Münchener Komm.(註 317), §328 Rdnr. 65.

다. 주의할 것은 契約締結前·契約清算後 또는 契約이 無效인 때에는 특히 제3자의 財產에 대하여는 보다 좁은 保護義務가 존재할 수 있다는 점이다.[352] 그리고 契約을 失效케 한 사유들이 제3자에 대한 保護義務의 存在 및 強度에 영향을 미칠 수 있다.[353]

제3자를 위한 契約的인 保護效力에 관한 規律은 公法的인 使用關係에도 적용되어야 한다.[354]

3. 保護되는 第三者의 範圍

第3者保護效力 있는 契約에 있어서 가장 어렵고도 중요한 문제는 보호되는 제3자의 범위를 어떻게 한정하여야 하는가이다. 契約의 瑕疵 있는 履行에 의하여 被害를 입은 모든 제3자에게 第3者保護의 效果를 부여할 수는 없으며, 保護되는 人的인 범위는 좁게 정하여지지 않으면 안 된다.[355] 그러지 않으면 契約責任과 不法行爲責任 사이의 限界가 容認할 수 없을 정도로 문란하게 되고, 第3者保護效力의 制度가 不法行爲에 대한 賠償에 관한 一般條項이 될 것이기 때문이다.[356] 따라서 契約的인 保護義務에의 편입을 위하여는 다음의 세 요건을 갖추어야 한다.

(1) 契約에의 密接性(Vertragsnähe)

제3자는 契約에 기한 주된 給付와 定型的인 方式으로 관계를 가지고 있어야 한다.[357] 이를 契約에의 密接性(Vertragsnähe) 또는 給付에의 密接性(Leistungsnähe)이라고 한다. 그는 媒介(Vermittlung) 또는 제1차적인 債權者의 意思에 의하여 責務에 맞게 給付範圍에 滯在하거나 기타의 방법으로 給付와 관계가 있어야만 한다.[358] 給付에의 우연한 接觸만으로는 충분하지 않다.

352) Münchener Komm.(註 317), §328 Rdnr. 65.

353) 따라서 民 §5 이하의 규정은 모든 계약적인 책임 및 계약에 유사한 책임에 대하여 未成年者를 의미에 맞게 보호하여야 한다. Münchener Komm.(註 317), §328 Rdnr. 65 참조.

354) RGR-Komm.(註 317), §328 Rdnr. 100; Münchener Komm.(註 317), §328 Rdnr. 66; Palandt Komm.(註 317), §328 Anm. 2b 참조.

355) Medicus(註 307), §318; Münchener Komm.(註 317), §328 Rdnr. 67; RGR-Komm.(註 317), §328 Rdnr. 82; Palandt Komm.(註 317), §328 Anm. 2b.

356) Münchener Komm.(註 317), §328 Rdnr. 67. 또한 獨逸에서는 第3者損害清算이 엄격하게 制限되고 있는데, 만약 被害를 입은 모든 第3者에게 契約的인 第3者保護로부터 자신의 固有한 損害賠償請求權이 演繹될 수 있다면, 그 엄격한 制限이 意味를 잃고 만다. 그에 관하여 Medicus(註 307), S.318 참조.

357) Münchener Komm.(註 317), §328 Rdnr. 68; RGR-Komm.(註 317), §328 Rdnr. 82; Fikentscher(註 317), S.153; Palandt Komm.(註 317), §328 Anm. 2b 참조.

358) Münchener Komm.(註 317), §328 Rdnr. 62.

예컨대 賃借家屋에서 賃借人과 함께 居住하는 모든 자는 賃貸借契約에 의하여 보호되나, 다른 곳에 居住하는 賃借人을 방문한 손님·患者의 문병객 또는 이웃집의 수확을 돕는 자 등은 賃貸借契約·入院契約 또는 탈곡기부품의 供給에 관한 契約 등에 의하여 보호되지 않는다.[359] 뒤의 예들은 다소 우연하게 또는 特別한 경우에 있어서 債務者의 給付와 관계가 있는 데 불과하기 때문이다.

(2) **債權者가 第三者의 保護에 특별한 利益을 가질 것**

債權者는 注意를 다한 給付履行에 자신의 이익뿐만 아니라 第3者를 위한 정당한 利益도 가져야 한다.[360] 바꾸어 말하면 제3자는 債權者와 밀접한 관계에 있어야 한다. 이것은 일반적으로, 債權者가 제3자에 대하여 配慮義務(Fürsorgepflicht)를 負擔하여야 한다거나 또는 債權者가 제3자의 安危(Wohl und Wehe)에 공동으로 責任이 있어야 한다고 표현된다.[361] 따라서 家族法·勞動法 및 社會法의 영역에 있어서 제3자가 債權者에게 社會的으로 종속하는 경우들이 여기에 해당하게 된다. 이 때 債權者와 제3자 사이에 繼續的인 관계가 존재하여야만 하는 것은 아니다.[362] 그러나 內部關係에 있어서 配慮義務 및 監護義務가 있는 경우에 한하여 契約의 第3者的 效力을 인정하는 것은 너무 편협하다. 獨逸의 判例도 보호되는 제3자의 범위를 더욱 확장해 가고 있다. 왜냐하면 제3자의 보호에 대하여 契約當事者가 가지는 必須不可缺한 利益은 순수한 去來關係, 예컨대 영업적인 使用賃貸借契約이나 銀行法에 있어서의 去來秘密의 漏泄 등과 같은 去來約款에 있어서도 마찬가지로 존재하기 때문이다. 그와 같은 契約에 있어서는, 존재하는 去來關係에 기한 제3자의 保護義務가 配慮義務와 동일한 價値를 가질 수 있다. 결국 契約的인 保護效力의 범위는 給付客體에 대한 제3자의 관계에 의하여 결정되어야 한다.[363] 給付의 第3者關聯性(Drittbezogenheit der Leistung)에 의한 이러한 制限은, 特別拘束關係가 순수한 去來的인 또는 經濟的인 範圍에서도 제3자를 위하여, 契約當事者와 제3자의 관계가 人法的인 要素를 가지고 있지 않고서도 不法行爲法으로부터 끌

359) Medicus(註 307), S.319; RGR-Komm.(註 317), §328 Rdnr. 83; Münchener Komm.(註 317), §328 Rdnr. 68.

360) Münchener Komm.(註 317), §328 Rdnr. 69; Medicus(註 307), S.319 참조.

361) Medicus(註 307), S.319; RGR-Komm.(註 317), §328 Rdnr. 83; Münchener Komm.(註 317), §328 Rdnr. 69.

362) 獨逸帝國大法院(RG)의 判例 가운데에는 채권자와 제3자 사이의 계속적 관계의 존재를 요구한 것이 있으나(RGZ 127, 218, 224), 이는 옳다고 할 수 없다. Münchener Komm.(註 317), §328 Rdnr. 69 참조.

363) Münchener Komm.(註 317), §328 Rdnr. 69.

어낼 수 있는 「特別한 社會的 接觸」(besonderer sozialen Kontakt)을 근거지울 수 있다는 사실을 더욱 정당하게 한다.[364)]

언제 給付가 제3자와 충분한 關聯을 갖는가는 물론 구체적인 경우에 있어서의 利益評價의 問題이다.[365)] 他人의 債權關係에 의한 保護에의 制限된 참여는, 제3자가 契約關係의 창설 후에 債權者와 유사하게 給付의 危險에 직면하는 때, 특히 債權者가 給付를 請求하거나 給付를 용도에 맞게 利用하는 것을 제3자가 돕는 경우에 행하여진다.[366)] 따라서 債務者를 위하여 給付를 제공하는 제3자도 保護된다.[367)] 물론 제3자의 地位가 實質的으로 債權者 또는 債務者의 地位와 같을 것이 요구되지는 않는다. 왜냐하면 실제로 제3자만이 危險에 처하고 契約當事者는 그렇지 않은 경우에도 保護效力은 없을 수 없기 때문이다. 요컨대 제3자 利益保護에 대한 契約當事者의 必須不可缺한 利益은 완전히 그때 그때의 債權關係·契約의 目的 그리고 信義誠實에 따라 그 強度가 정하여진다. 그러고 보면 모든 경우에 있어서 保護되는 제3자의 範圍를 결정하는 확정적으로 승인된 抽象的인 規則은 있을 수 없는 것이다.[368)]

(3) **債務者의 認識可能性**

契約給付에 대한 제3자의 객관적인 관계 외에, 마지막으로, 保護되는 제3자의 範圍가 保護效力이 문제되는 契約의 締結 당시에 債務者에게 主觀的으로 認識될 수 있어야 한다.[369)] 즉 契約의 危險 및 責任의 危險이 契約締結 당시에 債務者에게 槪觀될 수 있고, 計算될 수 있고, 또 경우에 따라서는 擔保될 수 있어야만 한다. 왜냐하면 그 경우에만 契約的인 높은 責任危險이 요구될 수 있기 때문이다.[370)] 이것은, 제3자를 위한 保護效力의 근거를 ──解釋에 의하여── 契約에 두는 경우는 물론이고, 그 根據를 信賴의 原則 또는 法律에 두는 경우에도 적용된다.[371)372)] 따라서 電線工事에 관한 都給契約으로부터 電氣

364) Münchener Komm.(註 317), §328 Rdnr. 69.
365) Münchener Komm.(註 317), §328 Rdnr. 70.
366) Münchener Komm.(前註); Soergel Komm.(註 312), vor §328 Rdnr. 14 참조.
367) Soergel Komm.(前註) 참조.
368) Münchener Komm.(註 317), §328 Rdnr. 70.
369) Münchener Komm.(註 317), §328 Rdnr. 71; Staudinger Komm.(註 317), vor §328 Rdnr. 79; Medicus(註 307), S. 319; Larenz(註 312), S. 210; RGR-Komm.(註 317), §328 Rdnr. 82; Fikentscher(註 317), S. 153; Palandt Komm.(註 317), §328 Anm. 2b 참조.
370) Medicus(註 307), S. 319; Münchener Komm.(註 317), §328 Rdnr. 71 참조.
371) Medicus(前註); Münchener Komm.(前註) 참조.
372) 第3者保護效力을 債務者의 給付義務를 근거지우는 契約에서 ──解釋에 의하여── 推論하는 경우에는 이 세 번째의 要件이 확실히 정당하다. 왜냐하면 이 解釋에는 단지 契約當事者가 인식할 수 있었던 사정들만이 所用될 수 있기 때문이다. 그러나 私見 및 獨

受用者를 위한 第3者的 效力이나 生産者와 商人 사이의 賣買契約으로부터 最終購買者를 위한 第3者的 效力은 거절된다.[373] 그러나 債權者와 제3자 사이의 配慮關係보다——私見처럼——給付에의 第3者關聯性을 더 중요시하는 때에는, 大會 개최를 위한 강당·홀 또는 運動場 등의 賃貸借契約으로부터 大會에 참가한 모든 자들에게 保護效力을 인정할 수 있게 된다.[374]

4. 第三者의 損害賠償請求權

保護되는 제3자는, 既述한 要件이 갖추어진 경우에는, 契約責任의 原則에 따라 債務者에 대하여 직접 자신의 고유한 損害賠償請求權을 취득한다.[375] 立證責任도 契約法의 原則에 따르게 됨은 물론이다. 그 결과 債務者側의 過失 등은 제3자 자신이 立證할 필요가 없으며, 債務者는 자기에게 保護義務의 違反 및 過失이 없다는 것을 立證하지 못하는 한 損害賠償責任을 진다. 그리고 債務者가 履行補助者를 사용하여 債務를 履行하는 경우에 履行補助者의 過失로 제3자에게 損害가 발생한 때에는, 債務者는 履行補助者의 行爲에 대하여 民 §391(履行補助者의 故意·過失)에 의하여 責任을 진다. 따라서 使用者로서 責任을 지는 경우와 달리 免責可能性은 없게 된다.

(1) 完全性利益(Integritätsinteresse)의 侵害

제3자의 이 損害賠償請求權은 제3자의 完全性의 利益(Integritätsinteresse)이 侵害되었을 것을 전제로 한다. 왜냐하면 그 範圍에서만 제3자가 當事者의 意思에 반하여서도 주된 債權關係에 編入될 수 있기 때문이다. 그에 비하여 제1차적인 給付義務의 존재에 관하여는 當事者가 자유롭게 결정할 수 있다. 따라서 제1차적 給付義務의 단순한 不履行(履行遲滯·履行不能)에 있어서 제3자가 '保護義務의 第3者的 效力'(Drittwirkung von Schutzpflichten) 理

逸의 많은 學者들은 第3者保護를 信賴原則에 근거한 일반적인 法定債權關係의 發顯 또는 慣習法으로 이해한다. 그리고 既述한 바와 같이 獨逸聯邦大法院도 契約商議의 단계, 따라서 아직 契約解釋이 고려되지 않는 때에도 第3者保護를 긍정한다. 이러한 입장에 있는 경우에는 論理的으로는 여기의 要件이 필요한 것으로 받아들여지기는 어렵다. 그러나 전혀 불가능한 것은 물론 아니며, 그것을 要件으로 하여야 할 필요도 있다. 그에 관하여 Medicus(註 307), S. 319, 320 참조.

373) Münchener Komm.(註 317), §328 Rdnr. 71 참조.

374) Münchener Komm.(註 317), §328 Rdnr. 71; Soergel Komm.(註 312), §328 Rdnr. 20. 다만 Larenz(註 312), S. 211-2는 "강당의 使用賃貸借의 경우에 있어서 연주회의 모든 방문자들에 대한 책임을 인정하는 것은 지나치다"고 한다.

375) Medicus(註 307), S. 321; Larenz(註 312), S. 212; Staudinger Komm.(註 317), vor §328 Rdnr. 79; RGR-Komm.(註 317), §328 Rdnr. 84.

論에 기하여 履行請求權을 가지지는 못한다.[376] 그 결과 債務不履行(履行遲滯·履行不能)을 이유로 한 損害賠償도 단지 契約解釋에 의하여 (眞正한) 제3자를 위한 契約의 請求權者로 된 자만이 請求할 수 있는지에 관하여는, 獨逸에서 見解가 대립되고 있다.[377] 얼마 전까지 獨逸에서는 많은 사람들이 契約的인 第3者保護를 債務者의 給付의 不完全履行(Schlechterfüllung)으로 인하여 발생한 損害의 賠償에 한정하고, 이 給付義務의 不履行(履行遲滯·履行不能)으로 인한 損害는 제3자에게 賠償되지 않아야 한다고 하였다.[378] 즉 履行에 대한 請求權이 없는 者는 債務不履行(履行遲滯·履行不能)을 이유로 한 損害賠償도 請求할 수 없다는 것이다. 그러나 獨逸聯邦大法院은 경우에 따라 다르게 判決하고 있다. 그리하여 法律顧問(Rechtsanwalt)의 責任 있는 不履行에 의하여 遺言書가 作成되지 않은(그리고 被相續人의 死亡으로 그 것이 終局的으로 不能하게 된) 경우에 관하여 獨逸聯邦大法院은, 法律顧問이 단지 被相續人에 대하여만 履行의 義務를 負擔하기는 하지만, 遺言書에 의하여 相續人이 되었어야 할 자에게 그 法律顧問에 대한 損害賠償請求權을 인정하였다.[379] 獨逸聯邦大法院의 이러한 관점에 대하여, 負擔된 給付義務가 어떤 特性(Eigenart)을 가지느냐에 따라 다르다는 근거를 제시하는 學者도 있다.[380] 또한 明示的인 合意가 있으면 別問題이나 그렇지 않은 경우에는 第3者保護效力의 肯定을 위하여 다른 명백한 標準이 있어야 한다고 하면서, 그 標準은 ── 앞의 견해와 같이 ── 負擔된 給付義務의 特性에서 유래한다고 하는 견해도 있다.[381] 그에 의하면, 그 特性은 "義務違反으로 인한 損害가 認識할 수 있게 제3자에게 들이닥쳐야 하고 또 債權者가 제3자 자신이 損害賠償請求權을 가지는 데에 認識할 수 있게 利益을 가져야만 한다"는 것이며, 위의 遺言書事件에 바로 그러한 特性이 있다고 한다.[382] 즉 그 경우 履行請求權者는 死亡에 의하여 遺言書作成이 不能으로 된 때에 損害能力을 잃기 때문에 그에게는 자신의 고유한 손해가 발생할 수 없고, 따라서 그 자신도 相續人이 되어야 할 제3자의 損害를 더 이상 淸算할 수 없으며, 또 遺言書의 不作成에 의하여 相續人으로 된 자가 그의 競爭者의 利益을 꾀하는 것이 적당하지도 않다고 한다.[383]

376) Münchener Komm.(註 317), §328 Rdnr. 72; Larenz(註 312), S.212 참조.
377) Medicus(註 307), S.320; Münchener Komm.(註 317), §328 Rdnr. 72.
378) Medicus(註 307), S.320.
379) 前註.
380) Von Caemmerer가 그렇다. Medicus(註 307), S.320 참조.
381) Medicus(註 307), S.320-21.
382) Medicus(註 307), S.321.
383) Medicus(註 307), S.321.

이는 귀를 기울일 만한 견해라고 하겠다.

完全性의 利益은 대부분의 경우, 給付關係의 존재에 상대적으로 좌우되지 않는 제2차적인 保護義務(기타의 行爲義務)의 違反에 의하여 영향을 받는다.[384] 그런데 當事者 및 第3者에 대한 保護義務 및 監護義務는 독립하여 義務의 客體로도 될 수 있다. 이 경우에 있어서는, 단순히 第2次的인 保護義務의 범위에 제3자를 포함시키는 때보다, 주된 給付義務가 근본적으로 제3자에게 더 강하게 관련되므로, 제3자의 地位는 결코 劣化될 수 없다.[385] 그러나 그 경우가 (眞正한) 第3者를 위한 契約으로 되지는 않는다. 왜냐하면 제3자는 給付請求權을 取得하지 못하고, 그러한 한 共同債權者가 아니고 단지 주된 給付義務의 不完全履行의 결과에 대하여만 保護받게 되는 데 불과하기 때문이다.[386] 그리고 보면 (眞正한) 第3者를 위한 契約이냐 아니냐는 第3者에게 訴求할 수 있는 給付請求權이 부여되느냐의 여부에 좌우된다고 할 수 있다.[387]

(2) **保護되는 第三者의 法益**

第3者에 관계된 注意義務를 責任 있는 事由로 違反하는 경우에 侵害될 수 있는 第3者의 '모든 法益'이 保護된다. 獨逸의 初期의 判例는 人的 損害(Personenschäden)의 賠償에 관하여 判決해야만 하였다.[388] 그러나 第3者는 債務者에게 物的 價値 및 순수한 財産的 利益도 맡길 수 있기 때문에, 그 制限은 賠償받을 수 있는 損害의 限界設定에는 의미가 없는 하나의 解釋史的인 事件이었다.[389] 따라서 現在의 獨逸判例는 정당하게도 初期의 제한을 버리고 物的 損害(Sachschäden) 및 財産的 損害(Vermögensschäden)에 賠償을 명하여 오고 있다.[390] 그러나 獨逸判例는, 物的 損害 및 財産的 損害까지도 주된 債權關係의 保護效力에 편입시켜야 하는지를 검토함에 있어서는 엄격한 標準이 부가되어야 한다고 한다.[391] 왜냐하면 第3者財産에 대한 行爲(Verhalten)의 순수한 反射的 效果는 原則的으로 損害賠償을 통하여 塡補될 필요는 없기 때문이다.[392] 제3자를 위한 保護效力을 債權者와 제3자 사이의 人法的인 關係

384) Münchener Komm.(註 317), §328 Rdnr. 72.
385) Münchener Komm.(註 317), §328 Rdnr. 73 참조.
386) 前註 참조.
387) Münchener Komm.(註 317), §328 Rdnr. 73; Larenz(註 312), S. 212 참조.
388) BGH NJW 1965, 1577; Münchener Komm.(註 317), §328 Rdnr. 74 참조.
389) Münchener Komm.(註 317), §328 Rdnr. 74.
390) 그에 관한 독일연방대법원(BGH)의 判決은 많다. 그에 관하여 RGR-Komm.(註 317), §328 Rdnr. 84 참조.
391) RGR-Komm.(註 317), §328 Rdnr. 82.
392) Münchener Komm.(註 317), §328 Rdnr. 74.

(personrechtliche Verhältnisse)를 넘어서 확장하는 경우에도 이러한 점이 고려되어야 할 것이다.[393]

(3) 第三者損害의 清算(Drittschadensliquidation)과의 關係

獨逸에서는 이른바 第3者損害의 清算(Drittschadensliquidation)이 인정되고 있다. 만약 그것이 우리 나라에서도 인정된다면, 第3者保護效力 있는 契約과 第3者損害清算의 관계가 문제된다. 그런데 獨逸의 第3者損害清算은 우리에게 일반적으로 알려져 있지 않으므로, 여기서는 먼저 그것을 간략하게 설명한 후에[394] 그것과 관련하여 第3者保護效力 있는 契約의 한계를 살펴보기로 한다.

獨逸民法上 間接的인 被害者는 자신의 고유한 損害賠償請求權을 가지지 못한다. 그 결과 일정한 경우에는 加害者가 부당하게도 免責되게 된다. 예컨대 어떤 物件의 所有權移轉請求權을 가지는 자가 그 物件의 所有者인 債務者의 內部關係에 있어서 危險을 負擔하고 있을 때 加害者가 그 物件을 멸실시켰다면, 所有者는 債權者에 대한 債務를 면하게 되고(責任 없는 履行不能) 따라서 損害를 입지 않은만큼 損害賠償請求權을 가지지 못하고, 제3자(債權者)는 단지 間接的으로만 被害를 당했을 뿐이므로 加害者에 대하여 損害賠償請求權을 가지지 못한다. 이 같은 결과는 타당하지 않으며, 그러한 경우들에 있어서 第3者損害는 清算되어야 한다. 이것이 이른바 第3者損害의 清算의 문제이다. 獨逸의 學說 및 判例는 이를 認定하는 데 다툼이 없다. 한편 獨逸判例에 의하여 지금까지 인정되어 온 第3者損害의 清算은 間接代理, 危險免除, 第3者物件에 대한 監護義務에 있어서이다.

이러한 第3者損害清算 理論은 우리 나라에서도 ―비록 獨逸과 똑같지는 않을지라도― 인정되어야 할 필요가 있고 또 인정될 수 있다.[395] 이 때 第3者保護效力 있는 契約과 第3者損害清算의 한계를 어떻게 설정할 것인가가 문제된다. 견해에 따라서는 "第3者에 대한 保護義務와 注意義務의 違反은 第3者損害清算의 範圍에서 다루어져야 한다"고 주장하기도 하는데,[396] 이러한 입장에 서게 되면 損害는 契約當事者 사이에서 規律되게 되며, 제3자는 단지 債

393) 前註 참조.
394) 그에 관하여는 Münchener Komm.(註 317), vor §249 Rdnr. 116-20 참조.
395) 그에 관한 논의를 여기서 자세히 하는 것은 적절하지 않으므로 생략하기로 한다.
396) Soergel Komm.(註 312), vor §328 Rdnr. 17. Heiseke(NJW 1960, 78)도 같은 입장이다. Staudinger Komm.(註 317), vor §328 Rdnr. 78 참조.

權者에 대하여서만 權利를 가지게 될 뿐이다. 그러나 第3者損害淸算을 債權法的인 損害轉位(Schadensverlagerung)의 경우 즉 損害가 賠償權利者가 아닌 제3자에게 발생한 경우에 한하여 매우 제한적으로 인정하는 독일의 압도적인 多數說과 判例에 따른다면, 第3者保護效力 있는 契約에 있어서는 損害의 우연한 轉位가 존재하지 않는만큼 그 경우를 第3者損害淸算으로 다루는 것은 부적당하다고 할 수 있다. 뿐만 아니라 第3者損害淸算을 補充的인 制度로 파악하여 다른 損害法的인 制度가 利益에 맞는 해결을 가져올 경우에는 그것을 인정하지 않는다[397]는 獨逸의 일반적인 경향이 정당한 것으로 여겨지기 때문에, 제3자에 대한 注意義務違反의 경우를 모두 第3者損害淸算의 範圍에 포함시키려는 견해는 취할 바가 아니라고 하겠다. 한편 어떤 學者들은, 債權者가 제3자에 대하여 監護義務를 부담하는 경우에는 제3자에게 직접적인 損害賠償請求權을 인정하고, 財產法的인 利益이 侵害된 경우에는 第3者損害淸算을 우선시키려고 한다.[398] 이 구별은 獨逸의 判例에 의하여 明示的으로 拋棄된 것이기도 한다.[399] 人的인 損害(非財產的인 損害)와 財產的인 損害를 區別하여야 할 實質的인 이유를 찾아볼 수 없다[400]는 점에서, 이러한 獨逸判例의 態度는 정당하다고 하겠다. 그렇다면 어떤 표준에 의하여 第3者損害淸算과 第3者保護效力 있는 契約을 한계지을 것인가? 단순한 損害轉位가 존재하는 경우에는 第3者損害淸算을 인정하고, 契約當事者의 範圍를 넘은 많은 사람들이 契約의 保護範圍에 편입되는 경우에는 第3者保護效力 있는 契約을 인정하여야 할 것이다.[401] 前者는 債務者에게는 被害者만이 변경되는 경우인 데 비하여, 後者는 동일하거나 상이한 危險들이 累積되고 따라서 賠償義務 있는 債務者의 危險은 保護範圍에 編入된 사람들의 수에 따라 증가되는 경우이다.[402] 이와 같은 標準을, 第3者

397) Münchener Komm.(註 317), vor §249 Rdnr. 117.

398) Berg와 Hohloch가 그러한 입장이다. Münchener Komm.(註 317), §328 Rdnr. 75 참조.

399) BGHZ 49, 350, 355.

400) Münchener Komm.(註 317), vor §249 Rdnr. 117.

401) Münchener Komm.(註 317), vor §249 Rdnr. 117, §328 Rdnr. 75; Medicus(註 307), S. 318. 참고로 第3者保護效力 있는 契約과 第3者損害淸算의 效果에 있어서의 차이점을 설명하면 다음과 같다. 前者의 경우에는 제3자가 자신의 固有한 損害賠償請求權을 가지는 데 비하여, 後者의 경우에는 損害賠償請求權은 債權者에게 속하고 제3자는 債權者에 대하여만 權利를 가질 뿐이다. 그 외에도 第3者損害淸算에 있어서는 損害가 請求權의 기초에로 끌려오게 되며, 따라서 被害者 이외의 자가 그것을 訴求하게 된다. 그 반면에 第3者保護效力 있는 契約에 있어서는 (契約的인) 請求權의 기초를 損害에로 끌어들인다. 그리하여 여기서는 被害者가 他人의 契約으로부터 訴를 提起한다. 뒤의 차이점은 Medicus가 밝힌 것이다. Medicus(註 307), S. 321 참조.

402) Medicus(註 307), S. 318.

損害淸算에 있어서는 동일한 損害가 문제인 반면에 第3者保護效力 있는 契約은 加害者에 대한 危險의 증가를 초래한다고 표현하기도 한다.[403] 이러한 限界設定은 第3者損害淸算의 標準을 損害轉位라고 하는 때에만 가능함은 물론이다. 주의할 것은 제3자를 위한 保護關係가 危險이 累積될 수 있는 경우에 한정되지는 않는다는 점이다. 가령 損害가 차음부터 제3자에게만 발생할 수 있는 경우에 있어서 제3자의 損害(間接損害)가 損害轉位와 결합하는 것은 아니다. 獨逸의 判例도 損害가 當事者에게도 발생할 수 있는가를 불문하고 제3자에게 直接的인 賠償請求權을 인정해 오고 있다.[404] 요컨대 第3者損害淸算과 第3者保護效力 있는 契約은, 단순한 損害轉位가 존재하는 것에 불과한가 아니면 제3자가 契約의 保護範圍에 편입됨으로써 債務者의 危險을 증가시키는가에 따라 구별된다. 만약 具體的인 경우에 있어서 둘의 要件을 모두 갖춘 때에는, 債務者에 좌우되지 않는 제3자의 地位를 확보하기 위하여 제3자적 效力 있는 保護關係(第3者保護效力 있는 계약)를 우선시켜야 한다.[405] 그러한 한 두 制度가 병존하는 일은 없게 된다.[406] 그리고 第3者保護效力 있는 契約에 있어서는 債權者가 제3자에의 給付를 請求할 수 있는 權利는 존재하지 않는다고 하여야 한다.[407]

(4) **契約當事者와의 關係**

旣述한 바와 같이 제3자를 위한 保護義務는 信義則(民§2 I), 따라서 法律에 그 根據가 있다고 하여야 한다. 이렇게 제3자의 保護關係를 法定債權關係로 보는만큼, 객관적으로 保護되는 제3자의 賠償請求權의 성립은 契約當事者의 意思에 좌우되지 않는다고 할 것이다.[408] 즉 契約當事者는 明示的으로 契約上의 權利 및 義務를 契約關係에 직접 加擔한 자에 한정하거나 또는 제3자를 위한 當事者의 第3者損害淸算을 배제함으로써 이 請求權의 성립을 배제할 수 없다.[409] 그러나 이로부터 保護義務違反으로 인한 第3者의 損害賠償請求權이 主된 債權關係의 當事者의 免責 또는 責任制限에 의하여 제한될 수 없다는 것이 論理必然的으로 推論되지는 않는다.[410] 第3者保護關係가 法律에 의한 것이

403) Münchener Komm.(註 317), §249 Rdnr. 117.
404) Münchener Komm.(註 317), §328 Rdnr. 75.
405) 前註.
406) 다만 Palandt Komm.(註 317), §328 Anm. 2b는, 物的 損害(Sachschäden)에 있어서는 제3자의 계약적인 배상청구권과 채권자의 제3자이익의 청산에 대한 청구권이 병존할 수 있다고 한다.
407) Münchener Komm.(註 317), §328 Rdnr. 75.
408) Münchener Komm.(註 317), §328 Rdnr. 76.
409) 前註.
410) 前註.

라고 하더라도, 그것이 주된 契約과 전혀 무관하게 존재하는 것은 아니기 때문이다. 따라서 債務者와 제3자의 관계를 法定債權關係로 보는 때에도 제3자에 대한 債務者의 責任이 契約當事者의 契約으로 배제되거나 제한될 수 있는지의 여부가 문제된다.

獨逸의 通說은 獨民 §334(第3者에 대한 債務者의 抗辯)[411]의 法思想에 비추어 볼 때 債務者는 주된 契約으로 인한 抗辯(Einwendung)[412]을 가지고 보호되는 제3자에게도 대항할 수 있다고 한다.[413] 따라서 契約的인 免責 또는 責任制限은 보호되는 제3자의 負擔으로도 작용할 수 있다고 한다. 獨逸聯邦大法院은 第3者保護義務를 法律의 規定에 의한 것이라고 할 때에도 이것을 인정하였다.[414] 그 때에도 契約當事者와 마찬가지로 제3자에 대하여 債務者의 責任危險을 제한하는 것은 債務者의 자유이어야 한다고 하였다.[415] 제3자를 위한 保護義務의 근거를 信義則에서 찾는 경우에는, 信義則의 強行規定性 때문에 契約的인 免責이나 責任制限의 效力이 없는지가 문제될 수 있으나,[416] 이 때에도 그것의 效力을 否認할 이유가 없다. 契約當事者가 부당하게 제3자의 法領域을 침범하는 것을 막기 위하여 契約當事者로 하여금 제3자의 가능한 保護請求權에 관하여 처분하게 할 수 없다는 설명은 說得力이 없다.[417] 왜냐하면 主된 契約은 債務者와 제3자 사이의 保護關係를 근거지울 뿐만 아니라 그 保護關係의 強度에 영향을 미치는 것이기 때문이다.[418] 따라서 債權者 및 제3자에 대하여 契約的인 免責 또는 責任制限이 가능하고 또 그것이 행하여진 경우에는, 제3자에 대한 債務者의 責任은 排除 또는 制限된다. 그리고 債權者에 대한 責任만이 排除되거나 制限된 때에는(實際로는 이런 경우가 많을 것이다), 그것이 保護되는 제3자에 대하여도 확장된다.[419] 그렇지 않으면 具體的인 경우에 있어서 제3자가 當事者보다 더 유리한 지위에 놓일 수 있게 되기 때문이다.[420] 그러나 제3자에 대하여만 保護

411) 獨民 §334는 "(제3자를 위한) 契約으로 인한 抗辯(Einwendung)은 제3자에 대하여도 諾約者에게 속한다"고 규정하고 있다. 이것은 우리 民§542와 같은 趣旨의 규정이다.

412) 본래 Einwendung은, 權利 그 자체는 영향을 받지 않고 단지 給付拒絶權만을 주는 Einrede와는 달리, 權利의 實現뿐만 아니라 權利 그 자체도 排除하는 것이다. 그러나 獨民 §334의 Einwendung과 우리 民 §542의 抗辯은 Einrede를 포함하는 넓은 개념이다.

413) Münchener Komm.(註 317), §328 Rdnr. 78.

414) 前註.

415) RGR-Komm.(註 317), §328 Rdnr. 84; Larenz(註 312), S. 212.

416) Larenz(前註) 참조.

417) Münchener Komm.(註 317), §328 Rdnr. 78 참조.

418) Münchener Komm.(註 317), §328 Rdnr. 78.

419) Larenz(註 312), S. 212.

420) Münchener Komm.(註 317), §328 Rdnr. 78. 즉 계약에 기한 請求權을 가지는 여기의

效力을 排除하거나 制限하는 것은 社會秩序 또는 信義則에 반하고 따라서 無效이다.[421] 한편 債務者가 過失이 없는 경우에도 債權者에 대하여 損害에 責任을 지는 한, 그것은 原則的으로 제3자에 대하여도 적용된다.

保護되는 제3자(또는 그의 法定代理人 및 履行補助者)에게 過失이 있는 경우에 過失相計(民 §396)가 행하여져야 함은 의심할 여지가 없다. 그런데 債權者의 過失도 제3자의 損害賠償請求權에 참작하여야 하는가? 이 문제에 관하여 獨逸의 通說 및 判例는 債權者의 過失도 獨民 §254(共同過失)에 의하여 참작할 것이라고 한다.[422] 그에 대하여 제3자에 대한 保護義務는 契約當事者에 대한 것보다 더 엄격할 수 있는데, 그러한 경우에는 契約當事者의 過失이 참작될 수 없다고 하는 견해도 있다.[423] 그런가 하면 제3자가 契約當事者의 獨民 §§254 Ⅱ 2文, 278의 의미의 受領補助者(Bewahrungsgehilfe)로서 看做되어야 하는 때에만 契約當事者의 過失을 제3자에게 돌리려는 學者도 있다.[424] 또한 債務者와 제3자 사이의 保護關係의 法的인 독립성 및 그 保護關係의 始源的인 性格으로부터, 債權者에게 過失이 있는 경우에 제3자의 請求權은 獨民 §§254 Ⅱ 2文, 278뿐만 아니라 §846(被害者의 過失)의 準用에 기하여서도 감소될 수 없다는 것을 演繹하려는 견해도 있다.[425] 그리고 第1次的인 給付의 債權者가 동시에 제3자에 대한 保護義務에 관하여 債務者의 履行補助者(獨民 §278)인 경우에는 ── 契約的인 範圍에서도 ── 債權者의 過失이 獨民 §334(제3자에 대한 債務者의 抗辯)에 의하여 제3자에게 돌려질 수 있다는 주장도 있다.[426] 생각건대 제3자의 保護關係는 궁극적으로는 主된 債權關係에 기한 것이라고 할 것이므로, 契約的인 範圍에서는 債權者의 過失이 民 §396(過失相計. 獨民 §254에 해당)에 의하여 참작되어야 한다. 그에 비하여

제3자는 계약당사자 자신이 취득할 수 있는 권리 이상의 것을 취득하지 못한다고 하여야 한다. 그에 관하여는 Larenz(註 312), S.213; RGR-Komm.(註 317), §328 Rdnr. 84 참조.

421) Larenz(註 312), S.213은, 신의칙은 원칙적으로 債權者와 제3자를 동일하게 취급할 것을 요구하므로 제3자에 대하여만 책임을 배제하거나 제한할 수 없다고 한다. 그에 비하여 Münchener Komm.(註 317), §328 Rdnr. 78은, 제3자만의 책임제한은 獨民 §138(良俗違反의 法律行爲) 또는 同法 §242(信義誠實에 의한 급부) 또 보통거래약관법 §§9, 11 ⅶ에 반하여 무효라고 한다.

422) Larenz(註 312), S.212 Fußnote 32; RGR-Komm.(註 317), §328 Rdnr. 84; Staudinger Komm.(註 317), vor §328 Rdnr. 81.

423) Fikentscher(註 317), S.154.

424) Emmerich, Berg가 그렇다. Münchener Komm.(註 317), §328 Rdnr. 79 참조.

425) Esser/Schmidt(註 319), S.216-17. 이 견해에 대하여는, 보호관계의 獨立化가 제3자를 위한 신뢰보호의 주된 채무관계에의 종속성을 망각하게 하지 않는다는 비판이 있다. Münchener Komm.(註 317), §328 Rdnr. 79 참조.

426) Münchener Komm.(註 317), §328 Rdnr. 79.

不法行爲로 인한 損害賠償請求權은 生命侵害의 경우에 있어서 直接的인 被害者(死亡者)의 過失이 아닌 한[427] 債權者의 過失에 아무런 영향도 받지 않는다고 새겨야 할 것이다. 왜냐하면 제3자에게 인정된 契約的인 保護請求權은 제3자의 지위를 強化시키거나 또는 責任欠缺을 막으려는 것이고 결코 제3자를 不利益하게 하기 위한 것이 아니기 때문이다. 그리고 民 §396에 의하여 債權者의 過失을 참작하는 때에는 債權者 자신의 過失 외에 그 履行補助者의 過失도 고려하여야 한다.[428]

(5) 消滅時效期間

제3자가 주된 債權關係의 保護에 편입되는 결과로, 保護義務違反으로 인한 제3자의 損害賠償請求權도 주된 債權關係(契約에 의한 債權關係)에 적용되는 規定들에 의하여 時效消滅한다.[429] 따라서 제3자의 損害賠償請求權은 원칙적으로 10년간 행사하지 않으면 消滅時效가 完成한다(民 §162 I) 그러나 경우에 따라서는 短期의 消滅時效期間이 契約當事者 및 제3자의 賠償請求權에 적용될 수도 있다(民 §§163, 164). 이러한 점들은 契約商議 중에 完全性의 侵害(Integritätsverletzung)가 있는 때에도 마찬가지이다.[430]

5. 具體的인 경우들

理解를 돕기 위하여 第3者保護效力 있는 契約의 具體的인 경우들을 살펴보기로 한다. 그런데 제3자에 대한 保護效力은 모든 종류의 法律關係에서 발

427) 獨逸民法上 間接被害者에게는 損害賠償請求權이 認定되지 않는다. 그러나 이것이 生命侵害의 경우에까지 관철되면 加害者가 부당하게 免責되게 되므로, 同法은 그 때에는 特別規定을 두어 間接被害者에게 損害賠償請求權을 인정하고 있다(獨民 §§844, 845). 이 間接被害者의 損害賠償請求權에 있어서 權利者 자신에게도 過失이 있었다면 그것이 獨民 §254(共同過失)에 의하여 참작될 것이다. 그런데 直接被害者(死亡者)에게도 過失이 있었다면 그것도 마땅히 참작되어야 하기 때문에, 獨逸民法은 §846(侵害당한 者의 共同過失)를 두어 그 경우를 규율하고 있다. 우리 民法에 있어서도 生命侵害의 경우를 獨逸民法에 있어서와 같이 解釋함이 옳은데, 그럴 경우에는 우리 民法上 獨民 §846와 같은 규정은 없지만 衡平의 原則에서 볼 때 마찬가지로 새겨야 한다. 이 모든 점들에 관하여는 宋德洙, "生命侵害로 인한 損害賠償", 서울大學校 大學院 碩士學位論文, 1982를 참조할 것.

428) RGR-Komm.(註 317), §328 Rdnr. 84 참조.

429) Münchener Komm.(註 317), §328 Rdnr. 80.

430) Münchener Komm.(註 317), §328 Rdnr. 80 참조. 한편 그 경우에 있어서는 不法行爲와의 近似性을 이유로 獨民 §852(우리 民 §766에 해당)를 準用하여야 한다는 少數說(Esser/Schmidt, Kreuzer)도 있다. 그러나 증가된 社會的인 接觸의 경우에 契約에 類似한 責任을 認定하고자 한다면 그 內容도 契約責任에 의하여야 할 것이다. 그렇지 않으면 契約法에 의한 法定請求權의 有用性이 상실되기 때문이다.

생할 수 있다.[431] 그리고 第3者保護는 이미 契約의 準備時에, 즉 契約當事者의 관계에서 契約商議의 債權關係(締約上의 過失)나 기타 契約에 類似한 行爲拘束關係가 성립하자마자 발생하고, 종국적인 契約淸算時까지 존속한다.[432] 그리고 보면 각각의 경우에 있어서 제3자가 上述한 여러 標準에 의하여 保護되는 자로 看做될 수 있느냐의 여부가 가장 중요한 문제임을 알 수 있다. 아래의 具體的인 경우들이 第3者保護效力 있는 契約의 例示에 불과함은 물론이다. 주의할 것은 見解에 따라서, 특히 保護되는 제3자의 要件에 관한 理論에 따라서 결과가 달라질 수 있다는 점이다.

(1) **賣買契約**[433]

賣買契約의 경우 그 契約의 準備 및 淸算時에 제3자가 債權關係의 保護效力에 편입될 수 있다. 買受人의 家族과 被用者에게 保護效力이 인정된다. 그 외에 契約當事者가 契約의 準備 또는 淸算에 사용하는 제3자도 보호되어야 한다.

그에 비하여 生產者와 商人 사이의 賣買契約은 原則的으로 最終購買者를 위한 保護效力을 가지지 못한다. 商品의 商標(Gütezeichen)도 消費者를 위한 契約的인 保護效力을 媒介하지 않는다. 이 경우들은 대부분 관계되는 자의 範圍를 契約締結時에 槪觀할 수 없어서 제3자를 契約責任에 편입시키는 것이 적당하지 않기 때문이다.[434]

(2) **賃貸借契約**[435]

住居用建物의 賃貸借契約의 保護效力은 일반적으로 賃借人과 함께 살고 있는 賃借人의 妻·子女·兄弟姉妹 기타의 사람들에게 인정된다. 호텔의 宿泊契約도 마찬가지이다. 그리고 그 保護效力은 契約締結 후에 새로이 出生하거나 같이 살게 된 家族에게 확장된다. 여기서 보호되는 人的 範圍를 어떻게 制限할 것인가가 문제된다. 만약 증가된 給付에의 接觸(gesteigerte Leistungskontakt)을 目標로 삼는다면, 事實上 婚姻關係에 있는 者와 보모·가정부 등이

---

431) Münchener Komm.(註 317), §328 Rdnr. 81.

432) 前註.

433) Münchener Komm.(註 317), §328 Rdnr. 88-9; RGR-Komm.(註 317), §328 Rdnr. 91-2; Soergel Komm.(註 312), §328 Rdnr. 23; Palandt Komm.(註 317), §328 Anm. 3a hh 참조.

434) 見解에 따라서는, 이들 경우에는 제3자의 危險이 債權者에의 給付의 終了 후에 비로소 발생하기 때문에, 즉 제3자의 給付에의 密接性(Leistungsnähe)이 없기 때문에, 제3자에 대한 保護效力을 인정할 수 없다고 한다.

435) Soergel Komm.(註 312), §328 Rdnr. 19; Münchener Komm.(註 317), §328 Rdnr. 90-2; RGR-Komm.(註 317), §328 Rdnr. 95-9; Palandt Komm.(註 317), §328 Anm. 3a ii 참조.

보호된다. 그러나 잠깐 머무르는 손님, 物件의 供給者 및 일꾼 등은 보호되지 않는다. 또 賃貸借契約은 家屋의 다른 賃借人이나 賃貸人의 家族에 대하여는 保護效力을 가지지 못한다.

演奏會의 개최를 위한 강당의 賃貸借契約의 保護效力은 주최자의 구성원(주최자가 法人 등일 경우)뿐만 아니라 演奏會에 참가한 모든 자에게 인정된다. 營業空間의 賃貸借에 있어서는, 賃借人의 被用者는 모두 보호되나, 顧客·委託者·患者 등은 보호되지 않는다.[436] 그리고 自動車·機械 또는 기타 物件의 賃貸借契約도 賃借物을 契約에 따라 사용할 수 있는 제3자에 대하여 保護效力을 가진다. 또한 모든 종류의 賃貸借契約은 契約에 따라 賃借空間에 가져다 놓은 物件의 所有者를 위하여도 保護效力을 가진다.

위의 여러 賃貸借에 있어서 보호되는 제3자는, 그가 賃借物을 사용하는 때에 賃貸人에게 責任 있는 賃借物의 瑕疵로 損害를 입은 경우에는, 賃貸人에 대하여 契約的인 損害賠償을 請求할 수 있다.

(3) **運送契約**[437]

運送契約에 기하여 보호되는 제3자는 運送人(또는 그의 被用者)의 不注意한 運送으로 被害를 당한 때에는 運送人에 대하여 契約法에 의한 損害賠償請求權을 가진다. 여기의 제3자는 運送契約의 근거에서 運送되는 모든 자이다. 契約上의 債權者에 대한 제3자의 內部關係는 고려할 필요가 없다. 왜냐하면 보호되는 제3자의 範圍는 제3자의 給付에의 關聯性에 의하여 決定되어야 하기 때문이다. 따라서 債權者의 家族뿐만 아니라 친구 또는 우연히 알게 된 자도 보호된다. 그리고 반드시 처음부터 債權者와 같이 차에 타고 있어야 할 필요는 없다. 주의할 것은 商品의 引渡時에 買受人을 따라서 同乘한 第3者를 위하여는 賣買契約으로부터 아무런 保護效力도 생기지 않는다는 점이다. 그러나 이는 同伴하여 다니는 사람이 어떤 방식으로든 契約의 締結이나 清算을 돕는 경우와는 구별되어야 한다.

(4) **都給契約**[438]

賣買契約·賃貸借契約·運送契約과 마찬가지로 都給契約도 일의 實行時에

436) 견해(Zunft)에 따라서는, 고객과 물건공급자에 대하여 使用賃貸借契約의 보호효력을 인정하기도 한다. Soergel Komm.(註 312), §328 Rdnr. 20 참조.

437) Soergel Komm.(註 312), §328 Rdnr. 21; Münchener Komm.(註 317), §328 Rdnr. 86; RGR-Komm.(註 317), §328 Rdnr. 87; Palandt Komm.(註 317), §328 Anm. 3a dd 참조.

438) Münchener Komm.(註 317), §328 Rdnr. 93-5; Soergel Komm.(註 312), §328 Rdnr. 22; RGR-Komm.(註 317), §328 Rdnr. 101-3; Palandt Komm.(註 317), §328 Anm. 3a ll 참조.

危險을 받게 되는 제3자를 보호할 수 있다. 都給契約에 의하여 受給人은 일을 할 家屋이나 空間을 사용하는 都給人의 모든 家族 및 被用者와 그들의 財產을 보호할 義務가 있다. 賃借人의 賃借物修繕契約은 賃借物의 所有者도 보호한다. 그리고 賃借物의 所有者와 締結된 都給契約에 의하여 賃借人 및 그의 家族·被用者(가정부 등)도 보호된다. 그러나 境界壁에 관한 都給契約의 保護效力은 耕作할 權利가 이웃에게 확장되지 않는다.

다른 한편으로, 都給人의 空間에서 일이 행하여지거나 作業道具를 쓰게 하는 경우에는, 受給人 외에 그의 被用者와 일꾼에 대한 保護義務가 都給人에게 부과된다.[439] 그 보호는 下受給人과 그 被用者에게도 확대된다.

그러나 제1의 受給人과의 都給契約이 이미 시작된 일을 계속하는 제2의 受給人을 위하여는 保護效力을 가지지 않는다. 그리고 電線工事에 관한 都給契約은 電氣受用者를 보호하지 않는다.

6. 기타의 契約的인 第三者的 效力

獨逸의 判例에 의하면, 契約的인 注意義務의 違反인 경우에 제3자가 그에게 발생한 損害의 賠償에 대한 자신의 고유한 契約的인 請求權을 취득할 수 있는 외에, 契約으로부터 契約에 加擔하지 않은 사람들이 그들과 密接한 關係에 있는 契約當事者와 동일한 방식으로만 그들에 의하여 야기된 損害에 대하여 責任을 진다는 第3者的 效力도 생길 수 있다.[440] 이것은 第3者를 위한 效力이 있는 契約的인 責任排除(vertragliche Haftungsausschluß mit Wirkung für Dritte)이며, 第3者保護效力 있는 契約의 相對物로서 看做될 수 있다.[441] 이 문제는 실제에 있어서는 企業의 고객에 대한 被用者 및 補助者 자신의 責任에 대하여 의미가 있다. 물론 企業이 고객과 체결한 契約은 履行補助者 자신의 責任에 관한 明示的인 규정을 거의 두고 있지 않다.[442] 그 때에 補充的인 契約解釋에 의하여 履行補助者가 그 자신의 不法行爲責任에 관하여 去來主體 사이에 合意된 責任排除 또는 責任制限에 關與되는지가 결정되어야 한다.[443] 內

439) 독일의 학설·판례는 獨民 §618(保護措置義務)를 유추하여 도급인의 수급인에 대한 보호의무를 인정하고 있다. 그런데 이러한 보호의무는 우리 民法下에서도 인정되어야 한다. 同旨 郭潤直, 463.

440) RGR-Komm.(註 317), §328 Rdnr. 105 참조.

441) Larenz(註 312), S.213; Staudinger Komm.(註 317), §328 Rdnr. 68 참조.

442) Münchener Komm.(註 317), §328 Rdnr. 95.

443) 前註.

部關係에서 加害者의 契約當事者(債務者)에 대한, 특히 使用者에 대한 免責請求權이 존재하는 한(履行補助者인 加害者가 債務者 특히 使用者에 대하여 免責請求權을 가지는 한), 責任制限의 第3者的 效力이 일반적으로 인정되어야 하는가에 관하여는 獨逸에서 견해가 대립하고 있다.[444] 즉 免責規定은 그러한 의미로 解釋되어야 한다는 견해,[445] 履行補助者를 위한 免責은 契約自由에 의하여 可能하나 그것은 明示的으로 행하여져야 한다는 견해,[446] 그리고 이 두 견해를 批判하면서 使用者를 위하여 合意된 責任制限은 具體的인 當事者의 意思에 관계 없이 補助者에게 이익이 되어야 한다는 견해[447] 등이 그것이다. 이들 가운데 앞의 두 견해는 경제적으로 독립한 履行補助者에 있어서는 타당하나, 社會的으로 종속하고 있는 보조자에 있어서는 債務者에게는 責任을 면해 주지만 그의 履行補助者에게는 請求權을 가지는 合理的인 근거를 찾을 수 없다. 補助者가 그의 종속을 이유로 契約의 履行에 특별한 行爲義務를 부담한다면, 그에 대하여 使用者가 負擔한 信義則에 의한 配慮義務를 이유로 使用者를 위하여 合意된 責任制限도 具體的인 當事者의 意思에 관계없이 補助者에게 이익이 되어야 한다.[448] 따라서 마지막 견해가 正當하다. 이에 의하면 제3자를 위한 責任制限은 內部的인 免責請求의 경우만에 한정되지 않는다. 물론 이 第3者的 效力은 責任排除가 信義則 또는 社會秩序에 反하여 無效가 되지 않을 것을 전제로 한다.

第3者에 대하여 效力이 있는 責任排除를 解釋學的으로 어떻게 정당화시킬 것인가? 免責規定은 給付의 約束을 포함하지 않기 때문에, 제3자를 위한 契約에 관한 民法規定은 여기에 직접 적용되지 않는다. 이 문제에 관하여 獨逸에서는, 免責規定을 미리 행한 容恕(Erlaß)로 보고 그럼으로써 例外的으로 許容된 제3자를 위한 處分이라고 解釋하는가 하면,[449] 免責規定은 처음부터 債權의 발생을 妨害 또는 制限한다고 하거나,[450] 免責規定의 모든 處分的인

444) 前註.
445) Gamillscheg, Westermann이 그런 입장이다. Münchener Komm.(註 317), § 328 Rdnr. 95 참조.
446) Helm, Schmidt-Salzer, Gernhart 등이 그런 입장에 있다. Münchener Komm.(註 317), § 328 Rdnr. 95 참조.
447) Münchener Komm.(註 317), § 328 Rdnr. 95; Larenz(註 312), S. 213; Staudinger Komm.(註 317), § 328 Rdnr. 68 참조. 그 외에 Gernhuber, Schnorr v. Carolsfeld도 같은 입장이다. Münchener Komm.(註 317), § 328 Rdnr. 95 참조.
448) Münchener Komm.(註 317), § 328 Rdnr. 95.
449) Palandt Komm.(註 317), vor § 328 Anm. 5b 참조. 그 외에 Grunsky, Kümmel 등도 그런 입장에 있다. Münchener Komm.(註 317), § 328 Rdnr. 95 참조.
450) Gernhuber, Kümmel 등의 견해이다. Münchener Komm.(註 317), § 328 Rdnr. 95 참조.

效力을 否認하고 그것을 제3자를 위한 하나의 pactum de non petendo[451]로 보기도 하고,[452] 또 제3자의 履行과 개인적인 債務引受가 거절될 수 없기 때문에(獨民 §§267, 414) 責任排除도 거절될 수 없다고 주장하기도 한다.[453] 세 번째 견해와 나머지 세 견해는 保護되는 者(제3자)가 明示的으로 訴訟上 抗辯權(Einrede)을 援用하여야 하는지에 있어서 차이를 가져온다.[454] 그리하여 하나의 pactum de non petendo로 보는 견해에 의하면 保護되는 제3자가 실제의 결과에 있어서 利益을 拒絶할 수 있게 된다. 私見으로는 최후의 견해가 직접적인 解決로서 가장 좋아 보인다.

7. 結 語

獨逸의 第3者保護效力 있는 契約理論을 우리 나라에 導入할 必要가 있고, 그러한 요구에 응하기 위한 論議를 이제까지 해 왔다. 그 論議를 마무리하면서 끝으로 第3者保護效力 있는 契約理論이 과연 序頭에서 설명한 問題點을 解決하기 위한 最善의 方法인가에 관하여 생각해 보고자 한다.

獨逸에서는 第3者保護效力이 문제되는 경우를 第3者損害淸算으로 해결하는 것이 바람직하다는 주장이 있으나,[455] 그것이 不當함은 旣述한 바 그대로이다(前述 4.(3) 참조). 그 외에도 獨逸에서는, 第3者保護效力 있는 契約에 의하여 不法行爲法의 실제의 또는 推定的인 瑕疵가 극복되나 그에 대하여 방법적으로 납득할 만한 根據設定을 할 수 없으므로 不法行爲法 자체를 改正하는 것이 더 나을 것이라는 주장도 제기되고 있다.[456] 그에 의하면 "立法者가 獨逸民法 第831條 第1項 第 2文(우리 民 §756 I 但書에 해당)에 있어서 免責可能性을 배제하거나 제한하는 경우에는 第3者保護效力 있는 契約은 身體損害 및 所有權侵害에 더 이상 필요 없을 것"이라고 한다.[457] 그에 대하여 第3者保護效力 있는 契約이 不法行爲法의 實質에 맞는 변경 및 확대에 의하여 의미를 잃게 되지는 않으며, 단

451) Pactum de non petendo란 債權者가 債務者에 대하여 그의 債權을 행사하지 않을 것을 約束하는 契約이다. 거기에는 ―無期限의 約定인 경우에도― 容恕契約(Erlaßvertrag)이 존재하지 않으며, 그것은 오히려 債務者에게 抗辯權(Einrede)을 주는 것에 불과하다.

452) RGR-Komm.(註 317), §328 Rdnr. 105. 이는 독일의 많은 판례의 입장이기도 하다.

453) Münchener Komm.(註 317), §328 Rdnr. 95.

454) Münchener Komm.(註 317), §328 Rdnr. 95 참조.

455) 前述 註 396) 참조.

456) Medicus(註 307), S. 320.

457) 前註.

지 그 範圍와 重要性에 있어서 많은 제한을 받는 데 불과할 뿐이라는 批判도 있다.[458)]

不法行爲法을 改正하는 것, 즉 使用者의 免責을 排除하거나 制限하는 것이 더 좋다는 주장은 우리 民法下에서도 타당할 수 있고 또 傾聽할 만한 것이기도 한다. 그러나 그 점에 관하여는 신중한 檢討가 있어야 할 것이다. 왜냐하면 被用者의 行爲에 대한 使用者의 責任을 면해 주지 않거나 극히 制限的으로만 면해 준다면 使用者는 모든 면에서 높은 責任危險을 負擔하게 되기 때문이다. 즉 契約에 密接한 제3자에 대하여서만 높은 責任危險을 지는 第3者保護效力 있는 契約과는 차이가 있다. 생각건대 民 §756 I 但書(獨民 §831 I 2文에 해당)는 企業責任에 관하여는 적당하지 않으나 家事使用人에 관하여는 과히 탓할 것이 아니라고 할 수 있다. 그러므로 企業責任은 特別法 내지는 特別規定으로 規律하되 그 이외의 경우를 위하여 同條項은 존치시켜야 할 것이다. 그리고 使用者의 免責에 관한 規定이 第3者保護效力 있는 契約理論 출현의 가장 근본적인 이유임은 분명하지만, 그 理論이 그러한 問題點을 해결하는 것으로 끝나지 않는다. 즉 부수적으로 損害賠償請求權의 消滅時效期間을 연장하고 또 過失의 立證責任을 相對方(加害者)에게 지우는 방식으로 제3자를 보호하고 있다. 이러한 부수적인 효과도 契約當事者 이외의 자로서 契約上의 給付와 密接한 관계가 있는 자를 보호한다는 관점에서 볼 때 바람직한 것이라고 할 수 있다. 결국 不法行爲法을 손질하여 使用者에 무리한 負擔을 주는 것보다는, 契約과 密接하게 관련되어 있는 제3자만을 契約의 第3者保護效力을 인정하여 保護하는 第3者保護效力 있는 契約理論이 더 훌륭한 방법이라고 하겠다.

현재 우리 나라의 法院實務上──企業責任과 달리 家事使用人에 있어서는 免責되어야 할 경우가 많을 것인데도── 使用者의 免責을 認定한 事例를 찾아보기가 어렵다. 모든 事案이 使用者의 免責要件을 갖추고 있지 못하였다면 別問題이겠으나, 만일 免責要件은 충족되어 있었을지라도 被害者保護라는 타당한 결과를 위하여 使用者의 免責을 否認한 경우가 있다면 그러한 判決은 容認되어질 수 없다. 使用者에 관하여 免責要件이 갖추어져 있고 또 그것을 立證까지 하였다면 그의 責任은 마땅히 면해 주어야 할 것이고, 다만 契約上의 給付에 密接性을 가지는 제3자는 그러한 경우에도 第3者保護效力 있는 契約理論에 의하여 보호하여야 할 것이다.

458) Münchener Komm.(註 317), §328 Rdnr. 60.

XVI. 立 法 論

제3자를 위한 계약에 관한 法律規定과 관련하여서는 다음과 같은 점을 지적할 수 있다. 첫째로 제3자를 위한 契約의 기본규정인 民 §539 I 이 무척 난해할 뿐만 아니라 오해의 가능성도 안고 있다.[459] 따라서 同條項은 합리적으로 改正함이 옳다. 그럼에 있어서는 獨民 §328 I[460]을 참조하면 유익할 것이다. 둘째로 제3자를 위한 계약에 관한 규정이 너무 간략하다.[461] 특히 獨民 §329 이하에 두어져 있는 바와 같은 해석규정 또는 보충규정이 있으면 법률문제의 해결에 크게 도움을 줄 수 있을 것이다. 셋째로 제3자를 위한 계약의 경우에 제3자의 受益의 意思表示를 요구하는 것이 과연 바람직한가에 관하여 정책적인 면에서의 깊이 있는 검토가 필요하다. 그러나 이 문제는 섯불리 다룰 성질의 것이 아니다. 따라서 여기서는, 일응 獨逸民法처럼 제3자의 受益의 意思表示가 없이도 제3자가 債權을 취득하되 그가 受益을 거절하면 권리를 취득하지 않았던 것으로 간주하는 것이 낫지 않을까 하는 의견만 제시하기로 한다. 그 밖에 諾約者의 催告權을 규정한 民 §540에 문제가 있는데, 그것은 同條의 注解에서 다루기로 한다.

[宋 德 洙]

459) 前述 IV 2. (1)(특히 註 131, 132와 그 本文)과 VII. 1. (1) 참조.

460) 獨民 §328 I은 "계약에 의하여 제3자에의 급부가 제3자가 직접 급부를 청구할 권리를 취득하는 효과와 함께 약정될 수 있다"고 규정한다.

461) 同旨 註釋債各(I), 334.

第540條(債務者의 第三者에 對한 催告權)

前條의 境遇에 債務者는 相當한 期間을 定하여 契約의 利益의 享受與否의 確答을 第三者에게 催告할 수 있다. 債務者가 그 期間內에 確答을 받지 못한 때에는 第三者가 契約의 利益을 받을 것을 拒絶한 것으로 본다.

I. 序 說

우리 民法上 제3자를 위한 契約의 경우에는 특별한 법률규정이 없는 한 제3자의 受益의 意思表示가 있어야만 제3자가 債權을 취득하게 된다. 따라서 낙약자가 계약에 기한 債務를 履行하려고 하여도 제3자가 수익을 원하지 않으면 목적달성을 할 수 없게 된다. 이처럼 諾約者의 履行이 오직 제3자의 意思에 달려 있기 때문에, 그러한 諾約者의 불안정한 지위를 고려하여 民 §540는 제3자의 受益 여부에 대한 낙약자의 催告權을 규정하였다. 同條는 과거에 우리 나라에 依用되었던 日本民法에는 없었던 것이다.

民 §540의 의미 내지 평가와 관련하여서는 일부 학자의 비판적인 견해가 주장되기도 한다. 어떤 문헌은,

> "제3자의 受益의 意思表示가 없더라도 계약은 효력을 발생하고, 따라서 요약자의 권리와 낙약자의 채무도 확정적으로 발생하였으므로, 낙약자는 별로 불안한 지위에 놓여 있는 것은 아니다. 따라서 구태여 이러한 催告權을 주어야 할 필요는 없을 것이다. 다만 제3자가 受益의 意思表示가 없음이 推斷됨에도 불구하고 낙약자가 일단 履行의 提供을 하였다가 受領拒絶을 당한다는 절차를 반드시 밟아야 할 필요가 없다는 점에서 약간의 實益이 있다고 할까"

라고 하여,[1] 民 §540가 거의 의미를 가지지 못한다고 한다. 그런가 하면, 수익의 의사표시를 할 것인가 여부가 물론 제3자의 자유이지만 제3자의 權利取得은 단지 낙약자의 利害만이 아니라 그에 못지 않게 요약자의 利害에도 관계되므로 낙약자의 一方的 催告만으로 제3자의 지위를 결정하도록 한 것은 신중한 立法이라고 하기 어려운 면이 있다고도 한다.[2]

생각건대 제3자를 위한 계약에 있어서 낙약자가 債務履行을 준비하고 履

1) 金曾漢·安二濬, 新債各(上), 110.
2) 註釋債各(Ⅰ), 369.

行에 착수하였는데 제3자가 수익을 거절하게 되면 낙약자는 履行을 할 수 없고, 따라서 損失을 입게 된다. 그러므로 諾約者가 손실을 입지 않으려면 미리 履行의 준비를 하기 보다는 제3자의 수익 여부의 意思表示를 기다려야 할 것이다. 그런데 그러다 보면 제3자의 수익의 의사표시가 있은 후에 이행을 준비하는 것이 시간상 어려워질 수도 있다. 결국 낙약자의 지위는 상당히 불안정하게 된다. 여기서 낙약자의 不安定을 완화하는 것이 필요함을 알 수 있다. 諾約者의 催告權을 규정한 것이 거의 의미가 없다고 할 수는 없는 것이다. 한편 民 §540가 신중하지 못한 立法이라고 하는 견해는 경청할 가치가 별로 없다. 그 견해는 諾約者의 一方的 催告만으로 제3자의 지위를 결정하도록 한 것을 비판하나, 제3자를 위한 계약에 있어서 제3자의 지위 즉 權利取得 여부는 본래 제3자 자신의 수익 또는 거절의 의사표시에 좌우되는 것이며, 그것은 民 §540의 催告가 없는 경우에도 마찬가지이다. 다만 同條의 催告가 있었는데 확답을 하지 않은 때에는——다른 催告에 있어서도 비슷하게 하는 것처럼——法律이 거절한 것으로 看做할 뿐이다. 제3자의 지위는 意思表示를 한 경우에는 제3자 자신이 결정하고, 의사표시가 없는 경우에는 法律이 결정하게 되며, 催告한 諾約者가 결정하는 것이 아니다.

Ⅱ. 催告權의 意義

일반적으로 催告라 하면 어떤 자에 대하여 어떤 행위를 요구하는 것을 말하며, 그러한 催告는 法律에 규정이 없어도 얼마든지 할 수 있다. 그러나 催告가 法律에 규정되어 있는 경우에는, 法律에 의하여 직접 일정한 법률효과가 주어진다. 그러한 催告의 民法上의 예로 無能力者의 상대방이 하는 최고(民 §15), 無權代理人의 상대방이 本人에 대하여 하는 최고(民 §131), 해제권 행사의 상대방이 하는 최고(民 §552) 등이 있으나, 그 외에 本條도 그러한 종류의 催告를 규정하고 있다.

이러한 催告는 일반의 최고와 달리 法律에 의하여 일정한 효과가 부여되기 때문에 하나의 權利라고 할 수 있다. 그리고 그 법률효과는 催告者의 일방적 행위를 원인으로 하여 발생하기 때문에 일종의 形成權으로 이해된다. 그러나 그 法律效果가 최고자의 意思에 의하여 정하여지는 것이 아니고 법률에 의하여 정하여지므로, 法律行爲 내지 意思表示가 아니라 準法律行爲의 일종인 意思의 通知에 해당한다.

제3자를 위한 계약에 있어서 諾約者가 가지는 催告權은, 낙약자가 제3자(수익자)에 대하여 상당한 기간을 정하여 契約의 이익을 享受하겠는지 여부의 확답을 촉구하고, 그에 대하여 확답을 받지 못하면 제3자가 계약의 이익을 받을 것을 거절한 것으로 看做되게 하는 권리이다.

Ⅲ. 催告의 要件

諾約者가 催告權을 행사하려면, ① 제3자가 受益할 계약을 摘示하고, ② 상당한 기간을 정하여, ③ 수익을 하겠는지 여부의 확답을 요구하여야 한다.

여기의 상당한 기간은 受益 여부를 결정하는 데 필요한 기간을 포함한 기간이며, 隔地者 사이라면 그것 외에 催告가 상대방에게 도달하는 시간, 제3자의 확답이 낙약자에게 도달하는 시간도 포함되어야 한다. 어떤 일정한 기간이 상당한가 여부는 구체적인 경우에 있어서 催告와 확답의 방법, 계약내용의 중요도, 거래관행 등 여러 사정을 고려하여 결정하여야 하며, 그에 관하여 다툼이 생기면 최종적으로는 法院이 상당성을 판단하게 된다.

한편 여기의 催告의 요건으로 "제3자의 權利의 존속기간의 약정이 없는 경우일 것"을 추가하여야 하느냐가 문제된다. 民 §540는 "前條의 경우에…" 라고만 하고 있어, 적어도 외관상으로는 제3자의 권리의 존속기간이 약정된 경우에도 적용되어야 할 것처럼 보인다. 그러나 그렇게 새기면 當事者의 約定이 무시되게 된다. 따라서 同條는 제3자의 권리의 존속기간의 약정이 없는 때에만 적용된다고 해석하여야 한다. 즉 그것을 要件으로 추가하여야 한다.[3] 民 §540의 "前條의 경우에"를 "제3자가 契約의 이익을 받을 의사를 표시할 수 있는 기간을 정하지 아니한 때에는"으로 바꾸어야 마땅하나, 그러한 改正이 있기 전에도 마찬가지로 해석하여야 하는 것이다.

3) 참고로 말하면, 民 §552는 解除權 행사기간을 정하지 않은 경우에 관하여만 催告權을 행사할 수 있도록 규정하고 있는데, 民 §540에 있어서도 같은 결과가 인정되어야 한다.

Ⅳ. 催告의 效果

催告를 받은 자가 상당한 기간 내에 受益 또는 拒絶의 확답을 받으면,[4] 그에 따른 효과가 발생하게 된다. 그러나 이 경우의 효과는 수익 또는 거절이라는 意思表示의 효과이고, 催告 자체의 효과는 아니다. 催告 자체의 효과가 생기는 것은 상당한 기간 내에 수익 또는 거절의 확답을 받지 못한 경우이다. 그 때에는 民 §540 2文에 의하여 수익을 거절한 것으로 간주된다.

상당한 기간 내에 수익의 意思表示가 낙약자에게 도달한 경우의 효과에 관하여는 前述 民 §539의 注解를 참조하라.

상당한 기간 내에 수익을 거절하는 의사표시가 낙약자에게 도달하였거나 또는 상당한 기간 내에 확답이 到達되지 않아 수익을 거절한 것으로 看做되는 경우의 효과는, 각각의 계약을 해석하여 결정하여야 한다. 그럼에 있어서는 무엇보다도, 거절에 의하여 要約者 스스로 權利를 행사할 수 있는지, 그가 거절하는 제3자 대신에 他人을 指定할 수 있는지, 낙약자의 給付義務가 소멸하는지를 분명히 하여야 한다. 그런데 해석에 의하여 결정하기 어려운 경우, 즉 不分明한 경우에는 제3자의 거절이 있으면 약정한 給付에 대한 請求權이 요약자에게 귀속되고, 그 결과 그가 새로운 제3자를 지정할 수도 있고 또 그 자신이 스스로 給付를 請求할 수도 있다.[5] 특히 諾約者 스스로는 제3자에의 給付의 대가로 아무런 이익도 받지 않는 경우에 그렇다. 가령 제3자의 권리취득을 필수불가결한 것으로 정한 경우처럼, 위의 두 가지 가능성 중에 어느 것도 인정될 수 없는 경우에는 원칙적으로 履行不能으로 된다.

제3자가 수익의 거절이 아니고 단지 諾約者에 의하여 제공된 給付의 受領만을 거절한 경우에는, 受領遲滯로 된다. 물론 수령의 거절이 수익의 거절로 推論되어야 하는 경우에는 다르다. 그 때에는 受領遲滯의 문제가 생기지 않는다.

---

4) 民 §15와 §131는 일정한 기간 내에 확답의 發送만 있으면 충분한 것으로 규정하나, 民 §540와 民 §552는 상당한 기간 내의 「到達」을 요구한다.
5) Staudinger/Kaduk, §333 Rdnr. 11.

V. 立 法 論

제3자를 위한 契約에 있어서의 諾約者의 催告權을 규정하고 있는 民 §540 자체의 의미에 관하여 비판적인 견해가 주장되고 있으나, 그러한 견해가 부당함은 이미 지적하였다.[6] 즉 同條는 의미를 가지고 있다고 할 것이다. 그런데 同條는 催告權의 행사를 제한하지 않고 모든 경우에 허용하는 모습을 하고 있어서 불만이다. 제3자의 권리의 存續期間에 관하여 당사자가 약정을 행한 경우까지 낙약자의 催告權 행사를 인정한다면, 그러한 당사자의 약정이 무시되어 부당하다.[7] 따라서 民 §540의 "前條의 경우에"를 "제3자가 契約의 이익을 받을 의사를 표시할 수 있는 기간을 정하지 아니한 때에는"으로 改正하여야 한다.

[宋 德 洙]

第 541 條(第三者의 權利의 確定)

第539條의 規定에 依하여 第三者의 權利가 생긴 後에는 當事者는 이를 變更 또는 消滅시키지 못한다.

I. 序 說

제3자를 위한 契約에 있어서 제3자가 受益의 意思表示를 하여 권리취득이 확정된 후에 당사자가 그 제3자의 권리를 변경 또는 소멸시킬 수 있다고 한다면, 제3자는 확실한 기대를 배반당하게 된다. 그리하여 本條가 그것을 금지하고 있다.

이 규정을 反對解釋하면, 당사자는 제3자가 수익의 의사표시를 하기 전에는 제3자가 취득하게 된 권리의 내용을 변경하거나 권리를 소멸시킬 수 있다는 결과로 된다.[1]

6) 前述 I. 참조.
7) 前述 Ⅲ. 참조.
1) 註釋債各(I), 369; 日注民(13), 347.

Ⅱ. 本條의 解釋上의 問題

本條의 해석과 관련하여 생기는 몇 가지 문제가 있다.

1. 本條의 '當事者'의 意味

民 §541에 있어서의 '당사자'의 의미에 관하여는 견해가 대립하고 있다. 학자들은 대부분 특별한 언급 없이 요약자와 낙약자 모두를 가리키는 것으로 이해하나,[2] 최근에 同條의 '당사자'가 요약자·낙약자의 兩者를 모두 포함하는 것이 아니고 要約者만을 의미한다고 하는 견해가 주장되었다.[3] 이 少數說은 그 이유로, 낙약자는 수익의 의사표시가 있은 후에도 基本關係(補償關係)에 기한 抗辯은 항상 당연히 행사할 수 있기 때문에 이를 별도로 규정할 필요가 없고, 또 民 §541는 그 외의 사유 즉 제3자수익의 원인관계(對價關係)에 의한 예외적인 것을 규정한 것이라는 점을 든다. 이 견해에 의하면, 요약자·낙약자의 合意에 의하여 제3자의 권리를 변경·소멸시키는 것은 당연하고, 그 외에 요약자는 일방적으로 변경·소멸시킬 수 있다는 결과로 된다.

생각건대 少數說은 지지할 수 없다. 계약에 관한 法律規定에서 當事者라는 용어를 사용한 경우에는, 특별한 사정이 없는 한, 兩 當事者의 의미로 새겨져야 한다. 특히 그 자들의 이해관계에 영향을 미치는 경우에는 더욱 그렇다. 그런데 제3자를 위한 계약에 있어서 一方當事者인 諾約者는 債務履行을 준비하고 있을 수 있다. 그 때에 요약자가 일방적으로 제3자의 권리에 변경을 가하거나 소멸시킨다면 낙약자는 손실을 입게 된다. 그리고 이러한 손실은 낙약자의 抗辯의 인정만으로는 구제될 수 없다. 이러한 점을 고려해 볼 때, 本條의 '當事者'는 요약자·낙약자 모두를 의미한다고 해석하여야 한다.

2. 第三者의 受益의 意思表示 후에 當事者가 第三者의 權利를 變更·消滅시킬 수 있는 경우

계약당사자가 미리 계약에서 제3자의 권리가 발생한 후에도 그것을 변경 또는 소멸시킬 수 있음을 보류한 때에는 이를 인정하여야 한다.[4] 견해에 따라

2) 註釋債各(Ⅰ), 369; 日注民(13), 347.
3) 張在賢(前述 §539 註 186), 537.
4) 郭潤直, 129; 註釋債各(Ⅰ), 369; 張在賢(註 3), 536; 日注民(13), 348.

서는 그러한 특약이 없는 경우에도 계약의 목적에 의하여 추단되는 경우에도 변경·소멸을 인정할 것이라고 하면서, 그 예로 증여목적으로 제3자를 위한 계약을 하고 受贈者(제3자)가 수익의 의사표시를 한 뒤 民 §556의 亡恩行爲를 하거나 또는 §557와 같은 재산악화현상이 생긴 경우를 들고 있다.[5] 생각건대 이 견해가 드는 예는 결코 계약의 목적으로부터 推斷되는 경우가 아니며, 그 때에는 당해 규정이 적용 또는 유추적용되면 충분하다. 그리고 계약의 목적에 의하여 推斷되는 경우는 묵시적인 특약이 있는 때에 해당하므로, 특약으로 변경·소멸권이 보류된 경우에 포함되게 된다.

요약자와 낙약자가 미리 제3자의 권리를 변경·소멸시킬 수 없다고 특약을 한 경우에, 그 특약은 요약자의 이익을 부당하게 해치는 것으로서 社會秩序에 반하여 無效라고 하여야 할 것이다.[6]

3. 要約者의 死後行爲로서의 第三者를 위한 契約

제3자를 위한 계약이 要約者의 死後行爲(死因行爲)로 행하여지는 경우, 즉 요약자와 낙약자가 계약에서 요약자가 사망한 후에 낙약자가 제3자에게 給付하기로 약속한 경우가 있다. 이 경우에 요약자와 제3자 사이의 法律關係는 死因贈與의 모습으로 보이므로, 요약자의 상속인 및 상속채권자와 제3자 사이의 문제가 생기게 된다.

이 때에는, 우선 제3자가 수익의 의사표시를 하지 않은 동안에 要約者가 사망한 경우에 요약자가 낙약자와 합의하여 제3자의 권리를 소멸시킬 수 있는가가 문제된다.[7] 여기에 관하여는 要約者의 死亡으로 제3자는 확정적인 권리를 가진다고 하는 견해가 주장되고 있다.[8] 생각건대 意思表示는 그 효력이 발생한 후에는 表意者가 사망하여도 효력에 영향이 없으므로(民 §111 II), 요약자의 상속인은 제3자의 권리를 변경·소멸시키는 合意를 할 수 없다고 하여야 한다.[9] 그리하여 제3자는 受益을 원하는 경우에는 수익의 意思表示를 하여 권리를 취득할 수 있다.

---

5) 張在賢(註 3), 536-37.
6) 同旨 張在賢(註 3), 537.
7) 張在賢(註 3), 538은 '요약자'의 변경·소멸권을 그의 상속인이 상속하여 행사할 수 있는가가 문제된다고 하나, 民 §541의 '당사자'를 요약자만으로 새기지 않아야 하기 때문에 그러한 記述은 부적절하다.
8) 張在賢(註 3), 546.
9) 前述 §539의 注解 Ⅷ. 1.도 참조.

만일 요약자가 살아 있는 동안에 제3자가 수익의 意思表示를 하였다면, 당연히 제3자의 권리는 확정되며, 그는 그의 권리를 행사할 수 있다. 특별한 사정이 없는 한 要約者의 상속인은 간섭 가능성을 갖지 못한다(民 §541).

그리고 이들 경우는 모두 死因贈與로 볼 것이 아니어서, 거기에 遺贈에 관한 규정이 準用되지도 않는다고 할 것이다(民 §562 참조).[10] 따라서 제3자의 권리는 遺留分의 算定에 있어서 산입되지 않고, 또 相續債權者가 그에 대하여 強制執行을 할 수도 없다.

4. 契約 자체의 흠으로 인하여 영향을 받는 경우

제3자가 수익의 의사표시를 하였더라도 契約 자체에 흠이 있어 계약의 당사자가 그것을 이유로 계약을 무효화하는 경우에는 제3자의 권리도 그에 영향을 받는다.

제3자를 위한 계약이 無能力·錯誤·詐欺·強迫 등을 이유로 取消되거나 債務不履行을 이유로 해제된 경우에는, 제3자의 권리도 소멸한다. 그런데 이 때 누가 取消 또는 解除를 할 수 있는지, 그리고 제3자의 受益表示 후에도 要約者가 단독으로 解除할 수 있는지에 관하여는 이미 §539의 注解에서 설명하였으므로 생략한다.[11]

Ⅲ. 立 法 論

民 §541에 관하여는 비판이 제기된 바 없으며, 私見으로도 문제가 없다고 생각한다.

[宋 德 洙]

10) 同旨 張在賢(註 3), 546-47.
11) 前述 §539의 注解 Ⅶ. 3, Ⅷ. 4. (3) 등 참조.

第 542 條(債務者의 抗辯權)

債務者는 第539條의 契約에 基한 抗辯으로 그 契約의 利益을 받을 第三者에게 對抗할 수 있다.

I. 本條의 意味

民 §§539, 541는 제3자를 위한 계약에 있어서 제3자의 권리취득에 관하여만 규정하고 있을 뿐, 제3자가 어떠한 지위를 가지는지에 관하여 명백히 해주고 있지는 못하다. 그런데 民 §542가 제3자의 지위를 명확하게 밝히고 있다.[1] 즉 民 §539 Ⅰ·Ⅱ에 의하면 제3자는 受益의 意思表示를 하면 계약으로부터 직접 諾約者에 대하여 독립적인 債權을 취득하게 되고, 그러한 그의 권리는 당사자에 의하여 변경 또는 소멸하지 않는다(民 §541). 그러나 다른 한편으로 諾約者는 그가 要約者 자신에 대하여 의무를 부담한 경우보다 더 나쁜 지위에 놓이지는 않아야 한다. 따라서 本條가 諾約者로 하여금 원칙적으로 제3자에 대하여도 抗辯을 할 수 있도록 규정한 것이다.

Ⅱ. 本條의 內容

本條에서 抗辯이라고 함은, 널리 異議(Einwendung)라고 하는 것과 같으며, 제3자의 권리의 존재를 부인하고 그 행사를 막을 수 있는 모든 사실의 주장을 포함한다.[2] 그러므로 고유한 의미에 있어서의 抗辯權(Einrede) 외에 권리불발생의 抗辯이나 권리소멸의 抗辯 등도 포함한다.

그런데 民 §542에 의하여 낙약자가 제3자에 대하여 주장할 수 있는 抗辯은 民 §539의 契約에 기한 것에 한한다. 물론 여기의 계약은 요약자와 낙약자 사이의 계약, 즉 基本關係를 의미한다. 따라서 요약자와 제3자 사이의 관계(제3자수익의 원인관계)에 기한 抗辯은 그것이 낙약자에 의하여 주장할 수 없는 것이기도 하거니와 여기의 문제도 생기지 않는다.

그리고 基本關係(補償關係)에 기한 항변이라도 그것이 계약에 기한 抗辯이 아니고 계약 외의 요건에 기인하는 항변이어서 法律의 明文上으로는 제3자에

1) Staudinger/Kaduk, §334 Rdnr. 2.
2) 郭潤直, 132; 註釋債各(Ⅰ), 371.

게 대항할 수 없는 것이 있다. 그러나 本條의 "民 §539의 契約에 기한 抗辯"이 배타적으로 계약에 기인하는 抗辯만을 가리키는 것으로 새길 것은 아니다. 만일 그렇게 새긴다면 契約의 무효의 항변이나 同時履行의 抗辯權 등을 제외하고는 남는 것이 거의 없을 것이다.[3] 그리하여 가령 詐欺 또는 強迫을 이유로 취소되었다는 항변, 요약자의 履行遲滯를 이유로 한 낙약자의 解除는 取消나 要約者의 遲滯와 같은 계약 외의 구성요건을 필요로 하나, 이들은 모두 처음부터 존재하는 계약의 흠 또는 계약에 의하여 성립한 債務의 事後의 변경(遲滯)에 근거를 가지는 항변이기 때문에 "契約에 기한 抗辯"으로 보아야 한다.

그에 비하여 완전히 契約 외에 있는 구성요건에 기인하는 抗辯이 있다. 그러한 항변은 "계약에 기한 항변"이 아니고, 따라서 제3자에게 대항할 수 없다. 무엇보다도 履行·支給의 항변이 그에 속한다.[4] 요약자에의 급부에 의하여 소멸시킬 수 있는 경우에는, 제3자의 독립한 권리의 본질에 대하여도 異議를 제기할 수 있을 것이다. 또한 낙약자는 제3자에 대하여 그가 요약자에게 가지고 있는 反對債權과 相計할 수 없다. 그리고 제3자의 청구권이 성립한 뒤에 행하여진 法律行爲에 기인한 항변, 예컨대 免除, 支給期限猶豫 등은, 그것이 본질상 계약으로부터 끌어내질 수 없기 때문에, 낙약자는 그것을 자신의 변호를 위하여 사용할 수 없다.[5]

계약에 기한 抗辯 중에는 본래의 의미의 抗辯權도 있으며, 낙약자는 당연히 그것을 가지고 제3자에게 대항할 수 있다. 그러한 抗辯權의 예로, 限定承認의 抗辯權(被相續人의 상속재산 중에 급부하기로 약속한 경우), 雙務契約에 있어서 同時履行의 抗辯權(民 §536)을 들 수 있다. 그리고 留置權도 마찬가지이다. 그에 비하여 牽連關係 없는 請求權을 이유로 낙약자가 요약자에 대하여 가지게 된 商事留置權(商 §§91, 111 등 참조)은 제3자에게 주장할 수 없다. 그 권리는 계약에 기한 것이 아니기 때문이다.

계약에 기한 抗辯 중 抗辯權 이외의 것도 많이 있다. 이것으로써도 제3자에게 대항할 수 있음은 前述한 바 그대로이다. 그러한 抗辯 가운데에는 우선 權利不發生의 항변이 있다. 예컨대 社會秩序 또는 強行法規에 반하여 계약이 무효라고 하는 경우 등이다. 그러나 그 외에도 非眞意表示·虛僞表示 등을 이유로 무효를 주장할 수도 있다. 이들 경우에는 善意의 제3자 보호규정이 두어져 있으나, 제3자를 위한 계약에 있어서의 제3자는 그러한 규정에서의 제3

3) Staudinger/Kaduk, § 334 Rdnr. 12.
4) Staudinger/Kaduk, § 334 Rdnr. 16.
5) Staudinger/Kaduk, § 334 Rdnr. 17.

자에 해당하지 않아서 보호되지 않는다. 그런가 하면 無能力·錯誤·詐欺·強迫을 이유로 취소되어서 권리가 불성립으로 되었다고 항변할 수도 있다. 제3자를 위한 계약에 있어서의 착오·사기·강박을 이유로 한 取消의 경우에 보호되는 善意의 제3자(民 §§109 Ⅱ, 110 Ⅲ 참조)에도 포함되지 않는다. 또한 要約者의 債務不履行에 있어서 낙약자가 解除를 한 때에는 그것으로도 제3자에게 대항할 수 있다. 물론 여기의 제3자는 解除의 경우에 보호되는 제3자(民 §548 I 但書)에도 포함되지 않는다. 그리고 賣買契約에 있어서 낙약자가 賣渡人인 요약자에게 擔保責任規定에 따라 代金의 減額, 損害賠償의 청구, 契約解除 등을 할 수 있는 경우에도 마찬가지이며, 이러한 결과는 이 규정들이 準用되는 다른 有償契約이나, 擔保責任이 규정된 有償 또는 無償契約에서도 그대로 인정된다. 그 밖에 基本關係가 贈與인 경우에는 民 §557에 의하여 解除하였다는 항변도 할 수 있다. 한편 당사자 사이의 特約으로 제3자의 권리를 소멸시킬 수 있는 권리를 留保하거나 계약해제권을 유보한 경우 또는 제3자의 권리가 解除條件에 걸리는 것으로 한 경우에도 낙약자는 그것으로 제3자에게 대항할 수 있다.[6]

本條는 낙약자가 요약자에 대하여 가지는 抗辯으로 제3자에게 대항할 수 있다는 것을 규정하고 있을 뿐이며, 낙약자가 바로 제3자에 대하여 가지는 抗辯에 대하여 규정한 것이 아니다. 그런데 후자는 自明한 것이기 때문에, 明文의 규정을 요하지 않는다.[7] 즉 明文規定 없이도 제3자에게 주장할 수 있는 것이다.[8] 물론, 前述한 바와 같이, 낙약자와 제3자 사이에는 아무런 원인관계도 존재하지 않기 때문에, 이들 사이에는 제3자수익의 원인관계(對價關係)에 기한 항변은 생각할 수 없다. 그러나 제3자에 대한 다른 抗辯은 생각할 수 있다. 예컨대 낙약자는 제3자에 대하여 그가 제3자에게 가지고 있는 反對債權으로 相計할 수 있고 또 留置權을 행사할 수 있다.

Ⅲ. 立法論

民 §542는 당연한 내용을 규정한 것으로서 同條에 대하여는 異議가 없다.

[宋 德 洙]

6) 同旨 註釋債各(Ⅰ), 371.
7) Staudinger/Kaduk, §334 Rdnr. 54.
8) 同旨 註釋債各(Ⅰ), 372; 日注民(13), 350.

第3款 契約의 解除, 解止

前 論

차 례

Ⅰ. 解除·解止의 意義

1. 解 除

契約의 解除는 有效하게 成立하고 있는 契約의 效力을 當事者 一方의 意

思表示에 의하여 그 契約이 처음부터 存在하지 아니한 것과 같은 상태로 回復시키는 것을 말하며, 이러한 一方的 意思表示에 의하여 契約을 解消시키는 權利를 解除權이라 한다.[1]

(1) **解除權의 性質**

解除權은 一方的 意思表示로 權利關係의 變動을 가져오는 權利이므로 形成權이다. 이 解除權은 契約을 처음부터 存在하지 아니하는 것과 같은 效果를 발생하게 하는 權利이므로, 契約當事者 또는 當事者의 地位를 承繼한 者만이 이를 가질 수 있고, 當事者로서의 地位에 수반한다. 따라서 契約關係와 분리하여 解除權만을 讓渡할 수 없음은 물론이고, 契約關係에서 파생된 權利를 讓受하였더라도 當事者로서의 地位를 承繼하지 아니하는 한 解除權이 없다.[2]

(2) **解除權의 種類**

解除權에는 當事者가 미리 契約에서 그 內容을 정한 約定解除權과, 法律의 規定에 의하여 인정되는 法定解除權이 있다.

約定解除權에는 當事者가 契約에서 명백히 解除權을 정하지 아니하였더라도 法律의 規定에 의하여 解除權을 留保한 것으로 다루어지는 경우가 있는바, 賣買契約의 當事者 一方이 契約 당시에 金錢 기타의 物件을 契約金·保證金 등의 명목으로 相對方에게 交付한 때에는, 民 § 565에 의하여, 當事者間의 다른 約定이 없는한, 當事者의 一方이 履行에 착수할 때까지 交付者는 이를 拋棄하고 受領者는 그 倍額을 償還하여 賣買契約을 解除할 수 있다.

法定解除權에는 債務不履行을 이유로 하는 契約 一般에 공통된 解除權과 각종의 典型契約에 따라 특별히 정하여진 解除權[3]이 있는바, 民法은 契約一般에 공통된 法定解除權으로서 § 544에서 普通의 契約에 있어서 履行遲滯에 의한 解除權을, § 545에서 定期行爲에 있어서 履行遲滯에 의한 解除權을, § 546에서 履行不能에 의한 解除權을 각 規定하고 있다.

이들 여러 가지의 解除權 중 特殊한 約定解除權과 法定解除權에 관하여는

---

1) 以下 글을 作成함에 있어 一般的인 理論 및 基本的인 틀은 郭潤直, 債各(1992), 121-70을 參照하여 敍述하였는바, 學說의 對立등 특별히 重要한 部分을 제외하고는 별도의 引用文句는 생략한다.

2) 예를 들어, 賣渡人이 賣買契約의 代金債權을 讓渡한 경우에, 그 讓受人은 買受人의 債務不履行을 이유로 賣買契約을 解除할 수 없다. 한편, 賣渡人은 買受人의 債務不履行을 이유로 解除權을 行使할 수 있다 할 것이나, 이 경우에 代金債權 讓受人의 同意를 얻어야 하는가에 관하여는 後述 § 543 註 44) 및 그 本文 參照.

3) 예를 들어, 贈與에 관하여는 民 §§ 556-7, 賣買에 관하여는 民 §§ 570-8, 580, 都給에 관하여는 民 §§ 668, 670의 規定이 있다.

각종의 典型契約에서 檢討되므로, 本款에서는 一般的인 約定解除權 및 法定解除權에 관하여서만 본다.

(3) 解除의 效果

契約이 解除되면, 각 當事者는 그 相對方에 대하여 契約이 存在하지 아니하였던 原狀대로 回復할 義務를 負擔하게 된다.[4] 이러한 解除의 效果에 관하여 뒤에서 살펴보는 바와 같이 우리 나라에서의 多數說인 直接效果說에서는 遡及效를 인정하고 있는바, 이에 의하면 契約은 처음부터 存在하지 아니하였던 것과 같은 效果가 주어져, 아직 履行하지 아니한 債務는 消滅하고, 이미 履行한 것은 法律上의 原因을 잃게 되어 각 當事者는 原狀回復의 義務를 負擔하게 된다. 解除의 效果에 관한 詳細한 論議는 뒤에서 民 §548에 관한 부분에서 살펴본다.

2. 解 止

(1) 解止의 意義

契約의 解除의 경우에는 각 當事者가 原狀回復義務를 부담하나, 賃貸借·雇傭·委任·組合 등의 이른바 繼續的 契約에 있어서는 債務不履行으로 인하여 도중에서 契約關係를 消滅하게 하더라도, 이미 目的을 달성하고 있는 旣往의 부분에 대하여서도 처음과 같은 狀態로 回復시킬 필요는 없고, 다만 不履行된 부분에 한하여 將來에 향하여 消滅하게 하는 것으로 충분하다. 이와 같이 繼續的 債權關係에 있어서 契約의 效力을 將來에 향하여 消滅하게 하는 一方的 行爲를 解止라고 하며, 그 解止할 수 있는 權利를 解止權이라고 한다.[5]

㈎ 解止가 인정되는 것은 繼續的 債權關係[6]를 發生시키는 契約에 한한다. 繼續的 債權關係는 永續할 수 없는 것이므로 언젠가는 終了된다. 미리 存續期間이 정하여져 있어 그 期間의 滿了로 終了하는 수도 있고, 事後에 債權關係의 終了에 관하여 約定하는 수도 있고, 또 一方의 意思表示로써 終了하

4) 民 §548 Ⅰ.

5) 舊民法에서는 解止를 解除(舊民 §§607, 610, 620, 625 Ⅲ, 651 등), 解約(舊民 §§618, 621 등), 解約의 申立(§651 등)이라고 표현하고 있었다. 學術上의 用語로서는 獨逸民法의 用語인 Kündigung을 解約通知 또는 告知라고 飜譯하여 사용하고 있었다. 解止라는 用語는 現行民法이 처음으로 마련하고 쓰고 있다(郭潤直, 167).

6) 繼續的 債權關係에 있어서의 債務는 어떤 期間에 걸친 給付義務가 債務의 內容을 이루므로, 履行期가 到來한 때에 債務를 履行함으로써 債務가 終結되는 것은 아니며, 그 存立의 全期間을 통하여 履行되어야 한다. 따라서, 여기서는 單純한 履行關係가 아니라 오히려 期間의 經過에 의하여 債權關係가 消滅하게 된다(郭潤直, 47).

는 수도 있는바, 이 끝의 것이 解止이다.

(나) 解止는 오직 將來에 향하여 效力을 발생하는 점에서, 契約의 效力을 原狀으로 回復시키는 解除와 구별된다. 즉 契約이 解止된 경우에 契約에 기한 債權關係는 解止의 效力이 발생하기 이전의 부분에 있어서는 완전히 그 效力을 保有하고, 이미 행하여진 給付는 반환당하지 않는다. 이 점에서 解除의 境遇에 原狀回復의 義務가 생기는 것과 本質的으로 구별된다.

(2) **解止權의 性質**

解止를 할 수 있는 權利가 解止權이다. 그것은 一方的 意思表示에 의하여 現存하는 法律關係를 將來에 향하여 終了하게 하는 것이므로, 解除權과 마찬가지로 形成權이다.

(3) **解止權의 種類**

解止權도 解除權에 있어서와 마찬가지로 法律의 規定에 의하여 또는 當事者의 契約으로 발생하는바, 前者를 法定解止權, 後者를 約定解止權이라 한다.

(가) 法定解止權　　民法은 各種의 契約에 관하여 個別的으로 解止權의 發生原因을 규정하고 있다.[7] 그 대부분은 債務不履行을 이유로 인정되는 것이나, 그 밖에도 信義則違反을 이유로 하는 것이 있다. 繼續的 債權關係는 當事者의 相互信賴性이 특히 要求되기 때문이다.

위에서 본 바와 같이 法定解止權의 發生에 관하여 民法은 一般的 規定을 두지 않고, 個別的으로 규정하고 있다. 여기서 그러한 明文의 規定이 없는 경우에는 解止權의 發生을 인정할 수 없느냐가 문제된다. 이 문제는 從來 民 §§544 내지 546는 繼續的 契約에도 適用되느냐라는 문제로서 論議되어 오고 있는바 이에 관하여는 後述 §543에 관한 부분에서 살펴보기로 한다.

(나) 約定解止權　　繼續的 債權關係를 발생시키는 契約을 맺을 때에 當事者의 一方 또는 雙方이 解止權을 留保하는 特約을 할 수 있음은 물론이다. 賃貸借에 관하여 民 §636는 이를 明示하고 있으나, 그러한 規定이 없더라도 一般的으로 繼續的 契約에서 解止權을 留保할 수 있다.[8]

---

7) 民 §§601 Ⅲ, 625, 627, 629, 635-7, 639-40, 657-63, 689, 698-9, 716, 720 등.
8) 民 §543 Ⅰ.

Ⅱ. 立 法 例

1. 로 마 法

로마法에 있어서는 一般的인 解除라는 制度가 인정되지 아니하였다. 契約은 지켜져야 한다는 原則(pacta sunt servanda)에 의하여 當事者는 일단 成立한 契約에 어디까지나 服從하고 따를 것이 요구되었을 뿐이다. 다만 債務不履行이 있는 경우에 債權者가 契約을 廢棄할 수 있다는 特約은 할 수 있었는바, 이 特約이 後期 로마法에 있어서는 賣買 기타에 관하여 널리 행하여졌다고 한다.

2. 게르만法

게르만 固有法도 契約으로부터의 脫退를 인정하지 아니하였기 때문에 解除制度는 발달하지 못하였다. 獨逸普通法에 있어서도 오늘날과 같이 널리 解除制度가 인정되지는 못하였으며, 특히 履行遲滯에 기한 法定解除權이라는 것이 인정되지 아니하였다. 그리고, 約定解除權은 로마法에서 전하여 온 이른바 失權約款(lex commissoria)의 形式으로 인정되는 것이 보통이었다고 한다.

3. 佛蘭西民法

一般的인 法定解除權制度를 確立하여 그 發達에 획기적인 영향을 준 것은 佛蘭西民法이다.[9] 同法에 의하면, 모든 雙務契約에 있어서 當事者 一方의 不履行은 默示的 解除條件을 이루는 것으로 봄으로써, 解除가 解除條件으로부터 獨立한 制度로 발달되지는 못하였다.[10] 그러나 契約이 法律上 當然히 解除되지는 않으며, 債權者가 解除를 하든지 또는 契約의 履行을 請求하든지 어느 하나를 選擇할 수 있는 것으로 하고 있다. 그리고 解除는 法院에 請求하여서 裁判上 行使하여야 하고, 또한 損害賠償과 함께 請求하는 것이 인정되어 있는 데에 그 특색이 있다.

4. 獨逸民法

獨逸民法은 § 346 이하에서 約定解除에 관하여 詳細히 規定하고, §§ 325-7에서 雙務契約에 관한 法定解除에 관하여 규정함으로써, 解除(Rücktritt)制度

9) 佛民 § 1184.
10) 李銀榮, 162.

가 一般化되었다. 다만 雙務契約에서 兩債務의 履行 및 不履行의 牽連關係를 확보하는 解除의 機能에 착안하여 法定解除制度를 雙務契約에서 規定하고 있다.[11] 解除는 法院에 請求함이 없이 相對方에 대한 一方的 意思表示로 行使할 수 있도록 되어 있다. 그리고 債務不履行을 이유로 解除하는 경우에는 債權者는 不履行에 의한 損害賠償을 請求하든가 또는 契約을 解除하든가 어느 하나를 選擇하여야 하며, 兩者를 아울러 청구하고 행사하지는 못한다.

5. 瑞西債務法

瑞西債務法도 債務不履行과 관련하여 §§ 107-9에서 解除에 관한 一般的 規定을 두고 있다. 그러나 獨逸民法과는 다르게, 債務不履行을 이유로 하는 法定解除에 관하여 규정할 뿐이고, 約定解除에 관한 規定은 없다.[12] 同法에 의하면, 雙務契約上의 債務者가 遲滯에 빠지고 所定의 猶豫期間 내에 履行하지 않을 때에는, 債權者는 遲延에 의한 損害의 賠償과 함께 履行을 청구할 수 있으나, 그러한 履行의 請求를 단념하고 不履行에 기한 損害賠償을 請求하든지 또는 契約을 解除하든지 둘 중의 하나를 選擇할 수 있다고 정하고 있다. 그리고 契約을 解除하는 경우에도 損害賠償을 請求할 수 있으나, 그것은 不履行에 의한 損害의 賠償請求가 아니라, 解除의 結果인 損害의 賠償 즉 契約이 행하여지지 않았다고 하게 되는 데서 일어나는 損害의 賠償인 信賴利益의 賠償이다.

6. 英 美 法

英美法에서도 解除(rescission, termination of contract)制度가 인정되어 約定解除權과 債務不履行을 이유로 하는 法定解除權이 모두 인정된다.[13]

解除權의 約定은 原則的으로 當事者의 自由로 정할 수 있으나, 法의 制約을 받을 수 있는바, 解除權의 發生에 관한 約定 자체를 否認하든가 또는 解除權의 行使만을 제한하는 것이 인정된다.

約定解除 이외의 解除權은 重大한 債務의 不履行(serious or substantial failure of performance)가 있는 경우에 인정되며, 그 밖의 債務不履行에 대하여는 損害賠償 및 일정한 경우의 特別한 救濟方法이 인정될 뿐이다.[14] 무엇이 重大

11) 李銀榮, 162.
12) 다만 § 158는 契約金의 交付는 約定解除權의 留保라고 규정하고 있다.
13) 美國 Abdalah, Inc. v. Martin, 242 Minn. 416, 65 N.W. 2d, 641, 644.
14) 望月禮二郎, 英米法, 439.

한 不履行인가는 具體的 狀況에 따라서 判斷되는바, 일반적으로 英國에서는 債務不履行의 相對方(injured party)이 當該 契約에 의하여 얻을 수 있을 것으로 의도한 利益의 거의 全部(substantially the whole benefit)를 잃을 정도의 債務不履行이든가,[15] 契約의 基礎에 이르는(going to the root of the contract) 不履行이든가, 契約의 本質的인 違反(essential breach of contract)이라고 定義되며, 美國에서는 통상 重大한 違反(material breach)[16]이라고 불리운다.[17] 이와 같은 定義는 解除權의 原因인 重大한 債務不履行의 認定 與否에 관하여 法院에 裁量의 여지를 넓게 주는 결과가 되며, 法院으로서는 違反의 相對方을 보호하기 위하여 解除가 필요한가, 또는 損害賠償만으로 그에게 충분한 救濟手段이 되는가를 고려하는 한편 違反者가 입게 될 不利益의 程度도 고려하여 綜合的으로 判斷하게 된다.[18]

또한 英國에서는 契約의 約款을 契約의 主對象(subject matter)의 重要한 部分에 관한 約款인 條件約款(condition)과, 契約의 副次的인 側面(collateral aspect)에 관한 約款인 擔保約款(warranty)으로 분류하여, 條件約款을 違反한 경우에는 相對方에게 解除權을 附與하는 반면, 擔保約款을 違反한 경우에는 解除權을 附與하지 않고 損害賠償請求權만을 인정하여 왔는바,[19] 근자에 이르러서는 그 約款이 違反된 경우 相對方이 얻을 수 있을 것으로 意圖한 利益의 거의 全部를 잃게 되는 사태까지 이를 수도 있고 그렇지 않을 수도 있는 中間的 約款(intermediate stipulation)을 인정하게 됨에 따라 中間的 約款의 違反의 경우에는 그 程度가 實質的인 不履行(substantial failure)에 이르면 解除할 수 있다고 본다.[20]

7. 立法例의 比較

위 各國의 立法例를 비교하여 보면, 初期에는 契約의 效力에 絶對性이 인정되어서, 예외적으로 當事者 사이의 契約에 의한 任意脫退만을 인정하였을 뿐 解除制度가 一般化되지 못하였으나, 佛蘭西民法을 契機로 解除制度가 普遍化되었다. 그리고 佛蘭西民法에 의한 解除制度의 機能은 解除와 함께 債務不

15) 英國 Honkong Fir Shipping Co. Ltd. v. Kawasaki Kisen Ltd. [1962] 2 Q.B. 26, 70.
16) 美國 Restatement, Contracts, 2d. § 241.
17) 望月禮二郎(註 14), 440.
18) 望月禮二郎(註 14), 440.
19) 望月禮二郎(註 14), 442.
20) 望月禮二郎(註 14), 444.

履行에 의한 損害賠償을 인정하는 탓에 契約의 履行을 실현하기 위한 強制手段으로서의 機能을 가짐에 반하여, 獨逸民法 및 瑞西債務法에서는 解除와 별도로 債務不履行에 의한 損害賠償을 인정하지 아니하므로 解除는 결국 일단 成立한 契約 자체, 따라서 그것에 기한 全債權關係를 廢棄하는 手段이라는 데에 중점을 두고 있다.

8. 우리 民法

우리 나라의 民法은 이들 西歐의 立法例를 模範으로 하여 契約解除制度를 채택하고 있는바, 여러 점에서 現代의 立法例 중 가장 잘된 立法의 하나로 평가된다.[21] 즉 民法은 解除와 解止를 구별하고, 이들을 위하여 獨立한 款을 두어, § 543 이하에서 자세히 규정하고 있다. 法定解除權의 發生에 관한 §§ 544-6를 除外한 그 밖의 規定은 解除의 方法, 效果, 消滅原因에 관한 것이나, 이들은 모두 法定解除·約定解除의 兩者에 똑같게 적용되는 것이다. 그리고 解除의 方法은 相對方에 대한 意思表示로 하며,[22] 佛蘭西民法에서 처럼 裁判上의 行爲임을 필요로 하지 않는다. 또한 解除의 效果로서 原狀回復義務의 發生을 규정하고 있을 뿐 아니라,[23] 아울러 履行利益의 賠償으로서의 損害賠償도 請求할 수 있는 것으로 규정하고 있다.[24] 이 점은 佛蘭西民法과 그 態度가 같으며, 信賴利益의 賠償을 인정할 뿐인 瑞西債務法보다도 解除權者를 두텁게 保護하는 것이 되어 타당하다.[25]

Ⅲ. 類似概念과의 比較

1. 解除契約

(1) 意　義

解除契約은 契約當事者가 전에 맺었던 契約을 締結하지 않았던 것과 같은 效果를 發生시킬 것을 內容으로 하는 새로운 契約으로서, 反對契約 또는 合意解除라고도 일컫는다. 따라서 解除權者의 一方的 意思表示로 성립하는 法律行

21) 郭潤直, 127.
22) 民 § 543 Ⅰ.
23) 民 § 548.
24) 民 § 551.
25) 郭潤直, 127.

爲, 즉 單獨行爲인 解除와는 구별된다. 解除契約은 契約[26)]이므로, 契約自由의 原則上 有效하며, 또한 解除와는 本質的으로 다르므로 解除에 관한 民 §543 이하의 規定은 이에 적용되지 않고, 따라서 合意解除의 경우에는 履行遲滯를 이유로 한 法定解除와는 달리 雙務契約에서의 同時履行의 抗辯權을 排除하기 위하여 요구되는 自己債務의 履行提供을 요하지 않는다.[27)] 그리하여 契約이 完全히 행하여져 履行이라는 문제를 남기지 않는 경우에도 이를 合意解除할 수 있으며, 契約의 一部를 合意解除하는 것도 가능하다.[28)]

이러한 解除契約은 明示的인 경우뿐 아니라 默示的으로도 인정되는바, 判例는, 不法行爲로 인한 賠償責任에 대한 合意가 성립되어 그에 따른 合意金이 支給된 후 被害者가 그 合意에 불만을 품고 이를 解除할 目的으로 위 合意金을 返還하자 加害者가 이를 異議 없이 受領하였다면 그 合意는 解除된 것이 相當하다고 보고,[29)] 契約後 當事者 雙方의 契約實現意思의 缺如 또는 拋棄로 인하여 雙方 모두 履行의 提供이나 催告에 이름이 없이 長期間 이를 放置하였다면, 그 契約은 當事者 雙方이 契約을 實現하지 아니할 意思의 一致로 默示的으로 合意解除 되었다고 解釋함이 相當하다고 보며,[30)] 賣渡人이 殘代金 支給期日經過後 契約解除를 주장하여 이미 支給받은 契約金과 中途金을 반환하는 供託을 하였을 때에 買受人이 아무런 異議 없이 그 供託金을 受領하였다면 비록 賣渡人의 契約解除主張이 不適法하거나 위 供託이 그 要件을 갖추지 못하였더라도 위 賣買契約은 特別한 事情이 없는 한 合意解除된 것으로 解釋함이 相當하다고 본다.[31)] 그러나 默示的인 合意解除를 인정하기 위하여는 契約의 實現을 長期間 放置한 것만으로는 부족하고 當事者 雙方에게 契約을 실현할 意思가 없거나 契約을 拋棄하는 動機에서 비롯되어 長期間 放置된 것이라고 볼 수 있는 事情이 있어야만 한다고 보고,[32)] 條件附 代物辨濟契約에 있어

26) 大判 1992. 6. 23, 92다4130등(公 1992, 2252)은, 契約이 合意解除되기 위하여는 일반적으로 契約이 成立하는 경우와 마찬가지로 契約의 請約과 承諾이라는 서로 대립하는 意思表示가 合致(合意)될 것을 그 要件으로 하는바, 이와 같은 合意가 성립하기 위하여는 雙方當事者의 表示行爲에 나타난 意思의 內容이 客觀的으로 일치하여야 되므로, 解除의 意思를 表示한 相對方에 대하여 解除는 인정하나 損害賠償請求權을 行使하겠다는 意思를 表示한 경우에는 解除의 合意가 이루어졌다고 볼 수 없다고 한다.

27) 大判 91. 7. 12, 90다8343(公 1991, 2134); 大判 79. 10. 30, 79다1455(集 27-3, 120).

28) 金疇洙, 146.

29) 大判 79. 7. 24, 79다643(要集 民 I-2, 872).

30) 大判 87. 1. 20, 85다카2197(公 1987, 357). 同旨 大判 88. 10. 11, 87다카2503(公 1988, 1407).

31) 大判 79. 10. 10, 79다1457(公 621, 12269). 同旨 大判 79. 10. 30, 79다1455(集 27-3, 120).

32) 大判 92. 2. 28, 91다28221(公 1991, 1157). 同旨 大判 92. 7. 28, 92다10197등(公 1992, 2639).

서 辨濟期에 이르러 將來 利子를 支給하고 어느 時期까지 辨濟를 延期한 경우에는 條件成就의 確定時期를 變更한 데에 불과하고 代物辨濟의 契約을 解除한 것은 아니라고 보며,[33] 會社의 理事가 會社債務에 관하여 連帶保證하였다가 그 理事職을 辭任하면서 債權者에게 그 辭任通報를 하여 債權者가 擔保로 保管하고 있던 理事名義의 手票를 理事에게 返還하였다는 事情만으로는 債權者와 理事 사이에 保證契約解止의 合意가 이루어진 것으로 볼 수 없다고 한다.[34]

한편 大法院은 契約의 合意解除에 있어서 반드시 原狀回復에 관한 約定을 필요로 하는 것은 아니라고 보면서도,[35] 解除契約에 있어서는 그로 인한 效果인 原狀回復義務나 損害賠償義務에 관한 約定도 통상 이루어짐을 전제로 하여, 賣買契約의 合意解除를 인정하기 위하여는 이에 必然的인 交付된 契約金의 返還 및 契約書의 破棄 등 事實을 審理判斷하여야 한다고 보고,[36] 또한 當事者間 賣買契約을 合意解除함에 있어서 契約金 또는 契約金 및 約定한 損害金 등을 同時에 返還함이 없이 이를 準消費貸借로 인한 債務로 하고 賣買契約만을 合意解除함은 特別한 事由가 없는 한 經驗則에 비추어 이를 인정할 수 없다고 하고,[37] 賃貸借契約을 合意解除하는 경우에 이에 支給된 賃借保證金의 返還에 관하여는 아무런 約定도 하지 아니한 채 賃貸借契約을 解除하기만 하는 것은 經驗則에 비추어 異例에 속한다고 본다.[38]

그리고 一定日 내에 契約金 및 損害金을 支給하기로 하고 契約解除를 合意한 경우에는 當事者의 意思가 同金員의 支拂을 條件으로 하는 契約解除의 約定이라고 보아야 한다는 判例가 있다.[39]

(2) 效 果

(가) 解除契約에 의하여 契約을 맺지 않았던 것과 같은 效果가 발생하는 바, 當事者 사이에 어떠한 法律關係가 인정되느냐는 解除契約의 內容[40]과 不當利得에 관한 規定에 의하여 정하여지게 되며 解除에 관한 民法規定은 特約이 없는 한 적용되지 아니한다.[41] 즉 契約에서 생긴 效果가 遡及的으로 消滅

33) 大判 57.10.21, 4290민상487(要集 民 Ⅰ-2, 779).
34) 大判 91.7.9, 90다15501(公 1991, 2114).
35) 大判 56.4.26, 4288민상542(要集 民 Ⅰ-2, 868).
36) 大判 48.5.17, 4280민상383(集 1-1, 5).
37) 大判 55.10.20, 4288민상300(要集 民 Ⅲ-1, 273).
38) 大判 92.6.23, 92다4130등(公 1992, 2252).
39) 大判 56.12.29, 4289민상496(要集 民 Ⅰ-2, 868).
40) 大判 60.10.6, 4293민상275(集 8, 157).
41) 大判 60.10.6, 4293民上275(集 8, 157); 大判 79.10.30, 79다1455(集 27-3, 120).

하는 결과, 아직 履行하지 않은 債務는 遡及的으로 消滅하여 履行할 필요가 없게 되며, 이미 履行되어서 消滅한 債務는 復活하고, 履行으로 인하여 權利의 變動이 있었던 경우에는 不當利得返還義務에 관한 民 § 741 이하의 규정이 적용되고 淸算된다. 따라서, 原狀回復義務에 관한 民 § 548 의 規定은 原則的으로 적용되지 아니하므로 이미 받은 金錢을 返還할 경우에도 利子를 붙일 필요가 없고,[42] 또한 民 § 551 가 적용되지 아니하므로 解除契約에서 損害賠償에 관한 特約을 하거나 損害賠償請求를 留保하는 意思表示를 하는 등 다른 事情이 없는 한 債務不履行으로 인한 損害賠償을 請求할 수 없다.[43]

(나) 解除契約에 앞서 原來의 契約이 이미 履行되어 物權의 移轉이 있었던 경우에, 解除契約에 의하여 그 物權이 당연히 復歸하는가에 관하여, 物權行爲의 獨自性과 無因性을 인정하는 見解에 의하면, 당연히 復歸하지 않고 그 復歸에 관한 物權行爲와 登記(즉 抹消登記) 또는 引渡를 하여야만 復歸한다고 할 것이고, 獨自性과 無因性을 否認하고 有因性을 취하는 見解에 따른다면, 物權은 登記나 引渡 없이 당연히 復歸하게 된다. 大法院은 賣買契約이 合意解除된 경우에 買受人에게 移轉되었던 所有權은 당연히 賣渡人에게 復歸하므로, 合意解除에 따른 賣渡人의 原狀回復請求權은 所有權에 기한 物權的 請求權이고, 따라서 이는 消滅時效의 對象이 되지 아니한다라고 判示하여 有因性을 인정하는 입장에 서고 있다.[44]

그리고 債權讓渡契約이 合意解除된 경우에 讓渡對象인 債權은 당연히 原來의 權利者에게 復歸하나, 債務者에의 通知 또는 債務者의 承諾 등의 對抗要件을 갖추지 못하면 제 3 자나 債務者에게 대항하지 못한다.[45]

(다) 解除契約에 의하여 생기는 遡及效가 제 3 자에게 미치는가에 관하여 明文의 規定은 없으나, 學說[46] 및 判例[47]는 일치하여 제 3 자의 權利를 害하지 못한다고 본다. 그 이유는 契約의 效力은 原則的으로 當事者 사이에서만 발생할 뿐 다른 사람의 權利關係에 영향을 미칠 수 없기 때문이다.[48] 그리하여, 贈與契約의 履行에 의한 財産의 取得이 있게 됨으로써 贈與稅를 부과할 수 있

42) 金疇洙, 147.
43) 大判 89. 4. 25, 86다카1147등(集 37-1, 242).
44) 大判 82. 7. 27, 80다2968(集 30-2, 227).
45) 民 450 參照.
46) 郭潤直, 122; 金曾漢, 77; 金疇洙, 147; "註釋債各(Ⅰ)", 380.
47) 大判 80. 5. 13, 79다932(公 635, 12849).
48) 大判 87. 11. 10, 87누607(集 35-3, 558).

는 國家의 債權이 발생한 이후에 贈與契約의 當事者가 그 契約을 合意解除하였다 하더라도 그로 인하여 이미 발생한 國家의 租稅債權에는 영향을 주지 못한다.[49] 다만 大法院은 賣買契約의 對象土地를 轉得한 買受人이라도 合意解除 전에 完全한 權利를 取得하지 못한 자는 解除의 遡及效에서 보호되는 제3자에 해당되지 않는다고 보아 그에게도 解除의 效力이 미친다고 본다.[50]

2. 取　消

權利者의 一方的 意思表示에 의하여 法律行爲의 效力을 遡及的으로 消滅하게 하는 점에서는 取消와 解除가 같다.[51] 그러나 解除는 契約에 特有한 制度인 데 대하여, 取消는 契約에 한하지 않고 모든 法律行爲에 관하여 인정되며, 發生原因에 있어 取消는 無能力, 意思表示의 瑕疵, 錯誤 등이 있는 경우에 法律의 規定에 기하여 발생하나, 解除는 債務不履行을 原因으로 하는 法定解除權 외에 當事者 사이의 契約에 의하여서도 발생한다. 또한 그 效果에 있어서도, 取消의 경우에는 不當利得에 의한 返還義務가 생길 뿐이나, 解除의 경우에는 原狀回復義務 및 損害賠償義務가 인정된다.[52]

3. 撤　回

撤回는 아직 終局的인 法律效果가 발생하고 있지 않은 法律行爲나 意思表示의 效力을 장차 발생하지 않도록 하는 것임에 반하여, 解除는 이미 效力을 發生하고 있는 契約을 解消케 하여 그 效力을 遡及的으로 소멸하게 하는 것이므로, 撤回와는 本質的으로 다르다.

4. 解除條件

解除條件의 成就에 의한 契約의 消滅은 當事者 사이의 契約에 의하여 생기는 점에서 約定解除와 비슷하다. 그러나 解除條件은 條件의 成就라는 客觀的인 事實에 의하여 法律行爲의 效力이 當然히 失效하는 데에 대하여, 約定解

49) 前註.
50) 大判 91. 4. 12, 91다2601(公 1991, 1377); 大判 80. 5. 13, 79다932(公 635, 12849).
51) 解除의 效力에 관한 學說중 直接效果說의 立場이다. 이와는 달리, 解除의 效力에 관하여 清算關係說을 취하는 立場에서는, 解除에 의하여 契約이 처음부터 締結되지 않았던 것으로 다루어지는 것이 아니라 일단 締結된 契約이 清算의 原狀回復義務로 變形된다는 점에서 法律行爲를 無效化시키는 取消와는 구별된다(李銀榮, 161). 解除의 效力에 관한 論議에 관하여는 後述 §548 注解 參照.
52) 民 §548 Ⅰ 및 §551.

除權은 비록 約定된 事實의 실현으로 解除權이 발생하더라도, 이를 행사하지 않는 한, 解除의 效果는 발생하지 않는다. 또한 解除條件은 特約이 없는 한, 將來에 향하여서만 法律行爲가 失效되는 데에 반하여, 解除는 遡及的으로 契約을 失效하게 하는 점에 있어서도 兩者는 구별된다.

5. 失權約款

(1) 失權約款은 廣義로는 債務者의 債務不履行을 條件으로 하여 解除權을 留保하는 特約을 포함하나,[53] 狹義로는 債務不履行의 경우에 債權者 쪽의 特別한 意思表示가 없더라도 當然히 契約의 效力을 잃게 하고, 債務者의 契約上의 權利를 喪失하게 하는 趣旨의 約款을 말한다. 예를 들어 割賦販賣에 있어서 買受人이 1回라도 代金支給을 遲滯하면 契約은 당연히 效力을 잃고 買受人은 目的物에 대한 權利를 잃지만, 賣渡人은 이미 支給받은 代金을 반환할 필요가 없다는 約款이 그 예이다. 이러한 約款에서는 解除權의 留保가 있는 것이 아니라, 債務者의 債務不履行을 解除條件으로 하는 條件附行爲가 있는 것으로 解釋되고, 따라서 條件이 되는 事實이 발생되면, 契約은 當然히 그 效力을 잃게 되며, 相對方에 대한 解除의 意思表示를 필요로 하지 않는 점에서 解除와 다르다.[54] 判例는 立木賣買契約에 있어서 買受人이 契約目的物인 立木을 3年 내에 伐採하기로 한 伐採期限의 約定을 한 경우에는 그 目的物이 매년 成長하는 特殊事情에 비추어 볼 때에 그 約定은 상호 편의상의 約定이라기보다는 特別한 事情이 없는 한 伐採하지 않고 그 期限을 經過한 때에는 위 賣買契約이 당연히 解除된다는 約定이라고 解釋함이 相當하다고 본다.[55]

(2) 위와 같은 狹義의 失權約款은 當然히 契約의 效力이 消滅하는 점에서 權利를 잃게 되는 자[56]에게 매우 不利한 制度이다. 만일에 그 不利한 程度가 매우 심하면, 失權約款 그 자체가 社會秩序에 違反하는 것으로 無效라고 봄으로써 債務者를 保護하여야 할 경우가 있을 것이며, 不利한 정도가 그렇게 심하지 않은 경우에도, 이러한 約款을 失權約款이라고 解釋하지 않고서, 단순

53) 獨民 §360.

54) 따라서 失權約款에서 정한 事由가 발생하면 當然히 契約은 解除된 것으로 보아야 할 것이므로 그 후 다시 契約의 履行을 催告한 사실이 있어도 이는 어디까지나 恩惠的으로 支給義務를 履行할 수 있는 機會를 준 것에 불과하다고 解釋한다(大判 71.12.14, 71다2140(集 19-3, 157); 大判 80.2.12, 79다2035(公 321, 12684)).

55) 大判 57.11.4, 4290민상416(要集 民 Ⅰ-2, 869).

56) 많은 경우에 經濟的 地位가 약한 債務者이다.

한 解除權을 留保한 特約으로 解釋하여 解除의 意思表示는 필요하다고 하는 것이 適當할 경우도 있다.[57)]

(3) 判例도 이와 같은 입장에서, 自動車賣買契約書上의 "違約할 時는 本契約은 自然解除됨을 雙方間에 約定함"이라는 約定이나, 賣買契約書에 「買受人이 賣買代金의 一部만 內入하고 그 殘額을 理由 없이 約定期日內에 支給치 아니할 때에는 契約解除와 同時에 契約金은 물론 內入金도 賣渡人에게 歸屬된다」는 條項 모두 失權約款의 趣旨가 아니라고 보고,[58)] 賣買契約書에 代金支給期日에 代金全額을 支給하지 않을 경우에는 契約은 無效가 되고 契約金의 返還請求는 할 수 없다는 趣旨의 條項이 있어도 이는 契約解除權과 이에 따른 損害賠償의 約定에 관한 條項에 불과하므로 代金債務의 履行遲滯가 있으면 곧 契約이 無效로 되는 것은 아니라고 보며,[59)] 雙務契約에서 어느 期限까지 一方이 債務를 履行하지 아니하면 自動的으로 解除된다는 約定이 있다 하여도 이는 債務履行의 期限을 徒過한 자가 履行遲滯에 빠지는 것을 前提로 하는 것이므로 相對方이 辨濟提供을 하지 아니한 이상 一方이 履行期限을 徒過한 것만으로는 履行遲滯에 빠지지 아니하므로 自動的으로 契約이 解除될 수 없다고 보고,[60)] 또한 賣渡人의 違約時에는 契約金의 倍額을 賠償하고 買受人의 違約時에는 支給한 契約金을 賣渡人이 取得하며 契約은 自動的으로 解除된다는 條項은 違約 當事者가 相對方에 대하여 契約金을 抛棄하거나 그 倍額을 賠償하여 契約을 解除할 수 있다는 解除權 留保條項이라 할 것이고, 催告나 通知 없이 解除할 수 있다는 特約이라고 볼 수 없다고 判示하였다.[61)]

한편 위의 立場과는 달리, 中途金 支給期日이 경과하여 中途金을 一定期限 까지 支給하기로 하고 그때까지 支給하지 아니할 때에는 契約이 解除된 것으로 한다고 約定하였다면 이는 失權約款으로서 그 期限의 經過로 契約은 解除된 것으로 보아야 할 것이고 그 후 다시 中途金支給을 催告한 일이 있다고 하여도 이것은 어디까지나 恩惠的으로 支給義務를 履行할 수 있는 機會를 준

---

57) 郭潤直, 125; 李銀榮, 161; 金疇洙, 110.

58) 大判 77.6.28, 76다2371(要集 民 I-2, 872); 大判 78.9.12, 78다843(要集 民 I-2, 872).

59) 大判 71.9.28, 71다1601(要集 民 I-2, 881).

60) 大判 76.6.8, 76다890(要集 民 I-2, 884). 同旨 大判 79.10.30, 79다661(要集 民 I-2, 886); 大判 92.7.24, 91다15614(公 1992, 2514); 92.7.24, 91다38341(公 1992, 2517).

61) 大判 82.4.27, 80다851(集 30-1, 152). 同旨 大判 79.12.26, 79다1595(集 27-3, 258); 大判 80.12.9, 80다1815(公 650, 13511).

것에 불과하다고 解釋하여야 한다는 判例도 있다.[62]

결국 위와 같은 判例는, 失權約款의 정함이 있는 경우에도 履行遲滯의 要件은 갖추어야 解除權이 발생된다는 前提下에, 雙務契約에 있어서 同時履行의 抗辯權이 인정되는 경우에는 反對債務의 履行의 提供이 없는 한 債務를 履行하지 아니하여도 履行遲滯에 해당되지 아니하므로 解除權이 발생되지 않는다고 보고, 中途金支給義務와 같이 先履行義務인 경우에는 그 不履行으로 바로 履行遲滯에 해당하므로 解除權이 발생된다고 보는 것이다.[63]

(4) 그러나 위와 같은 判例의 立場에 대하여, ① 當事者 사이에 違約時에는 契約은 自動的으로 消滅된다고 約定한 경우 違約을 반드시 履行遲滯로만 制限할 필요가 있는지는 의문이고, 오히려 當事者 사이에서는 어느 約定期日까지 履行되느냐가 焦點이기 때문에 위와 같은 強度의 約定을 하는 경우가 있으므로 違約이라는 文句를 단순히 "一方 또는 雙方의 履行期徒過"라고 解釋하여야 正當하며,[64] ② 法定解除에 관한 民 §544는 任意規定이므로 當事者로서는 그와 다른 特約을 할 수 있고 따라서 履行遲滯 該當與否를 떠나 一定한 約定事由가 발생하면 당연히 解除된다는 特約도 가능하다고 보아야 하며,[65] ③ 大法院判例대로 하면, 同時履行關係에 있는 雙務契約에서 遲滯에 빠지지 않는 경우에는 失權約款이 아무 效力이 없고 그 이외의 모든 경우에는 失權約款이 無條件·無制限으로 有效하게 되므로, 그와 같은 硬直된 基準은 運用에 있어서의 伸縮性을 고려하지 않은 것으로서 具體的 妥當性을 결여할 우려가 짙다[66]는 등의 이유로 강력히 批判하고, 다만 失權約款이 債務者에게 一方的으로 不利한 結果를 초래할 우려는 있으므로 이에 대한 統制는 失權約款 자체의 有·無效를 따져보고 해당 事案에 그 失權約款을 적용하는 것이 타당한가를 決定하는 方法으로 統制하여야 한다는 見解가 있다.[67]

62) 大判 71.12.14, 71다2014(集 19-3, 157); 大判 80.2.12, 79다2035(公 631, 12684); 大判 88.12.20, 88다카132(公 1989, 195); 大判 91.8.13, 91다13717(公 905, 2347); 大判 92.8.18, 92다5928(公 1992, 2747).
63) 林東鎭, "解除要件을 減免하는 特約의 效力", 民判硏 V, 131-34.
64) 林東鎭(註 63), 134-35.
65) 林東鎭(註 63), 139-40.
66) 林東鎭(註 63), 141.
67) 林東鎭(註 63), 140-41.

Ⅳ. 解除의 作用

解除의 社會的 作用은 約定解除와 法定解除에 있어서 다르며, 똑같게 논할 수는 없다. 解除制度의 作用이 가장 뚜렷하게 나타나는 것은 債務不履行, 그 가운데에서도 履行遲滯의 경우이다. 즉 契約當事者의 一方이 債務를 履行하지 않는 경우에 相對方에게 그대로 契約上의 拘束을 받게 하는 것은 不當하다. 이러한 경우에 相對方에게 契約을 廢棄하여 契約의 拘束으로부터 벗어나게 하려는 네에 解除制度의 의미가 있다.

1. 法定解除의 境遇

學者들이 흔히 드는 예에 따라 法定解除制度의 作用을 보면 다음과 같다.

(1) 甲이 乙에게 어느 商品을 500만원에 賣渡하는 契約을 하였는데, 그 商品의 값이 400만원으로 떨어져서 買受人 乙이 代金을 支給하고 物件을 가져가려 하지 않는다고 하자. 賣渡人 甲은 強制執行으로 乙로부터 500만원과 遲延利子를 요구할 수 있다. 그러나 그렇게 하려면 甲은 그 商品을 引渡하여야 한다. 이를 귀찮다고 할 때에 甲은 다른 方法이 없을까? 賣買契約을 解除해서 商品의 引渡債務를 면하고, 商品의 賣買代金과 現時價와의 差額 100만원을 損害賠償으로서 乙에게 請求하면 된다. 解除는 이와 같이 債權者가 相對方에 대하여 金錢債務 이외의 債務를 負擔하고, 그 債務를 履行하고 있지 않은 경우에 가장 큰 效果를 발휘한다.

(2) 위의 예에서 甲이 이미 商品을 乙에게 引渡하였다면, 甲은 代金과 遲延利子를 請求하면 되고, 契約을 解除하여 物件의 返還을 請求할 필요는 없는 것이 보통일 것이다. 그러나 이 때에도 甲은 그 返還을 요구하여 時價인 400만원에 賣却하고, 損害額 100만원을 損害賠償으로서 請求하는 것이 유리하다고 생각하는 경우도 있을 것이다. 그러므로 賣渡人이 이미 履行한 경우, 즉 債權者가 相對方에 대하여 金錢債務 이외의 債務를 負擔하고, 그 債務를 이미 履行한 경우에도, 甲이 解除權을 갖는 것은 역시 의미가 있다고 할 수 있다.

(3) 商品의 값이 600만원으로 올랐다고 할 때에, 乙이 代金과 相換으로 物品을 引渡하라고 독촉함에도 불구하고 甲이 引渡하지 않는다면, 乙은 強制執行의 方法으로 商品과 遲延에 의한 損害의 賠償을 請求할 수 있다. 그런데

이 때에도 乙은 契約을 解除하여 自己의 代金債務를 免하고, 金錢賠償으로 해결할 것을 원하는 수도 있을 것이다. 특히 目的物이 代替物인 때에는 甲으로부터 物件을 取得할 것을 단념하고, 損害賠償額 100만원을 甲으로부터 請求하는 것이 유리할 수 있다. 따라서 買受人이 아직 代金을 支給하지 않은 경우, 즉 債權者가 相對方에 대하여 金錢債務를 負擔하고 그 債務를 아직 履行하지 않은 경우에는, 買受人에게 解除權을 인정할 충분한 이유가 있다.

(4) 위의 예에서 乙이 商品의 代金을 이미 支給하였다면, 乙은 自己債務는 履行하였으므로, 보통은 本來의 給付를 요구하게 될 것이다. 그러나 이러한 경우에도 乙이 그 物件을 甲으로부터 取得하기를 단념하고, 金錢賠償으로 清算하는 것이 좋다고 생각할 경우도 있을 것이다. 그러한 경우에 乙은 契約을 解除하고, 自己가 支給한 代金의 返還과 損害賠償額 100만원을 甲에게 請求하면 된다. 그러므로 買受人이 이미 代金을 支給한 경우, 즉 債權者가 相對方에 대하여 金錢債務를 負擔하고 그 債務를 이미 履行한 경우에, 買受人이 解除權을 取得하는 것을 인정하는 것도 그 存在理由가 있다고 하여야 한다.

(5) 解除는 債務者의 歸責事由에 의한 履行不能의 경우에도 할 수 있다. 그러나 賣買에 관하여 본다면, 履行不能으로 解除權을 取得하는 것은 買受人에 한한다. 그런데 買受人은 어떠한 方法으로도 目的物을 取得하지는 못하므로, 損害賠償을 請求할 수 있을 뿐이다. 따라서 이때에는 賣買를 解除하고 損害賠償을 請求하든 또는 解除하지 않고 債務者에게 履行不能의 責任을 묻든 그 결과에 있어서 특별한 차이가 생기지는 않는다. 그러나 交換契約과 같이, 債權者도 相對方에게 金錢 이외의 것을 給付할 義務를 負擔하고 있는 때에는, 相對方의 履行不能에 의한 解除는 큰 의미를 가지게 됨은 명백하다.

2. 約定解除의 境遇

當事者間의 特約에 의하여 解除權을 미리 留保한 경우에 이 約定解除權이 어떠한 作用을 하는가는 當事者가 解除權을 留保하는 이유에 따라 여러 가지가 있을 수 있다.

예를 들어 일단 契約을 締結하면 마음대로 그 拘束으로부터 벗어날 수 없으므로 미리 契約解除權을 留保해 누었다가 將來의 事情變化에 적응할 수 있는 여지를 남겨 놓자는 경우가 있을 것이다.[68] 賣買契約에서 契約金을 주고

68) 金疇洙, 109.

받는 것은 통상 그 契約의 履行이 着手되기 전에는 언제든지 解除할 수 있다는 約定解除權을 留保하는 것이다.[69] 또한 契約이 履行된 후에 契約 이전의 상태로 復歸할 가능성을 남겨 놓기 위하여 解除權을 留保하는 경우도 있다. 나아가 約定解除權을 留保함으로써, 相對方의 債務不履行의 경우에 對備하여 法定解除에 관하여 民法이 規定한 要件이나 效果를 修正하거나 補充하는 것도 상당히 있다.[70]

V. 解除·解止할 수 있는 契約의 範圍

1. 法定解除權이 認定되는 契約

一般的인 法定解除를 어떠한 契約에 관하여 인정할 수 있는가는, 결국 一般的 法定解除權의 發生原因에 관한 民 §§ 544-6의 規定은 어떠한 契約에 적용될 수 있느냐의 문제이다.

(1) **債權契約**

民 §§ 544-6이 규정하는 一般的 法定解除權은 언제나 債務의 不履行을 原因으로 하여 발생한다. 또한 個別的으로 각종의 典型契約에 관하여 인정되는 特殊한 法定解除權도 모두 債權契約에 관한 것이다. 이와 같이 法定解除權이 債權契約에 관하여 인정됨은 명백하다.[71]

그리고 所有權移轉登記 節次履行의 裁判上 和解가 이루어진 경우에도 그 移轉登記가 信託의 方法으로 취하여진 것이라면 이 信託關係를 解除할 수 있고,[72] 和解契約의 內容중에 約定된 각 사항을 違反하는 者는 相對方에 대하여 1件當 100만원씩의 損害를 賠償한다는 違約罰에 관한 사항과 그 契約의 存續期間을 10년으로 한다는 條項이 있어도 그 契約을 約定된 存續期間중에 이를 違約하는 자가 있어도 이를 解除할 수 없다는 趣旨의 解除權이 排除된 契約으로는 보지 아니한다.[73] 즉 契約書上에 明文으로 違約時의 法定解除權의 拋棄 또는 排除를 규정하지 아니한 이상 約定解除權의 留保條項, 債務不履行의 當

69) 民 § 565.
70) 金疇洙, 110.
71) 大判 72. 4. 20, 72다281(集 20-1, 215)은, 國家의 國有財産 賣却行爲도 私法上의 法律行爲이므로 民法의 解除에 관한 規定이 적용된다고 본다.
72) 大判 66. 2. 28, 65다251(集 14-1, 106).
73) 大判 67. 7. 11, 67다969(要集 民 I-2, 870).

然한 效果인 損害賠償의 條項이나 違約罰에 관한 條項이 契約書上 記載되어 있다 하여 契約解除權을 排除한 趣旨로는 보지 않는다.[74]

다만 更改契約에 대하여 法定解除權이 발생할 수 있는가에 대하여는 이를 否定한다. 更改契約은 舊債務를 消滅시키고 新債務를 성립하게 하는 것으로서 그 效果가 完結되므로 그 效力發生後에 있어서는 更改契約의 履行이라는 문제가 생기지 않는다. 따라서 新債務를 履行하지 않는 것은 更改契約 그 자체를 履行하지 않는 것으로 되지는 않으므로, 新債務의 不履行을 理由로 更改契約을 解除하는 法定解除權이 발생한다고 하는 것은 更改契約의 本質에 反한다고 본다.[75] 또한 同業契約과 같은 組合契約에 있어서는 組合의 解散請求를 하거나 脫退를 하거나 다른 組合員을 除名할 수 있을 뿐이고 契約解除에 관한 契約法總則에 의하여 組合契約을 解除하고 相對方에게 原狀回復의 義務를 負擔시킬 수는 없다고 한다.[76] 나아가 土地의 賣買契約을 締結하였다가 買受人의 事情으로 賣渡人이 위 土地를 다시 買受하고 原契約을 解除하기로 約定한 경우에 있어 위 再契約上의 解除合意는 위 原契約을 消滅(解除)시키는 것으로서 위 契約의 消滅(解除)로써 그 效果는 完結되고 解除合意 자체의 履行의 문제는 발생할 여지가 없으므로, 原契約의 賣渡人이 위 再契約上의 賣買代金支給義務를 不履行하였다고 하더라도 이를 이유로 위 解除合意를 解除할 수 없다고 본다.[77]

(2) **物權契約·準物權契約**

物權契約 및 準物權契約에 관하여 法定解除를 인정할 것인가에 관하여는 이를 부정하는 見解,[78] 準物權契約에 관하여만 이를 인정하는 見解[79] 및 이를 모두 긍정하는 見解[80]로 나뉜다. 그러나 物權契約이나 準物權契約에 있어서는 이른바 債務不履行이라는 것이 있을 수 없어, 法定解除權이 문제될 여지는 없으므로, 否定說이 타당하다.

(3) **雙務契約·片務契約**

앞에서 살펴본 바와 같이 佛蘭西民法, 獨逸民法 및 瑞西債務法은 그 모두

74) 大判 83.8.23, 82다카1366(公 714, 1408); 大判 90.3.27, 89다카14110(公 1990, 1225).
75) 郭潤直, 155; 註釋債各(Ⅰ), 424.
76) 大判 62.8.2, 4294민상1606(集 10-3, 204); 大判 69.11.25, 64다1057(集 17-4, 34).
77) 大判 92.8.18, 92다6266(公 1992, 2748).
78) 郭潤直, 129; 金曾漢, 84; 金基善, 82; 註釋債各(Ⅰ), 379; 權龍雨, 90.
79) 金曾漢·安二濬, 118; 金顯泰, 65.
80) 金基善, 82.

가 雙務契約에 한하여 法定解除權의 發生을 인정할 뿐이고 片務契約에 관하여는 인정하지 않는다.

그러나 우리 民法에는 雙務契約의 경우에 한하여 解除를 인정한다는 規定이 따로 없기 때문에, 民 §§544-6가 片務契約에도 적용되는가가 문제되는바, 舊民法下에서도 문제가 되었으나, 判例·多數說은 片務契約에도 적용이 있다고 하였다. 실제로 法定解除權은 雙務契約에 있어서 相換債務 상호간의 履行·不履行의 牽連性 유지라는 本來의 機能을 발휘하는 것은 사실이지만,[81] 現行民法도 舊民法과 마찬가지로 특별한 制限을 두고 있지 않으므로, 雙務契約은 물론이고 片務契約에도 法定解除가 인정된다고 새기는 것이 通說의 立場이다.[82] 예컨대 贈與者가 履行遲滯에 빠져 있는 때에는, 受贈者는 催告를 하여 解除하고, 金錢에 의한 塡補賠償을 請求할 수 있다 할 것이지만, 履行不能의 경우에는 金錢賠償을 請求할 수 있으므로 解除는 무의미하게 된다.

2. 約定解除權이 認定되는 契約

(1) 債權契約에 관하여 約定解除權을 留保할 수 있음은 異論의 여지가 없다.

(2) 物權契約이나 準物權契約에 관하여 約定解除權이 인정될 수 있는가에 관하여 理論上으로는 가능하다는 것이 多數說이다.[83] 원래 約定解除權은 履行이 끝난 후에 행사할 수 있다고 留保할 수도 있고, 또한 物權契約이나 準物權契約에 遡及效 있는 解除條件을 붙이는 것이 가능한 이상, 같은 效果를 當事者의 一方的 意思表示로 일어나게 하는 解除도 가능하다고 보아야 한다는 것을 根據로 든다.

그러나 이에 반하여, 物權契約에 대한 約定解除權의 留保는 解除權이 아니라 意思表示의 取消權을 留保하는 것으로 理論構成하여야 하며, 그 결과 去來의 安全을 해할 우려가 있고 또한 民 §140에 의하여 取消權의 發生이 制限되므로, 결국 物權契約에 관한 約定解除權의 留保는 無效라고 解釋함이 옳다는 見解가 있다.[84]

81) 李銀榮, 163.
82) 郭潤直, 124; 金曾漢, 84; 金疇洙, 112; 金基善, 83; 李銀榮, 163; 註釋債各(Ⅰ), 379; 權龍雨, 89.
83) 郭潤直, 130; 金基善, 81; 註釋債各(Ⅰ), 379; 金承鎭, "契約解除權의 發生要件", 司論(7), 156.
84) 李銀榮, 163.

다만 理論上으로 物權契約 및 準物權契約에 관한 約定解除權의 留保가 가능하다 하여도, 실제에 있어서는 그 原因되는 債權契約에 約定解除權을 留保함으로써 그 目的을 달성할 수 있으므로, 物權契約 및 準物權契約 자체에 대한 解除權의 留保는 거의 이루어지지 않는다 할 것이다.

3. 解止가 認定되는 契約

解止가 인정되는 것은 繼續的 債權關係[85]를 발생시키는 契約에 한함은 위에서 살펴본 바와 같다.

民法의 典型契約에 관하여 보면, 消費貸借·使用貸借·賃貸借·雇傭·委任·任置·都給·終身定期金이 繼續的 契約에 속한다. 그러나 繼續的 契約과 一時的 契約을 구별하는 基準이 되는 "給付의 繼續性"은 相對的 槪念이며, 이들 典型契約이 언제나 繼續的 債權關係를 발행하게 하는 것이 아님을 주의하여야 한다. 예를 들어 贈與는 一時的 債權關係이나, 定期贈與는 繼續的 債權關係에 속한다. 그러므로 具體的인 경우에 繼續的 債權關係이냐 아니냐를 檢討·判斷하여야 하며, 그에 따라 解止權을 인정할 것인가를 결정하여야 한다.

또한 繼續的 債權關係에 있어서는 언제나 解止만이 있을 수 있고, 解除는 문제되지 않는다고 速斷하여서도 아니된다. 왜냐하면 예컨대 賃貸借나 雇傭과 같은 繼續的 債權關係에 있어서도 賃貸人이 目的物을 引渡하기 전에, 또는 勞務者가 勞務를 履行하기 이전에, 어떤 事由로 契約을 解消하는 경우에는, 그것은 解止가 아니라 解除이기 때문이다.[86] 즉 解止는 繼續的 契約에 있어서도 債務者가 債務內容에 좇은 履行을 하기 시작한 후에 있어서만 문제되는 것임을 주의하여야 한다.

Ⅵ. 不完全履行(積極的 債權侵害)을 原因으로 하는 解除

1. 解除權의 發生

積極的 債權侵害 내지 不完全履行이란 債務의 履行으로서 給付가 있었으나, 그 給付가 不完全한 경우를 말한다.[87] 예컨대 鑛山의 調査를 의뢰받은 자

85) 前述 註 6) 및 그 本文 參照.
86) 郭潤直, 167; 金曾漢, 115.
87) 不完全履行과 積極的 債權侵害의 槪念에 관하여, 金容漢, "不完全履行論", 財產法의

가 不誠實한 調査를 함으로써 依賴者에게 損害를 입힌 경우가 이에 해당한다.[88] 不完全履行이 成立하기 위하여는 ① 履行行爲가 있었을 것, ② 履行이 不完全할 것, ③ 債務者에게 歸責事由가 있을 것, ④ 違法한 것일 것의 여러 要件을 필요로 하는바, 이러한 不完全履行의 경우에 解除權이 발생하는가에 관하여는 民法에 規定이 없으나, 學說上 이를 인정하는 것이 多數說이다.[89]

給付의 一部가 不完全한 경우에는 履行遲滯와 履行不能의 경우에 준하여, 그 瑕疵가 重大하여 契約의 目的을 達成할 수 없는 程度에 이르면 解除權이 發生한다고 본다.[90]

2. 催告의 要否

(1) 不完全履行의 要件을 갖춘 경우 바로 解除權이 發生하는가 아니면 催告節次를 거쳐야 解除權이 發生하는가는, 完全履行으로의 追完이 가능한 경우와 그렇지 아니한 경우에 따라 달라진다. 즉 不完全履行의 경우라도 장차 完全한 履行이 가능하여 追完할 수 있는 경우에는 債權者가 相當한 期間을 정하여 完全履行을 催告하였으나 債務者가 完全履行을 하지 않고 催告期間을 徒過한 때에 解除權이 발생한다. 그러나 完全履行이 불가능하여 追完할 수 없는 경우에는, 債權者는 催告할 필요 없이 곧 解除할 수 있는바, 이 때의 解除權도 信義則에 의하여 適當한 期間 내로 制限된다고 解釋하는 것이 타당하다.[91] 定期行爲에 있어서 履行期前에 給付된 것이 불완전하고 履行期前에 다시 완전한 것을 給付하는 것이 불가능한 경우에는 原則的으로 追完이 불가능하다고 본다.[92]

(2) 追完이 가능한 경우에 행하는 催告는 뒤에서 살펴보는 民 § 544에서

課題와 判例, 172-75 參照.

88) 金疇洙, 125.

89) 郭潤直, 140; 金曾漢, 93; 金疇洙, 125; 金基善, 92; 黃迪仁, 民法Ⅳ, 163; 金承鎭(註 83), 166; 金容漢(註 87), 181-82; 李太載, 117; 權龍雨, 96; 俞顯泰, 72.

이에 反하여 履行遲滯 및 履行不能은 주된 債務(給付義務)의 不履行이고, 不完全履行은 附隨的義務(給付義務 이외의 注意義務)의 不履行이며, 給付의 瑕疵는 不完全履行이 아니라고 보아, 不完全履行으로는 解除權이 發生하지 아니한다는 見解가 있는바(李銀榮, 168), 不完全履行의 概念을 위 多數說과는 달리 파악함으로써 위 多數說과 다른 結論을 취하고 있는 듯이 보이지만, 뒤에서 살펴보듯이 附隨的債務의 不履行으로 인한 解除權을 인정하지 아니한다는 점에서는 일반적인 學說·判例와 同一한 立場을 취하는 것으로 보인다.

90) 註釋債各(Ⅰ), 410.

91) 郭潤直, 140; 金曾漢, 92; 金疇洙, 125; 金容漢(註 87), 182.

92) 金承鎭(註 83), 167.

정한 履行遲滯時의 解除權의 發生要件으로서의 催告와 대체로 유사하나 그 催告의 時期와 期間이 다소 다르다.

㈎ 不完全履行이 履行期前에 행하여진 때에도 原則的으로 期限後에 追完을 催告하여야 할 것이다. 그것은 일반적으로 債務者가 期限前에 不完全履行을 하였다고 하더라도 期限의 利益을 拋棄한 것으로 볼 것은 아니기 때문이다. 다만 期限前에 한 催告도 有效하나, 期限後 相當한 期間이 經過하여야 解除權이 發生한다.[93)]

㈏ 期限이 經過한 후 債權者가 履行遲滯를 이유로 催告하기에 앞서 不完全履行이 이루어진 경우에는 그 때로부터 相當한 期間을 정하여 追完의 催告를 하여야 한다.[94)]

㈐ 期限이 經過한 후 債權者가 履行遲滯를 이유로 하는 催告를 하고 그 催告期間이 滿了되기 전에 不完全履行이 이루어진 때에는 原則的으로 다시 催告할 필요 없이 그 催告期間의 滿了에 의하여 解除權이 생긴다.[95)] 그것은 履行遲滯를 이유로 하는 催告에 따른 完全한 給付가 이루어지지 아니하였기 때문이다. 다만 이 경우에도 不完全의 程度가 그렇게까지 重大한 것이 아닌 경우에는 信義則에 비추어 다시 催告하지 않으면 解除權이 발생하지 않는다고 할 것이다.[96)]

㈑ 履行된 것의 一部가 不完全履行인 경우에는 履行遲滯와 履行不能의 경우에 준하여 취급된다.

3. 物件의 給付에 관한 不完全履行

(1) 債務가 特定物의 給付를 目的으로 하는 것일 때에는 비록 目的物에 瑕疵가 있더라도 바로 그 물건을 給付하는 것이 債務의 目的이므로, 이 때에는 不完全履行의 문제가 되는 것은 擴大損害에 대한 損害賠償뿐이다. 그리고 그 契約이 有償契約이면 賣渡人의 瑕疵擔保責任[97)]의 문제가 되므로 不完全履行에 의한 解除의 문제는 발생하지 않는다.[98)]

(2) 그 債務가 不特定物의 給付를 目的으로 하는 경우에도, 不完全履行

93) 金承鎭(註 83), 167.
94) 金承鎭(註 83), 167.
95) 金承鎭(註 83), 167; 註釋債各(Ⅰ), 411.
96) 金曾漢·安二濬, 142; 金承鎭(註 83), 167; 註釋債各(Ⅰ), 411.
97) 民 §§ 580, 567.
98) 郭潤直, 140; 金曾漢, 92-3; 金疇洙, 125; 金承鎭(註 83), 168; 註釋債各(Ⅰ), 409-10.

의 문제는 아니며 역시 賣渡人의 瑕疵擔保責任[99]과 擴大損害에 대한 損害賠償이 문제될 뿐이라고 본다.

한편 大法院은 苗木賣買契約에서 賣渡人이 規格 未達의 苗木을 納品하면 買受人에게 賣買代金 相當額의 損害賠償을 하기로 約定된 경우 納品된 苗木 중 약 30%가 規格 未達이라면 買受人은 그 중 完全品을 가려 받아 一部履行으로 인정하고 나머지는 追完을 요구하여야 할 義務는 없으므로 信義誠實의 原則上 全部 不完全履行으로 보아 卽時 解約할 수 있다고 본다.[100]

Ⅶ. 事情變更을 原因으로 하는 解除·解止

1. 事情變更의 原則의 意義

(1) 一般的으로 事情變更의 原則이라 함은, 法律行爲 특히 契約의 成立 당시에 있었던 環境 또는 그 行爲를 하게 된 基礎가 되는 事情이 그 후 현저하게 변경되어, 당초에 정하여졌던 行爲의 效果 내지 契約의 內容을 그대로 維持하고 强制하는 것이 信義則과 公平의 原理에 반하는 不當한 結果를 가져오는 경우에는, 當事者가 그 法律行爲의 效果를 信義·公平에 맞도록 變更하거나 또는 廢棄할 수 있다는 原則으로서, 信義誠實의 原則의 한 分則이다.

(2) 원래 이 原則은 中世의 카논법에 의하여 提起된 clausula rebus sic stantibus[101]의 理論에 그 起源을 둔다. 이 理論에 의하면, 모든 契約에는 그 基礎가 되는 事情이 변하지 않는 한 그 效力을 持續한다는 條項이 있는 것으로 解釋되며, 따라서 事情이 變更되면 契約에 대한 拘束力은 없어진다는 것이다. 이 理論은 獨逸 普通法時代의 初期에 많이 論議되었으나, 19世紀에 들어와서는 pacta sunt servanda의 原則에 압도되어 망각되고 말았다. 그러나 제1차 世界大戰이 가져온 經濟界의 大變動으로, 한때 잊고 있었던 이 原則이 다시 크게 論議되고 인정되게 되었다.[102]

---

99) 民 §§ 581, 567.
100) 大判 74. 3. 26, 73다2040(要集 民 Ⅰ-2, 882).
權龍雨, 97은, 不特定物의 경우에는 不完全履行의 문제로 다루어도 좋다고 說明한다.
101) 이를 直譯하면 '萬一에 事物이 그대로 있었더라면이라는 條項'이다(郭潤直, 148).
102) 이 原則에 관한 社會經濟的 背景에 관한 詳論은 金容漢, "事情變更의 法理", 財産法의 課題와 判例, 2-5 參照.

2. 各國의 事情變更의 原則의 基礎理論

이 事情變更의 原則은 오늘날 널리 세계 각국에서 승인되어 있다고 말할 수 있다. 즉 英美法系·獨逸法系·佛蘭西法系의 여러 나라가 거의 예외 없이 이 原則을 承認하고 있다. 이를 承認하는 形式은 일정하지 않으며, 그 主流는 判例에 의한 承認이다. 그러나 최근 이태리·그리스·이집트 등 民法典에서 그 原則을 明文으로 규정하는 것도 적지 않다.[103] 이 原則의 基礎理論은 英美法의 "契約目的達成不能의 法理"[104](the doctrine of frustration of contract), 佛蘭西法의 "不豫見論"(la théorie de l'imprévision) 및 獨逸의 "行爲基礎論"(die Lehre von der Geschäftsgrundlage)으로 3分할 수 있다.

(1) 契約目的達成不能의 法理[104]

英美 契約法에서는 원래 債務者는 어떠한 경우에도 損害賠償 責任을 免하지 못하는 것이 原則이었다. 이러한 普通法上의 가혹한 結果를 완화하기 위하여 19世紀 후반에 이르러, 債務者에게 責任 없는 事由로 契約目的物이 滅失된 경우에 契約의 消滅을 인정하였는바 이것이 契約目的達成不能의 法理의 起源이다. 이 때에 法院은 그 이유로서, 契約履行時에 一定한 目的物이 存在하는 것이 契約의 當然한 前提로 되어 있는 경우에는 契約者의 過失에 의하지 아니하고 目的物 滅失에 의한 履行不能이 되면 當事者는 免責된다는 默示的 條件이 存在한다고 설명한다. 이 判例 자체는, 大陸法에서 인정되는 履行不能(또는 不可抗力)에 의한 免責을 英美法에서 점차 인정하기 시작한 것을 의미하나, 그 根據로서 默示的 條件理論을 採擇함으로써, 그 法理가 후에 事情變更의 原則으로서도 사용될 수 있는 可能性을 부여하였다. 이리하여 默示的 條件의 理論은 契約의 成立時에 當事者에 의하여 期待된 一定한 事態의 不發生의 경우에도 적용된다. 게다가 제1차 世界大戰이 勃發하여 많은 契約의 履行이 不能 또는 곤란하게 된 경우에 法院은 이 法理를 폭넓게 적용함으로써 契約當事者의 救濟를 도모하였다. 이 法理는 現在에 있어서도 불명확한 점이 많지만, ① 契約成立後 當事者가 豫期할 수 없는 環境의 變更이 발생하였을 것, ② 環境의 變化에 의하여 당초의 契約과는 전혀 다른 契約이 履行되는 結果에 이를 것, ③ 契約目的 不到達에 대하여 當事者에게 歸責事由가 없을 것이 普遍的으로

---

103) 郭潤直, 128.

104) 이 理論은 契約目的不到達의 法理 또는 契約目的挫折의 法理라고도 불리운다.

요구되는 要件이다. 이와 같은 요건을 갖춘 경우에 契約은 將來에 향하여 당연히 消滅되는 것으로 解釋되었으나, 이러한 結論은 이미 給付를 한 當事者에 대하여는 심히 不當한 結果가 되므로, 現在에 이르러서는 判例 및 立法을 통하여, 각 當事者 사이에 危險을 公平하게 分配하도록 結論을 맺고 있다. 이와 같이 契約目的達成不能의 法理는 예전부터 默示的 條件理論이 通說이었으나, 近者에 이르러서는 契約의 客觀的 解釋理論이 상당한 支持를 받고 있다.[105)]

(2) **不豫見理論**

佛蘭西民法에 있어서 當事者가 契約責任을 免하기 위하여는 不履行이 當事者가 責任질 수 없는 外部的 原因, 특히 不可抗力 또는 偶然한 事故에 의하여 생기는 경우에 한한다.[106)] 이 原則은 普通法의 原則과 같이 엄격한 것은 아니지만, 學說·判例에 의한 民法의 解釋은 制限的이었다. 이에 대하여, 제1차 世界大戰後에는, 이 原則을 완화하고 잊혀졌던 clausula rebus sic stantibus 原則이 復活되었는바 이것이 不豫見理論이다. 不豫見理論은 주로 繼續的 契約에 있어서 偶然한 事故 또는 不可抗力으로는 볼 수 없는 事情의 變更에 의하여 그 履行이 契約締結當時에 債務者가 豫期한 것 보다 훨씬 負擔이 되는 경우에, 그 債務者에게 契約을 解除·解約하거나 訂正을 요구할 수 있는 權利를 인정하는 理論이다.[107)] 그러나 佛蘭西에 있어서의 通說 및 民事判例는 제2차 世界大戰後 현재에 있어서도 이 理論을 肯定하지 않고 있고, 다만 行政判例와 特別立法에 의하여 이 理論이 採擇되고 있다.[108)] 한편 佛蘭西法系의 다른 國家에서는 不豫見理論이 承認되는 國家가 많으며, 특히 伊太利民法은 이에 관한 明文의 規定을 두고 있다.[109)]

(3) **行爲基礎論**

(가) 獨逸에서의 行爲基礎論은 契約의 實際 狀況이 契約締結 당시의 當事者의 表象(Vorstellung) 또는 期待에 현저히 어긋나는 결과, 그로부터 발생되는 契約危險을 어떻게 하면 當事者에게 公平하게 分散시킬 수 있을까 하는 문제를 그 論議의 中心課題로 하고 있다.[110)] 獨逸의 學說과 判例는 行爲基礎論

105) 五十嵐清, 契約と事情變更, 143-44.
106) §1147-8.
107) 郭潤直, 128.
108) 不豫見論에 대한 學說과 判例의 變遷에 관하여는, 註釋債各(Ⅰ), 257-59 參照.
109) §1467-9(그 內容에 관하여는 五十嵐清(註 105), 65-9 參照).
110) 獨逸의 行爲基礎論에 관한 자세한 說明에 관하여는, 李英俊, "事情變更의 原則에 關한 研究 —— 獨逸의 行爲基礎論을 中心으로", 司論 5, 73 이하; 白泰昇, "獨逸 行爲基礎論의 發展과 最近動向", 저스티스 25-1, 53 이하; 金容漢(註 102), 5-13, 17-20; 黃迪仁, 民法

의 根據를 民法의 信義誠實의 原則에 두고 있으나 모든 具體的 事案을 信義誠實의 原則으로만 해결한다면 法的 安定性을 害할 염려가 있으므로, 一定한 要件과 效果를 정하여 行爲基礎論이라는 獨立한 一般的인 法制度(allgemeines Rechtsinstitut)를 構成한 것이다.[111] 원래 clausula rebus sic stantibus는 契約當事者는 事情이 變하지 않는 限에서만 契約의 效力이 유지된다는 約款을 默示的으로 모든 契約에 붙이고 있다는 데서 제창된 것이어서 當事者의 主觀的인 意思에 중점을 둔 것이지만, 行爲基礎의 理論은 이를 客觀化하여 意思構成의 前提이고 또한 結果인 法律行爲의 基礎에 중점을 두려는 理論이다.[112]

(나) 行爲基礎의 槪念은 제1차 世界大戰後 極甚한 貨幣價値의 變動과 關聯하여 외르트만(Oertmann)에 의하여 創始되었다. 그에 의하면, "行爲基礎는, 行爲意思가 그 基礎 위에 세워지는 一定한 事情의 存在, 未來的 發生 또는 不發生에 관한 表象(Vorstellung)인데, 그것은 契約의 締結時에도 나타나고 行爲의 相對方에 의하여 重要性이 認識되어 異議가 주장되지 않는 一方當事者의 表象 또는 兩當事者에 共通된 表象"이라고 定義되는바,[113] 그의 定義는 當事者의 表象을 강조함으로써 當事者의 主觀的要素가 重視된다고 하는 難點이 있다고 지적된다. 이러한 외르트만의 行爲基礎論은 제2차 世界大戰後 聯邦大法院에 의하여도 踏襲되고 큰 役割을 遂行하였으나, 이에 의하여 行爲基礎 喪失의 範圍가 지나치게 擴張되는 結果를 가져왔다.

(다) 그리하여 제2차 世界大戰後 라렌츠(Larenz)에 의하여 새로운 行爲基礎論이 주장되었는바, 그는 行爲基礎를 主觀的인 것과 客觀的인 것으로 구분하여 定義한다. 그의 理論에 의하면 主觀的 行爲基礎란 "兩契約 當事者에 共通한 表象 또는 期待로서, 만약 그것이 옳지 않았음을 알았더라면 원래 契約을 締結하지 않았거나 적어도 一方當事者에게 不當하게 요구될 수 없을 정도로, 契約의 締結時에 當事者가 그것에 의하여 이끌려지는 것"을 말하며,[114] 이러한 主觀的 行爲基礎의 不存在 내지 消失은 契約 當事者에게 공통된 錯誤의 문제로 된다고 한다.[115] 한편 客觀的 行爲基礎는 "當事者 雙方의 豫見與否를 不問하고 契約을 合理的으로 規律하기 위하여 契約締結時 그 存在 또는 存

Ⅳ, 176-94 각 參照.

111) 黃迪仁, 民法 Ⅳ, 177.

112) 郭潤直, 143-44.

113) 黃迪仁, 民法 Ⅳ, 177.

114) 黃迪仁, 民法 Ⅳ, 178; 白泰昇(註 110), 56.

115) 郭潤直, 143; 黃迪仁, 民法 Ⅳ, 178; 白泰昇(註 110), 56.

續이 客觀的으로 前提되고 있는 一定한 事情으로서, 이것 없이는 契約의 存續이 意味, 目的 또는 對象을 喪失하는 것"을 말하며,[116] 一般的으로는 經濟的·社會的 秩序, 貨幣價値 또는 正常的인 去來條件과 같은 것이 이에 해당된다. 그리하여, 豫見하지 못한 事情의 變更으로 인하여 給付와 反對給付가 심한 不均衡을 이루는 경우, 즉 顯著한 等價關係의 破壞(schwere Äquivalenzstörung) 또는 給付 자체는 履行不能이 됨이 없이 契約內容 중에 표현되고 兩當事者에게도 承認된 契約의 本質的 目的이 持續的으로 到達될 수 없게 된 경우 이른바 契約目的의 到達不能(Zweckverteilung)의 경우에는 이러한 客觀的 行爲基礎가 喪失된다고 한다.[117]

(라) 이러한 라렌츠의 理論에 대하여는, 레만(Lehmann), 에써(Esser), 플루메(Flume), 피켄쳐(Fitkentscher)에 의하여 批判이 가하여 지고 있는바, 최근의 경향은 휘켄쳐가 주장하는 바와 같이 行爲基礎理論 適用의 標準으로 危險分配觀點(Risikobetrachtung)과 期待不可能性(Unzumutbarkeit)을 든다고 한다.[118] 그리하여 契約目的에 비추어 어느 一方當事者의 危險範疇에 속하는 事情變更에는 行爲基礎論을 적용하지 않으며, 또한 當事者를 契約에 拘束하는 것이 期待不可能한 事情變更이 있는 경우에는 行爲基礎論을 適用한다는 것이다.[119]

(마) 위와 같은 行爲基礎의 不存在나 消失의 效果로서는, 誠實한 當事者가 事態의 發生을 알았더라면 당연히 合意하였으리라고 생각되는 效果가 생긴다고 하며, 法官은 契約의 解釋을 통하여 그것을 발견하여야 한다고 한다.[120]

3. 우리 民法과 事情變更의 原則

舊民法에서는 事情變更의 原則에 立脚한 것이라고 생각되는 規定이 여기저기 散在하여 있었으나 이 原則을 承認하는 一般的인 規定은 없었다. 이러한 事情은 現行 民法에서도 마찬가지여서 事情變更에 관한 一般的인 規定은 없고 다만 이 原則에 根據를 둔 規定이 여러 군데에 흩어져 있을 뿐이다.[121]

---

116) 黃迪仁, 民法 Ⅳ, 180.
117) 白泰昇(註 110), 56.
118) 白泰昇(註 110), 59.
　라렌츠의 見解에 대한 위 學者들의 批判에 관하여는 白泰昇(註 110), 57-8 및 黃迪仁, 民法 Ⅳ, 183-87 參照.
119) 白泰昇(註 110), 59.
120) 郭潤直, 143.
121) 民 §§ 218, 286, 557, 627-8, 661, 689 등.

4. 學說의 立場

事情變更의 原則을 적용하여 契約의 解除權을 인정할 것인가에 관하여, 學說上으로는 見解가 갈린다.

(1) 肯 定 說

㈎ 肯定說이 多數說[122]인바, 비록 現行民法에 事情變更의 原則에 관한 規定이 없어도, 이 原則이 信義則에서 나오는 分則이고 民 §2가 信義誠實의 原則을 인정하고 있는 이상, 現行法의 解釋上 事情變更의 原則을 인정할 根據가 있다고 본다.[123] 즉 오늘날의 法制에 있어서의 解除制度는, 契約에 의하여 拘束되어 있는 當事者는 契約締結 당시에 豫想하지 않은 事情이 그 후 발생하여도 그 拘束에서 벗어나지 못한다는 前提에서, 契約的 拘束에서 벗어나려면 특히 契約에서 그것이 留保되어 있거나 債務不履行이라는 事實이 있지 않으면 안 된다는 데서 出發하고 있으나, 契約締結 當時에 豫想하지 않았고 또한 豫想할 수도 없었던 事情이 發生한 경우에, 當事者를 그대로 그 契約에 拘束받게 하는 것이 苛酷하고 穩當치 않다고 인정되는 때에는, 契約을 解除할 수 있다고 하는 것이 妥當하다는 것을 根據로 든다.[124]

㈏ 肯定說이 事情變更의 原則을 適用하기 위한 要件으로 一般的으로 드는 것은 다음과 같다.[125]

(a) 當事者가 豫想하지 않았고 또한 豫想할 수도 없었던 顯著한 事情의 變更이 생겼어야 한다.

원래 當事者는 契約을 締結함에 있어서 그 당시의 社會的·經濟的 事情을 고려하고, 또한 將來에 있어서의 다소의 變動을 豫想하는 것이 普通이므로, 事情變更의 原則에 기하여 解除權이 발생한다고 하려면 이러한 事情을 고려하여야 하고, 따라서 普通 사람이 도저히 예상할 수 없을 만큼의 顯著한 事情의 變更이 있어야 한다. 위와 같은 事情의 變更은 契約을 締結한 후 解除할 때까지의 사이에 일어난 事情을 고려하여 결정하여야 하며, 事情의 變更으로 解除權發生의 要件이 충족되었더라도, 解除하고 있지 않은 동안에 事情이 다시 變

122) 郭潤直, 144; 金曾漢, 95; 黃迪仁, 民法 Ⅳ, 164; 金疇洙, 126; 金基善, 93; 金顯泰, 73; 註釋債各(Ⅰ), 404; 李太載, 118; 權龍雨, 99.
123) 郭潤直, 144.
124) 郭潤直, 145.
125) 郭潤直, 145; 金曾漢, 95; 黃迪仁, 民法 Ⅳ, 164; 金疇洙, 127.

更되어 要件을 충족하지 않게 된 때에는, 解除할 수 없다고 본다.

(b) 事情의 變更이 解除權을 取得하는 當事者에게 責任 없는 事由로 생겼어야 한다. 예를 들어 當事者의 歸責事由로 資産狀態가 급격히 악화하여도, 스스로 解除權을 행사할 수는 없게 된다. 그리고 債務者의 履行遲滯중에 顯著한 事情變更이 생긴 때에도 原則的으로는 解除權은 생기지 않는다.[126]

(c) 契約內容대로의 拘束力을 인정한다면 信義則에 반하는 結果가 되어야 한다.

(d) 催告는 이를 필요로 하지 않는다. 履行을 強制하는 것이 信義則에 반하는 까닭에 解除權이 인정되기 때문이다.

(다) 한편 위와 같이 一般的으로 파악되는 事情變更의 原則에 대하여, 같은 肯定說의 立場에서 그 適用範圍 및 要件에 不足한 점이 있다는 批判을 하는 見解가 있다.[127]

즉 위와 같이 一般的으로 설명되는 事情變更의 原則은 當事者의 契約目的 등 主觀的 事情은 제외하고 오로지 客觀的인 事後 事情變更만 그 考察의 對象으로 하고 있으나, 主觀的인 行爲基礎와 관련한 計算基礎에 대한 共通錯誤의 問題나 目的의 挫折 등의 경우에 錯誤 또는 不能制度로 해결할 수밖에 없어 결국 契約充實의 原則에 反하는 결과를 인정하는 不當한 結論에 이르게 된다고 한다. 또한 위 原則에 의하면, 事情變更은 결국 經濟·社會의 激變의 경우를 상정하고 있어 오늘날 보통 豫見할 수 있는 완만한 速度의 累積된 物價上昇問題를 해결할 수 없게 되는 理論的 難點이 있으며, 當事者에게 歸責事由가 있는 경우라도 當事者의 生存을 威脅하게 되는 極度의 損害가 발생하는 경우에는 事情變更이 있다 하여야 할 터이므로, 當事者의 歸責事由는 契約의 危險引受範圍를 判定하는데 重要한 基準이 될 뿐 事情變更의 原則을 적용하기 위한 絶對的인 要件으로 볼 수는 없다고 하며, 結論的으로 우리 나라 肯定說의 一般的인 事情變更의 原則에 관한 理論은 獨逸에 있어서의 行爲基礎論에 의하여 理論的인 補完을 하여야 한다고 설명한다.

(라) 事情變更의 原則에 의하여 解除權을 行使하게 되면, 그 效果는 法定解除의 그것과 같지만, 損害賠償義務는 發生하지 않는다고 본다.[128]

126) 註釋債各(Ⅰ), 405.
127) 白泰昇(註 110), 65.
128) 郭潤直, 145-46; 金疇洙, 128.

(2) 否定說

事情變更에 의한 解除權의 發生을 否定하는 學說은 少數說인바, 이 否定說은 事情變更의 原則에 의한 契約消滅을 肯定하는가의 與否에 따라 입장이 나뉜다.

(가) 全面否定說[129)] 이 學說은 事情變更의 原則을 一般原則으로 인정하는 것을 全面的으로 否定하고, 만약 전혀 豫期하지 못한 社會的·經濟的 變動에 의하여 旣存의 契約關係에 있어서의 不均衡이 극히 심한 경우에 있어서는, 契約類型別로 具體的인 경우와 具體的인 條件을 明示하는 特別法을 制定하는 方法으로 이를 是正하는 것이 바람직하다고 설명하는바, 그 理論의 根據를 살펴보면 다음과 같다.

(a) 우리 民法의 制定 당시의 立法者들이 소위 事情變更의 原則에 관하여 無知한 것이 아니었음을 생각할 때, 우리 民法이 단지 特別한 경우에 한하여서만 個別的으로 이 原則에 立脚한 규정을 두고 있음은 이를 一般原則으로 받아들이는 것을 拒否하는 立場이라고 解釋하는 것이 타당하다.

(b) 肯定說은 民 §2에서 정하고 있는 信義則과 衡平을 그 根據로 들고 있으나, 과연 信義則으로부터 契約關係에 있어서의 變更權이나 解消權까지 발생한다고 인정할 수 있는가는 문제이다. 만약 이를 인정한다면, 이는 必然的으로 法官에 의한 契約關係에의 關與를 許容하는 것이 되고 이는 自由主義的 契約法原理에 反하는 것이 되며, 또 佛蘭西 學者들이 말하는 것처럼 契約의 安定性과 去來의 安全은 크게 威脅을 받게 될 것이다.

(c) 오늘날에 있어서 長期에 걸친 繼續的 去來關係에 있어서는 經濟事情, 특히 貨幣價値의 變動은 一般的으로 豫見될 수 있는 것이고, 따라서 契約當事者들이 順應約款(Clause d'echelle mobile)이나 變更約款을 附加하여 合意하는 것을 흔히 볼 수 있다.

(d) 獨逸에 있어서 오늘날의 判例와 學說은 行爲基礎의 喪失은 오직 信義則에 따라서 履行을 期待하는 것이 불가능한 경우에만 인정하고 있으며, 佛蘭西의 學說과 判例가 不豫見과 不可抗力을 구별하고 있음을 留意할 필요가 있겠다. 왜냐하면 社會的·經濟的 變動에 의하여 契約의 履行이 去來觀念上 불가능한 것으로 判明될 경우에 있어서는 이를 履行不能으로 다룰 수도 있기 때문이다.

129) 註釋債各(Ⅰ), 259-60(金旭坤 執筆部分).

(나) 制限的 否定說[130]　　이 學說은 肯定說을 다음과 같이 批判한다.

(a) 肯定說이 드는 當事者가 豫想하지 못한 顯著한 事情變更이란 要件만으로는 무엇을 契約의 基礎事情으로 볼 것인가, 또는 어떠한 경우 顯著한 事情變更이 있다고 볼 것인가의 具體的 基準을 전혀 마련하여 주지 않는바, 이와 같은 抽象的인 要件 아래 契約解除라는 重大한 效果를 인정하는 것은 法運營을 恣意에 빠뜨리게 할 우려가 있으므로 止揚되어야 한다. 만약 위와 같은 要件만을 要求한다면, 예를 들어 契約締結 후에 인플레이션, 地價上昇·地價下落이 생긴 경우 解除權이 생기게 될 것이며, 또한 投機性 있는 去來에서 不利한 去來狀況이 생긴 경우에 契約의 履行을 거절하는 事態가 생기게 되어 契約秩序를 해치게 될 것이므로, 事情變更의 原則이 적용되는 要件을 戰時나 또는 그에 準하는 狀況으로 嚴格히 制限하여야 한다고 說明한다.

(b) 또한 肯定說은 事情變更의 原則에 의하여 契約을 解除할 수 있는 解除權이 발생한다고 하여 契約關係의 解消與否를 當事者의 意思에 맡기고 있는데 이는 不當하다고 한다. 즉 우리 多數說의 基礎가 되는 英美의 契約目的達成不能理論, 佛蘭西의 不豫見論, 獨逸의 行爲基礎論에서는 事情變更으로 인하여 契約拘束力을 維持시키는 것이 不當하다고 判斷되는 경우에는 契約拘束力을 否定하거나 契約關係를 解消시키고 있음을 근거로 들면서, 契約上의 債務履行을 요구하는 것이 客觀的으로 不當하다고 판단될 정도의 事情變更이 생긴 경우에는, 當事者의 解除權行使 여하에 좌우되지 않고 바로 契約拘束力을 否定하여 債務를 消滅시키는 것이 타당하다고 설명한다. 또한 一方當事者가 이미 履行을 하였거나 履行의 提供을 한 경우에는 契約拘束力의 否認이 原則的으로 허용되어서는 안 된다고 한다.

한편 事情變更의 原則이라는 名稱의 부여에 대하여 반대하면서도, 위의 견해와는 달리, 民 §§661, 689 등 民法의 規定을 信義則에 의하여 擴張함으로써 事情變更으로 인한 解除, 解止를 기타의 契約에 類推適用하며, 動機의 錯誤, 意思表示의 合理的 解釋, 解除·解止 등의 構成要件을 확장함에 있어서 작용하는 信義則의 共通的 機能을 抽出하여 信義則의 一般的인 機能인 附隨義務의 創設 및 權利濫用과는 獨立된 機能으로 구성하는 것이 바람직하다는 見解도 있는바, 이는 肯定說에 보다 가까운 見解라 보인다.[131]

---

130) 李銀榮, 171-72(다만 이 學說의 名稱은 筆者가 편의상 붙인 것임을 밝힌다).
131) 李英俊(註 110), 110.

5. 判例의 立場

(1) 우리 나라의 大法院은 舊民法施行 당시에 "債權을 發生시키는 法律行爲 成立後 當時 環境이 된 事情에 當事者 雙方이 豫見 못하고 또 豫見할 수 없었던 變更이 發生한 結果 本來의 給付가 信義衡平의 原則上 當事者에게 顯著히 不當하게 된 경우에 있어서 當事者가 信義衡平이 요구하는 바에 따라 그 給付의 內容을 適當히 變更할 것을 相對方에게 提議할 수 있고 相對方이 이를 拒絶하는 때에는 契約을 解除할 수 있다는 소위 事情變更의 原則은 民法의 解釋上 容納되지 않는다"고 判示[132]한 이래, 契約의 解除에 관하여는 事情變更의 原則이 適用되지 않는다는 立場을 固守하여 왔다.

그리하여 賣買契約을 맺은 때와 그 殘代金을 支給할 때와의 사이에 장구한 時日이 지나서 그 동안에 貨幣價値의 變動이 극심하였던 탓으로 買受人이 애초에 契約할 당시의 金額 表示대로 殘代金을 提供한다면 그 동안에 仰騰한 賣買目的物의 價格에 비하여 그것이 顯著히 均衡을 잃은 履行이 되는 경우라 할지라도 民法上 賣渡人으로 하여금 事情變更의 原理를 내세워서 그 賣買契約을 解除할 수 있는 權利는 생기지 않는다고 보며,[133] 賣買契約 후 9년이 지났고 時價가 올랐다는 事情만으로는 賣買契約을 解除할 만한 事情變更이 있다고 볼 수 없고 解除權의 行使가 信義則에 어긋나지 않는다고 하고,[134] 또한 保證行爲 당시 있었던 契約當事者 사이의 어떤 法律關係가 아니고 被告의 保證行爲가 成立된 후 債務者의 資産狀態가 惡化되고, 그리하여 保證債務를 履行한 뒤 債務者에게 求償權을 행사하여도 失效를 거둘 수 없게 되었다든가 保證人이 그러한 事情을 예측하지 못하였다든가 하는 그와 같은 事由로써는 保證人에게 保證契約을 解除할 權利를 인정할 수 없다고 한다.[135]

(2) 한편 繼續的 契約關係에 있어서는 大法院도 事情變更에 의한 解止를

132) 大判 55. 4. 14, 4286민상231(要集 民 Ⅰ-2, 868).

133) 大判 63. 9. 12, 63다452(集 11-2, 131).

134) 大判 91. 2. 26, 90다19664(公 1991, 1082).

135) 大判 86. 9. 23, 85다카1957(集 34-3, 44).
이 判決에 대하여는 "單一한 保證契約에 있어서도 ① 契約當時 豫測하지 못한 事態가 發生함으로써 保證人에게 豫測不能의 損害를 입게 하여 保證人을 契約關係에 묶어 두는 것이 衡平의 觀念에 맞지 않고, ② 債權者가 保證契約과 관련된 行爲에 着手하기 以前이어서 契約이 解除되어도 損害를 입을 염려가 없을 때는 事情變更으로 인한 保證人의 解除權을 인정할 수 있어야 하고, ③ 더구나 債權者側의 歸責性 있는 行爲가 豫測不能의 事故發生에 加工했을 때는 解除權 인정을 더 彈力있게 하여도 無妨할 것이다"라고 하여 反駁하는 見解가 있다(李玲愛, "事情變更으로 인한 保證契約의 解除", 民判硏 Ⅸ, 52-3).

인정하는 立場을 취하고 있다. 즉 墳墓 移葬으로 인하여 墳墓守護人의 居住地가 墳墓所在地에서 30里 가량이나 떨어지게 되었다면 다른 특별한 事情이 없는 한 그 守護義務를 제대로 하기는 어려운 處地에 있다고 봄이 相當하다고 하여 이를 理由로 하는 解止를 인정하고,[136] 他人의 傷處를 治療하면서 不確定한 期間 동안 繼續的으로 發生하는 入院治療費를 責任限度의 정함이 없이 保證하였으나 그 保證을 함에 있어 保證人의 兄이 他人을 加害한 것으로 잘못 알고 保證하였고, 그런 錯誤가 없었으면 保證을 할 아무런 까닭이 없는 事情에 있었다면 保證人으로 하여금 그 保證契約을 그대로 維持, 存續하게 한다는 것은 社會通念上 바람직하지 못하므로 그 契約解止로 인하여 相對方에게 信義則上 默過할 수 없는 損害를 입게 하는 등 特別한 事情이 있는 경우를 除外하고는 保證人은 一方的으로 解止할 수 있다고 判示하고,[137] 會社의 任員이나 職員의 地位에 있기 때문에 會社의 要求에 따라 부득이 會社와 제3자 사이의 繼續的 去來로 인한 會社의 債務에 대하여 保證人이 된 자가 그 후 會社로부터 退社하여 任員이나 職員의 地位를 떠난 때에는 保證契約 成立 당시의 事情에 顯著한 變更이 생긴 경우에 해당하므로 事情變更을 이유로 保證契約을 解止할 수 있다고 보아야 하며,[138] 위 繼續的 保證契約에서 保證期間을 정하였다고 하더라도 그것이 특히 退社 후에도 保證債務를 負擔하기로 特約한 趣旨라고 인정되지 않는 한 위와 같은 解止權의 發生에 영향이 없다고 判示하였다.[139]

Ⅷ. 附隨的 債務의 不履行과 解除・解止

1. 序

契約當事者는 契約에서 發生하는 여러 種類의 債務를 負擔한다. 그리하여 債務者가 契約에서 생기는 모든 債務를 履行하지 않고 一部의 債務만을 履行

136) 大判 76. 11. 23, 76다1260(集 24-3, 348).
137) 大判 78. 3. 28, 77다2298(集 26-1, 237).
138) 大判 92. 5. 26, 92다2332(公 1992, 2011).
139) 大判 90. 2. 27, 89다카1381(集 38-1, 78).
한편 大判 91. 7. 9, 90다15501(公 1991, 2114)은, 會社의 理事가 會社債務에 관하여 連帶保證契約을 締結하였는데 그 會社債務의 債務額과 辨濟期가 特定되어 있고 다만 債務의 履行期만 數年에 걸쳐 있는 경우에는 繼續的 保證이나 包括根保證과는 달리 理事職을 辭任하였다는 事情의 變更만으로는 連帶保證人인 理事가 一方的으로 契約을 解止할 수 없다고 한다.

하는 한, 이른바 債務의 內容에 따른 履行을 하였다고 할 수 없게 되며, 債權者로서는 아직 履行되지 않은 債務에 관하여 現實的 履行을 強制할 수 있고, 損害가 있으면 그 賠償을 請求할 수 있다. 그러나 이 경우에 債權者는 다시 나아가 그 契約을 解除할 수 있는가에 관하여는 문제의 여지가 있다.

民 §544는 "當事者의 一方이 그 債務를 履行하지 아니하는 때에는 … 契約을 解除할 수 있다"라고 規定하고 있으므로, 이 規定만을 가지고 본다면, 債務者가 契約에서 생긴 여러 債務 가운데 어느 하나를 履行하지 않더라도 債權者가 契約을 解除할 수 있는 것같이 보인다. 그렇지만 契約에서 發生되는 債務중 主된 債務가 아닌 이른바 附隨的 債務에 관하여는 비록 不履行이 있더라도 解除는 許容되지 않는다는 것이 一般的인 學說이므로 이를 살펴본다.

2. 外國의 學說

(1) 獨逸學者들은 契約에서 發生하는 債務를 "主된 義務"(Hauptpflicht)와 "從된 義務"(Nebenpflicht)로 나누어, 前者의 義務의 不履行이 있을 때에만 解除할 수 있고 後者의 義務의 不履行이 있을 때에는 解除할 수 없다고 解釋한다.[140] 무엇이 主된 義務이냐에 관하여는 學者에 따라 표현의 차이는 있으나, 대개 雙務契約에 있어서의 給付와 反對給付와의 等價關係에 대하여 決定的 意義를 가지는 것, 또는 給付에 중요한 意義가 주어져 있어서 當事者의 一方 또는 他方이 그것을 중요한 문제로 삼고 當事者가 무슨 일이 있더라도 그것을 얻기 원하는 給付를 하여야 할 義務, 또는 契約의 本質을 이루는 義務라고 설명되며,[141] 이러한 主된 義務가 아닌 것이 從된 義務이다. 그리하여 兩者를 구별하는 데 있어서 決定的인 영향을 미치는 것은 契約利益에 의하여 支配되는 개개의 義務의 性格에 관하여 當事者가 가지는 意思라고 한다. 즉 債務者의 義務가 어떠한 경우에 主된 義務로 看做되고 또 어떤 경우에 從된 義務로 看做되는가는 契約을 締結할 때에 表明된 또는 그 契約의 內容·目的 기타 契約當時의 여러 事情으로부터 밝혀진 當事者의 意思에 의하여 결정된다.

(2) 英國에서는 契約의 約款을 條件約款(condition)과 擔保約款(warranty)으로 분류하여, 條件約款을 違反한 경우에는 相對方에게 解除權을 인정하고, 나아가 中間的 約款(intermediate stipulation)을 違反한 경우에는 그 程度가 實

140) 郭潤直, 146.
141) 郭潤直, 146.

質的인 不履行(substantial failure)에 이르면 解除할 수 있다고 본다는 것은 위에서 살펴본 바와 같다.[142)]

3. 우리의 學說

現行民法의 解釋論으로서도 民 §544에서 정한 法定解除가 인정되는 債務의 不履行은 主된 債務의 不履行을 말하고, 이른바 附隨的 債務의 不履行으로는 解除하지 못한다고 解釋하는 것이 通說이다.[143)]

원래 契約을 締結하는 것은 그것에 의하여 一定한 目的을 達成하려는 데에 있다. 그리하여 債務不履行으로 인하여 契約의 目的을 達成하지 못하게 된 경우에는, 解除를 하여 처음부터 契約이 締結되지 아니한 것으로 하여 債權者를 보호하자는 것이 法定解除 本來의 趣旨이다. 이러한 解除制度의 趣旨에 비추어, 契約의 主된 目的의 達成에 필수의 것이 아닌 附隨的 債務의 不履行이 있다 하더라도 契約의 目的의 達成에는 아무런 영향이 없으므로, 解除는 許容되지 않는다고 보아야 한다.[144)]

主된 債務가 무엇인가는 契約을 맺은 目的을 達成하는 데 必須不可缺한 것, 또는 그 不履行이 있으면 契約을 한 目的을 達成할 수 없을 만큼 중요한 債務를 의미한다고 解釋된다. 그리고 主된 債務이냐 또는 附隨的 債務이냐는 具體的인 경우에 따라 판단된다. 當事者의 意思를 基準으로 하여 契約의 目的이 무엇인가를 밝히고, 그 目的의 達成에 必須·不可缺한 것 또는 그 不履行이 있으면 契約의 目的을 達成할 수 없게 되고, 當事者가 契約을 맺지 않았으리라고 판단되는 경우에는 主된 債務가 된다고 解釋한다.[145)] 그리하여 外觀的으로는 附隨的인 債務라도 그 不履行의 結果, 債權者가 實質的으로는 契約의 目的을 달성할 수 없는 경우와 마찬가지 程度의 不利益을 입게 된 경우에는, 그 債務는 附隨的인 것이 아니고 要素的인 것으로 보아, 解除權의 發生이 인정된다.

4. 判　例

우리 大法院은 契約 本來의 目的은 이미 達成되었고 附隨的 債務의 履行만이 遲滯중에 있는 경우에는 그 不履行으로 인하여 債權者가 契約을 達成할

142) 前述 註 19), 20) 및 그 本文 參照.
143) 郭潤直, 147; 金疇洙, 115; 李銀榮, 168; 金承鎭(註 83), 169.
144) 郭潤直, 147; 權龍雨, 99.
145) 郭潤直, 147.

수 없는 경우 또는 特別한 約定이 있는 경우를 제외하고는 원칙적으로 契約解除를 許容할 수 없다고 解釋함이 相當하다[146]고 判示한 이래 附隨的 債務의 不履行의 경우에는 契約을 解除할 수 없다는 立場을 維持하고 있다.

具體的으로 附隨的 債務의 不履行이라고 하여 契約解除가 否定된 事例를 살펴보면 다음과 같다. ① 被告는 河川敷地占用 및 工作物設置許可를 받고, 原告는 그 土地의 整理工事에 필요한 불도저를 提供하여 工事를 하되 그 對價로 竣工檢査가 끝나면 被告로부터 그 土地의 一部에 대한 占用權을 讓與받기로 約定한 후, 原告가 불도저를 提供하여 整理工事를 마쳤다면, 原·被告 사이의 契約 本來의 目的은 달성되었다 할 것이고, 그 밖에 原告가 工事期間中 約定된 土地를 사용함에 대한 使用料를 被告에게 支給하여야 하는 債務가 있어도 이는 附隨的 意味에 불과하므로 그 義務의 履行遲滯가 있어도 契約全體를 解除할 수 없다고 하였고,[147] ② 여러 筆地의 土地를 賣買함에 있어 그 중 1筆地상에 있는 墳墓 2基의 移葬을 擔保하기 위하여 買受人이 殘金 중 一部를 따로 保管하였다가 移葬을 확인한 후 이를 支給하기로 約定한 경우에는 賣渡人의 墳墓移葬義務나 買受人의 殘金 一部 支給義務는 모두 위 賣買契約에 따른 附隨的인 事項이므로 賣買當事者 一方은 그 義務違反을 이유로 契約全體를 解除할 수 없다고 하였고,[148] ③ 賣買契約時 向後 작성될 檢印契約書上의 賣買代金을 실제 代金과는 달리 賣買對象不動産의 課稅標準額으로 작성하기로 約定하였으나 買受人이 이를 履行하지 않은 경우 檢印契約書上의 賣買代金에 관한 위 約定部分은 租稅回避 등의 意圖에서 賣渡人의 편의를 보아준다는 것일 뿐 위 賣買契約의 主된 目的을 달성하는데 필수불가결한 것은 아니라 할 것이므로 위 賣買契約에 附隨되는 義務를 결정한 것에 불과한 것이어서 그 不履行에 의하여 위 賣買契約의 目的을 달성할 수 없게 되는 등의 特別한 事情이 없는 한 그 不履行만을 들어 賣渡人이 賣買契約을 解除할 수 없다고 하며,[149] ④ 買受人이 賣買契約의 中途金 중 一部의 支給에 갈음하여 賣渡人 所有 不動産을 擔保로 한 賣渡人의 貸出金債務의 履行을 引受한 경우에 그 履行

146) 大判 68.11.5, 68다1808(集 16-3, 160).
註釋債各(Ⅰ), 408은, 判例가 附隨的債務의 不履行에 의하여 契約의 目的을 達成할 수 없는 경우에는 解除할 수 있다고 표현하나, 이 경우에 이미 그 債務는 附隨的債務가 아니라 바로 主된 債務로 보아야 한다고 설명한다.

147) 大判 68.11.5, 68다1808(集 16-3, 160).

148) 大判 76.4.27, 74다2151(集 24-1, 248).

149) 大判 92.6.23, 92다7795(公 1992, 2256).

時期 등에 관하여 다른 約定이 없는 한, 買受人은 貸出金債務의 내용에 따라 履行하고, 그 履行을 遲滯함으로써 賣渡人 所有의 不動産에 설정된 擔保權이 實行되는 일이 없도록 하여야 할 것이고 또 그것으로 足하므로, 買受人이 利子를 納付하지 아니하였더라도 그로 인하여 위 貸出金에 대한 期限의 利益이 喪失되지 아니한 이상, 위 利子納付에 대한 催告가 있었다 하여 그 日字경에 위 貸出元金의 履行이 遲滯되었다고 할 수 없으니 賣渡人으로서는 위 元金의 履行을 催告하고 나아가서 中途金支給債務의 履行遲滯가 있다는 이유로 위 賣買契約을 解除할 수 없다고 보아, 위 利子納付義務를 附隨的인 債務로 본다.[150]

한편 圍繞地에 관한 賣買契約을 締結함에 있어서 買受人이 위 土地 위에 집을 지을 수 있도록 賣渡人이 賣買殘代金支給期日까지 위 土地에 隣接한 賣渡人 所有 土地上에 있는 그 所有의 家屋 중 便所쪽으로 위 土地에 出入할 수 있는 進入路를 開設하여 주기로 하는 內容의 特約을 한 事案에서, 그 特約은 社會通念上 賣渡人이 買受人에게 建築許可에 필요한 行政上의 前提要件인 폭 3미터의 進入路를 내기 위하여 自己 所有 垈地의 一部 分割 및 地目變更을 통하여 買受人의 建築許可를 받을 수 있도록 하여 주기로 하는 約定으로 解釋한 후, 賣渡人의 위 義務를 主된 義務로 보아, 賣渡人이 이러한 特約을 거절하는 경우에는 契約을 解除할 수 있다고 判示하였다.[151]

Ⅸ. 解除權·解止權의 濫用

1. 解除權·解止權의 失效

解除權·解止權이 發生한 후에, 債權者가 이를 拋棄하지 않고 또한 債務者도 債務內容에 좇은 履行을 하지 않는 경우에는, 債權者는 언제까지라도 本來의 給付를 請求하든지 아니면 解除權·解止權을 行使할 수 있는가.

이에 관하여 뒤에서 살펴보듯이 民 § 552는 債務者가 相當한 期間을 정하여 解除權 行使與否의 確答을 하도록 催告를 함으로써 解除權을 消滅하게 할 수 있도록 정하고 있으나, 그 밖에 債權者가 解除權·解止權을 取得한 후 너무 長期에 걸쳐서 이를 行使하지 않고 또한 相對方도 이제는 解除權·解止權을

150) 大判 92.7.24, 91다38341(公 1992, 2517).
151) 大判 90.12.21, 90다6853(公 1991, 584).

行使하지 않으리라고 믿게 되고 그렇게 믿는 데에 正當한 事由가 있거나, 權利를 行使하지 않으리라고 推認되는 경우에는, 信義則上 이제는 解除權을 行使할 수 없다고 새김으로써 解除權·解止權의 失效를 인정하는 것이 일반적이다.[152] 그 근거는 債務不履行을 이유로 하는 法定解除에 있어서는, 債務者가 民 §552에 의한 催告를 하는 것은 극히 드문 일일 것이고, 또한 債務者에게 이 催告權이 있다고 하여 長期間이 지난 후에 있어서의 解除權의 行使를 시인하는 이유가 되지 않으며, 뿐만 아니라 解除에 의한 損害賠償은 解除當時의 價格에 의하여 그 額을 정하게 되는바, 그렇다면, 債權者는 가장 有利한 時期에 解除할 수 있게 되어 不當한 結果가 되기 때문이다.

그러나 이에 대하여 解除權은 10年의 除斥期間 및 契約債務의 消滅時效期間의 制限을 받고 있고 또한 相對方에게 解除權行使與否의 催告權까지 인정되어 있으므로 이러한 制度的 裝置에 만족하여야 하며, 또한 위에서 주장되는 權利失效의 原則은 單純한 期間의 經過뿐 아니라 解除權을 行使하지 않으리라고 相對方이 믿을 만한 어떠한 作爲 또는 不作爲의 行爲가 있는 때에 비로소 인정되는 것이므로 결국 解除權者에게 解除權을 抛棄하는 意思가 있었는지의 意思解釋與否로 결정하면 되므로 별도로 信義則上의 權利失效의 原則을 適用할 필요가 없다는 見解도 있다.[153]

2. 解除權·解止權 行使의 濫用

債權者가 解除權·解止權을 가지는 경우에도 그 權利의 行使는 信義則에 따라야 하고 이에 어긋나는 경우에는 權利의 行使가 거부된다.

大法院도 이러한 立場을 취하여, ① 被申請人이 申請人을 契約期間 滿了前에 出張所長職에서 解任함에 있어 出張所를 會社에서 直營하겠다는 구실로 하였으나, 直營措置를 取消하고 제 3 자를 그 出張所長에 任命한 사실을 감안하면 被申請人의 契約解止權의 行使가 信義에 좇아 誠實히 하였다고 볼 수 없다고 判示하였고,[154] ② 代金 140,000원의 不動産賣買契約에 있어서 被告가 代金으로 原告에게 금 137,000원을 支給하여 履行遲滯中에 있는 代金額은 3,000원에 불과한 輕微한 것이고, 賣買契約當日에 原告는 所有權移轉登記 서

152) 郭潤直, 166; 金曾漢, 111; 金疇洙, 122; 註釋債各(Ⅰ), 398.
權利失效의 原則의 定義에 관하여는 大判 1992. 2. 28, 91다28221(公 1992, 1157) 參照.
153) 李銀榮, 177.
154) 大判 64. 5. 12, 63다751(集 12-1, 78).

류를 被告에게 交付하였으며 原告가 被告에게 殘代金額이 60,000원이라는 趣旨로 過大催告한 事情을 감안하면 代金支給不履行을 이유로 한 契約解除의 意思表示는 信義誠實의 原則에 비추어 無效라고 보았으며,[155] ③ 總賣買代金이 2,000만원인 不動産의 賣買代金 중 未支給額이 불과 105,000원일 뿐 아니라 그 未支給額에 대하여 月 5分의 遲延利子를 支給하기로 約定한 경우에 있어서 위와 같은 未支給額이 있다는 이유만으로 위 賣買契約을 解除하는 것은 信義則에 違背된다고 보았고,[156] ④ 工事受給人이 一部工事를 完了하였는 데에도 工事都給人이 그에 따라 支給하기로 한 工事 中間代金을 지급하지 아니하여 그 工事가 중단된 것이라면 工事都給人은 信義則에 비추어 工事中斷을 이유로 都給契約을 解除할 수 없다고 하였으며,[157] ⑤ 林野賣買契約을 하면서 買受人이 殘代金을 支給하기에 앞서 賣渡人이 林野 위의 墳墓를 移葬하기로 約定하였는데, 賣渡人이 5년 동안이나 遲滯하여 移葬을 하였고 그 동안 大韓住宅工事가 協議에 의하여 위 林野를 取得함으로써 買受人으로서는 위 林野를 宅地로 開發하여 住宅을 建築하려던 의도가 霧散되었으며, 買受人은 그 동안 賣買契約의 效力이 여전히 持續된다고 信頼하여 왔다면, 오랫동안 先履行義務의 履行을 遲滯하여 온 賣渡人이 賣買契約이 締結된 날로부터 무려 7年餘가 經過한 뒤에 買受人의 위와 같은 信頼에 반하여 買受人에게 殘代金支給義務를 履行하지 아니하면 契約을 解除한다는 趣旨의 通告도 없이 바로 訴訟을 提起함으로써 契約을 解除한 것은 信義誠實의 原則에 反한다고 보았다.[158]

[金 龍 德]

155) 大判 66. 5. 31, 66다626(集 14-2, 49).
156) 大判 71. 3. 31, 71다352등(集 19-1, 304).
157) 大判 79. 12. 28, 78다1872(公 627, 12537).
158) 大判 90. 4. 27, 89다카14080등(公 1990, 1158).

第543條(解止, 解除權)

① 契約 또는 法律의 規定에 依하여 當事者의 一方이나 雙方이 解止 또는 解除의 權利가 있는 때에는 그 解止 또는 解除는 相對方에 대한 意思表示로 한다.

② 前項의 意思表示는 撤回하지 못한다.

차 례

Ⅰ. 解除權·解止權의 發生

1. 解除權의 發生

(1) 約定解除權

(가) 當事者는 契約에 의하여 當事者의 一方 또는 雙方이 契約을 解除할 수 있는 權利를 留保할 수 있는바, 이를 約定解除權이라 한다.[1] 이러한 約定解除權은 처음부터 解除의 對象이 되는 契約에서 정할 수도 있고, 그 후에 締結하는 別個의 契約에 의하여서도 할 수 있다. 또한 契約이 履行되기 전에 解除할 수 있는 것으로 하여도 좋고, 契約이 履行된 후에 解除할 수 있는 것으로 하여도 좋다. 이와 같은 解除權을 約款에서 정하여 留保하는 경우도 있는바 이 約款을 解除約款[2]이라고 부른다.

大法院은 當事者가 契約書를 作成하면서 "乙이 工事를 施工中이라 할지라도, 工事에 대한 資材로 建築通例上 低質資材를 사용하였거나 無斷히 3일 이상 中斷하거나 竣工할 가망이 없다고 甲이 認定하거나 本契約 각 條項 중 어느 1條項이라도 違反하였거나 工程表와 차질이 생겼을 경우에는 甲은 工事中

1) 大判 76.7.13, 75다2318(要集 民 Ⅰ-2, 871)은 賣買契約時에 都市計劃에 들어 있으면 解約한다는 約定을 한 경우에, 風致地區에 들어 있는 경우를 解約事由에서 제외하기로 하는 內容의 特約이나 다른 特別한 事情이 없는한, 賣買目的物이 道路, 再開發地區, 綠地地區에 들어 있는 경우뿐만 아니라 都市計劃上의 風致地區에 들어 있는 경우에도 위의 解約事由에 포함된 것으로 본다.
2) 이를 解除權留保條項이라고 부르기도 한다(李銀榮, 169).

斷을 명할 수 있으며, 이 경우 乙은 甲이 취하는 여하한 措置에도 異議 없이 此에 순응할 義務를 진다"고 約定하였다면, 이는 當事者 사이에 合意에 의하여 受給人에게 契約條項上의 附隨的義務違反 등이 있는 경우에 都給人에게 解除權을 부여하고 그의 單獨의 意思表示에 의하여 都給契約을 解除할 수 있도록 하는 約定解除權의 留保에 관한 約定으로 보며,[3] 또한 不動産賣買契約에 있어서 買受人이 賣買目的 不動産 위에 設定된 根抵當權에 기한 第3者의 被擔保債務를 引受하고 그 債務該當額을 賣買代金에서 控除하기로 하면서 만약 將來 債權者의 承諾拒絶로 인하여 根抵當債務引受가 이루어지지 않게 되는 때에는 賣買契約을 解除할 수 있기로 約定한 경우 이는 買受人 一方을 위한 解除權留保의 特約으로 보아 賣渡人이 위 約定을 根據로 解除權을 行使할 수는 없다고 한다.[4] 그리고 單位面積을 基礎로 하는 賣買契約에 있어서 賣買目的物의 面積이 具體的으로 확정되지 아니한 상태에서 契約을 하였다 하여도 面積이 增加되어 확정되면 그에 따라 代金을 精算함은 모르되 當事者 一方이 契約全體를 解除할 수 있다는 特約은 異例에 속하는 것이므로 이를 인정하기 위하여는 納得할 만한 事情이 인정되어야 한다고 본다.[5]

이러한 解除權의 留保는 賣買와 같은 雙務契約에서 정하여지는 일이 많지만, 片務契約에 관하여서도 할 수 있다.

(나) 이러한 解除權의 留保約定을 하는 이유에는 여러 가지가 있을 수 있으나, 다음의 두 가지를 드는 것이 보통이다. 첫째로 일응 契約을 締結하여 두지만 將次 어떠한 客觀的 또는 主觀的 障碍 때문에 契約上의 拘束을 벗어날 필요가 생길지도 모른다 하여 미리 契約廢棄의 가능성을 남겨 두고자 하는 경우, 즉 將來의 不確實한 事情에 適應할 수 있는 여지를 남겨 두기 위한 경우가 있다. 둘째로 相對方이 契約上의 債務를 履行하지 않으면 이쪽에서도 契約上의 債務를 면할 수 있도록 하여 두자는 경우, 즉 間接的으로 相對方의 履行을 強制하고, 아울러 相對方의 不履行에 對備하여 이에 대응하는 手段을 留保하여 두는 경우이다.

(다) 解除權의 留保約定을 하는 경우에는 法定解除와 관련하여 두 가지의 態樣을 豫想할 수 있다. 먼저 法定解除權의 發生을 排除하고 約定된 事由에 의하여서만 解除權이 생김을 約定하는 경우가 있고, 다음 法定解除權은 法

3) 大判 83.1.18, 81다89등(集 31-1, 10).
4) 大判 91.5.28, 91다8838(公 1991, 1761).
5) 大判 91.11.26, 91다16389(公 1992, 278).

律에서 정한 要件에 의하여 發生하고 그 외에 約定된 解除事由에 의하여 解除權이 追加로 發生한다고 정하는 경우가 있다.[6] 契約에서 約定解除權의 留保 및 違約罰에 관한 約定을 하면서 法定解除權의 拋棄 또는 排除에 관하여 아무런 정함이 없었다면 法定解除權의 成立에는 아무런 영향을 주지 않는다.[7]

解除權의 留保約定이 約款에 의하여 정해지는 경우에 約款의 規制에 관한 法律은 위 態樣에 따라 特則을 두고 있는바, 法律의 規定에 의한 顧客의 解除權을 排除하거나 그 行使를 制限하는 約款의 條項 및 事業者에게 法律에서 規定하고 있지 아니하는 解除權을 부여하거나 法律의 規定에 의한 解除權의 行使要件을 緩和하여 顧客에 대하여 不當하게 不利益을 줄 우려가 있는 約款의 條項은 모두 無效이다.[8]

㈑ 約定解除權은 當事者가 契約에서 明白히 정하지 아니한 경우에도 法律의 規定에 의하여 解除權을 留保한 것으로 다루어지는 경우가 있는바, 契約金이 授受된 경우가 그 예이다. 즉 契約을 締結할 때에 一方當事者가 相對方에 대하여 金錢 기타의 物件을 交付하는 경우, 그 交付된 것을 契約金이라고 하는바, 有償契約에서 契約金이 授受되면 다른 約定이 없는 한 當事者의 一方이 履行에 着手할 때까지 交付者는 이를 拋棄하고 受領者는 그 倍額을 償還하여 有償契約을 解除할 수 있으므로,[9] 다른 約定이 없는 한 契約金이 授受된 契約에는 解除權이 留保된 것으로 推定된다. 또한 民 §590 이하에서 정하고 있는 還買權에 관하여도 이를 解除權의 일종으로 보는 見解가 多數說이다.[10]

(2) 法定解除權

法定解除權은 法律의 規定에 의하여 정하여지는 解除權을 말하는바, 모든 債權契約에 共通한 原因에 기하는 一般的인 것과 特種의 契約에 特殊한 原因에 기하는 것이 있다. 契約一般에 관하여 인정되는 一般的 法定解除權의 發生原因은 넓은 의미에 있어서의 債務不履行이며, 債務不履行에는 履行遲滯·履行

---

6) 大判 91. 1. 11, 90다8053(公 1991, 719)은, 工業團地管理法 §15 I iii에 의한 契約解除는 工業用地를 讓受한 入住業體가 正當한 事由 없이 정해진 期間內에 工場 기타 施設의 建設에 着手하지 아니하는 경우 工業團地의 效率的 利用이라는 측면에서 管理工團에게 一方的으로 그 入住契約을 解止할 수 있는 權限을 준 것일 뿐 管理工團이 私經濟主體로서 工場用地의 分讓契約時 이와 다른 約定解除權을 留保하는 것 자체를 禁한 것으로 볼 수 없으므로 위 約定解除權을 留保한 管理工團과 入住業體 사이의 入住契約은 有效하다고 본다.

7) 大判 90. 3. 27, 89다카14110(公 1990, 1225).

8) 約款의 規制에 관한 法律 §9 i · ii.

9) 民 §565. 契約金에 의한 解除權의 留保에 관한 說明은 위 條項에 관한 注解 參照.

10) 金曾漢, 172; 金錫宇, 208; 李太載, 203; 金顯泰, 147.

不能·不完全履行 및 受領遲滯가 있다. 이들 가운데에서 民法이 解除權의 發生原因으로서 規定하는 것은 履行遲滯와 履行不能[11]이며, 履行遲滯는 催告를 요하는가의 與否에 따라 普通의 履行遲滯[12]와 定期行爲의 履行遲滯[13]로 나누어 規定되는바, 이에 관한 자세한 要件 등은 뒤에서의 각 條文에 관한 注解部分에서 검토한다. 그리고 民法에서 규정된 외에 그 밖의 債務不履行 즉 不完全履行과 受領遲滯(債權者遲滯), 附隨的債務의 不履行 및 事情變更에 의하여 解除權이 발생하는가의 문제가 있는바, 受領遲滯를 제외한 나머지 문제는 前論에서 언급한 바와 같으며, 受領遲滯의 문제는 通常의 履行遲滯에 관한 民 §544의 注解部分에서 다루기로 한다.

2. 解止權의 發生

(1) 解止權에 있어서도 約定解止權 및 法定解止權이 인정된다는 점 및 그 一般的인 意義에 관하여는 前論에서 살펴본 바와 같다.[14]

(2) 法定解止權의 發生에 관하여 民法은 一般的인 規定을 두지 않고, 個別的으로 규정하고 있는바, 이러한 明文의 規定이 없는 경우에는 解止權의 發生을 인정할 수 없느냐가 문제된다. 특히 民 §§544 내지 546가 繼續的 契約에도 適用되느냐에 관하여 주로 論議되어 왔는바 이에 관하여는 學說의 對立이 있다.

㈎ 否 定 說　　否定說이 드는 根據를 보면 다음과 같다.

民法이 解除와 解止를 구별하여 쓰고 있음에도 위 條項들에서는 解止에 관한 언급이 없고, 또한 위 條項들이 準用되어야 할 만한 경우에 관하여는 各種의 契約에 관하여 個別的으로 규정하고 있으므로, 위 條項들을 適用할 여지가 없다.[15]

繼續的 契約에서 解止事由로서의 債務不履行은 雙務契約의 解除와 다르다. 즉 雙務契約의 解除는 이미 발생한 相換的 債務中 하나의 債務不履行이 다른 債務에 미치는 영향의 法律問題가 되나, 繼續的 契約에서는 前回期의 相對方의 債務不履行을 이유로 今回期부터의 契約關係를 終了할 수 있느냐의 문제로 다루어 진다. 즉 債務不履行과 解止와의 相互關係는 雙務契約의 相換的 債務 사이의 문제가 아니다. 또한 賃貸借·割賦賣買 등에서는 賃借人·買受人

11) 民 §546.
12) 民 §544.
13) 民 §546.
14) 前述 前論 註 7), 8) 및 그 本文 參照.
15) 崔栻, 94; 金曾漢, 116.

의 1回의 借賃·割賦金의 延滯만으로 곧 解止權의 發生을 인정하는 것은 不當하다. 解止事由가 되는 債務不履行의 程度는 弱者保護思想을 배려하여 각 契約의 特性에 맞게 具體化하여야 하는바, 民法 그 밖의 特別法[16]의 解止에 관한 각 規定은 각각의 契約을 고려한 固有의 解止事由이다. 그러므로 주로 雙務契約의 相換的 債務를 염두에 둔 民 §§544 내지 546를 解止에 類推適用하는 것은 1回의 履行遲滯와 催告만으로 契約의 消滅을 인정하는 결과가 되어 不當하고, 一般原則으로서는 一方當事者의 前回期의 債務不履行이 繼續的 契約의 存續基礎가 되는 信賴關係를 해칠 정도가 되는 경우에 비로소 解止權이 인정된다고 한다.[17]

㈏ 肯 定 說　　이에 반하여 肯定說은, 民法이 각종의 典刑契約에서 解止權을 규정하고 있으나 法定解止權의 發生을 인정하여야 할 경우를 網羅하고 있지는 않고, 또한 繼續的 債權關係의 區別의 基準이 되는 給付의 繼續性은 相對的 概念으로서 民法이 一時的 債權關係가 생길 뿐이라고 생각하는 契約에서 繼續的 債權關係가 發生할 수도 있게 되나 이에 관하여는 民法은 전혀 규정하는 바가 없으므로 繼續的 債權關係에 관하여도 債務不履行이 있으면 一般的으로 解止權은 발생한다고 보는 것이 좋다는 것을 근거로 들며, 따라서 履行遲滯·履行不能·不完全履行·債權者遲滯에 기하여 解止權이 발생될 수 있다고 한다.[18]

(3) 그 밖에 事情變更의 原則이 解止權에도 적용될 수 있는가에 관하여는 前論에서 살펴본 바와 같다.[19]

---

16) 勤勞契約의 解止·解雇에 관한 勤基 §§27, 27의 2, 保險契約에 관한 商 §650.

17) 李銀榮, 173-74; 李太載, 136.

18) 郭潤直, 169; 金疇洙, 149.

大判 71.5.24, 71다410(集 19-2, 34)도, 墳墓守護契約에 있어서 墳墓守護義務에는 墳墓守護를 위한 墓幕의 管理保存行爲도 포함된다 하여 이 墓幕의 所有權을 墳墓守護者가 恣意로 處分하는 行爲는 그 守護條件을 違背하여 義務履行을 懈怠한 때에 該當한다 할 것이라고 하여 위 墳墓契約의 解除(解除라고 표현하고 있으나 그 內容은 解止이다)事由가 된다고 본다. 또한 大判 87.4.14, 86다카2342(公 1987, 805)은, 甲이 宗中과 墳墓守護契約에 따라 논과 果樹園을 造成하여 耕作하는 경우에 一般 地上權이나 賃貸借와는 달리 甲이 墳墓守護에 따른 義務를 게을리하지 않는 한 그 土地의 名義受託者들이 任意로 위 墳墓守護契約을 解除(역시 그 內容은 解止이다)할 수 없다고 判示하고 있는바, 과연 그趣旨가 墳墓守護契約의 當事者가 아닌 제3자의 契約解止權을 排除한 것인지 아니면 墳墓守護契約은 債務不履行의 경우에만 解止가 인정된다는 것인지 명확하지 않다.

19) 前述 前論 註 136) 및 그 本文 參照.

債務不履行에 관한 民法 規定에 의하여 解止權이 發生하는 것을 否定하는 立場에서는, 事情變更의 原則이 解止에도 적용되는가에 관하여 明白히 언급하고 있지는 아니하나, 뒤에서 보듯이 信義則에 의한 解止權의 發生을 認定하고 있으므로 事實上 이를 肯定하고 있다고 보인다.

(4) 民法이 여러 가지의 契約에 관하여 規定하고 있는 解止權의 發生事由를 類型別로 나누어 보면 다음과 같다.

(가) 存續期間의 約定이 없는 경우　　存續期間의 約定이 없는 경우에는 當事者의 一方 또는 雙方이 언제든지 또는 一定한 條件下에 이를 解止할 수 있을 것으로 규정하고 있고,[20] 경우에 따라서는 存續期間의 約定이 있는 때에도 解止權이 있는 수가 있다.[21]

大法院은 社團法人 大韓環境衛生協會가 그 會員과의 사이에 위 協會의 서울支部 美容分科委員會에서 協定한 料金 및 公休日을 遵守함과 同時에 從業員의 誘引雇傭을 하지 않기로 하고 위 事項을 違反할 때에는 違約金 만원을 위 協會에 支給한다는 내용의 約定을 한 경우에 그 約定은 會員의 營業上 活動의 自由를 一方的으로 制限함에 그치는 것이므로 이와 같은 營業上 自由의 制限에 관한 約定을 無制限 허용함은 會員의 法律上 地位에 重大한 制限을 부과하는 것으로서 이와 같은 約定은 制限을 받는 자가 一方的으로 解約할 수 있다고 보고,[22] 根抵當權에 의하여 擔保되는 債權이 全部 消滅하고 債務者가 去來를 더 이상 계속할 意思가 없는 경우에는 根抵當 또는 그 기초되는 契約에 存續期間의 정함이 있고 그 期間의 經過前이라도 設定者는 그 契約을 解止할 수 있다고 보며,[23] 根抵當權이 설정되었으나 그 設定者 本人 또는 제3자의 債務에 관한 擔保로 提供된 證據가 없고 또한 與信契約期間의 정함이 없는 경우에는 設定者는 一方的으로 그 與信契約을 解止할 수 있다고 한다.[24] 그리고 期間의 정함이 없는 이른바 繼續的 保證契約은 保證人의 主債務者에 대한 信賴가 깨어지는 등 保證人으로서 保證契約을 解止할 만한 相當한 理由가 있는 경우에 保證人으로 하여금 그 保證契約을 그대로 維持, 存續하게 한다는 것은 社會通念上 바람직하지 못하므로 그 契約解止로 인하여 相對方인 債權者에게 信義則上 默過할 수 없는 損害를 입게 하는 등 특단의 事情이 있는 경우를 제외하고 保證人이 一方的으로 이를 解止할 수 있다고 보지만, 택시運送事業聯合會가 組合員을 위하여 제3자의 治療費債務에 관하여 保證契約을 締結한 경우에 그 후 그 제3자가 組合員을 相對로 損害賠償請求訴訟를 提起하였다는

20) 民 §§603 Ⅱ(消費貸借), 613 Ⅱ(使用貸借), 635(賃貸借), 660(雇傭), 689(委任), 699(任置).
21) 民 §§659, 661(各 雇傭), 698(任置).
22) 大判 64.5.19, 63다915(要集 民 Ⅰ-2, 869).
23) 大判 66.3.22, 66다68(集 14-1, 148).
24) 大判 68.9.17, 68다1412(集 16-3, 40).

事由만으로는 위 聯合會가 위 保證契約을 一方的으로 解止할 수 있는 事由에 해당하지 아니한다고 본다.[25)]

(나) 重大하게 信義則에 반하는 事由가 있는 경우 繼續的 債權關係에 있어서는 다른 경우보다 信義則이 더 한층 강하게 요구되기 때문에, 民法은 여러 가지 契約에 관하여 重大하게 信義則에 반하는 事由가 있을 때에는 解止할 수 있는 規定을 두고 있다. 예를 들어 賃貸借에 있어서 賃貸人이 賃借人의 意思에 반한 保存行爲를 한 경우,[26)] 借賃이 延滯된 경우,[27)] 雇傭에 있어서 使用者가 約定된 것 이외의 勞務提供을 요구하거나 또는 勞務者에게 필요한 技能이 없는 때[28)]가 그 典型的인 예이고, 또 當事者의 死亡[29)] 또는 破産[30)]이 解止의 事由가 되는 것도 이에 준하는 것이다.

나아가 民法에서 明文의 規定을 두지 않은 경우에도 信義則에 重大하게 반하는 事由가 생긴 때에는 解止權이 생긴다고 보는 것이 一般的인 學說이다.[31)]

(다) 目的物의 一部滅失의 경우 賃貸借目的物의 一部滅失의 경우에 그 殘存部分으로 目的을 達成할 수 없는 때에는 賃借人에게 解止權이 있다.[32)] 信義則違反으로 인한 解止權이 履行遲滯로 인한 解除權과 共通한 性質을 가진다면 이것은 履行不能으로 인한 解除權과 共通한 性質을 갖고 있다.[33)]

---

25) 大判 92. 7. 14, 92다8668(公 1992, 2400).
後述 註 31)에서 보듯이 앞부분에 說示된 解止權을 繼續的 保證契約의 特別解止權으로 보는 見解가 있다.

26) 民 § 625.

27) 民 §§ 640-1.

28) 民 § 658.

29) 民 § 614(使用貸借).

30) 民 §§ 614(使用貸借), 637(賃貸借).

31) 金曾漢, 117; 金疇洙, 150; 李銀榮, 174.
다만, 이 信義則을 根據로 한 解止權은 위에서 언급하였듯이 事情變更의 原則에 의한 解止權과 그 本質을 크게 달리하지는 않는다고 보인다(前述 註 19) 및 그 本文 參照).
한편 繼續的 保證에 있어서 保證人은 ① 保證期間이 정하여져 있지 않거나 그 期間이 지나치게 長期的으로 정하여져 있고, 保證責任의 限度가 정해져 있지 않으며 保證契約이 成立한 후에 相當한 期間이 經過한 경우에 인정되는 任意解止權과, ② 債務者의 資産狀態가 顯著히 惡化되거나 債務者의 職業 또는 身分에 현저한 변화가 생기는 경우 또는 保證人의 主債務者에 대한 信賴가 깨진 경우와 같이 保證契約을 그대로 維持하는 것이 信義則에 반하여 保證人의 利益을 지나치게 侵害하게 될 우려가 있는 경우에 인정되는 特別解止權이 있다고 하면서 特別解止權의 根據를 信義誠實原則의 派生原則으로서의 事情變更의 原則을 드는 見解가 있다(權五乘, 民法의 爭點, 277-80).

32) 民 § 627 Ⅱ.

33) 金曾漢, 117.

Ⅱ. 解除權·解止權의 行使

民 §543은 解除權과 解止權을 구별하지 아니하고 規定하고 있으므로, 解除權 및 解止權의 行使의 方法 등은 同一하다 할 것이므로, 이하에서는 特別한 경우를 제외하고는 주로 解除權을 중심으로 설명하기로 한다.

1. 行使의 自由

解除權은 위에서 본 바와 같이 契約에 의하여 또는 法律의 規定에 의하여 發生하나, 이를 行使하느냐 않느냐는 解除權者의 自由이다. 따라서 解除權者는 解除權을 行使하지 않고 本來의 債務의 履行을 強制할 수도 있다.

2. 行使의 方法

(1) 解除權의 行使는 相對方에 대한 意思表示로 하며,[34] 이 意思表示의 效力은 相對方에게 到達한 때에 생기게 된다.[35]

解除權者 및 그 相對方은 解除되는 契約의 當事者 또는 그 法律上의 地位를 承繼하고 있는 者를 가리키며 반드시 契約目的物의 所有者일 필요는 없다.[36] 그리하여 契約當事者의 地位를 承繼하지 아니하고 契約에서 發生하는 權利를 讓受함에 그치는 者에 대하여는 解除權이 인정되지 아니한다.[37] 大法院도 位土耕作契約을 承繼하지 아니한 位土耕作人과 位土所有者와의 사이에 契約解止의 合意를 하였더라도 從前의 位土耕作人에게는 解止의 效力이 없다고 보며,[38] 賣買契約을 紹介하고 買受人을 代理하여 賣買契約을 締結하였다 하여 곧바로 그가 買受人을 代理하여 賣買契約의 解除 등 一切의 處分權과 相對方의 意思를 受領할 權限까지 가지고 있다고 볼 수 없다고 判示한다.[39] 한편으로는 共有者 甲이 契約當事者 本人 겸 다른 共有者 乙의 代理人으로서 賣買契約을 締結한 경우에는 甲에게 契約解除의 意思表示를 하면 乙에 대하여도 解除의 效

34) 民 §543 Ⅰ.
35) 民 §111.
36) 大判 64. 10. 20, 64다444(集 12-2, 143)은, 宗中合有의 位土가 他人에게 信託登記된 경우에 宗中員中 한사람과 耕作契約을 締結하여 그 位土를 耕作中인 자가 그 契約에 違背하였다면 그 宗中員은 位土耕作契約을 解除하고 土地引渡를 구할 수 있다고 判示한다.
37) 金疇洙, 128.
38) 大判 81. 6. 9, 80다3289(集 29-2, 109).
39) 大判 87. 4. 28, 85다카971(公 1987, 865).

力이 있다고 본 判例가 있고,[40] 個人인 甲과 賣買契約을 締結한 賣渡人이 그 契約을 解除함에 있어서 乙 財團法人 理事長 甲을 受取人으로 하여 解除의 通知를 한 경우에 甲이 그 目的物을 乙 財團法人의 所有로 할 意思였음이 인정되면 위 契約 解除의 通知는 甲 個人에 대한 意思表示로 보지 못할 바 아니라고 본 判例가 있다.[41]

그리고 債權者代位權에 의한 解除權의 行使는 허용되는바, 大法院도 解止權의 代位行使를 인정하여, 債權者가 골프클럽會員의 골프場 運營會社에 대한 入會金返還請求權에 대하여 押留 및 轉付命令을 받은 事案에서, 債權者는 위 押留 및 轉付命令이 제3자인 골프場 運營會社에게 送達된 때에 執行法院을 통하여 골프場 運營會社에게 債務者인 會員을 代位하여 會員加入契約 解止權을 행사한 것으로 보아 골프場 運營會社에 대하여 바로 入會金의 返還을 請求할 수 있다고 본다.[42] 또한 賃借保證金을 정한 賃貸借契約에 의하여 賃借人이 賃貸人에 대하여 가지는 賃借保證金返還債權을 讓受한 者는 賃貸借契約期間의 정함이 없는 경우에는 賃借人이 가지는 解止通告權을 代位하여 행사할 수 있다는 見解도 있다.[43]

또한 解除權者가 解除權을 行使하기에 앞서 그의 債權을 제3자에게 讓渡한 경우에 讓受人의 同意를 요하는가에 관하여는, 讓受人의 保護를 위하여서는 解除하는 데에 그의 同意가 있어야 한다고 볼 餘地도 있지만, 讓渡된 債權은 雙務契約에서 發生한 債權이고 當事者 중의 어느 한 사람의 債務不履行에 의한 契約解除가 있으면 消滅하여야 할 運命의 것이므로 讓受人의 不利益은 瑕疵擔保責任으로 해결하여야 된다고 본다.[44]

(2) 解除의 意思表示의 方式에는 아무런 制限이 없다. 따라서 書面에 의하든 또는 口頭로 하든 어느 것이나 좋다.[45] 또한 裁判上 訴狀·答辯書·辯論 등에 있어서의 攻擊·防禦의 方法으로서 하여도 좋다. 解除權者가 訴狀에 의하여 解除의 意思表示를 하였으나 그 訴狀의 副本이 相對方에게 送達되지 아니하

40) 大判 91. 9. 13, 91다18651(公 1991, 2534).
41) 大判 64. 8. 31, 64다176(要集 民 Ⅰ-2, 870).
42) 大判 89. 11. 10, 88다카19606(集 37-4, 11).
43) 韓騎澤, "賃借保證金返還請求債權을 讓受한 者의 賃貸人의 賃借人에 대한 目的物明渡請求權의 代位行使", 民判硏 Ⅻ, 42-3, 47.
44) 郭潤直, 154.
45) 大判 92. 5. 26, 92다2332(公 1992, 2011)은, 根保證契約上 保證人이 債務者인 會社의 任員에서 退任한 때에는 그 事實을 書面으로 銀行에 通報하여야 한다는 趣旨로 규정되어 있어도, 保證人이 銀行과의 사이에서 連帶保證契約을 解止하는 意思表示를 반드시 書面에 의하여야만 한다고는 解釋되지 않는다고 判示하였다.

였어도 그 相對方이 出席한 第1回 辯論期日에 解除權者가 訴狀에 의하여 請求趣旨와 請求原因을 陳述한 경우에는 契約은 그 辯論期日에 解除된 것으로 보며,[46] 解除權者가 支給命令으로 契約의 存續과 兩立할 수 없는 請求를 한 경우에는 그 支給命令이 相對方에게 送達된 때에 解除權을 행사한 것으로 본다.[47] 또한, 解除權者가 訴提起로써 契約解除權을 행사한 후 그 訴訟을 取下하였다 하여도 解除權은 形成權이므로 그 行使의 效力에는 아무런 영향을 미치지 아니한다.[48]

그러나 名義信託者가 受託者를 相對로 信託不動產에 대하여 處分禁止假處分申請을 하여 假處分決定定本이 受託者에게 送達되었다 하여도 이를 名義信託關係의 解止의 意思表示를 한 것으로 보지는 않으며,[49] 또한 代理店契約의 債務者를 위하여 繼續的 保證契約을 締結한 保證人이 자기 不動產에 대하여 債權者가 한 假押留執行에 抗議하였다는 事情만으로는 위 契約을 解止할 意思를 表示한 것으로는 보지 않는다.[50]

(3) 約定解除權에 관하여 當事者가 특히 그 行使의 方式이나 期間을 制限하고 있는 경우에는 그에 따라야 하지만, 그 行使에 관하여 制限을 두지 아니하였다면 비록 賣買契約當事者 사이에 中途金이 支給된 후라도 約定解除權을 行使할 수 있다.[51]

(4) 解除의 意思表示에는 條件과 期限을 붙이지 못한다.[52] 解除權은 形成權이며, 그 行使는 一方的 意思表示에 의하여 法律關係의 變動을 일어나게 하는 것을 目的으로 하는 法律行爲이므로, 이에 條件이나 期限을 붙이면 不確定한 法律狀態가 생겨 相對方을 不利益한 地位에 놓이게 하기 때문이다.[53] 다만 條件이나 期限을 붙여도 위와 같은 염려가 없는 때에는 상관이 없다. 예를 들어 催告와 同時에 催告期間 내에 履行하지 않으면 다시 解除의 意思表示를 하지 않더라도 當然히 解除된다고 通知한 경우에 이는 催告期間內의 不履行을 停止條件으로 하는 解除의 意思表示라고 보는데, 이는 有效하다고 解釋된다.[54]

---

46) 大判 64.7.14, 63다1107(要集 民 I-2, 870).
47) 大判 69.1.28, 68다626(集 17-1, 92).
48) 大判 82.5.11, 80다916(集 30-2, 1).
49) 大判 79.6.5, 79다680(要集 民 I-2, 872).
50) 大判 90.11.27, 90다카14130(公 1991, 211).
51) 大判 79.9.25, 79다832등(公 621, 12261).
52) 註釋債各(I), 383.
53) 郭潤直, 148; 金曾漢, 97; 金疇洙, 129.
54) 郭潤直, 148; 金曾漢, 97; 金疇洙, 129; 金基善, 94; 大判 81.4.14, 80다2381(集 29-1, 163).

(5) 解止에 관하여 民法은 解止期間을 정하는 경우와 그렇지 않은 경우가 있다. 즉 民 §635는 期間의 約定이 없는 賃貸借는 當事者가 언제든지 解止할 수 있다고 규정하면서 그 解止는 一定한 期間이 經過한 때에 效力이 생기는 것으로 정하고 있는바, 이처럼 解止의 效力이 발생하기 위한 期間을 解止期間이라고 부른다. 이 解止期間은 繼續的 債權關係를 특히 보호하기 위하여 둔 것이라 할 것이므로, 解止期間에 관한 規定은 특히 明文의 規定[55]이 없더라도 強行法規라고 解釋하는 것이 타당하다.[56]

(6) 解除의 意思表示는 解除權이 消滅하기 전에 행사하여야 함은 물론이다. 解除權의 一般的 消滅原因은 後述한다.[57]

3. 撤回의 制限

解除의 意思表示는 이를 撤回하지 못한다.[58] 다만 解除의 意思表示는 相對方에게 到達하여야 그 效力이 발생하는 것이므로 相對方에게 意思表示가 到達하기 전에 撤回의 意思表示가 到達한 경우에는 그 撤回의 意思表示는 有效하다.[59] 그리고 無能力·意思表示의 錯誤나 瑕疵를 이유로 取消할 수 있음은 물론이다.

解除의 撤回를 禁하는 것은 解除의 意思表示로 契約의 遡及的 解消라는 效果가 생기고, 相對方도 그렇게 믿기 때문이다. 따라서 相對方이 承諾하면 撤回할 수 있다고 解釋하여야 한다.[60] 그리하여 契約이 解除된 후에 契約當事者의 一方이 그 契約目的物을 받은 경우에는 特別한 事情이 없는 한 當事者 사이에 解除된 契約을 復活시키는 約定이 있었다고 解釋하지만,[61] 賣買契約이 解除된 후에 當事者가 賣買契約이 解除되지 아니하였음을 前提로 한 言動을 하였음에 不過한 경우에는 契約解除의 效力에 影響이 없다.[62]

[金 龍 德]

55) 民 §652.
56) 郭潤直, 168; 黃迪仁, 民法 Ⅳ, 215; 註釋債各(Ⅰ), 431.
57) 民 §§552, 553 각 注解部分 參照.
58) 民 §543 Ⅱ.
59) 金基善, 94.
60) 郭潤直, 149; 金曾漢, 97-8; 金疇洙, 128-9.
61) 大判 63. 3. 7, 62다684(集 11-1, 181); 大判 80. 7. 8, 80다1077(集 28-2, 152).
62) 大判 91. 9. 13, 91다18651(公 1991, 2534).

第544條(履行遲滯와 解除)

當事者 一方이 그 債務를 履行하지 아니하는 때에는 相對方은 相當한 期間을 定하여 그 履行을 催告하고 그 期間內에 履行하지 아니한 때에는 契約을 解除할 수 있다. 그러나 債務者가 미리 履行하지 아니할 意思를 表示한 境遇에는 催告를 要하지 아니한다.

차 례

Ⅰ. 履行遲滯로 인한 解除權 發生의 要件

定期行爲가 아닌 契約은 비록 履行期에 履行이 없더라도 반드시 債權者가 契約의 目的을 達成할 수 없게 되지는 않는다. 여기서 民法은 履行遲滯의 경우에는, 當事者 雙方의 立場을 고려하면서 한편 一般去來에 있어서의 契約에 대한 信賴를 維持하기 위하여 債權者가 相當한 期間을 정하여 催告를 하고, 만일에 그 期間 내에 履行이 없으면 契約을 解除할 수 있도록 정하였다. 따라서 이 경우에 解除權이 發生하기 위하여는 基本的으로, ① 債務者에게 責任있는 事由로 履行을 遲滯하였을 것, ② 債權者가 相當한 期間을 정하여 催告하였을 것, ③ 催告의 期間內에 履行 또는 履行의 提供이 없있을 것의 세 要件을 갖추어야 하고, 다만 債務者가 미리 履行하지 아니할 意思를 표시한 경우에는 催告를 요하지 아니하는바, 아래에서 각 要件에 관하여 살펴본다.

1. 債務者의 歸責事由에 의한 履行遲滯가 있을 것

(1) 債務者의 歸責事由에 의한 履行遲滯는, ① 履行期가 到來하였을

것,[1] ② 履行이 可能할 것, ③ 債務者에게 責任 있는 事由로 遲滯되었을 것, ④ 履行하지 않는 것이 違法할 것의 네 要件이 있을 때에 成立하는바, 이들의 각 要件에 관하여는 債權總論部分에서 자세히 論議될 것이므로, 상세한 설명은 피하고, 다만 契約 解除와 관련된 문제점만을 살펴본다.

(2) 歸責事由의 要否

民法은 §546에서는 그 要件으로 債務者의 歸責事由를 요함을 明文으로 정하면서도, §544에서는 그 要件으로 債務不履行이 債務者의 責任 있는 事由 즉 歸責事由에 의한 것이어야 함을 明言하고 있지 않다. 여기서 法定解除權의 發生要件으로서의 履行遲滯에는 그것이 債務者의 歸責事由에 의한 것이어야 하느냐가 문제된다. 一般的으로 履行遲滯에 의한 責任은 債務者에게 責任 있는 事由에 기하여야 함을 要件으로 하고 있으므로,[2] 履行遲滯에 의한 解除에 있어서도 마찬가지로 解釋하여야 한다는 데에 異說이 없다.

(3) 違 法 性

㈎ 債務者가 履行하지 않는 것이 違法하여야 하므로, 債務者가 그의 不履行을 正當化할 수 있는 事由를 가지는 때에는 解除權은 發生하지 않는다. 따라서 賣買契約 當事者間에 所有權移轉登記를 마친 후에 賣買代金을 支給하기로 約定한 경우에는 所有權移轉登記義務가 先履行義務이므로 賣渡人은 그 義務를 履行하지 않는 한 契約解除를 구할 수 없고,[3] 또한 債務者가 同時履行의 抗辯權을 가지는 경우에는 債權者는 自己의 反對債務의 履行을 提供하여 債務者의 同時履行의 抗辯權을 除去하지 아니하면 解除를 하지 못한다.[4] 그리고 大法院은, 買受人의 代金支給이 先履行關係에 있는 경우에도 賣渡人의 反對給付履行이 事實上 불가능한 狀態에 있으면 그 狀態下에서는 履行遲滯를 이유로 解除할 수 없는 것으로 보고 있고,[5] 또한 買受人의 中途金支給義務가 先

---

1) 契約解除權發生의 履行遲滯는 債務의 履行이 가능한 데에도 債務者가 그 履行期를 徒過한 것을 말하고 그 履行期 到來前에는 履行遲滯란 있을 수 없으므로, 債務履行의 方法으로 交付한 어음이 支給期日에 支給不能이 豫想된다 하더라도 殘代金의 履行期日이 經過하지 않은 이상 履行遲滯에 해당하지 않는다(大判 82. 12. 14, 82다카861(集 30-4, 141)).

2) 民 §390 參照.

3) 大判 75. 9. 9, 74다355(公 522, 8632).

4) 大判 60. 3. 24, 4291민상644등(集 8, 37); 大判 65. 10. 5, 65다1644등(要集 民 Ⅰ-2, 879); 大判 69. 7. 8, 69다337(集 17-2, 281); 大判 69. 9. 23, 69다845등(要集 民 Ⅰ-2, 880); 大判 86. 7. 22, 85다카1904(公 784, 1908).

5) 大判 70. 2. 24, 68다1006(集 18-1, 103).
同時履行의 關係에 있는 反對給付의 履行이 事實上 불가능한 경우에 履行의 催告를 하여 解除할 수 없음에 관하여는 大判 67. 10. 4, 67다1575(要集 民 Ⅰ-2, 880) 參照.

履行義務인 경우에도, 賣渡人인 宗中이 宗中決議書를 提示하지 않고 있고 目的物이 전부 登記되어 있다고 하였으나 실제로는 대부분을 차지하는 面積이 전혀 登載되어 있지 않으며 또한 中途金이 相當한 金額인 경우에는, 그 目的物의 登記簿上 是正 및 宗中決議書의 提示가 있을 때까지 中途金의 支給을 拒絶할 正當한 事由가 있다고 인정한다.[6] 나아가 土地去來許可를 前提로 하는 賣買契約의 경우 許可가 있기 전까지는 買受人에게 그 契約內容에 따른 代金의 支給義務가 없는 것이므로 비록 賣渡人이 所有權移轉登記의 所要書類의 履行提供을 하여도 買受人이 履行遲滯에 빠지는 것이 아니고 위 許可가 난 다음 賣渡人이 그 履行提供을 하면서 代金支給을 催告하고 買受人이 이에 응하지 아니한 경우에 비로소 履行遲滯에 빠져 賣渡人이 契約을 解除할 수 있다고 한다.[7]

(나) 債務者가 同時履行의 抗辯權을 가지는 경우에, 債權者는 뒤에서 보는 履行의 催告를 함에 있어서 언제까지 어느 정도의 自己債務의 履行의 提供을 하여야 債務者의 同時履行의 抗辯權을 排除하고 解除權을 行使할 수 있는가 하는 문제가 있다.

履行遲滯는 解除權 發生의 要件이며, 債權者가 催告하기 위한 要件은 아니므로, 債權者의 履行의 提供은 催告時까지 하지 않더라도 催告에 표시된 期間까지 하면 된다.[8] 다만 確定期限이 정하여져 있는 경우에는 그 期限 내에 일단 債務의 履行의 提供을 하여 相對方을 遲滯에 빠지게 한 이상 債權者가 相當한 期間을 정하여 履行의 催告를 함에 있어서는 다시 履行의 提供을 할 필요가 없다는 見解가 있다.[9] 또한 履行의 催告를 하면서 相對方에게 一定한 日時를 정하여 履行하도록 通知한 경우에는 債權者도 그 日時에 履行의 提供을 하면 족하고 그 후 提供을 繼續할 필요는 없다.[10]

그러나 履行의 催告가 一定한 期間을 정하여 履行하도록 通知한 경우에는, 債權者는 그 期間중에는 繼續하여 履行의 提供을 하여야 하고 相對方의 行爲를 필요로 할 때에는 언제든지 現實로 履行을 할 수 있는 準備를 完了하

6) 大判 73.10.23, 73다292(集 21-3, 93).
7) 大判 92.7.28, 91다33612(公 1992, 2545); 大判 92.9.8, 92다19989(公 1992, 2846).
8) 金疇洙, 114.
9) 金疇洙, 114.
相對方이 履行의 提供을 하였음에도 불구하고 受領하지 아니하여 受領遲滯에 빠진 當事者가 그 후 相對方이 자기 債務의 履行의 提供을 다시 하지 않고서 履行을 請求한 경우에 同時履行의 抗辯權을 제출할 수 있는가에 관하여는, 肯定說과 否定說의 對立이 있는바, 이에 관한 설명은 民 §536에 관한 注解部分 參照. 다만 이 경우 否定說을 취하는 立場에서는 本文과 같은 경우에는 당연히 다시 履行의 提供을 할 필요가 없게 된다.
10) 金疇洙, 120; 金承鎭(前論 註 83), 164.

고 그 뜻을 相對方에게 通知하여 그 受領을 催告하여야만 相對方으로 하여금 履行遲滯에 빠지게 할 수 있고 단순히 履行의 準備態勢를 갖추고 있는 것만으로는 부족하다고 본다.[11] 예를 들어 商品을 引渡하여야 할 경우에는 그 期間중에는 買受人이 代金을 持參하여 引渡를 請求하면 언제든지 引渡할 수 있도록 準備를 해 두지 않으면 안 된다. 나아가 債權者가 負擔하는 義務가 移轉登記義務인 경우에는, 債權者의 위와 같은 催告에 대하여 債務者側에서 債權者에게 問議를 하여 登記를 하여야 할 確定的인 日時를 정하는 데 협력하여야 하고, 이를 게을리하는 경우에는 信義則上 債權者로서는 그 期間중 登記所에 나갈 수 있도록 태세를 갖추고 있으면, 催告의 效力이 생긴다고 하여야 할 경우도 있다는 見解도 있다.[12]

한편 債權者가 履行을 提供하여 催告하였으나 債務者가 履行하지 아니하여 解除權이 發生한 경우에는, 그 후에 債權者가 履行의 提供을 繼續하지 않더라도 解除權을 行使할 수 있다.[13]

㈐ 實務上 解除의 要件으로서의 債務不履行의 違法性을 결정함에 있어 同時履行의 抗辯權은 매우 중요한 역할을 한다. 그리하여 大法院에서는 同時履行의 抗辯權을 排斥하기 위한 履行提供의 程度에 관하여 一般的인 基準을 提示하고 있는바, 雙務契約에 있어서 그 解除를 위하여 一方當事者의 自己債務에 관한 履行의 提供을 엄격히 요구하면 오히려 不誠實한 當事者에게 구실을 주는 것이 될 수도 있을 것이므로, 一方當事者가 하여야 할 提供의 程度는 그 時期와 具體的인 狀況에 따라 信義誠實의 原則에 어긋나지 않게 合理的으로 정하여야 할 것을 提示하고 있다.[14] 이하에서는 大法院 判例에서 解除와 관련되어 문제된 同時履行의 抗辯權 및 이를 排除하기 위한 債權者의 履行의 提供 등에 관하여 살펴본다.

(a) 一般的으로 雙務契約에서 解除하려는 者가 自己의 債務를 履行함에 있어 相對方의 行爲를 필요로 하는 경우에는 現實로 履行의 提供을 할 필요 없이 그 準備를 完了하고 그 뜻을 相對方에게 通知하여 그 受領을 催告함으로써 相對方을 履行遲滯에 빠지게 할 수 있다고 본다.[15]

그리하여 雙務契約인 賣買契約에 있어서는 特別한 事情이 없는한 買受人

11) 金疇洙, 120; 李銀榮, 164.
12) 金疇洙, 120.
13) 郭潤直, 137; 金曾漢, 89; 金基善, 89; 註釋債各(Ⅰ), 387.
14) 大判 92.7.14, 92다5713(公 1992, 2396).
15) 大判 81.11.14, 81다634(要集 民 Ⅰ-2, 890); 民 §460 但書.

의 殘代金支給義務와 賣渡人의 所有權移轉登記書類 交付義務는 同時履行의 關係에 있고, 賣渡人의 登記節次의 履行에는 相對方의 行爲를 요하므로, 이러한 경우에 賣渡人이 買受人에게 遲滯責任을 지워 賣買契約을 解除하려면, 賣渡人이 所有權移轉登記申請에 필요한 一切의 書類를 現實로 提供할 필요는 없지만, 그 書類 一切를 準備하여 그 뜻을 相對方에게 通知하여 受領을 催告함으로써 이를 提供하여야 된다고 보며,[16] 비록 內部的으로 그 書類를 準備하고 있었어도 이를 提示하였다는 사정이 없으면 履行의 提供을 하였다고 보지 않는다.[17] 그리고 賣買契約 중 一部만 無效이고 나머지는 有效한 경우 賣渡人은 賣買契約 全部가 有效한 것으로 알고 있는 買受人에게 履行의 催告를 함에 있어서는 契約의 一部履行이 不能임을 알리고 나머지 履行이 가능한 부분에 대한 履行의 提供을 하여야 한다.[18]

(b) 위의 경우에 있어서 不動產賣渡人이 그 買受人에게 提供하여야 할 所有權移轉登記申請에 필요한 一切의 書類라 함은 登記權利證, 委任狀 및 不動產賣渡用 印鑑證明書[19] 등 登記申請에 필요한 모든 書類를 말하는

16) 大判 77.11.22, 76다2002(要集 民 I-2, 858); 大判 79.5.29, 79다553(要集 民 I-2, 884-5). 大判 87.9.8, 86다카1379(公 1987, 1553); 大判 90.11.13, 90다카23882(公 1991, 88).

大判 92.7.14, 92다5713(公 1992, 2396)은, 買受人의 殘代金의 準備나 提供與否에 關係 없이 賣渡人에게 一律的으로 즉시 所有權移轉登記가 가능할 정도로 具備書類를 完成하여 買受人에게 現實의 提供을 할 義務까지는 없다 할 것이고, 買受人이 賣買代金을 準備하지 아니하고 代金支給期日을 넘기는 등 契約을 履行함과 同時에 所有權移轉登記를 受領할 準備를 하지 아니한 경우에는, 賣渡人으로서는 不動產賣渡用 印鑑證明書를 發給받아 놓고 印鑑圖章이나 登記權利證 등을 準備하여 놓아 殘代金 受領과 同時에 法務士 등에게 委任하여 移轉登記申請行爲에 필요한 書類를 作成할 수 있도록 準備한 후 그 事實을 相對方에 通知함으로써 履行의 提供을 하고 殘代金支給의 催告를 할 수 있다고 보아야 할 것이고, 이 경우 위의 書類등은 자신의 집에 所持하고 있음으로써 족하다고 한다.

17) 大判 77.8.23, 77다126(要集 民 I-2, 884); 大判 92.9.22, 91다25703(公 1992, 2953).

大判 92.7.24, 91다38723등(公 1992, 2521)은, 단순히 履行의 準備態勢를 갖추고 있는 것만으로는 부족하다고 표현한다.

18) 大判 92.4.14, 91다43527(公 1992, 1585).

19) 大判 78.1.31, 77다2254(集 26-1, 58) 및 大判 80.1.29, 79다1910(集 28-1, 51)은 印鑑證明書의 住所는 登記簿上의 그것과 同一한 것이어야 하고, 만일 그들 사이에 다른 점이 있다면, 비록 그것이 賣渡人의 歸責事由에 기한 것이 아니라 하더라도 適法한 履行의 提供이 되지 못한다고 한다.

이에 반하여 大判 92.7.24, 91다15614(公 1992, 2514)은 賣渡人이 代金支給期日에 賣渡人의 不動產賣渡用 印鑑證明書와 위 不動產에 대한 假登記抹消用 印鑑證明書 및 그 외 각 登記權利證, 印鑑圖章 등을 준비하였다면 비록 賣渡人이 준비한 위 각 印鑑證明書의 住所가 각자의 登記簿上 住所와 일치하지 않더라도 買受人이 요구하는 賣渡證書, 賣買契約 解除證書나 委任狀 등은 賣渡人이 준비하여 간 印鑑圖章과 法務士 事務室에 비치된 用紙를 이용하여 그 자리에서 쉽게 마련할 수 있는 것들이고, 위와 같은 登記簿上 住所와 印鑑證明上의 不一致는 買受人이 賣渡人 및 假登記名義者의 住民登錄票謄本

바,[20] 農地賣買에 있어서는 農地改革法 所定의 所在地官署의 證明을,[21] 土地去來申告區域內에 있는 土地에 대한 所有權移轉登記를 함에 있어서는 國土管 § 21 의 7 所定의 申告畢證을,[22] 賣買目的物에 抵當權이 設定되어 있는 경우에는 그 抵當權設定登記의 抹消登記節次에 필요한 書類를,[23] 他人名義의 所有權移轉登記 請求權 保全의 假登記가 經了되어 있는 경우에는 그 假登記의 抹消登記節次에 필요한 一切의 書類를,[24] 地上權 및 假押留登記가 각 經了되어 있으면 각 登記의 抹消에 필요한 書類를[25] 각 준비하여야 하며, 또한 建築許可가 他人名義로 되어 있는 未登記建物의 賣渡人은 建築許可者名義로 일단 保存登記를 하였다가 買受人에게 所有權移轉登記를 하거나 또는 直接 買受人名義로 保存登記할 수 있는 登記關係書類를 具備하여야 한다.[26] 그리고 賣渡人이 土地의 特定한 一部를 賣渡한 경우에는 持分權移轉登記書類를 提供한 것만으로는 부족하다고 본다.[27]

(c) 債權者가 債務者에게 一定한 日時를 정하여 履行할 것을 催告한 경우에는, 債權者는 그 日時에 자기의 反對債務의 履行의 提供을 하면 족하고 繼續 履行의 提供을 할 필요는 없다.[28]

(d) 그리고, 雙務契約의 一方當事者가 履行期에 한번 履行의 提供을

을 發給받아(다만 당시는 他人의 住民登錄票謄本 發給申請이 가능하였음을 前提로 한다) 表示變更登記를 함께 申請하는 방법으로 쉽게 해결할 수 있었으니, 信義則에 비추어 볼 때에 賣渡人은 자신과 假登記名義者의 각 印鑑證明書와 登記權利證 및 印鑑圖章을 準備함으로써 비록 完全하다고는 할 수 없지만 일응 自己 債務의 履行提供을 하였다고 봄이 相當하다고 한다.

20) 大判 91. 7. 12, 90다8343(公 1991, 2134); 大判 87. 9. 8, 86다카1379(公 1987, 1553).
따라서 土地臺帳上 分割登載를 마친 사실만으로는 分割登記義務나 所有權移轉登記義務의 履行 또는 履行의 提供이라고 볼 수 없다(大判 80. 6. 24, 80다789(公 638, 12962)).

21) 大判 75. 9. 23, 74다2022(要集 民 Ⅰ-2, 883).

22) 大判 92. 2. 14, 91다12349(公 1991, 1011).

23) 大判 65. 9. 7, 65다1367(集 13-2, 132); 大判 91. 11. 26, 91다23103(公 1992, 286).
大判 92. 7. 24, 91다38723등(公 1992, 2521)은 具體的으로 이에 필요한 書類로서 法務士에 대한 委任狀과 解止證書뿐 아니라 根抵當權에 관한 登記畢證 및 抹消登記 委任者의 資格을 證明하는 會社登記簿抄本을 든다.

24) 大判 81. 8. 25, 80다3017(要集 民 Ⅰ-2, 889).

25) 大判 91. 9. 10, 91다6368(公 1991, 2506).

26) 大判 79. 2. 27, 78다2327(公 610, 11855).

27) 大判 80. 6. 24, 80다425(公 638, 12956).
大判 78. 8. 22, 78다1183(集 26-2, 331)은, 特定賣渡한 換地豫定地에 대한 從前土地가 賣買以前에 登記簿上 分割이 이루어진 경우에도 역시 賣渡人이 土地의 分割以前狀態인 持分移轉登記節次 所要書類를 具備 提供한 것만으로는 부족하다고 본다.
다만 大判 92. 7. 24, 91다38341(公 1992, 2517)은, 土地分割登記申請은 所管 行政廳에 대한 것이어서 分割登記申請에 필요한 書類의 交付義務와 殘金支給義務는 반드시 同時履行關係에 있다고 할 수 없다고 判示하나, 위 判例들에 비추어 볼 때에 의문이다.

28) 大判 81. 4. 14, 80다2381(集 29-1, 163). 前述 註 8)-10) 및 그 本文 參照.

하여서 相對方을 履行遲滯에 빠뜨리게 한 경우 信義誠實의 原則上 催告하는 一方當事者는 그 債務의 履行의 提供을 繼續할 필요는 없다 하더라도 相對方이 催告期間 내에 履行 또는 履行提供을 하면 契約解除權은 消滅하는 것이므로 相對方의 履行을 受領하고 자신의 債務를 履行할 수 있는 程度의 準備를 하여야 한다고 본다.[29)]

(e) 또한 同時履行의 抗辯權을 가지는 債務者가 債務를 履行하지 아니할 意思를 明白히 한 경우에는 債權者는 自己債務에 대한 履行의 提供 또는 그 履行을 準備하였다는 通知를 하지 않고서도 바로 履行遲滯를 이유로 解除할 수 있다고 보는 것이 一般的이나,[30)] 다만 이와는 반대로 債務者가 不履行의 意思表示를 하였어도 이는 解除要件의 하나인 催告만을 免除하는 것에 불과할 뿐이라고 하여 反對給付의 履行의 提供을 하지 아니하면 解除할 수 없다는 判例도 있다.[31)]

(4) 一部의 履行遲滯

債務者가 一部의 履行을 遲滯한 경우에는 그 債務의 內容이 可分인 경우와 不可分인 경우를 나누어 判斷될 것이다. 즉 債務의 內容이 可分인 경우에는 原則的으로 그 一部不履行된 部分에 대하여만 解除가 가능하나[32)] 그 一部不履行에 의하여 契約의 目的을 達成할 수 없는 때에는 一部不履行을 이유로 契約 全部를 解除할 수 있다고 본다.[33)] 그리고 債務의 內容이 性質上 不可分인 경우에는 一部의 給付는 있을 수 없고 當事者의 特約에 의하여 不可分債務로 한 경우에도 一部履行만으로써는 債權者에게는 그 給付받은 만큼의 價値도 없을 것이므로 債權者는 原則的으로 全部의 解除를 할 수 있다.[34)] 다만 判例 중에는 契約의 目的物을 分割하여 履行하기로 約定한 경우에 있어서는 특단의 約定이 없는 한 一部의 債務不履行은 契約全部에 대한 解除事由가 된다고 判

29) 大判 82. 6. 22, 81다카1283등(集 30-2, 146).
30) 大判 80. 3. 25, 80다66(集 28-1, 194); 大判 81. 11. 24, 81다634(要集 民 Ⅰ-2, 889-90); 大判 84. 7. 24, 82다340등(公 736, 1429); 大判 91. 11. 26, 91다23103(公 1992, 286); 金承鎭(前論 註 83), 164.
31) 大判 77. 8. 23, 77다126(要集 民 Ⅰ-2, 884).
32) 異說 없음.
33) 黃迪仁, 民法 Ⅳ, 154; 李太載, 112.
大判 55. 3. 3, 4287민상176(要集 民 Ⅰ-2, 875)은, 賣買代金의 16분의 1에 해당하는 代金을 未拂한 경우에 이를 이유로 하는 解除는 適法하다고 한다.
또한 大判 91. 7. 12, 90다8343(公 903, 2134)은 數筆의 土地와 地上建物의 賣買가 不可分의 相互聯關關係가 있는 경우에는 契約의 履行 및 解除는 全體에 대하여서만 가능하고 그 중 一部에 대하여 분리하여 履行 또는 解除할 수 없다고 한다.
34) 金承鎭(前論 註 83), 160; 黃迪仁, 民法 Ⅳ, 154.

示한 것이 있다.[35)]

한편 그 不履行의 部分이 아주 輕微한 것이면 信義則上 그 部分에 관하여서도 解除를 하지 못한다고 보는 것이 一般的인 學說이다.[36)]

2. 相當한 期間을 정하여 履行을 催告할 것

(1) 履行의 催告

履行의 催告라 함은 債務者에 대하여 債務의 內容인 給付를 實現할 것을 요구하는 行爲 이른바 意思의 通知로서, 民 §387 Ⅱ에서 말하는 履行請求와 그 本質이 같다. 따라서 債務의 履行에 관하여 전혀 期限을 정하고 있지 않은 때에는 債務者를 遲滯에 빠지게 하는 民 §387 Ⅱ에서 정한 履行請求로서의 催告를 한 후에 다시 民 §544에 의한 履行의 催告를 할 필요는 없다. 즉 解除權 發生要件으로서의 催告를 할 수 있는 時期는 반드시 債務者에게 履行遲滯의 責任이 생긴 後일 필요는 없으며,[37)] 確定期限의 정함이 없는 경우에 債權者는 相當한 期間을 정하여 履行을 催告함으로써 債務者를 遲滯에 빠지게 할 수 있고, 債務者가 그 期間內에 履行하지 않으면 契約을 解除할 수 있다.

(2) 催告의 方法

㈎ 催告의 方法에는 特別한 制限은 없다. 債務의 同一性, 즉 어느 債務라는 것을 債務者가 알 수 있는 정도의 催告이면 된다. 따라서 債務의 同一性이 인정된다면 金錢債務의 경우에도 金額을 반드시 明示할 필요는 없으나, 催告를 받아도 債務者가 어느 정도 履行을 하여야 할 지 알 수 없고 또 債務者에게 相當한 事情이 있는 때에는 金額을 明示하지 아니한 催告에 의한 解除는 인정되어서는 안 된다고 본다.[38)]

---

35) 大判 62. 10. 11, 62다420(集 10-4, 36).

36) 郭潤直, 133; 金曾漢, 86; 金疇洙, 114-15; 金基善, 87; 黃迪仁, 民法 Ⅳ, 153.
大判 78. 3. 14, 77다2219(要集 民 Ⅰ-2, 872)은, 賣買契約에서 目的物이 高度地區인 때에는 解約하기로 特約한 경우에 그 目的物 120坪 3合 중 5坪이 高度地區에 속하여도 그 사실만으로는 解約할 수 없다고 보고, 大判 68. 12. 17, 68다1996(要集 民 Ⅰ-2, 880)은, 靑果物市場 株式會社 設立을 위하여 금 2,000,000원을 出資하되 금 500,000원은 1966. 7. 31까지, 나머지 금 1,500,000원은 市場許可를 받을 때까지 支給하며 만일 금 500,000원을 約定期日까지 支給하지 아니하면 契約을 당연히 無效로 하기로 約定하고 나서 위 금 500,000원을 約定期日에 支給하지 아니한 事案에 대하여, 위 금 500,000원의 未支給事實 만으로는 市場許可를 받을 때 支給하기로 한 나머지 金員의 支給義務까지 不履行될 것이라고 斷定할 수 없고, 契約 全體金額의 4분의 1에 불과한 一部債務의 不履行에 의하여 契約全體를 無效로 보는 것은 契約目的과 信義則에 비추어 不當하다고 判示하였다.

37) 金承鎭(前論 註 83), 162; 黃迪仁, 民法 Ⅳ, 154; 註釋債各(Ⅰ), 387.

38) 註釋債各(Ⅰ), 390.

(나) 催告는 一定한 期日 또는 一定期間 내에 履行할 것을 요구하는 것으로 충분하다. 履行이 없으면 解除를 한다는 表示는 필요하지 않다. 그러나 所定의 期間內에 履行이 없으면 契約은 當然히 解除된다는 뜻을 표시하는 것은 상관없으며, 이 경우에는 그 期間의 經過로 契約은 解除된 것으로 본다.[39] 즉 이러한 表示를 隨伴하는 催告는 履行請求와 同時에 期間內에 履行이 없는 것을 停止條件으로 하여 미리 解除의 意思를 表示하고 있는 것으로 보아야 하며,[40] 이러한 解除의 意思表示는 催告의 期間의 經過한 후에 다시 解除의 意思表示를 하는 것에 비하여 특별히 債務者에게 不利益을 주지 않으므로 有效하다고 解釋된다.[41]

(다) 이러한 催告는 債權者 또는 그 代理人이 하여야 하고 제 3 자가 한 催告는 催告로서의 效力이 없으며, 그 催告가 債務者 또는 그 代理人에게 한 것이 아니면 效力이 없다.[42] 한편 賣買契約에서 買受人의 代金支給債務에 관하여 제 3 자가 직접 賣渡人에게 支給하기로 하는 保證的 債務引受가 있는 경우에는 賣渡人은 買受人뿐 아니라 그 債務引受人에게도 履行의 催告를 하여야 한다는 判例가 있다.[43]

(라) 移轉登記를 하는 債務와 같이 그 債務의 性質上 債權者에게도 단순한 受領 이상의 行爲를 하여야 履行이 完了되는 경우에는 債權者는 履行의 完了를 위하여 필요한 행위를 할 수 있는 日時·場所 등을 債務者에게 알리는 催告를 하여야 하고 단지 언제까지 履行하여야 한다는 催告만으로는 效力이 없지만,[44] 債務의 履行에 債權者·債務者 모두의 協力이 필요한 경우에는 債權者가 위와 같은 催告를 하는 경우에는 오히려 債務者에게 물어보는 등의 방법으로 確定的인 日時의 決定에 협력하도록 요구하고 債務者가 이를 하지 않고 만연히 催告期間을 經過한 때에는 그 때까지의 當事者의 誠意 기타 事情을 고려하여 債權者의 催告를 有效한 것으로 봄이 相當하다고 한다.[45]

그리고 履行場所를 債權者가 指定할 수 있는 경우에는 債權者는 債務者에게 催告를 함에 있어서 그 場所를 指定할 수 있지만 그 指定이 명확하지 아니

39) 大判 70.9.29, 70다1508(集 18-3, 128); 大判 79.9.25, 79다1135등(公 621, 11236).
40) 大判 81.4.14, 80다 2381(集 29 1, 163).
41) 郭潤直, 134.
42) 註釋債各(Ⅰ), 389.
43) 大判 49.4.2, 4281민상298(集 1-1, 21).
44) 註釋債各(Ⅰ), 390.
45) 註釋債各(Ⅰ), 390.

한 때에는 信義則上 債務者가 물어서 이를 確定하여야 하고 이를 하지 아니한 채 만연히 履行을 하지 아니하면 債權者의 催告가 有效한 것으로 된다고 하며, 또한 債務者가 履行場所를 指定하여야 하는 경우에도 債權者는 債權의 目的이나 去來慣行에 따라 債權者 또는 債務者의 店鋪 기타 適當한 場所를 指定하여 그곳에서 履行할 것을 催告할 수 있다고 한다.[46] 그리고 원래의 履行場所와 다른 場所를 指定하여서 한 催告에 관하여도 그 具體的 事情에 비추어 반드시 그 效力을 否認할 것은 아니라는 見解가 있다.[47]

(3) **過大催告·過小催告**

債權者가 履行의 催告를 함에 있어, 債務者가 본래 給付하여야 할 數量보다도 過大 또는 過小한 數量을 제시하여 催告한 경우에 그 催告는 有效한가의 문제가 있다.

㈎ 過大催告의 경우에 債務者가 給付하여야 할 數量과의 차이가 비교적 적고 債務의 同一性이 인정되며, 債權者의 眞意가 본래 給付하여야 할 數量을 請求한 것으로 판단되면 그 催告는 본래 給付하여야 할 數量의 範圍 안에서 有效하다.[48] 그러나 催告한 數量이 너무 커서 債務者가 本來의 債務額을 給付하여도 債權者가 이를 受領하지 않을 것이 豫想되는 경우에는 催告로서의 效力이 없다는 것이 通說이지만,[49] 이와는 反對의 立場에서, 催告는 다만 債務를 識別하며 그 履行을 촉구하는 의미의 傳達이므로 債權者가 요구하는 給付가 債務의 內容에 符合하느냐의 문제 및 正當한 給付를 債權者가 受領하느냐 않느냐의 문제와는 구별하여야 한다는 이유로 債權者가 비록 過多한 催告를 하였더라도 債務者의 正當한 履行義務에는 변함이 없으므로 催告의 效力이 있다는 學說도 있다.[50]

大法院도 買受人이 賣買代金 140,000원 중 3,000원을 遲滯하고 있는데 殘代金이 60,000원이라고 하여 한 催告,[51] 殘代金이 1,200,000원인데 금 1,800,000

---

46) 註釋債各(Ⅰ), 391.

47) 註釋債各(Ⅰ), 391.

48) 大判 88.12.13, 87다카3147(公 1989, 103); 金承鎭(前論 註 83), 161; 黃迪仁, 民法Ⅳ, 155.

49) 郭潤直, 134-35; 金曾漢, 87; 金疇洙, 117; 金承鎭(前論 註 83), 161; 註釋債各(Ⅰ), 392. 大判 88.12.13, 87다카3147(公 1989, 103)은, 같은 見解를 취하면서 그 根據를 信義誠實의 原則에서 구하고 있다.

50) 李太載, 113.
그리하여 債務者로서는 正當한 給付를 하여야 하고 債權者가 그 受領을 거절하면 이를 이유로 債務者가 契約을 解除할 수 있다고 설명한다.

51) 大判 66.5.31, 66다626(集 14-2, 49).

원이라고 한 催告,[52] 買受人이 賣買目的物의 數量一部가 부족하여 減額請求를 할 수 있는 경우 賣渡人이 이를 거절하고 원래의 約定賣買代金 全額의 履行을 請求하거나 또는 契約上 義務가 없는 過多한 金額의 履行을 구하는 催告,[53] 本來의 債務內容에 없는 項目의 金額을 加算하여 요구하고 있고 그 金額이 적지 않아 債務者가 위 金額을 제외한 本來의 債務額만을 履行提供하더라도 債權者가 이를 受領하지 않을 것이 明白한 경우의 催告,[54] 不動產賣買契約을 履行하는 과정에서 殘金의 一部로 充當하기로 한 金額이 賣渡人과 買受人 사이에서 確定되지 아니한 상태에서 豫想되는 充當金額이 금 15,000,000원임에도 賣渡人이 充當되는 金額은 금 10,000,000에 불과하다 하여 그 差額인 금 5,000,000원을 殘金으로서 더 支給하라고 催告함으로써 買受人이 그 金額을 빼고 支給하여도 그 受領을 거절하였으리라고 보이는 경우를[55] 모두 過多한 催告로서 不適法하다고 보아 이를 이유로 解除權을 行使할 수 없다고 한다.

(나) 한편 過小催告도 債務의 同一性을 알 수 있으면 有效하나, 過小催告에 기한 解除는 原則的으로 催告에 表示된 數量에 관하여서만 생긴다고 본다.[56] 왜냐하면 債權者는 債務者가 給付하여야 할 數量의 一部에 관하여 특히 이를 빨리 履行하라고 催告하는 自由가 있기 때문이다. 그러나, 그 過小의 程度가 아주 적어서 그 債務 全部의 履行을 催告하고 있음을 알 수 있으면 信義則上 催告는 全額에 관하여 그 效力이 생긴다고 보는 것이 一般的이며,[57] 給付할 額數가 確定되지 아니한 경우에는 過小催告라도 一部分의 催告임을 明示하지 않는한 全部에 대한 催告로 보아야 한다는 見解가 있다.[58]

(4) 催告의 期間

(가) 債權者의 履行의 催告는 相當한 期間을 정하여서 하여야 한다. 相

---

52) 大判 80.10.14, 80다463(要集 民 Ⅰ-2, 888).
53) 大判 80.3.11, 79다1948(公 631, 12705); 大判 89.9.26, 89다카10767(公 1989, 1571).
賣買目的物의 面積이 減少되어 代金減額의 合意를 하고서도 減額前의 代金 全額의 支給을 催告한 경우에 관하여, 同旨 大判 88.10.24, 87다카1371(公 1988, 1462).
54) 大判 90.6.26, 89다카34022(公 1990, 1573).
大判 92.7.24, 91다38723(公 1992, 2520)은 賣渡人이 買受人에게 잔금 2억 5천만원을 請求하면서 買受人이 負擔할 근거가 없는 附加價値稅 금 2천 3백만원을 함께 支給하라고 催告한 경우, 그 額數가 적지 아니할 뿐 아니라 賣渡人이 보낸 催告書의 記載內容에 비추어 買受人이 本來의 債務額만을 履行提供하여서는 受領을 拒絶한 것이 분명하다면 위 催告는 過多催告로서 不適法하다고 본다.
55) 大判 92.7.28, 91다34660(公 1992, 2546).
56) 郭潤直, 1; 金疇洙, 117; 金承鎭(前論 註 83), 161; 黃迪仁, 民法 Ⅳ, 155.
57) 郭潤直, 135; 金曾漢, 87; 金疇洙, 117; 註釋債各(Ⅰ), 393.
58) 李太載, 113-14.

當한 期間은 債務者가 履行을 準備하고 이를 履行하는 데 필요한 期間을 말하며, 履行하여야 할 債務의 性質 기타 客觀的 事情을 고려하여서 결정되고, 債務者의 旅行·疾病 등의 主觀的 事情은 고려되지 않는다.[59] 大法院은 ① 不動産賣買契約에 있어서 雙方의 義務가 履行期를 徒過하고 있었다면, 賣渡人이 所有權移轉登記書類 一切를 履行提供 하면서 2日內에 殘代金의 支給을 催告한 경우 이를 相當한 期間을 정한 催告로 보며,[60] ② 한편 中途金支給期日이 經過한 후 단 1日의 猶豫期間을 주어 履行을 催告하는 것은 相當한 期間을 정한 것이라 볼 수 없다고 하고,[61] 또한 賣買契約의 代金支給期日이 1977. 8. 31까지로 延期된후 買受人이 다시 같은 해 9. 20까지로 延期의 要請을 하였으나 賣渡人이 明白한 意思表示를 하지 아니하여 買受人이 代金支給期日이 그 期限까지 延期된 것으로 생각하고 있는데, 賣渡人이 그 期限前인 같은 해 9. 12. 같은 해 9. 14까지 殘代金의 支給을 催告한 경우에는 그 期間이 相當하다 할 수 없고 적어도 같은 해 9. 20까지가 相當한 期間이라고 본다.[62]

(나) 債權者가 정한 期間이 客觀的으로 相當한 期間으로 생각되는 것보다 짧은 때에 그 催告의 效力은 어떻게 되는가.

즉 그 期間이 相當하지 않은 경우에 다시 相當한 期間을 정하여 催告하여야 하는가의 문제가 있다. 일반적으로 催告의 期間이 相當하지 않은 때에도 催告로서의 效力은 발생하나, 다만 相當한 期間이 經過한 후에 解除權이 발생한다고 解釋한다.[63] 期間이 相當하지 않다고 그 催告를 無效라고 본다면, 債務를 負擔하고 있으면서 이를 履行하지 않는 자를 지나치게 保護하는 결과가 되어 오히려 公平에 반하기 때문이다.[64]

(다) 나아가 債權者가 期間을 정하지 않고 催告를 하였다면, 이 催告는 解除의 要件으로서의 效力이 없고 債權者가 解除를 위하여는 다시 期間을 정하여 履行의 催告를 하여야 하는가.

---

59) 日本의 判例는 처음(日大判 1917. 6. 17.)에는 "最後通牒을 받고 準備를 始作하여 履行하는데 必要한 期間"이라고 하여 相當히 長期間으로 보았으나, 그 후(日大判 1924. 7. 15 등)에는 태도를 바꾸어 債務者가 誠意를 가지고 履行하려고 한다면 履行期까지에는 대부분 履行의 準備를 할 수 있다는 전제하에 履行期後의 履行의 準備 또는 給付의 完了에 必要한 猶豫期間을 의미하는 것으로 보고 비교적 짧은 期間으로 充分하다고 본다고 한다(黃迪仁, 民法 Ⅳ, 155-56). 後者의 日本 判例와 同旨 註釋債各(Ⅰ), 393.

60) 大判 80. 1. 15, 79다1859(公 627, 12543).

61) 大判 76. 4. 27, 75다739(集 24-1, 264).

62) 大判 79. 7. 24, 78다2496(公 617, 12100).

63) 金基善, 89; 權龍雨, 93.

64) 郭潤直, 135; 金曾漢, 87; 金疇洙, 118.

위에서 살펴본 바와 같이 相當하지 아니한 期間을 정하여 催告한 경우에 催告로서의 效力은 있고 客觀的으로 相當한 期間이 지난 다음에 解除權이 생긴다고 보는 것과 마찬가지로, 이 경우에도 催告로서는 有效하고 催告後 客觀的으로 相當한 期間이 지나면 解除權이 발생한다고 보아도 不合理하지 아니하다.[65] 大法院도 이러한 見地에서 履行의 催告에 相當한 期間을 明示함을 요하지 않고 催告할 때와 解除의 意思表示를 할 때와의 사이에 相當한 期間을 經過함으로써 족하다고 본다.[66]

(5) **催告의 要否**

㈎ 債務者가 契約을 解除하려면 어떠한 경우에도 催告를 하여야 하는가에 관하여 舊法시대에 많은 論議가 있었고 學說의 對立도 있었으나, 現行 民 §544 但書는 이에 관하여 明文의 規定을 두었다.[67] 그리하여 債務者가 미리 履行하지 않을 意思를 表示한 때에는 催告를 필요로 하지 아니한다. 催告 없이 解除할 수 있는 이 解除를 履行期前에도 할 수 있는가에 관하여 民法에는 아무런 規定이 없지만, 履行期後에는 물론 履行期前이라도 할 수 있다는 見解가 있다.[68] 債務者가 履行하지 않을 意思를 가지고 있었는지의 與否는 그 解除時를

65) 郭潤直, 136; 金曾漢, 87; 李銀榮, 166; 黃迪仁, 民法 Ⅳ, 157.

이에 반하여 相當한 期間을 정하지 아니한 催告는 無效라고 보는 學說은 그 근거로서, 條文이 相當한 期間을 정하여 催告하도록 규정하고 있고, 期間을 정하지 않거나 期間이 相當하지 않은 경우에도 催告로서의 效力이 發生한다고 새기면 期間이 相當한가 與否를 判斷하는 危險을 債務者가 負擔하므로 債務者의 利益을 해쳐 不公平하며, 또한 催告期間 滿了時가 不明確하여 解除權 發生의 時期를 不明確하게 하므로 不當하다는 것을 든다(黃迪仁, 民法 Ⅳ, 156).

66) 大判 65.3.30, 64다1224(要集 民 Ⅰ-2, 878); 大判 79.9.25, 79다1135등(公 621, 12236); 大判 90.3.27, 89다카14110(公 1990, 1225).

나아가 大判 90.1.12, 89다카11685(公 1990, 464)는, 賣渡人이 買受人을 相對로 한 訴訟 도중에 買受人이 殘代金을 支給하지 아니하였으니 賣買契約을 解除하겠다는 주장을 한 경우에는, 이로써 殘代金 支給의 催告가 있었다고 보아야 하고, 그로부터 相當한 期間이 經過하도록 買受人이 殘代金을 支給하지 아니하였다면, 賣渡人은 賣買契約을 解除할 수 있다고 判示하였다.

67) 이에 관한 立法例를 살펴보면 다음과 같다(黃迪仁, 民法 Ⅳ, 158-9).

① 瑞西債務法도 우리 民法과 마찬가지로 履行拒絶의 경우에는 催告의 필요가 없다고 規定한다.

② 獨逸에서도 債務者가 미리 履行期의 到來에 앞서서 履行을 拒否하는 경우에는 債務者의 履行拒絶(Erfüllungsweigerung des Schuldners)로서 論議되고, 債務者가 確定的이고 眞摯하게 또는 最終的으로 給付를 拒絶하는 경우에는 信義誠實의 原則을 規定한 獨民 §242의 解釋에 의하여 催告는 필요 없는 것으로 주장되고 있다.

③ 日本의 通說·判例는 債務者가 미리 履行을 拒絶한 경우에도 催告는 필요하다고 한다. 그 이유는 미리 履行을 拒絶한 債務者도 催告를 하면 意思를 바꾸어 履行하는 경우도 있기 때문이라고 한다. 그러나 商人間의 去來에 있어서는 去來의 迅速을 이유로 催告가 필요 없다는 判決(日大判 1928.12.12 등)이 있고, 商事賣買·民事賣買의 구별 없이 催告를 할 필요가 없다는 主張이 有力하여 가고 있다.

68) 金基善, 88.

基準으로 하여 契約當時나 그 이후의 여러 事情을 종합하여 판단하게 된다.[69]

다만 이 때에 債務者가 미리 履行하지 않을 意思를 表示한 債務部分은 契約目的達成에 必要不可缺한 部分이어야 하므로 附隨的 債務에 관하여 履行하지 아니할 意思를 表示하였음에 불과한 경우에는 催告를 요한다.[70] 또한 債務者가 履行拒絶의 意思를 表示하였다가 이를 適法히 撤回한 경우에는 相對方으로서는 相當한 期間을 정하여 履行의 催告를 하여야 한다.[71]

그리고 債務者가 履行하지 않을 意思를 表示하지는 않았지만 催告를 하더라도 債務者가 履行할 意思가 없음이 明白한 경우에는 債權者는 履行期가 지난 후 相當한 期間이 經過하면 催告할 필요 없이 契約을 解除할 수 있다는 判例가 있고,[72] 契約의 性質上 履行의 催告를 하여도 契約의 目的을 達成할 수 없는 경우에는 催告할 필요 없이 契約을 解除할 수 있다는 判例도 있다.[73] 다만 債務者에게 履行하기 困難한 事情이 있다 하여 가볍게 債務者가 自己의 債務를 履行할 意思가 없거나 債權者의 履行을 受領할 意思가 없다고 判斷하여서는 아니될 것이다.[74]

(나) 이러한 履行拒絶의 意思는 明示的으로 表示되어야 하는 것은 아니고 契約當時나 契約後의 債務者의 行爲 등 여러 가지 具體的 事情에 따라 推斷될 수 있으면 충분하다고 보는바,[75] 이하에서는 具體的으로 判例에 나타난 事例를 살펴본다.

(a) 履行하지 않을 意思를 表示하거나 履行할 意思가 없음이 明白하다고 認定된 事例를 살펴보면, ① 買受人이 契約을 違反하지 아니한 賣渡人에

69) 大判 91.11.26, 91다23103(公 1992, 286).

70) 大判 87.4.14, 86다카11(公 1987, 783).

71) 大判 76.9.14, 76다1085(要集 民 Ⅰ-2, 884); 大判 89.3.14, 88다1516등(公 1989, 603); 大判 92.9.22, 91다25703(公 1992, 2953).

大判 91.3.27, 90다8374(公 1991, 1256)은 買受人이 履行拒絶의 意思를 表示한 후 賣渡人에게 단지 和解하자고 말을 한 것만으로써는 履行拒絶의 意思表明을 撤回한 것으로 볼 수 없다고 判示하였다.

72) 大判 63.3.7, 62다684(集 11-1, 181).

다만 과연 履行期後 相當한 期間의 經過를 기다려야 하는가에는 의문의 여지가 있다.

73) 大判 66.9.27, 65다910(要集 民 Ⅰ-2, 879). 그 判示內容을 보면, 墳墓守護人이 正當한 事由 없이 祭需料를 支給하지 아니하고 守護하는 伐草를 疏忽히 하고 恣意로 守護하는 산의 나무를 伐採하며 다른 사람이 그 산에서 採石을 하여도 이를 傍觀하는 등 墳墓守護를 怠慢히 하였다면, 이와 같은 경우에는 契約의 性質上 守護人에게 그 誠實한 履行을 催告하여도 契約의 目的을 達成할 수 없으므로 位土所有者는 催告를 하지 않고 位土耕作契約을 解除할 수 있다고 하였다.

74) 註釋債各(Ⅰ), 396.

75) 李銀榮, 166; 大判 90.11.23, 90다카14611(集 38-4, 18); 大判 92.2.28, 91다15584(公 1992, 1150).

게 契約違反을 주장하고 契約金의 倍額返還을 요구하는 경우,[76] ② 立木買受人이 代金支給期日을 數次 延期하고 이를 이유로 賣渡人이 解除를 通告하자 賣買目的物에 속하지 아니한 立木에 대한 伐採許可節次履行을 요구하면서 이를 履行하지 않으면 訴訟으로 請求하겠다는 趣旨의 通知를 한 경우,[77] ③ 立木買受人이 立木을 買受한 후 伐採期限까지 伐採하지 아니하였을 뿐 아니라 그 期限이 經過된 뒤 근 26年이 되는 동안 그대로 放置하여 둔 경우,[78] ④ 賣渡人이 所有權移轉登記에 필요한 書類를 法務士에게 交付하고 이 사실을 買受人에게 알렸으나 買受人이 계속 賣買代金의 控除를 고집하면서 殘代金支給義務를 1個月 이상 遲滯하다가 賣買代金을 控除하지 않으면 賣買契約을 解除하겠다고 한 경우,[79] ⑤ 契約上의 義務 없는 過多한 債務의 履行을 요구하는 경우,[80] ⑥ 賣渡人이 買受人을 相對로 賣買殘代金 請求의 訴를 提起하자 買受人이 賣渡人의 所有權移轉義務의 履行遲滯로 賣買契約이 解除되었다고 주장하면서 오히려 反訴로써 이미 支給한 契約金과 中途金의 返還과 違約金의 支給請求를 한 경우,[81] ⑦ 買受人이 賣渡人에게 中途金支給期日에 中途金을 支給하려 하였으나 賣渡人이나 그 代理人이 受領을 回避한 다음 불과 이틀 만에 不動產價格이 올랐음을 이유로 賣買契約의 解除를 요구하고 買受人이 이를 거절하자 오히려 中途金을 支給하지 아니하였다는 事由로 契約解除의 通知를 한 경우,[82] ⑧ 골프場會員權을 分讓받은 者가 그 代金 750,000원 중 600,000원만을 支給하여 9年이 지난 상태에서 代金이 모두 支給되었음을 이유로 골프會員權 確認의 訴를 提起하면서 代金을 모두 支給하였으므로 殘金支給義務가 없다는 趣旨의 주장을 하고 이에 관한 證據申請까지 한 경우,[83] ⑨ 買受人이 相對方의 解除權의 行使를 回避할 目的으로 賣買契約 締結時 자신의 住所를 虛僞記載하거

76) 大判 56.2.16, 4288민상130(要集 民 I-2, 876).
77) 大判 64.12.22, 64다883(要集 民 I-2, 878).
78) 大判 75.1.14, 74다1437(要集 民 I-2, 882).
또한 立木賣買契約을 한 후 3年間 放置한 事案에 관하여 大判 63.2.7, 62다768(要集 民 I-2, 878) 參照, 10年間 放置한 事案에 관하여 大判 66.1.18, 65다45(集 14-1, 1) 參照.
79) 大判 80.8.12, 80다584(要集 民 I-2, 887-8).
80) 大判 82.4.27, 81다968(集 30-1, 180).
大判 92.9.14, 92다9463(公 1992, 2872)은, 特定物賣買에 있어서 買受人이 契約時에 基準으로 삼았던 坪數 4,724坪보다 實際坪數가 179坪이 부족하다는 이유로 代金減額을 주장하는 경우를 買受人이 契約上 義務 없는 過多한 債務의 履行을 要求하는 경우에 해당한다 하여 買受人이 이미 자신의 債務를 履行할 意思가 없음을 表示한 것으로 본다.
81) 大判 84.12.26, 84다1763(公 747, 248).
82) 大判 90.3.9, 89다카29(公 1990, 862).
83) 大判 90.10.23, 90다카19906(公 1990, 2390).

나 실지 住所를 賣渡人에게 알리지 아니하고 所在를 밝히지 아니하여 賣渡人이 過失 없이 買受人의 所在地를 알지 못함으로써 자신의 債務의 履行을 提供하여 相對方의 履行을 催告할 수 없게 된 채 履行期가 지나가 버린 경우,[84] ⑩ 賣渡人이 賣買契約에서 정한 바에 따라 賣買目的物을 特定하기 위한 境界測量과 分割測量까지 마친 상태에서, 買受人이 근거 없는 代金減額要求를 하고 그가 指定하도록 되어 있는 登記名義人을 指定조차 하지 아니한 경우,[85] ⑪ 買受人이 土地賣買에 따르는 讓渡所得稅를 賣渡人 대신 負擔하기로 한 特約에 따라 틀림없이 讓渡所得稅를 納付하리라는 合理的 保障을 하지 않고 나아가 讓渡所得稅를 負擔하지 아니할 意思를 明白히 表示한 경우,[86] ⑫ 家屋을 賣買하는 경우에 買受人이 契約金과 中途金을 支給한 후 賣渡人과 協議하여 이를 제3자에게 賃貸, 轉賣하거나 또는 擔保를 設定하여 殘代金을 마련하여 支給하는 것이 慣例化되었다고 할 수 없음에도 買受人이 賣渡人에게 轉轉買受人이 자신에게 殘金을 支給하지 않으므로 자기도 賣渡人에게 殘金을 支給하지 못하겠다거나 또는 賣渡人의 協助로 建物을 傳貰놓거나 轉賣하여 그 代金으로 殘金을 支給하겠다는 意思를 表示한 경우,[87] ⑬ 賣買契約을 締結한 眞正한 所有者가 無權利者인 登記簿上名義者를 상대로 提起한 抹消登記請求訴訟의 第1審에서 敗訴하자 買受人이 그 無權利者와 새로이 賣買契約을 締結하고 代金을 支給한 후 나아가 그 抗訴審에서 無權利者를 위하여 補助參加하여 賣渡人인 所有者의 權利를 積極的으로 다툰 경우[88]이다.

(b) 履行하지 아니할 意思를 表示한 것으로 보지 아니한 例를 보면, ① 買受人이 中途金支給을 現金으로 하지 않고 어음의 交付 없이 어음金債權으로 相計하겠다는 意思表示를 한 경우 특단의 事情 없이 中途金支給拒絶의 意思表示로는 볼 수 없다고 하고,[89] ② 他人 所有名義의 不動産을 賣渡하면서 그 中途金支給期日까지 賣渡人이 그 權利關係를 明確히 하지 못하고 家屋臺帳上 賣渡人의 姓名의 漢字表示가 다르며 賣買契約書上의 賣渡人의 住所가 住民登錄上의 住所와 다르고 契約當時 土地詐欺事件이 많이 發生하였다는 사실만으로

84) 大判 90.11.23, 90다카14611(集 38-4, 18). 이 判決은 그 근거로 信義誠實의 原則을 든다.

85) 大判 91.3.27, 90다8374(公 896, 1256).

86) 大判 91.5.28, 90다카27471(公 1991, 1749). 이 判決은 買受人의 讓渡所得稅負擔約定을 賣買契約의 附隨的 事項이 아닌 重要한 要所를 이루는 것으로 본다.

87) 大判 91.11.12, 91다21244(公 1992, 96).

88) 大判 92.2.28, 91다15584(公 1992, 1150).

89) 大判 76.4.27, 75다739(集 24-1, 264).

는 곧 賣渡人이 義務를 履行하지 않을 것이 明白하다고 할 수 없다고 보며,[90] ③ 買受人이 賣渡人의 債務不履行을 이유로 契約의 解除를 주장하면서 訴訟으로 契約金의 倍額을 請求하였지만, 賣渡人의 債務履行의 受領을 거부하고 殘代金을 支給하지 아니할 意思를 고집하고 있다고는 보이지 아니하면, 買受人에게 殘代金支給 意思가 없다고 단정할 수 없다고 보고,[91] ④ 不動産賣買契約과 관련하여 賣渡人이 市場開設許可問題에 협조하여 주기로 하는 附隨的 約定을 한 경우에 賣渡人이 그 履行의 촉구를 하였다 하여 債務履行의 意思가 없음을 推斷케 하는 過多催告라 할 수 없다고 하고,[92] ⑤ 買受人이 賣買契約에 따른 債務를 대부분 履行하였으나 賣渡人이 賣買契約에 따른 자기의 債務에 관하여 履行을 하지 아니하여 不安을 느낀 買受人이 賣渡人에게 8日內에 殘代金을 支給하겠으니 그 전에 자기가 買受한 土地部分에 관한 根抵當權 및 地上權의 設定登記를 抹消한 뒤에 所有權移轉登記를 넘겨 달라는 다소 무리한 履行의 催告를 하고 그 期日이 經過하자 賣買目的物인 土地를 假押留하였다 하여도 그 사실만으로는 買受人이 賣買契約에 따른 債務를 履行하지 아니할 意思를 表示하였다고 볼 수 없다고 하고,[93] ⑥ 買受人이 殘代金支給期日에 殘代金을 支給하지 않고 그 支給의 延期를 數次 要請하였다 하여도 그 사실만으로는 債務를 履行하지 아니할 意思를 明白히 한 것으로 볼 수 없다고 하며,[94] ⑦ 不動産賣買契約 當事者 사이의 所有權移轉登記訴訟 繼續中에 買受人이 賣渡人의 數次에 걸친 殘代金支給 催告에도 불구하고 아무런 回答을 하지 아니한 사실만으로는 買受人이 자신의 債務를 履行하지 아니할 意思를 表示한 것으로 볼 수 없다고 하고,[95] ⑧ 不動産 買受人이 賣渡人을 相對로 所有權移轉登記 請求訴訟을 提起하면서 不動産에 의하여 擔保되고 있는 債務를 실제보다 훨씬 높여서 주장하였다 하여 이로써 正當한 殘代金을 支給할 義務를 履行하지 아니할 意思를 미리 表示한 것으로는 볼 수 없다고 하며,[96] ⑨ 買受人이 賣買目的物인 不動産 위에 設定된 根抵當權의 被擔保債務와 假押留한 債務를 控除하고 나머지 殘額만을 殘代金으로 供託하고 賣渡人을 상대로 所有權移轉

90) 大判 77. 9. 13, 77다680(要集 民 I-2, 884-5).
91) 大判 80. 12. 9, 80다1815(公 650, 13511).
92) 大判 89. 10. 27, 88다카17457등(公 1989, 1773).
93) 大判 90. 7. 13, 89다카26298(公 1990, 1697).
94) 大判 90. 11. 13, 90다카23882(公 1991, 88).
95) 大判 91. 7. 12, 90다8343(公 1991, 2134).
96) 大判 91. 9. 10, 91다6368(公 1991, 2506).

登記 請求訴訟을 提起하면서 無條件으로 登記節次의 履行을 請求하였다 하여도 나머지 殘代金의 支給債務를 履行하지 아니할 意思를 表示한 것으로는 볼 수 없다고 하고,[97] ⑩ 買受人이 甲을 代理人으로 하여 賣買契約을 締結하면서 그 契約書의 買受人欄에 住所와 住民登錄番號를 記載하지 아니하였지만 甲이 위 契約締結을 前後하여 자주 만나고 있었고 賣渡人이 買受人의 代理人인 위 甲을 통하면 買受人과의 連絡이 쉽게 가능하였다면 買受人에게 債務를 履行할 意思가 없었다고 보기 어렵다고 하며,[98] ⑪ 舊不登 §40 Ⅱ에 의한 檢印契約書는 반드시 買受人의 殘金支給 또는 賣渡人의 登記移轉所要書類의 交付 이전에 作成되어야 하는 것은 아니므로 買受人이 檢印契約書의 作成에 협조하지 아니하였다 하여도 그것만으로는 賣買契約 履行拒絶의 意思表示를 明白히 한 것으로 볼 수 없다고 한다.[99]

3. 催告期間內에 履行 또는 履行의 提供이 없을 것

위에서 본 履行遲滯의 경우와 마찬가지로, 債務者가 催告期間 내에 履行하지 않는 것이 그에게 責任 있는 事由에 기하여야 한다.[100] 만일에 債務者의 不履行이 不可抗力에 기인하는 것이면, 그 立證責任은 債務者에게 있다고 解釋하여야 한다.[101] 또한 債務者의 不履行은 違法하여야 하므로, 雙務契約에 있어서 債務者가 同時履行의 抗辯權을 가지는 경우에는 債權者는 자기가 負擔하는 債務의 履行을 提供하여야 할 것이다.[102]

4. 解除權의 發生要件을 減輕하는 特約

(1) 解除權의 發生要件을 減輕하는 特約은 그 정도에 따라서 ① 遲滯의 內容·程度를 緩和하는 特約, ② 催告 없이도 解除가 가능한 것으로 하는 特約, 나아가 ③ 催告는 물론 解除의 意思表示 조차도 필요 없이 自動的으로 解除된 것으로 看做하는 特約으로 나뉠 수 있는바,[103] 마지막 類型의 特約은 狹

97) 大判 91. 10. 11, 91다25369(公 1991, 2715).
98) 大判 91. 11. 26, 91다23103(公 1992, 286). 이 判決은 前述 註 84 및 그 本文 記載 判決과 比較하여 說示하고 있다.
99) 大判 92. 3. 10, 91다12462(公 1992, 1271).
100) 金基善, 89.
101) 金承鎭(前論 註 83), 164.
102) 履行提供의 程度에 관하여는 前述 註 8 및 그 本文 參照.
103) 林東鎭(前論 註 63), 130.

義의 失權約款에 해당될 것이다.[104)]

이러한 履行遲滯에 의한 法定解除權의 發生要件을 減輕하는 特約은 原則的으로 有效하다.[105)] 그러나 이러한 特約은 債務者에게 不利한 結果가 되므로, 特約의 內容을 解釋함에 있어서 특히 信義誠實의 原則에 따라야 함을 留意하여야 한다.[106)] 그리하여 雙務契約에 있어서 期限內에 債務의 履行이 없으면 解除할 수 있다고 特約한 경우에도 原則的으로 債務者가 履行期를 徒過한 것만으로는 不履行이라 할 수 없고 責任 있는 事由로 인한 遲滯가 없으면 解除할 수 없다고 解釋하여야 한다는 見解가 있다.[107)] 특히 이 문제는 失權約款과 관련하여 解釋上의 문제가 생기는바 이에 관하여는 前論의 失權約款部分에서 언급한 바 있으므로 자세한 檢討는 생략한다.[108)]

Ⅱ. 履行遲滯로 인한 解除權의 發生

履行遲滯에 의한 解除權은 原則的으로 催告期間이 滿了한 때에 발생한다. 그러나 債務者가 미리 不履行의 意思를 表示하는 경우와 같이 催告를 필요로 하지 아니하는 경우에는 履行遲滯가 있으면 곧 解除權은 발생한다. 따라서, 催告期間내에 不履行의 意思表示가 있으면, 催告期間의 滿了를 기다리지 아니하고 그때에 解除權은 발생한다.[109)]

104) 前述 前論 註 53) 및 그 本文 參照.

105) 大判 65. 8. 31, 65다560(要集 民 Ⅰ-2, 870)은 當事者 一方에게 解除權을 附與한 解除權留保의 特約을 한 경우에 相對方이 債務의 履行을 하지 아니하면 履行의 催告 없이 卽時 契約을 解除할 수 있다고 判示한다.

106) 郭潤直, 137; 金曾漢, 9; 金疇洙, 121; 金承鎭(前論 註 83), 164.
約款에 의하여 解除權의 行使要件을 緩和하는 경우에는 無效로 됨에 관하여는 前述 §543 註 8) 및 그 本文 參照.

107) 金疇洙, 121.
大判 89. 7. 25, 88다카28891(公 1989, 1294)는, 不動産賣買契約에 있어서 買受人이 殘代金支給期日까지 그 代金을 支給하지 못하면 그 契約이 自動的으로 解除된다는 趣旨의 約定이 있더라도, 특단의 事情이 없는 한 買受人이 殘代金支給期日에 所有權移轉登記에 필요한 書類를 準備하여 買受人에게 알리는 등 履行의 提供을 하여 買受人으로 하여금 履行遲滯에 빠지게 하였을 때에 비로소 自動的으로 賣買契約이 解除된다고 보아야 하고, 買受人이 그 約定期限을 徒過하였더라도 履行遲滯에 빠진 것이 아니라면 代金未支給으로 契約이 自動解除된다고는 볼 수 없다고 본다. 同旨 大判 56. 8. 2, 4289민상138(要集 民 Ⅰ-2, 876); 大判 76. 6. 8, 76다890(要集 民 Ⅰ-2, 884); 大判 79. 10. 30, 79다661(要集 民 Ⅰ-2, 886).

108) 前述 前論 註 57 및 그 이하 本文 參照.

109) 郭潤直, 137; 金曾漢, 89; 金疇洙, 121.

Ⅲ. 履行遲滯로 인한 解除權의 消滅

1. 履行遲滯로 인한 解除權이 發生한 후라도 債權者가 解除權을 行使하기 전에 債務者가 債務內容에 좇은 履行을 하면, 解除權은 消滅한다고 解釋하여야 한다.[110] 그러나 債務者가 催告를 받은 債務 중 一部의 債務만을 履行한 경우에는 正當한 履行이라 할 수 없어 履行遲滯狀態가 維持되므로 債權者는 履行遲滯로 인한 解除權을 取得한다.[111]

2. 履行遲滯로 인한 解除權은 이를 抛棄할 수 있으므로, 債權者는 그 發生後라도 이를 抛棄하고 本來의 給付를 請求할 수 있다.

3. 다만 解除權이 發生한 후에 債務者가 債務內容에 좇은 履行을 하고 있지 않은 동안 債權者는 언제까지나 本來의 給付를 請求하거나 解除權을 行使하는 自由가 있느냐가 문제된다. 물론 債務者는 民 §552가 規定하듯이 催告를 하여 解除權을 消滅시킬 수 있으나, 그렇지 않은 경우에도 信義則에 의하여 解除權이 失效될 수 있다.[112]

Ⅳ. 受領遲滯로 인한 解除權의 發生

1. 債權者의 受領遲滯 즉 債權者遲滯로 解除權이 발생하느냐는 債權者遲滯의 本質을 어떻게 理解하느냐에 관한 學說에 따라 그 결론을 달리하게 된다.

多數說은 債權者遲滯를 債權關係에 있어서의 債權者의 協力義務에 대한 不履行이라고 보고 債權者遲滯責任을 일종의 債務不履行責任으로서 把握하므로 債權者遲滯의 경우에도 履行遲滯로 인한 解除權 發生의 要件을 갖추면 解除할 수 있다고 본다. 반면 少數說은 慣習 또는 特約이 있는 경우와 같은 特別한 경우를 除外하고는 債權者에게 受領義務가 없는 것으로 이해하고, 民法이 規定하는 債權者遲滯責任은 信義則에 기한 法定責任이라 보므로, 債權者의

110) 金基善, 89.
111) 大判 75.11.25, 75다1110(公 527, 8768).
112) 前述 前論 註 152 및 그 本文 參照.

受領遲滯에 의한 解除權의 發生은 民法에 明文의 規定이 없는 한 인정할 수 없게 된다.[113]

2. 多數說에 의하면, ① 債務의 性質上 履行에 있어서 債權者의 협력을 필요로 할 것, ② 債務의 內容에 좇은 履行의 提供이 있을 것, ③ 債權者의 受領拒否 또는 受領不能, ④ 債權者의 受領不能 또는 受領拒絶이 그의 歸責事由에 속하고, ⑤ 違法할 것의 要件을 갖춤으로써 受領遲滯가 成立하여야 하고, 나아가 債務者가 相當한 期間을 정하여 債權者에게 受領을 催告하였으나 그래도 受領이 없을 때에는 解除할 수 있게 된다.

그리고 少數說에 의하면, 當事者가 특히 受領遲滯를 特約하거나 또는 慣習上 그러한 義務를 인정할 수 있는 경우에 한하여, 履行의 催告節次를 거쳐 解除할 수 있게 된다.[114]

3. 실제로 雙務契約에 있어서, 受領遲滯중의 債權者는 대개의 경우에 자기가 負擔하는 債務의 履行도 遲滯하고 있으므로, 이러한 경우에 債務者는 債權者의 受領遲滯를 이유로 同時履行의 抗辯權을 排除하고 오히려 債權者의 履行遲滯를 내세워 解除權을 행사함으로써 目的을 達成할 수 있다. 따라서 受領遲滯만을 이유로 하는 解除權의 發生이 문제되는 경우는 실제에 있어서는 매우 드물다.

[金 龍 德]

113) 學說에 관한 자세한 설명은 民 §400 注解部分으로 미룬다.
114) 李銀榮, 169.

第 545 條(定期行爲와 解除)

契約의 性質 또는 當事者의 意思表示에 依하여 一定한 時日 또는 一定한 期間內에 履行하지 아니하면 契約의 目的을 達成할 수 없을 境遇에 當事者 一方이 그 時期에 履行하지 아니한 때에는 相對方은 前條의 催告를 하지 아니하고 契約을 解除할 수 있다.

Ⅰ. 定期行爲의 意義

契約의 性質 또는 當事者의 意思表示에 의하여 一定한 日時 또는 一定한 期間내에 履行하지 않으면 契約을 締結한 目的을 達成할 수 없는 것을 定期行爲라고 한다. 이러한 定期行爲는 履行期를 經過하면 契約의 目的을 達成할 수 없지만 債務의 內容인 給付의 履行 자체는 客觀的으로 가능하다는 점에서, 給付의 履行 자체가 불가능한 履行不能과 구별된다.[1)]

契約의 性質에 의한 定期行爲는 絶對的 定期行爲라고도 부르며, 예를 들어 각종 招待狀의 注文, 宴會를 위한 料理의 注文과 같이, 그 債權의 目的인 給付의 客觀的 性質로부터 一定한 時日이나 一定한 期間 내에 履行하지 않으면 契約을 한 目的을 達成할 수 없음을 알 수 있는 경우를 말한다.

이에 비하여 當事者의 意思表示에 의한 定期行爲는 相對的 定期行爲라고 부르는바, 예를 들어 結婚式에 着用하기 위한 禮服의 注文과 같이, 契約의 目的인 給付의 性質上 반드시 一定時期에 給付하여야만 契約의 目的을 達成할 수 있는 것임을 客觀的으로 알 수 있는 것은 아니나, 表示된 債權者의 主觀的 動機에 비추어 期間內에 履行되지 않으면 契約의 目的을 達成할 수 없는 경우이다. 주의할 것은 相對的 定期行爲라고 하기 위하여서는 단순히 債權者에게 主觀的으로 履行期가 중요할 뿐만 아니라, 債務者도 정하여진 履行期의 遵守가 契約目的의 達成을 위하여 絶對 필요한 것임을 알고 있어야 한다.[2)] 즉 단순히 履行期의 遵守를 約束하는 것만으로는 相對的 定期行爲가 되지 않는다.[3)]

이들 두 가지의 定期行爲의 구별은 실제로는 대단히 곤란한 수가 적지 않

1) 黃迪仁, 民法 Ⅳ, 160; 金基善, 91.
2) 金基善, 90; 註釋債各(Ⅰ), 412.
3) 郭潤直, 138; 李太載, 115.

지만, 실제로 그 구별의 實益은 작다. 문제는 定期行爲냐 아니냐에 있는 것이고, 定期行爲가 絶對的이냐 相對的이냐에 따라 취급에 차이가 있는 것이 아니기 때문이다.[4)]

大法院은 一般的으로 賣買契約의 性質상 一定한 期間 내에 履行을 하지 않더라도 契約의 目的을 達成하는 데에 영향이 없다면 비록 그 契約의 履行期가 特約되어 있다 할 지라도 定期行爲로 보지 않으며,[5)] 다만 賣買契約을 하면서 賣渡人이 緊急히 돈을 使用할 필요가 있어서 그 履行期日을 契約日로부터 10日內로 정하였고 만일 買受人이 그 履行期日을 長期로 요구하였다면 賣買契約이 성립되지 않았을 것인 경우[6)]와, 신발의 輸出入契約에 있어서 輸出 신발의 色相과 品質 등으로 인하여 年末과 年初에만 美國內 市場에 販賣하도록 되어 있어 船積期日을 지키는 것이 중요한 경우[7)]는 모두 定期行爲로 본다.

Ⅱ. 定期行爲와 解除權의 發生

1. 絶對的 定期行爲와 相對的 定期行爲를 包括하여 모든 定期行爲에 있어서는, 債務不履行이 있으면 곧 解除權이 발생하고, 普通의 契約에 있어서와 같이 催告를 필요로 하지 않는다. 그 이유는 債權의 目的이 履行期에 履行되지 아니함으로써 債權者에게는 전혀 無價値한 것으로 되었으므로 相當한 期間을 정하여 催告하는 것은 無意味하기 때문이다.[8)]

그리하여 定期行爲의 履行遲滯로 인하여 解除權이 발생하기 위하여는 債務者의 歸責事由로 違法하게 履行期에 履行되지 아니하였을 때에 解除權이 발생된다.[9)] 따라서 雙務契約에서 同時履行關係에 있는 債務가 定期行爲로 정하여 지는 경우에도 雙方이 공히 義務를 履行하지 아니하고 履行期를 經過하면

---

4) 金基善, 90은, 絶對的 定期行爲에 있어서만 民 §545가 적용되고 相對的 定期行爲에는 適用되지 않는다고 主張하는 學者가 있다고 설명하는바 이 學說에 의하면 絶對的 定期行爲와 相對的 定期行爲를 區別할 實益이 있다.

5) 大判 48. 2. 17, 4280민상235(要集 民 Ⅰ-2, 893).
또한 大判 55. 2. 17, 4287민상250(要集 民 Ⅰ-2, 893)은, 賣買契約書에 "土地代金의 殘金은 登記書類 完成後 支給하기로 함. 此期間 1個月로 함. 此期間 經過한 境遇는 本契約을 無效로 함"이라고 기재한 경우 이는 定期行爲에 해당하지 않는다고 본다.

6) 大判 47. 3. 14, 4280민상7(要集 民 Ⅰ-2, 893).

7) 大判 79. 3. 27, 79다112(要集 民 Ⅰ-2, 893).

8) 金疇洙, 123.

9) 金基善, 91.

雙方間에 解除權이 發生하지 아니할 것이고, 다만 相對方이 履行期前에 자기의 義務를 履行할 意思가 없음을 明白히 한 경우에는 자기의 義務履行을 提供하지 아니하고 履行期 經過로 인하여 契約을 解除할 수 있다.[10)]

그리고 民法上 定期行爲에 있어서도 解除의 效果가 발생하기 위하여는 解除의 意思表示를 요한다. 따라서 債權者로서는 定期行爲의 履行遲滯의 경우에 반드시 契約을 解除할 필요는 없고 본래의 給付를 請求할 수도 있다. 왜냐하면, 定期行爲의 경우에 그 履行의 時期는 債權者의 利益을 위하여 嚴格히 確定된 것이므로 그 債權者가 그와 같은 利益을 스스로 抛棄하는 것은 可能하기 때문이다.

2. 商事上의 確定期賣買에 관하여는 商法에 特則이 있다. 商 §68은 商人間의 絶對的 定期行爲 또는 相對的 定期行爲인 賣買에 있어서 當事者의 一方이 履行時期를 經過한 때에는 相對方은 卽時 그 履行을 請求하지 아니하면 契約을 解除한 것으로 본다고 規定하고 있으므로, 解除의 意思表示 없이도 當然히 解除의 效果가 發生된다.

民法에 商法과 같은 特則을 두지 아니한 것은, 定期行爲에 있어서도 債權者가 解除하지 않고서 履行期後에 本來의 給付를 그대로 원하는 경우도 있을 수 있다는 점을 고려하였기 때문이고,[11)] 반면, 商法에서는 商事上의 確定期賣買에 관한 賣渡人의 利益과 商去來의 迅速한 處理를 위하여 特則을 둔 것이다.[12)]

[金 龍 德]

10) 大判 48. 8. 9, 4281민상60(要集 民 Ⅰ-2, 893).
11) 郭潤直, 138.
12) 金疇洙, 123.

第 546 條(履行不能과 解除)

債務者의 責任 있는 事由로 履行이 不能하게 된 때에는 債權者는 契約을 解除할 수 있다.

I. 履行不能과 解除

債務者에게 責任 있는 事由로 履行不能이 되면 바로 解除權이 發生한다. 그리고 一般的으로 解除權이 發生한 후에 債權者가 本來의 給付를 請求한다든가 또는 債務者가 給付를 하여 解除權을 消滅시킨다는 일은 履行不能에 있어서는 있을 수 없다고 설명되고 있다.[1] 그러나 履行不能을 판단하는 標準時는 履行期이므로 일단 履行期까지 履行不能이면 解除權이 발생할 것이지만, 그 후 給付의 履行이 가능하게 된 경우가 전혀 없다고 할 수는 없으므로 이러한 경우에는 債務者가 債務의 內容에 따른 給付를 함으로써 解除權을 消滅시킬 수 있다고 생각된다.[2]

II. 解除權 發生의 要件

履行不能으로 인한 解除權이 發生하기 위하여는 債務者의 責任 있는 事由로 履行이 不能으로 되었을 것이 그 要件이다. 履行不能의 意義 및 要件은 債權總論部分에서 검토되므로 자세한 설명을 피하고, 解除의 要件을 중심으로 살펴본다.

1. 債權이 成立한 후 履行不能이 되었어야 한다

(1) 不能은 物理的 不能에 限定하지 않고 社會觀念 내지 去來觀念에 따라서 決定된다.[3] 예를 들어 賣渡人이 二重으로 賣渡하여 이에 관한 移轉登記

1) 郭潤直, 139; 金曾漢, 81.
2) 예를 들어 賣渡人이 不動産을 二重으로 賣渡하고 뒤의 買受人에게 移轉登記를 經了하여 줌으로써 最初買受人에 대한 所有權移轉義務가 履行不能이 되어 일단 解除權이 發生하였다 하여도, 賣渡人이 뒤의 買受人과의 契約을 解除하는 등의 事由로 다시 不動産의 所有權을 取得하게 된 때에는, 最初買受人이 契約解除權을 行使하기 전까지 賣渡人으로서는 最初買受人에게 위 不動産에 대한 所有權移轉登記書類의 履行의 提供을 함으로써 契約解除權을 消滅시킬 수 있을 것이다.
3) 郭潤直, 139; 金曾漢, 91; 大判 74.5.28, 73다1133(集 22-2, 15).

까지 經了한 경우 및 賣渡人이 目的物에 관하여 제3자에게 地上權을 設定하고 登記를 마치거나 抵當權을 設定하고 登記를 마친 경우에는 特別한 事情이 없는 한 履行不能이 되며,[4] 賃貸人이 賃貸借契約後 賃貸目的物에 대한 所有權을 喪失한 경우 그 事實만으로는 賃貸借에 영향이 없으나, 眞實한 所有者가 目的物의 返還請求나 賃料相當額의 支給을 청구하는 경우에는 賃貸人이 賃借人에 대하여 目的物을 使用, 收益시킬 義務는 履行不能이 된다.[5] 반면 登記名義者 아닌 者와 交換 또는 賣買契約을 맺고 이에 의하여 土地의 引渡를 받은 자가 登記名義人이 提起한 土地引渡請求訴訟에서 敗訴하였다는 事情이나,[6] 賣買目的物에 대하여 賣渡人의 다른 債權者가 強制競賣를 申請하여 그 節次가 進行중에 있다는 事情만으로는 아직 그 目的物에 대한 所有權取得이 履行不能이라고 보지 않는다.[7]

(2) 後發的 不能에 한한다. 契約解除는 이미 成立하고 있는 契約을 前提로 하는 것이므로, 解除權發生의 要件인 履行不能은 後發的 不能에 한한다.[8]

(3) 給付가 不能인가 아닌가는 履行期를 標準으로 하여 決定되지만,[9] 履行期가 到來하기 전에 履行이 不能으로 되고 履行期에 있어서도 不能이라는 것이 確實할 때에는, 履行期를 기다리지 않고서 곧 履行不能의 效果가 생긴다.[10] 履行遲滯後의 履行不能은 이를 履行不能으로 다룬다.[11]

---

4) 大判 56.8.9, 4289민상122(集 4-2, 58); 大判 57.9.16, 4290민상151(要集 民 I-2, 659); 大判 74.5.28, 73다1133(集 22-2, 15) 외 多數의 判例가 있다.

다만 大判 59.4.24, 4291민상423(集 7, 227)은 賣買目的物에 관하여 二重으로 第3者와 賣買契約을 締結하였다는 事實만 가지고는 賣買契約이 法律上 履行不能이라고 할 수 없다고 보며, 大判 57.1.12, 4289민상490(集 5-1, 1) 및 大判 75.7.22, 75다450(公 521, 8610)은, 賣渡人으로부터 第3者 앞으로 所有權移轉登記가 經了되었어도 그 移轉登記의 實體法上의 原因이 없는 이상 買受人에 대한 所有權移轉義務가 不能이 되었다고 할 수 없다고 보고, 또한 大判 89.9.12, 88다카33176(公 1989, 1464)은 土地交換契約後 目的土地에 대하여 第3者名義로 所有權移轉登記가 經了되었으나 그 移轉原因이 名義信託關係여서 原所有者名義로 所有權을 回復하여 債權者에게 移轉登記節次를 履行할 可能性이 있으면 履行不能이 아니라고 본다.

그 밖에, 履行不能 成立與否에 관한 설명 등은 債權總論中 履行不能에 대한 注解部分에 미룬다.

5) 大判 78.9.12, 78다1103(集 26-3, 42).

6) 大判 65.9.7, 65다1293(集 13-2, 123); 大判 82.4.27, 80다1921(公 683, 520).

7) 大判 87.9.8, 87다카655(公 1987, 1559). 이 경우 強制競賣의 進行에 대한 責任이 누구에게 있는가는 문제가 되지 않는다고 한다.

8) 金疇洙, 123.

契約成立 이전에 履行이 不可能한 債權은 契約締結上의 過失 또는 瑕疵擔保責任으로 論議된다(註釋債各(I), 415).

9) 金疇洙, 123.

10) 註釋債各(I), 416.

11) 郭潤直, 139; 金曾漢, 91; 金疇洙, 124.

(4) 一部不能의 경우에는 一部의 履行遲滯와 마찬가지로 다룬다. 즉 債務의 內容이 可分이면 原則的으로 不能된 部分에 관하여서만 解除할 수 있으나 나머지 部分으로 契約의 目的을 達成할 수 없으면 契約 全部의 解除가 인정되고, 債務의 內容이 不可分인 때에는 不能部分의 重要性에 의하여 결정한다.[12] 그리하여 企業者가 水沒豫定地域內의 土地와 地上物을 買受한 경우에 그 土地와 地上物은 不可分의 一體가 되어 水沒의 對象으로서 買受되었다고 봄이 相當하고, 그 후 洪水로 인하여 立木이 滅失되었다 하여도 이로 인하여 賣買契約의 一部 또는 全部가 履行不能의 狀態에 빠진 것이라고 할 수 없으므로 契約을 解除할 수 없다.[13]

2. 不能이 債務者의 歸責事由에 기한 것이어야 한다

民 §546도 이를 明言하고 있다.[14] 債務者는 歸責事由가 없음을 立證하여야 한다.

雙務契約에 있어서 債務者의 歸責事由 없이 債務가 履行不能이 된 경우에는 債務者의 義務는 當然히 消滅될 것이나, 債權者의 反對債務가 어떻게 될 것인가는 解除制度가 아니라 危險負擔의 문제로 해결된다.[15] 그러나 債務者의 履行遲滯中에 雙方의 責任 없는 事由로 인하여 履行不能이 된 경우에는 原則的으로 債務者에게 責任 있는 履行不能으로 취급하여 解除權을 行使할 수 있다.[16]

3. 履行不能이 違法한 것이어야 한다

履行遲滯에서 문제되는 同時履行의 抗辯權은 雙方의 履行이 가능할 것을 前提로 하므로, 履行不能으로 인한 解除權의 行使에는 아무런 영향이 없다. 따라서 債權者는 自己의 反對債務에 대한 履行의 提供 없이 解除權을 행사할 수 있다. 大法院도 이미 他人에게 讓渡하여 所有權移轉登記까지 經了된 不動產에

---

12) 註釋債各(Ⅰ), 416-17.
大判 87.7.7, 86다카2943(公 1987, 1307)은, 248坪 8合의 不動產 중 176坪 6合 部分에 대한 履行이 不能하여 나머지 部分만으로는 地上에 建物商街用빌딩을 建築하고자 하는 契約目的을 達成할 수 없는 경우에는 全部에 대하여 解除할 수 있는 것으로 본다.

13) 大判 77.12.27, 76다1472(集 25-3, 409).

14) 大判 69.2.25, 67다1338(集 17-1, 220).

15) 金疇洙, 84.
大判 62.10.11, 62다492(要集 民 Ⅰ-2, 895)는 當事者 雙方의 責任 없는 事由로 履行할 수 없게 된 때에는 債務者는 相對方의 履行을 請求할 수 없다고 본다.

16) 郭潤直, 140; 金疇洙, 124; 民 §392 參照.

대하여 傳貰契約을 締結함으로써 傳貰權設定者의 傳貰契約上의 義務가 履行不能이라는 이유로 契約을 解除함에 있어서는 傳貰金 殘金支給義務와 傳貰權設定 登記節次 履行義務가 同時履行關係에 있어도 傳貰金 殘金支給에 대한 履行의 提供을 필요로 하지 않는다고 判示하였다.[17]

4. 履行의 催告가 必要 없다

履行遲滯의 경우와는 달리 債權者는 債務者에게 履行의 催告를 필요로 하지 않는다. 履行不能의 경우에는 履行可能性이 없으므로 履行을 請求하는 催告는 아무런 의미가 없기 때문이다. 다만 不能은 社會的·經濟的 觀念으로서 客觀的으로 明白한 것은 아니므로 債權者가 만일에 對備하는 의미에서 催告하는 것은 상관없고, 이러한 경우에는 催告期間이 滿了한 때에 解除權이 發生한다는 見解가 있다.[18]

Ⅲ. 要件을 減輕하는 特約

履行不能에 의한 法定解除權의 發生要件을 減輕하는 特約도 有效하며, 다만 그 內容의 解釋은 信義則에 따라야 한다.[19] 예를 들어 債務者의 歸責事由 없이 履行不能이 된 경우에도 解除權이 발생한다는 뜻의 特約은 債務者에게 매우 不利한 것이므로 그 特約의 存在를 인정하려면 愼重하여야 한다고 본다.[20]

Ⅳ. 解除權의 發生

履行不能에 의한 法定解除權의 발생시기는 履行不能이 생긴 때이다. 그리고 履行期前에 不能으로 된 때에도 履行期를 기다릴 필요 없이 解除할 수 있다.[21]

[金 龍 德]

17) 大判 77. 9. 13, 77다918(公 570, 10293).
18) 金疇洙, 124.
19) 郭潤直, 140.
20) 金曾漢, 92; 金疇洙, 125; 註釋債各(Ⅰ), 417-18.
21) 郭潤直, 140. 前述 註 9), 10) 및 그 本文 參照.

第 547 條(解止, 解除權의 不可分性)

① 當事者의 一方 또는 雙方이 數人인 境遇에는 契約의 解止나 解除는 그 全員으로부터 또는 全員에 대하여 하여야 한다.

② 前項의 경우에 解止나 解除의 權利가 當事者 1人에 대하여 消滅한 때에는 다른 當事者에 대하여도 消滅한다.

I. 解止·解除權 行使의 不可分性

1. 當事者의 一方 또는 雙方이 數人인 경우에는, 契約의 解止·解除는 그 全員으로부터 또는 全員에 대하여 하여야 하는바 이를 解止·解除權의 不可分의 原則이라고 한다.[1] 즉 위의 경우에 當事者 중 一部의 者에 대하여 解除의 意思를 表示하여도 모두에 대하여 아무런 解除·解止의 效力이 발생하지 않는다.

契約當事者의 一方 또는 雙方이 數人 있는 경우에, 각자가 자기의 부분에 관하여 解除를 하거나 또는 解除를 받을 수 있다면, 어떤 者에 대하여는 契約이 締結되지 않았던 것으로 되고, 또 어떤 者에 관하여는 契約이 그대로 存續하는 것으로 되어, 복잡한 法律關係가 생기기 때문에 실제상의 편의를 고려하여 취해진 原則이다.

2. 위와 같이 이 原則은 實際上의 便宜를 위하여 인정된 것으로서, 그 性質上 不可分의 것은 아니고 또한 公益上의 理由로 採用된 原則도 아니므로, 民 §547 I은 強制規定은 아니다. 따라서 當事者의 特約으로 위 規定의 適用을 排除할 수 있다.[2] 나아가 複數當事者의 債權·債務가 可分이며 각자에 대하여 數量的으로 정하여져 있는 경우에는, 分割的인 解除를 인정하는 特約이 있다고 볼 수 있다는 見解가 있다.[3]

3. 위 原則은 하나의 契約에 관하여 當事者의 一方 또는 雙方이 數人인

1) 따라서 解除權者가 數人의 相對方에 대하여 解除의 通知를 하였으나, 그 相對方 중 一部의 者에 대하여만 送達이 되고 나머지 相對方에 대하여는 送達不能이 되었다면, 相對方 全員에 대하여 解除의 效力이 發生하지 아니한다[大判 68. 7. 24, 68다696(要集 民 I-2, 897).

2) 郭潤直, 149; 金曾漢, 98; 金疇洙, 130; 註釋債各(I), 419.

3) 金疇洙, 130.

경우에는 原則的으로 적용된다. 따라서 그 契約으로 인하여 발생하는 債務가 分割債務이든 不可分債務이든 또는 連帶債務이든 모두 적용되며,[4] 처음부터 當事者가 複數인 경우뿐 아니라 共同相續이 開始된 경우와 같이 처음에는 當事者가 單數였다가 후에 複數가 되는 경우에도 이 原則이 적용된다.[5] 나아가 登記簿上 所有名義者를 달리하는 數筆地의 土地에 대한 賣買契約이 形式上 契約書만은 별도로 作成하였어도 土地賣買가 買受目的上 不可分의 相互關聯關係가 있어 契約의 履行 및 解除는 全體에 대해서만 가능하고 그 중 一部 土地에 대하여는 분리하여 解除할 수 없도록 賣買當事者 사이에 特約이 있다고 볼 수 있는 경우에, 그 중 一部 筆地에 대한 賣買契約이 全部 履行되었다면, 賣渡人은 다른 筆地에 대하여만 契約履行 着手前임을 이유로 契約金의 倍額을 供託하여 解除權을 行使할 수는 없다.[6]

그러나 大法院은 信託契約에서 受託者가 數人共同으로 된 경우 및 相續에 의하여 受託者의 地位가 共同相續된 경우에는 위 不可分의 原則은 적용되지 않고, 一部의 受託者에 대하여 信託解止의 意思表示를 하면 그 一部의 者에 대하여 信託解止의 效果가 발생한다고 본다.[7]

4. 解除·解除의 意思表示는 全員으로부터 또한 全員에 대하여 하면 되고, 반드시 共同的으로 同時에 하여야 하는 것은 아니다. 그 意思表示가 個別的으로 때를 달리하여 행하여진 경우에는, 最終의 意思表示의 到達로 解除의 效力이 생긴다고 보아야 한다.

5. 解止·解除 不可分의 原則은 法定解除·法定解止의 경우뿐만 아니라 約定解除·約定解止의 境遇에도 그 適用이 있다. 또 合意解除에도 類推適用된

---

4) 連帶債務의 경우에는 民 §416에 의하여 1人에 대하여 한 履行請求가 다른 連帶債務者에게도 效力이 미치는바, 이와 關聯하여 1人에 대한 解除의 意思表示가 다른 連帶債務者에게도 미치는 것이 아닌가 하는 의문이 생긴다.

이에 관하여 解除는 遲滯의 效果에 불과한 것이므로 1人에 대한 解除의 意思表示는 全員에 대하여 效力이 생긴다는 見解가 있으나(金曾漢·安二濬, 150), 그 反對의 見解에서는 解除權 發生要件으로서의 催告에 있어서 1人에 대한 催告는 全員에 대하여 미쳐 그 效果로서 全員에 대한 解除權이 발생하지만 그 行使에 있어서는 全員에 대하여 하지 아니하면 解除의 效果가 발생하지 아니한다고 反駁한다(李太載, 122).

5) 金疇洙, 130.

6) 大判 74.6.25, 74다262등(集 22-2, 149).

7) 大判 92.6.9, 92다9579(公 1992, 2127); 大判 68.2.20, 67다1868(要集 民 I-2, 897); 大判 79.5.22, 73다467(公 613, 11980).

다는 見解가 있으나,[8] 合意解除의 경우는 當事者의 契約으로 解除가 成立되는 바 위 原則이 當事者의 特約으로 排除할 수 있음에 비추어 原則的으로 적용되지 않는다고 봄이 相當하다.

Ⅱ. 解止·解除權 消滅의 不可分性

當事者의 一方 또는 雙方이 數人 있는 경우에 그 가운데의 한사람에 관하여 解除權이 消滅한 때에는, 다른 當事者에 관하여서도 消滅하며, 數人 중 1人이 解除權을 拋棄한 경우에도 마찬가지이다.

[金 龍 德]

8) 註釋債各(Ⅰ), 419.

第548條(解除의 效果, 原狀回復義務)

① 當事者 一方이 契約을 解除한 때에는 各 當事者는 그 相對方에 對하여 原狀回復의 義務가 있다. 그러나 第三者의 權利를 害하지 못한다.

② 前項의 境遇에 返還할 金錢에는 그 받은 날로부터 利子를 加하여야 한다.

차 례

Ⅰ. 法定解除의 效果에 관한 一般論

解除는 契約當事者를 相對方의 債務不履行으로부터 救濟하기 위한 하나의 法的 手段이며, 一方當事者의 債務不履行으로 契約의 目的을 達成하지 못하게 된 契約을 解消시켜서 처음부터 그러한 契約이 있지 않았던 것과 같은 狀態로 되돌아가게 하는 것을 目的으로 한다.

예를 들어 賣買契約에서 買受人의 代金不支給으로 賣渡人이 契約을 解除하였다면 그 契約關係는 다음과 같이 解消된다.

(1) 未履行의 債務는 履行할 필요가 없게 된다. 賣渡人이 아직 目的物을 買受人에게 交付하고 있지 않으면 交付할 義務를 免하고, 買受人은 이제는 代金을 提供해서 賣渡人에게 履行을 요구하지 못한다. 한편 買受人도 代金支給義務를 免한다. 이와 같이 契約의 當事者는 契約에 의한 法律的 拘束으로부터

解放된다.

(2) 이미 履行한 것이 있을 때에는 서로 返還하게 된다. 賣渡人이 目的物을 이미 買受人에게 交付하고 있는 경우에는 그 返還을 請求할 수 있고, 반면 買受人으로부터 代金의 一部를 受領하였다면 그것을 返還하여야 한다. 이와 같이 當事者는 原狀回復의 義務를 負擔한다.[1)]

(3) 위의 (1)과 (2)의 처리에 의하여 塡補되지 못하는 損害가 남는 때에는 이를 賠償하게 한다.[2)] 賣渡人이 目的物을 다른 자에게 賣却하려고 하였더니 時價가 떨어져서 처음의 賣買契約에서의 價格보다 싸게 팔 수밖에 없었다면 賣渡人은 그 損害의 賠償을 請求할 수 있다.

위의 설명에서 알 수 있는 것과 같이 解除에 있어서의 基本的 效果는 契約上의 法律的 拘束으로부터의 解放·原狀回復·損害賠償의 3가지이다. 이들 3가지 效果를 理論的으로 矛盾 없이 이끌어내기 위한 法律的構成을 어떻게 하여야 하는가에 관하여는 學說의 對立이 있다.

Ⅱ. 解除의 法的 構成에 관한 學說

解除의 效果에 대한 理論的 說明에 관하여는 일찍부터 獨逸에서 3개의 學說이 對立하고 있었는바, 이들 3學說은 舊民法時代부터 우리 民法上의 解除의 法的 構成에 대한 理論의 뒷받침이 되었다.

1. 直接效果說

直接效果說은 解除에 의하여 契約은 遡及的으로 廢棄되고, 처음부터 契約이 存在하지 않았던 것과 같은 效果가 생기므로, 契約에 기한 債權關係는 遡及的으로(ex tunc) 消滅하는 것으로 이해한다. 따라서 解除當時에 債務가 아직 履行되어 있지 않으면 그것은 當然히 消滅하고, 이미 履行되어 있으면 그 給付는 法律上의 原因을 잃게 되어 目的消滅에 의한 不當利得의 返還이 문제된다. 다만 그 返還의 範圍는 不當利得에 관한 規定에서 정하는 現存利益에 한하지 않고 原狀回復을 하는 것이 合理的이라고 한다. 그리고, 第3者의 保護를

1) 民 §548 Ⅰ.
2) 民 §551.

위하여 위의 遡及效는 一定한 範圍에서 制限을 받는다고 한다.

이러한 直接效果說은 獨民 §346가 解除의 效果로서 受領할 給付를 返還할 義務를 진다고 規定한 후 이 規定을 解除에 의하여 契約은 遡及的으로 消滅되고 그로 인한 不當利得返還請求權을 정한 것으로 學說들에 의하여 주장되기 시작하였는바, 이러한 解釋의 배경에는 獨逸의 物權法이 物權行爲의 獨自性을 認定하는 것으로 보는 것이 支配的인 學說이므로 直接效果說을 취하여도 去來의 安定을 해치지는 아니하며, 또한 獨逸民法에서는 解除는 損害賠償請求와 兩立할 수 없다는 것이 자리잡고 있었다.[3)]

2. 間接效果說

間接效果說에 의하면 解除는 債權關係 그 자체를 消滅하게 하는 것은 아니고, 다만 그 作用을 저지할 뿐이라고 한다. 따라서 아직 履行되지 않은 債務에 관하여는 그 履行을 거절할 수 있는 抗辯權을 발생하게 하고, 이미 履行된 것에 대하여는 原狀回復을 위한 새로운 返還請求權을 발생하게 하며, 그것이 履行됨으로써 契約關係는 消滅한다고 설명한다. 이 學說은 獨逸民法의 第1草案 §427가 解除의 結果에 관하여 當事者는 契約이 締結되지 않았던 것과 같이 다룰 수 있는 權利·義務를 가지게 되며,[4)] 특히 契約上의 給付를 請求하지 못하고, 受領한 給付는 이를 返還할 義務가 있다고 規定함에 따라 이에 의하여 주장되었던 學說이다.

3. 折 衷 說

이 學說은 解除에 의하여 契約은 將來에 향하여(ex nunc) 消滅된다는 學說로서, 이에 의하면 解除 당시에 아직 履行되지 않은 債務는 當然히 消滅된다는 점에서 直接效果說과 같은 結論에 이르지만, 遡及效가 없으므로 이미 履行되어 있는 債務에 관하여는 이를 返還하여야 할 새로운 返還請求權이 생긴다는 점에서 間接效果說과 같은 結論에 이른다고 본다. 근래 獨逸에서는 이러한 折衷說의 立場에서 淸算關係說이 주장되어 多數說의 地位를 차지하고 있다. 淸算關係說은 解除에 의한 基本的인 效果는 위의 折衷說과 같이 설명하면서, 다만 解除에 의하여 원래의 契約關係는 原狀回復의 債權關係인 返還債務

3) 李銀榮, 179.

4) Der Rücktritt bewirkt, daß die Vertragschließenden untereinander so berechtigt und verpflichtet sind, wie wenn der Vertrag nicht geschlossen worden wäre.

關係(Rückgewährverhältnis)로 변형되며, 이 返還債務關係는 不當利得返還의 法定債務關係가 아닌 原契約關係의 變形이라고 설명한다.[5)]

4. 各 學說의 批判

이들 3學說은 각각 批判을 받고 있다. 즉 直接效果說은 이미 履行된 債務가 있는 경우에는 解除로 인하여 不當利得의 返還이 문제된다고 하면서, 그 返還範圍는 現存利益이 아니라 原狀回復으로 擴大된다고 하나 그 擴大의 근거가 무엇인지를 설명하여 주지 않고, 直接效果說에 의하면 解除에 의하여 처음부터 契約이 전혀 存在하지 않았던 것을 된다고 하면서 債務不履行을 이유로 한 解除의 경우에 왜 損害賠償을 請求할 수 있는지 그 근거를 설명할 수 없다는 비판을 받고 있다. 한편 間接效果說과 折衷說은 이미 履行한 것에 관하여 原狀回復을 위한 새로운 返還請求權이 생긴다고 하나, 그 發生根據를 설명해 주지 않고 있다는 批判을 받고 있다.

Ⅲ. 民法上의 解除의 法的 構成

1. 民法의 規定

우리 나라 民法上의 解除에 관한 學說을 檢討하기 위하여는 우리 民法에서 規定하고 있는 여러 解除의 效果를 염두에 두어야 한다. 즉 民 §548 Ⅰ은 解除의 效果로서 原狀回復義務를 規定하고 있고, 한편 民 §551은 解除로 인하여 損害賠償의 請求에 영향이 없다고 規定하고 있는바, 이 두 規定을 어떻게 調和할 수 있는가가 解除의 理論에서 문제된다.

5) 이에 관하여 獨逸의 學者 Stoll은 契約의 基本理論으로서, 契約當事者間의 全體的 權利關係의 基本構造, 즉 廣義의 債權債務關係로부터 變更可能한 個別的 權利·義務가 發生하므로, 基本關係를 有機體(organismus)라고 한다면, 그로부터 발생하는 請求權은 現狀態(Ersheinungsform)이라고 설명한 후, 이러한 同一性의 原理에 입각하여 解除의 意思表示는 契約의 存續(Bestand)에 關係된 것이 아니고 단지 債務關係의 內容에 關係된 것이며, 解放效는 원래의 給付義務를 消滅하게 하지만 그와 同時에 새로운 原狀回復請求權이 存續하는 債權法的 有機體의 內部에서 發生하게 된다고 설명한다(金龍潭, "雙務契約을 淸算하는 여러 가지 制度에 관하여", 民事法의 諸問題ㅡ溫山方順元先生古稀記念論文集, 208).

2. 直接效果說

(1) 過去 우리 民法의 解釋論으로서는 直接效果說이 妥當하다는 것이 多數說이었다.[6)]

(2) 直接效果說의 立場에 서면, 解除에 의하여 債權·債務는 遡及的으로 消滅하나, 다만 제3자 保護를 위하여 이 遡及效는 一定한 制限을 받을 뿐이다. 그리하여 當事者는 아직 履行하지 않은 債務에 대하여는 當然히 그 履行義務를 免하며, 契約成立時부터 解除時까지 사이에 아무런 債務도 履行되어 있지 않으면 이것으로 契約의 뒷처리는 끝난다. 그러나 만일에 解除가 있기 이전에 어떤 債務의 履行이 있었던 때에는, 給付의 返還이 문제되나, 그 給付는 債務가 遡及的으로 消滅함으로써 法律上의 原因이 없는 給付로 되어 不當利得返還의 義務를 負擔하나 一般的인 不當利得의 效果로서의 現存利益의 返還이 아닌 보다 合理的인 原狀回復義務로 擴大되어 있다.

(3) 그러나 民法에서는 契約이 解除되어도 損害賠償의 請求에 영향이 없다고 하는바, 과연 契約이 遡及的으로 效力을 잃게 되어 契約이 더 이상 存在하지 않게 되는데 契約의 拘束을 前提로 하는 債務不履行, 履行不能 등으로 인한 損害賠償을 여전히 請求할 수 있는 根據는 과연 무엇인가가 문제된다. 사실 間接效果說이나 折衷說을 취하면 遡及效를 否定함으로써 이미 發生한 債務不履行으로 인한 損害賠償責任은 그대로 存續한다고 쉽게 설명될 수 있을 것이다.

위에서 본 바와 같이 獨逸에서는 解除와 損害賠償請求가 兩立할 수 없기 때문에 이러한 문제가 발생할 여지가 없다. 따라서, 위에서 살펴본 獨逸에서의 學說을 그대로 받아들여 우리 民法의 解釋論으로 삼는 데에는 難點이 있다. 그리하여 우리 民法上의 解除의 效果를 從來의 學說로써 理論構成하는 데는 어려운 점이 있으므로 근본적으로 새로운 각도에서 새로운 理論을 構成하여야 된다는 批判이 있었는바,[7)] 最近에는 우리 民法의 解釋을 위하여는 위에서 본 獨逸의 清算關係說을 받아들여야 한다는 學說이 強力하게 대두되고 있다.

3. 清算關係說

清算關係說은 解除에 의한 契約의 遡及的 消滅을 否定하고 解除時까지 履

6) 金疇洙, 132; 金基善, 80; 權龍雨, 103; 金顯泰, 66.
7) 郭潤直, 152-53.

行되지 않은 債務는 將來에 대하여 消滅되지만, 그 때까지 存續하였던 債權關係는 原狀回復을 위한 清算關係로 變形된다고 이해하는 理論이다.[8] 즉 解除로 인하여 원래의 債權關係는 契約의 清算을 目的으로 하는 返還債權關係로 변하여 원래의 債權關係와 連續性 내지 同一性을 가지면서 다만 內容上의 變容이 있을 뿐이라고 설명한다. 이와 같이 解除의 效果를 非遡及的으로 構成함으로써, 損害賠償義務는 원래의 債權關係의 連續을 前提로 하는 義務로 解釋되어 그 根據를 債務者의 歸責事由로 인한 債務不履行에서 구하게 되며, 原狀回復義務 또한 이미 反對給付를 履行한 相對方이 그 反對給付에 대하여 처음부터 履行되지 않았던 狀態의 回復을 구하여 給付와 反對給付 사이에 等價的 均衡을 維持시키코자 하여 認定되는 法律行爲에 基礎한 義務라고 설명된다.[9]

이 學說이 드는 根據를 살펴보면 다음과 같다.

(1) 雙務契約에서 一方當事者의 履行遲滯 또는 履行不能을 이유로 契約을 解除하는 他方當事者의 의도는 相對方의 債務不履行으로 말미암아 信賴關係가 破壞되었으므로, 더 이상 契約拘束力을 維持시키고 싶지 않다는 점 및 解除함으로써 자기의 反對債務는 면하고 相對方의 債務不履行으로 인한 損害만을 賠償받겠다는 점에서 찾을 수 있다. 그런데 만약 直接效果說에서처럼 모든 契約債務를 遡及的으로 消滅시킨다면 債務不履行된 相對方의 債務 및 그의 責任根據도 消滅하게 되어 損害賠償의 理論的 根據를 喪失하게 된다. 解除者의 意圖도 相對方의 債務不履行까지 없었던 것으로 하겠다는 뜻이 아님은 明白하다.

(2) 民 §548 Ⅰ은 解除의 效果로서 "各 當事者는 그 相對方에 대하여 原狀回復의 義務가 있다"라고만 規定한다. 이러한 民法規定은 直接效果說에서 主張되듯이 곧 契約의 遡及的 消滅을 가리키는 것은 아니다. 오히려 直接效果가 아닌 단지 原狀回復義務, 즉 受領한 給付의 返還義務가 생길 뿐이라는 점을 明言하고 있다고 解釋된다.

(3) 解除後의 法律關係는 解除前의 契約關係의 延長으로서, 雙務契約의 特性이 解除에 의하여 喪失되지 않는다고 보는 점이 清算關係說의 특징이다.

---

8) 金曾漢, 100; 李銀榮, 181-82; 金龍潭(註 5), 207-9; 權五乘(§543 註 31), 364(清算關係說은 返還債務關係說이라고도 불리운다).

다만 金曾漢, 101-3은, 清算關係說을 취하면서도 解除의 遡及效를 인정하고 있어, 과연 다른 學者들이 주장하는 遡及效를 認定하지 않는 清算關係說과 同一한 學說인가 의문이 있다.

9) 李銀榮, 181-82.

當事者間의 契約關係에서 發生한 문제는 그의 完全한 終結에 이르기까지 契約의 法理로 解決되는 것이 바람직하므로, 성급히 契約消滅을 推論하여 法定債務關係인 不當利得返還債務로 해결하기보다는 契約關係의 延長인 淸算關係로 보는 것이 타당하다. 그럼으로써 雙務契約의 淸算關係에서 兩債務의 相換性·等價性, 同時履行關係[10]와 危險分擔關係[11]가 維持될 수 있고, 原契約에 附從되는 保證은 特別한 事情이 없는 한 淸算關係에도 미치며, 原契約이 商事性을 띤 경우에는 淸算關係의 債務도 商事性을 갖는다는 結論이 가능하다.[12]

4. 이하에서는 위에서 본 學說의 立場을 基礎로 하여, 解除의 效果를 具體的으로 살펴본다.

Ⅳ. 契約效力의 消滅

1. 直接效果說

(1) 遡 及 效

直接效果說에 의하면 解除에 의하여 契約은 처음부터 存在하지 않았던 것으로 되므로 契約으로부터 발생하였던 法律效果는 解除에 의하여 遡及的으로 消滅되어, 契約의 無效나 取消로 인한 效果와 類似한 效果가 생긴다. 다만 大法院은 契約이 解除되어도 解除의 相對方은 解除權者에 대하여 損害賠償責任을 負擔하게 되므로 이러한 責任을 免하기 위하여, 解除의 相對方은 비록 解除權者가 適法하게 解除한 후라도 원래의 契約에서 發生한 錯誤를 이유로 하는 取消權을 行使하여 契約全體를 無效로 돌릴 수 있다고 한다.[13]

10) 淸算關係說은 특히 直接效果說 중 뒤에서 보는 物權的 效果說에 의하면 解除後의 法律關係를 物權的 請求權으로 설명함으로써 原契約의 雙務性을 해친다고 비난하는바, 예를 들어 賣買契約에서 契約金·中途金이 支給되고 賣買目的物에 관한 所有權이 移轉된 경우에, 物權的 效果說에 의하면 解除로 인하여 當然히 所有權이 復歸되므로 契約金·中途金의 返還 문제만이 남게 되어 同時履行의 抗辯權이 생길 여지가 없어 公平하지 않은 결과가 된다고 批判한다(李銀榮, 185). 그러나 私見으로는, 위의 예에서 物權的 效果說에 의하여 所有權이 復歸되는 경우에도 動産의 경우에는 引渡義務, 不動産의 경우에는 移轉登記의 抹消 또는 回復登記 등의 登記義務가 남게 되어 그 義務와 契約金 등 返還義務를 同時履行의 關係로 볼 수 있으므로 公平을 害하는 결과는 생기지 않는다고 생각된다.

11) 直接效果說에 의하면 危險의 分擔에 관한 民 §§537, 538의 각 規定은 解除後의 法律關係에 적용되지 않는다고 한다.

12) 이상 李銀榮, 182-84.

13) 大判 91. 8. 27, 91다11308(公 1991, 2422).

그리고 垈地에 관하여 賣買契約을 締結하면서 買受人들에게 한 垈地使用承諾은 그들간에 賣買契約이 有效하게 存續하고 있음을 前提로 이에 터잡은 附隨的인 使用貸借契約으로 보아 主된 契約이 賣買契約이 解除되면 附隨的인 垈地使用承諾의 約定 또한 그와 함께 失效된 것으로 본다.[14)]

(2) **契約의 履行으로 移轉된 權利 등의 復歸**

解除된 契約이 遡及的으로 消滅되면, 그 解除된 契約의 履行으로서 權利의 移轉이나 設定을 目的으로 하는 이른바 物權行爲나 準物權行爲가 이루어지고 나아가 登記나 引渡와 같은 權利의 移轉 또는 設定에 필요한 기타의 要件이 모두 갖추어짐으로써 權利의 移轉이 이루어졌어도 이는 아무런 原因 없이 權利의 移轉이나 設定이 된 것이므로 이를 原狀으로 復歸하여야 할 것이지만, 이 경우에 移轉되거나 設定된 權利의 復歸가 解除에 의하여 當然히 發生하는가에 관하여는 學說이 對立하고 있다.[15)]

㈎ 債權的 效果說 　債權的 效果說은 解除에 의하여 當事者 사이에 原狀回復義務가 생기나, 解除契約에 의하여 이루어진 給付行爲 내지 履行行爲가 當然히 效力을 잃게 되는 것은 아니라고 설명한다. 즉 解除가 있어도 履行行爲인 物權行爲 또는 準物權行爲 자체는 그대로 그 效力을 保有하며 이를 前提로 하여 새로이 그 給付를 返還하여 原狀回復할 債權關係가 발생한다고 한다. 이러한 債權的 效果說은 物權行爲의 獨自性과 無因性을 인정하는 立場에서, 解除로 인하여 原因行爲인 債權契約이 效力을 잃게 되어도 物權行爲 자체

다만 大法院의 從來의 見解인 直接效果說에 의하면 解除에 의하여 契約이 遡及하여 消滅되므로, 遡及하여 消滅된 契約을 取消에 의하여 다시 遡及하여 消滅시킨다는 것은 이상하다. 사실 위 判決에서 摘示하는 바와 같이 損害賠償責任을 免하기 위하여 債務者의 錯誤를 이유로 하는 取消權을 인정할 必要性은 충분히 인정된다. 그렇다면, 이와 같이 契約解除 후에 契約에 대한 取消를 인정하기 위하여서는, 원래의 契約關係가 비록 解除되었더라도 여전히 어떠한 形態로든 存在한다고 하여야 論理的으로 설명이 가능할 것인바, 解除後에 契約關係가 어떠한 形態로 存在한다는 結論은 既存의 直接效果說의 立場과는 背馳된다고 생각된다.

14) 大判 91. 9. 24, 91다9756등(公 1991, 2596). 다만, 위 判決은 위 垈地使用承諾을 信賴하고 垈地의 買受人과 都給契約을 맺어 그 地上에 堅固한 建物을 新築하여 所有權을 取得한 第3者가 있는 경우에, 賣渡人이 그 建物을 新築함에 있어 原因을 提供하였다면, 第3者를 相對로 그 建物의 撤去를 구하는 것은 信義誠實의 原則에 반한다고 보고 있다.

15) 清算關係說은 이러한 學說의 對立에 관하여, 종래의 直接關係說의 理論的 뿌리를 살펴보면 物權行爲의 獨自性·無因性에 관한 學說對立으로 歸着되는데, 契約關係를 權利의 消滅로서 人爲的으로 終結시켰으며 다른 측면에서 볼 때에는 解除의 效果를 契約關係에 대한 固有한 시각에서 살피지 않고 物權法의 理論 論爭의 延長에서 파악했다는 批判을 면하기 어려우며, 또한 종래의 契約의 取消·解除 등과 관련하여 인정되었던 遡及效라는 것이 과연 무엇이며 節次法上 얼마나 說得力이 있는가라는 의문도 제기된다고 批判한다(李銀榮, 184).

에는 아무런 영향을 미치지 않는다는 理論이다.[16)]

(나) 物權的 效果說 物權的 效果說은 契約이 解除되기에 앞서 履行行爲가 이루어져 登記나 引渡로 物權의 變動이 發生하고 있더라도 原因行爲인 債權契約이 解除되면, 일단 移轉하였던 權利는 當然히 復歸한다고 한다. 物權的 效果說은 物權行爲의 獨自性과 無因性을 否認하고 有因性을 인정하는 立場에서 주장되는 學說로서, 物權行爲의 原因인 債權契約이 解除되어 債務가 遡及的으로 消滅하면, 物權移轉의 效果도 當然히 消滅하여 相對方은 처음부터 物權者가 아니었던 것이 되며, 物權 이외의 財產權이 移轉된 경우에도 契約解除에 의하여 當然히 復歸한다고 설명한다.[17)]

大法院도 物權行爲의 有因性을 인정하는 立場에서 物權的 效果說을 취하고 있다.[18)]

이러한 物權的 效果說에 의하면 賣買契約이 解除된 경우에 買受人에게 移轉되었던 所有權은 當然히 賣渡人에게 復歸하므로 合意解除에 의한 賣渡人의 原狀回復請求權은 所有權에 기한 物權的 請求權이므로 이는 消滅時效의 對象이 되지 아니한다.[19)] 그러나 指名債權의 讓渡契約의 解除도 가능하지만 그 讓

16) 金曾漢, 102; 金疇洙, 133; 金基善, 96; 金顯泰, 83; 權龍雨, 104.

17) 郭潤直, 154; 李太載, 127.

다만 뒤에서 보듯이 解除로부터 保護되는 第3取得者가 있는 경우에는 그 所有權이 賣渡人에게 復歸하지 않고 따라서 賣渡人은 買受人에 대하여 所有權移轉登記의 抹消를 구할 수 없다(大判 82.11.23, 81다카1110(集 30-4, 45)).

18) 代表的으로 大判 77.5.24, 75다1394(集 25-2, 44)는, 우리 法制가 物權行爲의 獨自性과 無因性을 인정하고 있지 않은 점과 民 §548 Ⅰ 但書가 去來安全을 위한 特別規定이란 점을 생각할 때 契約이 解除되면 그 契約의 履行으로 變動이 생겼던 物權은 當然히 그 效力이 없었던 原狀態로 復歸한다고 봄이 타당하다고 判示한다. 그리고 大判 89.9.12, 88누10916(公 1989, 1496)은 贈與나 相續稅法에 의하여 贈與로 看做되는 課稅原因인 財產의 讓渡가 있다 하더라도 이를 原因으로 하는 賦課處分前에 그 讓渡契約이 適法히 解除되면 그 契約의 履行으로 인한 物權變動의 效果는 遡及的으로 消滅하고 贈與나 贈與로 看做되는 讓渡는 처음부터 없었던 것으로 보아야 하므로 이를 課稅原因으로 하는 贈與稅의 賦課處分은 할 수 없다고 한다.

다만 大判 69.11.25, 69다1517(要集 民 Ⅰ-2, 900)은 賣買契約에 의하여 買受人 앞으로 所有權移轉登記를 마친 경우에 위 賣買契約이 解除되어도 買受人의 所有權이 當然히는 消滅한다 할 수 없다고 判示함으로써 物權的效果說을 취하지 않는 듯한 見解를 보이고 있다.

19) 大判 82.7.27, 80다2968(集 30-2, 227).

그리하여 이러한 解除로 인한 物權的 請求權 자체를 保全하기 위한 假登記는 할 수 없다고 하면서, 다만 契約 당시 當事者 사이에 契約이 解除되면 買受人은 賣渡人에게 所有權移轉登記를 하여 주기로 하는 約定이 있는 경우에는 賣渡人은 그 買受人에 대하여 約定에 기한 所有權移轉登記의 節次履行을 請求할 수 있고, 이를 保全하기 위한 假登記도 有效하며, 假登記 후에 權利를 取得한 第3者는 假登記에 기한 本登記가 마쳐지면 失效될 가능성이 있는 權利를 취득한 것이므로 假登記에 의하여 順位가 保全된 賣渡人의 權利보다 앞설 수 없고, 또한 賣渡人의 위 所有權移轉登記請求權은 契約解除의 遡及效 그 자체에 의하여 생긴 것이 아니므로 解除의 遡及效를 制限하는 民 §548 Ⅰ 但

渡의 사실이 債務者에게 通知된 후에 讓渡契約이 解除되었다면 讓受人으로부터 다시 解除된 사실을 債務者에게 通知하지 않으면 債務者에게 對抗할 수 없다고 본다.[20]

(3) 解除된 契約에 의하여 消滅한 權利의 復活

㈎ 直接效果說에 의하면 解除된 契約에 의하여 消滅된 權利는 當然히 復活된다.[21] 예를 들어 賃貸人이 賃貸土地를 賃借人에게 賣却한 후에 그 賣買契約이 解除되면, 賃借人이 所有權을 取得한 결과 混同으로 消滅되었던 賃貸借關係는 復活하게 된다.

㈏ 更改契約의 경우에 約定解除權이 留保된 경우에는 그 解除權의 行使로 舊債務가 復活할 수 있지만, 法定解除權은 原則的으로 인정되지 아니하므로 舊債務의 復活이 문제되지 않는다.[22]

(4) 相計와 解除의 遡及效

解除에 의하여 消滅하여야 하는 債權이 解除가 있기 이전에 相計로 消滅하고 있는 경우에는, 契約이 解除되면 그 債權은 처음부터 存在하지 않았던 것으로 되기 때문에 相計는 無效가 되고, 다른 債權이 復活한다.[23]

예를 들어 甲이 乙에게 돈을 貸與하여 준 후, 乙로부터 土地를 買入하고 그 代金債務와 前의 借用金債權을 相計하였는데, 그 후 위 土地에 대한 所有權移轉義務의 不履行으로 賣買契約이 解除되었다면, 相計는 效力을 잃고 甲의 貸與金債權은 消滅되지 않았던 것으로 된다.

大法院도 같은 立場에서 會社의 債權者가 會社를 引受하는 契約을 締結하며 그에 대한 契約金과 中途金支給義務와 會社에 대한 債權을 相計하였으나, 그 후 그 引受契約이 解除되었다면 그 引受代金債權 역시 遡及하여 消滅하는 것이고 相計도 效力을 발생할 수 없어, 相計로 消滅한 債權者의 債權이 다시 살아난다고 判示하였다.[24]

書가 적용될 여지가 없다고 한 判例가 있다(大判 82.11.23, 81다카1110(集 30-4, 45)). 그리고 解除로 인한 物權的 請求權을 保全하여 第3取得者의 出現을 防止하기 위하여는 處分禁止假處分을 활용하면 될 것이다.

20) 大判 61.10.26, 4293민상125(集 9, 62); 大判 62.4.26, 62다10(集 10-2, 219); 大判 62.9.27, 62다379(集 10-3, 266).

21) 郭潤直, 155; 金曾漢, 102; 金疇洙, 134.

22) 郭潤直, 155; 前述 前論 註 75) 및 그 本文 參照.

23) 郭潤直, 155; 金疇洙, 134; 註釋債各(Ⅰ), 425.

24) 大判 80.8.26, 79다1257등(公 642, 13114).

2. 清算關係說

(1) 直接效果說과는 달리 清算關係說은 解除의 遡及效를 否定하고, 解除에 의하여 契約債務는 將來에 대해서만 消滅된다고 본다. 즉 解除는 解除事由로 말미암아 信賴를 기초로 한 원래의 契約關係를 維持시킬 필요가 없는 경우 當事者間의 契約拘束力을 풀어 주고자 하는 制度라고 설명하며, 이와 같은 解除의 效果를 契約拘束으로부터의 解放效(Befreiungswirkung)라고도 한다.[25] 따라서 解除에 의하여 未履行債務는 將來에 向하여 消滅되게 되나, 既履行債務의 경우에는 그 契約債務는 消滅하지 않고 返還債務關係로 變形하는 基礎가 된다.[26]

(2) 그리하여 清算關係說에 의하면 解除에 앞서 履行行爲가 이루어졌어도 當事者는 이미 給付받은 것만의 返還義務가 생길 뿐이라고 보므로 當事者의 返還行爲가 있기까지 物權變動은 아무 영향을 받지 않고 有效하다.[27]

그리고 解除에 의하여 消滅하여야 하는 債權이 解除가 있기 이전에 다른 債權과의 相計로 消滅하고 있는 경우에도, 이미 發生된 相計의 效力에는 영향이 없고, 다만 解除에 의하여 消滅되어야 하는 債權에 관하여는 履行이 完了된 狀態이므로 그 債權者는 비록 金員을 受領하지 아니하였어도 이를 반환하여야 할 義務를 負擔하게 된다.[28] 위 1. (4)의 예에서 보면, 甲은 賣買契約이 解除되어도 그의 代金支給債務는 貸與金 債權과의 相計로 인하여 有效하게 辨濟된 것으로 처리되고, 따라서 이제 乙은 解除로 인한 賣買代金返還債務를 負擔하게 될 뿐 貸與金支給債務는 免하게 된다.

3. 債權의 讓受人에 대한 效果

이러한 遡及效, 解放效는 當事者의 一方이 契約에서 발생된 그의 債權을 第3者에게 讓渡한 경우에도 그 讓受人에 대하여 발생한다. 解除權者가 자기의 債權을 第3者에게 讓渡한 경우 解除權을 行使함에 있어서 그 讓受人의 同意를 받아야 될 것인가에 관하여는 이를 否定한다.[29] 그리고, 뒤에서 보듯이 解除의 對象인 契約에서 발생되는 債權 자체의 讓受人은 民 §548 I 但書에

25) 金龍潭(註 5), 207; 李銀榮, 183.
26) 李銀榮, 183.
27) 李銀榮, 184.
28) 三宅正南, 契約法(總論), 現代法律學全集 9, 233.
29) 前述 §543 註 44) 및 그 本文 參照.

서 정한 第3者로 보지 아니한다.[30)]

4. 保證人에 대한 效果

契約이 解除된 경우에 그 契約上의 債務履行에 관하여 保證하였던 保證人은 그 債務를 免하는가의 문제가 있다. 淸算關係說에서는 契約이 解除되면 契約은 그 延長인 淸算關係로 變形된다고 보므로 契約債務에 附從한 保證債務는 淸算關係에서의 原狀回復義務와 損害賠償義務에 대하여도 미친다고 본다.[31)] 直接效果說에서는 遡及效를 인정하므로 保證債務도 附從性에 의하여 消滅된다고 볼 여지가 많지만,[32)] 直接效果說을 취하면서도 原狀回復義務와 損害賠償債務에 保證債務의 存續을 인정하는 學者도 있고,[33)] 大法院도 直接效果說을 취하면서도 保證債務가 原狀回復義務에 미친다고 判示하였다.[34)]

V. 第三者의 保護

1. 遡及效와 第三者

(1) 解除의 對象이 되는 契約이 이미 履行되어 그 給付를 取得한 第3者가 생긴 경우에 그 第3者의 權利가 解除로 인하여 영향을 받는가에 관하여 民 §548 I 但書는 解除는 第3者의 權利를 害하지 못한다고 규정하고 있다.

(2) 위에서 본 解除의 效果에 관한 여러 學說 중 解除의 遡及效를 인정하지 않는 間接效果說이나 淸算關係說에 의하면 解除되는 契約에 의하여 이미 발생하고 있는 物權 기타의 財産權의 變動은 解除에 의하여 영향을 받지 아니하므로 第3者의 保護의 문제는 생길 여지가 없다. 또한 解除의 遡及效를 인정하는 直接效果說 중 債權的 效果說에 의하여서도 契約解除의 效力은 契約上

30) 後述 註 41) 및 그 本文 參照.
다만 李銀榮, 185는 淸算關係說을 취하면서, 物權的 效果說은 解除의 遡及效에서 保護받는 第3者를 物權의 讓受人에 한정하고 債權 자체의 讓受人 등은 포함하지 않는다고 설명함으로써, 淸算關係說의 입장에서는 債權 自體의 讓受人에 관하여 物權的 效果說과 다른 結論에 이를 수 있는 듯한 表現을 하고 있으나, 그 趣旨는 명백하지 않다.

31) 李銀榮, 184.

32) 李太載, 125 및 金顯泰, 80은 保證債務는 그 性質上 主債務의 補充的 履行을 擔保하는 것이므로 契約의 解除 또는 無效·取消로 인한 原狀回復義務에 대하여는 當事者間에 特約이 없는 한 保證人에게 그 責任이 미치지 않는다고 본다.

33) 金錫宇, 133.

34) 大判 72.5.9, 71다1474(集 20-2, 9).

의 債權·債務만을 遡及하여 消滅하게 할 뿐 이미 發生한 物權變動은 그 效力을 잃지 않는다고 보므로 第3者의 保護問題는 생기지 않는다.[35)]

그러나 直接效果說 중 物權的 效果說에 의하면, 契約解除의 遡及效를 인정하여 契約上의 債權·債務의 效力을 遡及하여 消滅시킬 뿐 아니라 그 債權·債務의 履行으로 이루어진 權利의 移轉도 처음부터 생기지 않았던 것으로 되기 때문에 그 權利의 轉得者를 保護하여야 하는 문제가 생기고, 이를 위하여 解除의 遡及效를 制限하여야만 된다.

예를 들어 甲이 그의 所有建物을 乙에게 賣却하고, 乙은 다시 丙에게 팔아 이미 그 移轉登記를 完了한 후에, 甲이 乙의 債務不履行을 이유로 賣買契約을 解除하였다면, 丙의 地位는 어떻게 되는가. 만일에 解除의 결과 建物의 所有權이 當然히 甲에게 復歸하지 않고, 다만 乙은 甲에 대하여 建物所有權移轉債務를 負擔할 뿐이라고 하는 間接效果說·折衷說(清算關係說)·債權的 效果說에 의하면, 丙의 權利에는 아무 영향이 없게 된다. 이에 반하여 物權的 效果說에 의하면, 비록 丙앞으로 所有權移轉登記가 되어 있더라도 甲의 契約解除로 所有權은 當然히 甲에게 復歸하고 따라서 丙은 所有權을 잃게 된다. 그러므로 丙을 保護하고 나아가 丙 앞으로의 移轉登記를 有效하다고 믿고 丙으로부터 다시 轉得하는 자를 보호하려면 解除의 遡及效를 制限하는 것이 필요하게 된다.

(3) 앞에서 본 바와 같이 우리 民法은 解除는 第3者의 權利를 害하지 못한다고 規定하고 있다. 만약 間接效果說·清算關係說·直接效果說 중 債權的 效果說을 취한다면, 당연히 第3者는 保護되므로 위 規定은 무의미한 注意的 規定이 될 것이고, 반면 直接效果說 중 物權的 效果說을 취한다면 위 規定은 去來의 安全을 위하여 解除의 遡及效에 制限을 둔 特別한 規定이라 보게 된다. 그리하여 物權的 效果說에서는 民法이 第3者保護를 위한 規定을 별도로 둔 것은 解除의 遡及效를 인정하고 物權的 效果說의 立場에 서 있다는 중요한 근거라고 설명한다.[36)]

35) 다만 債權的 效果說에서도 物權契約 또는 準物權契約의 約定解除의 경우에는 解除에 의하여 當然히 物權的으로 權利가 回復되므로, 이 경우에는 第3者保護의 필요가 생기고, 民 §548 I 但書가 적용된다고 한다(金曾漢, 105).

그러나 이에 대하여 실제상으로는 物權行爲나 準物權行爲의 約定解除는 있을 수 없으므로 債權的 效果說을 취하는 경우에는 民 §548 I 但書는 의미가 없다는 反論이 있다(郭潤直, 157).

36) 郭潤直, 157.

2. 保護되는 第三者의 範圍

(1) 解除의 效果發生 이전의 權利取得者

㈎ 解除의 영향을 받지 않는 第3者는 原則的으로 解除의 意思表示가 있기 이전에 解除된 契約에서 생기는 法律效果를 基礎로 하여 새로운 權利를 取得한 者를 말한다.[37] 예를 들어 契約에 基한 給付의 目的인 物件이나 權利의 讓受人, 給付의 目的에 관한 抵當權者 質權者 등이다. 우리 民法은 物權變動에 있어서의 公示方法을 對抗要件이 아닌 成立要件 내지는 效力發生要件으로 정하고 있으므로, 取得者는 그 公示方法도 갖추고 있어야 한다.[38] 또한 權利取得에 對抗要件을 갖추어야 하는 경우에는 그 對抗要件을 갖추어야 保護되는바, 株券發行前의 株式을 讓受한 者로부터 이를 다시 讓受한 자는 그 株式讓渡契約解除 前에 그 株式에 대하여 發行된 株券을 適法히 取得하지 못하는 이상 보호되는 第3者의 範圍에 속하지 아니할 것이다.[39]

한편 不動產의 買受人이 第3者에게 不動產의 所有權을 信託하여 賣渡人으로부터 그 第3者名義로 바로 移轉登記를 마친 경우에 그 賣買契約이 解除되어도 賣渡人은 직접 第3者에게 所有名義의 回復을 구할 수는 없지만, 買受人을 代位하여 第3者에게 信託契約을 解除하고 所有權移轉登記의 抹消를 구할 수 있다.[40]

㈏ 그리고 保護되는 第3者는 原則的으로 契約에서 생긴 法律效果를 基礎로 하여 새로운 權利를 取得한 者를 말하므로, 解除에 의하여 消滅되는 債權 그 자체의 讓受人,[41] 그의 轉付債權者·押留債權者·第3者를 위한 契約의 收益者 등은 民 §548 Ⅰ 但書에서 말하는 第3者에 포함되지 않고,[42] 나아가 賣買目的物인 土地 위에 買受人이 新築한 建物의 所有權을 讓受한 者는

---

37) 郭潤直, 157; 註釋債各(Ⅰ), 426.
따라서 林野所有者가 아닌 甲이 明認方法을 갖춘 그 所有의 立木을 賣渡한 후 林野所有者가 變更되고 甲은 위 立木賣買契約을 解除한 경우, 새로운 林野所有者는 甲의 위 立木賣買契約 解除에 의하여 所有權이 甲에게 回復됨을 遮斷할 수 있는 第3者에 해당되지 않는다(大判 74.6.11, 74다542(集 22-2, 99)).

38) 大判 55.9.22, 4288민상280(集 4-1, 8); 大判 62.1.18, 4294민상576(要集 民 Ⅰ-2, 899); 大判 62.1.31, 4293민상413(集 10-1, 70); 大判 80.8.26, 80다660(集 30-2, 227).
契約의 合意解除의 경우에도 同旨 大判 80.5.13, 79다932(公 635, 12849).

39) 大判 87.5.26, 86다카982(公 1987, 1052).

40) 大判 63.1.24, 62다825(集 11-1, 36).

41) 大判 64.9.22, 64다596(集 12-2, 123).

42) 郭潤直, 157.

위 第3者에 포함되지 않는다.[43] 한편 契約當事者로부터 遺贈을 받은 者는 當事者를 包括的으로 承繼한 것이 아닌 이상 契約當事者가 아닌 第3者로 본다.[44]

(2) **解除의 效果發生 이후의 權利取得者**

㈎ 解除의 效果發生 이후에 그 解除된 契約에서 생기는 法律效果를 基礎로 하여 새로운 權利를 取得한 者가 위의 第3者로서 保護될 수 있는가의 문제가 있다. 예를 들어 甲이 그 所有의 土地를 乙에게 賣却한 후 甲이 賣買契約을 解除하였으나 乙 앞으로의 移轉登記를 아직 抹消하지 않고 있는 동안에 甲, 乙 사이의 賣買契約이 解除되었음을 알지 못하고 丙이 乙과 다시 賣買를 하여 移轉登記를 하였다면 그 丙은 保護되는가? 사실 賣買契約이 解除되어도 第3者로서는 그 解除事實을 모르는 경우가 많으므로, 이를 모르고 權利를 취득한 第3者를 保護할 필요는 相當히 있는 것이다.

㈏ 淸算關係說이나 直接效果說 중 債權的 效果說에 의하면, 契約이 解除되어도 契約當事者는 解除 이전의 契約의 履行으로 取得한 權利를 有效하게 갖고 있으므로 그로부터 權利를 取得한 第3者는 당연히 有效하게 權利를 取得하게 되고, 따라서 保護의 문제가 생기지 않는다. 위의 예에서 契約이 解除되어도 乙은 여전히 土地의 正當한 所有者이고 原狀回復義務에 의하여 乙에 대한 移轉登記가 抹消되기 전까지는 丙은 그로부터 適法하게 所有權을 取得할 수 있게 된다.

㈐ 따라서 위와 같은 문제는 역시 直接效果說 중 物權的 效果說의 立場을 취할 때에 발생하게 되는바, 物權的 效果說에서는 去來의 安全을 위하여 民 §548 Ⅰ 但書의 第3者의 範圍를 解除의 意思表示가 있은 후 그 解除에 의한 抹消登記가 있기 이전에 利害關係를 갖게 된 者까지를 포함하는 것으로 擴大解釋하되 善意의 者만을 保護하는 것으로 제한하여야 한다고 본다.[45] 그러므로, 이 立場에 의하면 그 第3者가 解除의 事實을 알면서 惡意로 權利를 取得한 경우에는 保護받지 못하게 되는바, 이 점에 있어서는 위의 淸算關係說이나 直接效果說 중 債權的 效果說과 結論을 달리하게 될 것이다.

㈑ 大法院도, 所有權移轉登記의 原因이 된 賣買契約이 解除된 후일지

43) 大判 91. 5. 28, 90다카16761(公 1991, 1739).
44) 大判 71. 9. 28, 71다1460(要集 民 Ⅰ-2, 900).
45) 郭潤直, 158.
淸算關係說은 이에 대하여 民 §548 Ⅰ 但書는 第3者의 權利를 害하지 못한다고 규정할 뿐 第3者의 善意取得을 인정하는 趣旨가 아니므로 物權的 效果說에서 無權利者에게 善意取得을 인정하는 理論構成은 論理的이지 못하다고 批判한다(李銀榮, 185).

라도 이미 經了된 所有權移轉登記가 契約解除로 인한 原狀回復登記가 되기 전에 係爭不動產이 契約解除事實을 모르는 第3者에게 賣渡되어 所有權移轉登記까지 經了된 이상 契約解除를 가지고 第3者에게 주장할 수 없다고 判示하여 第3者의 範圍를 擴大하고 있다.[46]

Ⅵ. 原狀回復義務

1. 性　質

(1) 위에서 본 바와 같이 契約이 解除되면 각 當事者는 相對方을 契約이 행하여지지 않았던 것과 같은 狀態로 復歸하게 할 義務, 즉 原狀回復義務를 負擔한다.[47] 이 原狀回復義務가 民 §741의 不當利得返還義務와 性質이 같은가에 관하여 종래 學說은 對立하고 있었다.

(2) 從來의 通說은 直接效果說의 立場에서 契約이 解除됨으로써 각 當事者가 負擔하는 本來의 給付를 하여야 할 債務는 遡及하여 消滅하고 각 當事者가 그 債務의 履行으로서 受領한 것은 法律上 原因 없는 收益이 되는 까닭에 原狀回復義務는 不當利得返還義務와 같은 性質의 것이라고 한다.[48] 그리하여 이 說에서는 民 §548 Ⅰ 本文을 民 §741의 特則으로 보아, 받은 利益이 現存하는 限度에서 返還함을 原則으로 하는 民 §741 Ⅰ의 不當利得返還義務와는 달리 解除에 있어서는 契約은 遡及的으로 消滅하고 給付가 없었던 것과 同一한 狀態로 돌아가게 되므로 그 利益의 現存與否를 묻지 않고 받은 給付를 모두 相對方에게 返還하여야 한다.

大法院도 이와 같은 立場에서 契約解除의 效果로서의 原狀回復은 不當利得에 관한 特別規定의 性格을 가진 것이라고 判示하였다.[49]

(3) 이에 반하여 間接效果說이나 淸算關係說에 의하면, 不當利得은 收益者의 不當한 利得을 返還하게 하는 制度이지만, 解除의 原狀回復은 相對方을

46) 大判 71.11.30, 71다1995(集 19-3, 137); 大判 85.4.9, 84다카130등(集 33-1, 167).
47) 民 §548 Ⅰ 本文.
이러한 原狀回復義務에 관한 民 §548의 規定은 民 §570에 의한 法定解除의 경우에도 적용된다(大判 77.11.30, 71다1995(集 19-3, 137); 大判 74.5.14, 73다1564(公 490, 7876)).
48) 郭潤直, 158-59; 金曾漢, 103; 金疇洙, 138; 金顯泰, 80; 金基善, 132; 權龍雨, 105.
49) 大判 62.3.29, 4294민상1429(集 10-2, 281).

契約이 없었던 狀態에 回復하게 하는 것으로서 그 標準이 다르며 解除의 原狀回復義務는 解除의 本質 즉 解除된 契約의 給付와 反對給付와의 사이의 等價交換的 均衡에서 생기는 것이어서 不當利得返還義務와는 전혀 性質을 달리한다고 본다.[50] 그리하여 이 說에서는 原狀回復義務에 관하여는 不當利得에 관한 民法의 一般原則은 적용되지 않고 오로지 民 §548의 規定에 따라서 原狀回復의 範圍와 內容을 정하여야 한다고 보며, 原狀回復의 範圍나 內容은 雙務契約의 相換性 및 等價性에 基礎하여 정하여진다고 한다.

2. 原狀回復의 內容

(1) 主 體

原狀回復義務를 負擔하는 者는 解除의 效力이 미치는 當事者全員이다. 解除의 相對方은 물론 解除한 者도 原狀回復義務를 진다. 雙務契約에서 발생하는 債權이 讓渡된 경우에는 그 讓受人도 原狀回復義務를 負擔하므로 그 讓受人이 債務者로부터 辨濟를 받았으면 이를 返還하여야 한다.[51] 한편 賣買契約後 買受人이 變更된 경우에는 賣買契約이 解除되어 賣渡人이 受領한 金員을 原狀回復함에 있어 그 金員을 負擔한 자가 누구이든 간에 變更된 後의 買受人에게 返還하여야 할 것이다.[52]

(2) 範 圍

㈎ 原物返還의 原則 　債務의 履行으로서 土地·建物·商品 등의 物件이 給付된 경우에, 그것이 그대로 남아 있으면 그 物件을 相對方에게 返還하여야 한다. 즉 原物返還을 原則으로 한다. 直接效果說 중 物權的 效果說에 의하여 解除로 인하여 原物의 所有權이 當然히 復歸하는 경우에는 物件의 占有나 登記名義의 返還이 原狀回復의 內容이 되며,[53] 債權賣買에서와 같이 債權이 復歸하는 경우에는 그 通知가 原狀回復의 內容이 된다. 大法院은 記名株式이 賣買되어 背書의 方法으로 讓渡되었다가 그 契約이 解除된 경우에 原狀回復의 方法은 그 背書의 抹消가 아니라 다시 背書를 받아야 한다고 본다.[54]

---

50) 李銀榮, 183, 5.
이와는 달리 淸算關係說에 의하여도 遡及效가 인정되며 原狀回復義務의 本質을 不當利得으로 把握할 수 있다는 見解(金曾漢, 103)가 있으나 의문이다.

51) 郭潤直, 159; 金疇洙, 138; 註釋債各(Ⅰ), 427.

52) 大判 76.11.9, 76다684(要集 民 Ⅰ-2, 901).

53) 大判 70.7.24, 70다1005(集 18-2, 199)는 贈與의 경우에 解除로 인한 原狀回復方法은 抹消登記節次로도 가능하고 移轉登記節次로도 가능하다고 본다.

54) 大判 63.3.7, 62다684(集 11-1, 181).

代替物의 경우에는 그 物件 자체나, 同種·同質·同量의 것을 返還하면 된다. 그리고 契約에 의하여 目的物을 引渡받은 者가 비록 目的物에 대한 所有權을 時效取得하였어도 契約이 解除되면 原狀回復義務를 면하지는 못한다고 본다.[55]

原狀回復義務에는 目的物을 解除 이전의 原狀으로 復舊하여야 하는 義務도 포함된다고 보이며 解除로 인하여 原狀으로 復舊하여야 하는 경우에 그 回復에 目的物의 時價보다 많은 費用이 所要된다고 하여도 그 理由만으로는 原狀回復義務를 면하지 못한다.[56]

(나) 價額返還

(a) 給付의 性質上 原物返還이 不可能한 경우　原物返還이 처음부터 不可能한 給付, 예를 들어 勞務 기타의 無形의 것을 給付한 경우에는, 그 給付의 客觀的인 價格을 返還하여야 한다. 이 경우 解除 당시의 價格을 基準으로 하는 說[57]과 給付 당시의 價格을 基準으로 하는 說[58]이 있으나, 後說이 多數說이다.

(b) 其他의 原物返還 不能의 경우　物件을 受領하였으나, 그 原物이 滅失·毀損·消費 등으로 인하여 返還이 不能으로 된 때에는 예외적으로 價格返還을 인정한다.[59] 이 경우의 物件의 價格은 解除 당시의 價格이라고 보는 見解[60]와 給與當時의 價格이라는 見解[61]로 나뉜다. 農地賣買契約이 解除된 경우에 賣渡人이 農家가 아니거나 그 所有權의 復歸로 인하여 賣渡人의 農地가 3町步를 초과하면 農地改革法에 의하여 그 所有權이 復歸될 수 없으므로, 返還不能에 準하여 處理하여야 할 것이다.[62]

그리고 建築工事都給契約에 있어서 受給人이 工事를 完工하지 못한 狀態로 契約이 解除되어 都給人이 그 旣成高에 따라 受給人에게 工事代金을 支給하여야 할 경우에,[63] 그 工事費額數는 工事費 支給方法에 관하여 달리 정함이

55) 大判 66. 3. 22, 65다2593(要集 民 I-2, 961); 大判 66. 4. 19, 66다151(要集 民 I-2, 962).
56) 大判 90. 33. 9, 88다카31866(公 1991, 859).
57) 金曾漢, 104; 金疇洙, 139; 李太載, 124.
58) 郭潤直, 160; 李銀榮, 187; 金基善, 97; 黃迪仁, 民法 IV, 206.
59) 大判 90. 3. 9, 88다카31866(公 1990, 859).
60) 郭潤直, 160; 金疇洙, 138; 李銀榮, 187; 黃迪仁, 民法 IV, 206; 註釋債各(I), 428; 李太載, 124.
61) 金基善, 97.
62) 大判 59. 11. 19, 4294민상294(要集 民 I-2, 899).
63) 建築都給契約에 있어서 未完成部分이 있는 경우라도 工事가 相當한 程度로 진척되어 그 原狀回復이 重大한 社會的·經濟的 損失을 초래하게 되고 完成된 部分이 都給人에게

있는 등의 特別한 事情이 없는 한 當事者 사이에 約定된 總工事費에 工事를 중단할 당시의 工事旣成高比率을 적용한 金額이고, 旣成高比率은 이미 完成된 部分에 所要된 工事費에다 未施工部分을 完成하는 데 所要될 工事費를 합친 全體 工事費 가운데 이미 完成된 부분에 所要된 費用이 차지하는 比率이다.[64)]

그런데 物件의 滅失·毁損이 受領者에게 責任 없는 事由로 발생한 경우에도 역시 解除 當時의 價格으로 返還하여야 하는가에 관하여는 學說의 對立이 있다. 多數說은 受領者에게 責任 있는 事由로 物件이 滅失·毁損한 때에만 價格返還을 인정하고 그 根據로는 滅失·毁損이 受領者에게 責任 없는 事由로 일어난 때에는 返還의 責任을 인정하지 않는 것이 公平하다는 것을 들며,[65)] 少數說은 受領者에게 責任 없는 경우에도 價格返還을 하여야 한다고 보며[66)] 그 근거로 價格返還義務의 性質은 解除에 기한 原狀回復義務의 한 태양이지 損害賠償義務는 아니라는 것을 든다.[67)] [68)]

㈐ 利益의 返還

ⓐ 債務者가 目的物을 利用하여 利益을 얻은 경우에는 그 使用利益을 返還하여야 한다.[69)] 예를 들어 買受人이 賣買目的物을 引渡받아 이를 使用

利益이 되는 경우에, 受給人의 債務不履行을 이유로 都給人이 그 都給契約을 解除한 때에는 그 未完成部分에 대하여서만 都給契約이 失效된다고 보아야 할 것이고, 따라서 이 경우 受給人은 解除한 때의 狀態 그대로 그 建物을 都給人에게 引渡하고 都給人은 그 建物의 完成度 등을 參酌하여 引渡받은 建物에 相當한 報酬를 支給하여야 할 義務가 있다(大判 86.9.9, 85다카1751(集 34-3, 12)).

64) 大判 89.4.25, 86다카1147등(集 37-1, 242).

65) 郭潤直, 160; 金曾漢, 104; 金疇洙, 139; 註釋債各(Ⅰ), 428; 李太載, 124; 權龍雨, 106.

66) 金基善, 107; 金顯泰, 81.

67) 黃迪仁, 民法 Ⅳ, 206.

68) 李銀榮, 186은, 不可抗力에 의한 滅失·毁損으로 返還義務를 免하는 경우 相對方의 返還義務는 어떻게 되는가의 문제점을 내세우면서, 淸算關係說에 의하면 賣買契約에 기하여 買受人에게 物件의 所有權이 移轉된 경우에는 그 때부터 解除에 의한 返還時까지는 買受人이 所有者로서 物件을 갖고 있었으므로 그 동안 不可抗力에 의하여 物件이 滅失되었더라도 그 危險은 所有者가 負擔하여야 하고 따라서 買受人은 歸責事由와 관계 없이 價格返還을 하여야 하고, 다만 賣渡人에게 所有權이 留保된 경우 또는 賃貸借·任置 등과 같이 所有權이 受領者에게 있지 아니한 경우에는 그렇지 않다고 설명하고 있으나, 그 說明의 趣旨는 다소 混亂의 여지가 있다. 왜냐하면 위에 提起된 문제점은 雙務契約에서의 危險負擔에 관한 民 §537의 債務者主義가 그 解除로 인한 原狀回復義務 相互間에도 適用되느냐의 문제일 뿐 賣買目的物의 所有權移轉時期와는 直接的으로는 관련이 없다고 보이기 때문이다. 위에서 본 바와 같이 淸算關係說에서는 雙務契約에서의 危險負擔에 관한 理論이 그대로 原狀回復義務에서도 適用된다고 보므로(前述 註 11 및 그 本文 參照), 民法上 債務者主義의 原則에 따라서 受領者가 不可抗力으로 인하여 返還義務를 免하는 경우에는 相對方에 대한 原狀回復請求權도 消滅될 것이다.

69) 이 使用利益返還의 根據, 性質 및 範圍에 대한 日本의 諸學說 및 判例에 관하여, 金學萬, "建物賣買契約이 解除된 境遇 買受人은 建物使用利益을 返還해야 할 것인가", 司論(7), 199-208 參照.

한 경우에는 그 賃料相當額을 返還하여야 할 것이다.[70] 大法院은 買受人이 賣買目的物을 引渡받아 直接 使用하지 않고 他人에게 保證金을 받고 賃貸하였다면 特別한 事情이 없는 한 買受人이 이로 인하여 얻은 利得은 위 保證金에 대한 法定利子 相當額이라고 본다.[71] 그리고 賣買目的物이 重機인 경우에 重機를 사용함으로써 얻은 利益은 相對方에게 返還하여야 할 것이지만, 그 使用으로 인하여 減價 내지 消耗되는 要因이 발생하였다 하여도 이를 毁損으로 볼 수 없는 이상 그 減價費 相當은 原狀回復義務로서 返還할 것은 아니다.[72]

(b) 民 §548 Ⅱ는 金錢에 관하여 特則을 두어 債務의 履行으로서 金錢이 給付된 경우에는, 그 받은 金額에 관하여 받은 날로부터 利子를 붙여서 返還하도록 規定하였다.

(c) 債務者가 받은 物件이나 權利로부터 果實이 생긴 경우에 관하여 民法에는 規定이 없다. 解除의 결과 受領者는 처음부터 그 物件이나 權利를 保有할 수 없었던 狀態가 되어야 하고, 따라서 果實의 受取權도 없었던 것이 되므로,[73] 金錢의 경우와 마찬가지로 받은 物件이나 權利로부터 실제로 受取한 果實은, 返還 當時에 그대로 남아 있건 또는 남아 있지 않건 이를 묻지 않고 返還하여야 하되, 債務者에게 責任 없는 事由로 滅失·毁損된 경우에는 公平의 原則上 返還할 義務가 없다고 본다.[74]

㈑ 費用의 返還 受領者가 原狀回復義務에 기하여 返還하여야 할 物件에 관하여 必要費 또는 有益費를 支出한 때에는, 相對方은 이로 인하여 利益을 받은 限度에서 返還하여야 한다. 즉 必要費는 全額을, 그리고 有益費는 債務者의 選擇에 좇아 그 額 또는 現存의 增加額을 返還하여야 한다.[75]

---

70) 大判 68.12.6, 68다1869(集 16-3, 279)은 買受人이 殘代金을 支給하지 않아 賣渡人이 賣買契約을 解除하고 約定에 따라 契約保證金을 沒收한 경우에 原狀回復義務와 損害賠償義務가 별도로 성립된다면, 買受人은 賣買目的物을 引渡받아 사용한 對價인 賃料相當額의 不當利得에 관하여도 原狀으로 復舊할 義務가 있다고 判示하였다.
71) 大判 76.3.23, 74다1383등(要集 民 Ⅰ-2, 901).
72) 大判 91.8.9, 91다13267(公 1991, 2321). 어차피 그 減價費는 賣渡人 스스로가 重機를 사용하였더라도 발생하였을 터이므로 賣渡人에게 重機使用으로 인한 利益을 返還하는 것으로 충분하기 때문이다.
73) 直接效果說에 의한 설명이다. 清算效果說에서는 民 §548 Ⅱ의 類推適用을 根據로 든다.
74) 郭潤直, 161; 金疇洙, 139; 李銀榮, 187.
75) 郭潤直, 161; 金曾漢, 104; 金疇洙, 139; 李銀榮, 187; 李太載, 125.

Ⅶ. 約定解除의 效果

위에서 설명한 法定解除에 관한 解除의 效果는 原則的으로 그대로 約定解除의 경우에도 적용된다.[76] 다만 다음에서 살펴보는 損害賠償請求에 관한 民 §551는 債務不履行의 경우에 적용되는 것이므로 이와는 무관한 約定解除의 경우에는 적용되지 아니한다.[77]

[金 龍 德]

第549條(原狀回復義務와 同時履行)

第536條의 規定은 前條의 境遇에 準用한다.

1. 契約이 解除되면 위에서 본 바와 같이 契約當事者는 原狀回復義務를 負擔하고 또한 뒤에서 보듯이[1] 損害賠償義務를 負擔하게 되는바, 當事者 雙方이 이러한 債務를 負擔하게 된 때에는, 同時履行의 抗辯에 관한 民 §536의 規定이 準用된다.[2] 한편 이에 대하여는 損害賠償義務가 民 §548 Ⅲ으로 규정되고 있지 않고 民 §551에서 獨立의 條項으로 규정되고 있으므로, 民 §536의 同時履行의 抗辯에 관한 規定은 原狀回復義務에만 적용되고, 損害賠償義務에서는 적용되지 않는다는 見解가 있다.[3]

2. 이 規定은 當事者 상호간의 公平을 위하여 둔 規定이다. 清算關係說

76) 郭潤直, 131; 李太載, 110-11.
77) 郭潤直, 131; 李太載, 111.
1) 民 §551 注解部分 參照.
2) 大判 1965. 11. 30, 65다1805(要集 民 Ⅰ-2, 861)은 當事者間에 交換契約이 解除된 경우 각각 原狀回復義務를 負擔하고 이는 상호 同時履行關係에 있다 할 것이며 當事者 一方이 위 契約에 의하여 移轉받은 建物의 所有權이 다시 第3者名義로 移轉登記되어 위 建物을 相對方에게 返還할 수 없는 狀態에 이르렀다면 特別한 事情이 없는 한 이로 인한 相對方의 損害를 賠償할 義務가 있다 할 것인바, 이 損害賠償義務도 相對方의 返還債務와 同時履行의 關係에 있다고 判示한다.
다만 위 判例에서 말하는 返還不能으로 인한 損害賠償은 原狀回復義務에서의 價額返還을 의미하는 것이 아닌가 하는 의문이 있다(前述 §548 註 58 및 그 本文 參照).
3) 金基善, 101.

에서는 解除後의 法律關係를 解除前의 契約關係의 延長으로 파악하므로 雙務契約의 解除로 발생하는 法律關係에 同時履行에 관한 規定이 적용되는 것은 당연한 것으로 보게 되나, 直接效果說에 의하면 契約의 解除로 契約關係는 遡及하여 消滅하므로 雙務契約에 관한 同時履行의 抗辯權이 당연히 적용되지는 않고 이 規定에 의하여 비로소 同時履行의 抗辯權이 생긴다고 본다.[4]

3. 大法院은 歸屬財産 賣渡處分取消에 관하여, 그 賣渡處分이나 取消處分이 行政處分이기는 하지만 性質이 賣買契約과 解除인 전에 비추어 民 §549의 規定이 準用되어야 하는 것으로 보며,[5] 한편 賃貸借契約解除에 따라 賃借人이 賃貸借契約의 履行으로 이루어진 目的物을 返還할 原狀回復義務와 賃貸人이 賃借人에게 建物을 使用收益하게 할 義務를 不履行함에 대하여 損害賠償을 하기로 한 覺書에 기하여 발생된 約定 遲延損害 賠償義務는 하나의 賃貸借契約에서 이루어진 契約履行의 原狀回復關係에 있지 않고 그 發生原因을 달리하고 있어 特別한 事情이 없는 한 兩者 사이의 履行上의 牽連關係는 없으므로 同時履行의 關係에 있지 않다고 본다.[6]

[金 龍 德]

第 550 條(解止의 效果)

當事者 一方이 契約을 解止한 때에는 契約은 將來에 대하여 그 效力을 잃는다.

I. 解止의 非遡及效

契約을 解止한 때에는 契約은 將來에 향하여 그 效力을 잃는다. 이와 같이 解止는 繼續的 債權關係에서의 債權·債務를 어느 時點을 基準으로 그 이후 부분만을 終了시키겠다는 一方的 意思表示라는 점에서 解除와 根本的으로

4) 李銀榮, 183-84.
5) 大判 66.1.25, 65다2129(要集 民 I-2, 803).
6) 大判 90.12.26, 90다카25383(公 1991, 632).

다르다.[1)]

이에 관하여 解除의 效果에 관한 直接效果說에서는 解除에는 遡及效가 있지만 解止에는 遡及效가 없다고 하여 兩者를 구별하는 基準을 提示하며,[2)] 반면 解除의 遡及效를 인정하지 않는 淸算關係說에서는 解除는 過去의 契約關係까지도 淸算하려는 것임에 반하여 解止는 將來에 향한 契約의 終了만을 目的으로 한다는 점에서 구별된다고 설명한다.[3)]

Ⅱ. 解止期間

契約의 存續期間을 정하지 아니한 경우에 當事者가 解止를 하더라도, 일정한 경우에는 이른바 解止期間이 經過한 때에 비로소 解止의 效力이 생기게 됨은 위에서 살펴본 바와 같다.[4)] 이러한 解止期間은 解止의 相對方의 利益을 고려하여 인정되는 것이므로 信義則 違反으로 인한 解止의 경우에는 解止期間은 인정할 이유가 없다고 한다.[5)]

Ⅲ. 이미 成立한 債務의 效力

解止가 있기 이전에 繼續的 債權關係에서 이미 발생하고 있는 개개의 債務, 즉 賃貸借契約의 延滯된 借賃債務나 消費貸借의 延滯된 利子債務는 그것이 아직 履行되어 있지 않은 한, 解止로 基本的 債權關係가 消滅하여도 그대로 存續한다. 예를 들어 鐵道貨物運送料金 後拂契約을 맺고 後拂運賃의 支給을 遲滯하면 遲滯償金을 支給하기로 約定한 후 그 後拂契約이 解止되면, 앞으로 鐵道貨物運賃을 後拂로 하지 않는다는 效果가 發生하는 것에 불과하며, 그에 앞서 契約의 存續期間중에 遲滯된 後拂運賃이 있는 경우에는 遲滯償金에 관한 위 約定은 그 遲滯된 後拂運賃에 대하여 여전히 적용된다.[6)]

1) 大判 66.12.27, 66다1373(要集 民 Ⅰ-2, 804).
2) 郭潤直, 170.
3) 李銀榮, 188.
4) 前述 §543 註 55) 및 그 本文 參照.
5) 金曾漢, 119.
6) 大判 74.2.12, 76다1260(集 24-3, 348).

Ⅳ. 清算義務

1. 賃貸借契約이 解止되면 賃借人은 目的物을 返還하여야 하는 것과 같은 義務가 생긴다. 학자들은 이 義務를 清算義務(Abwicklungspflichten)라고 부르기도 한다. 民法은 이를 原狀回復義務라고 칭하는 경우도 있으나, 이 때의 原狀回復은 解除의 경우의 原狀回復과는 그 의미가 다르다.[7] 예를 들어 賃貸借契約에서의 解止는 賃貸借契約의 終了[8]를 의미하며, 그 基本的인 債權關係는 賃貸借契約의 終了로 인한 契約上의 義務, 즉 目的物返還義務 등을 의미하는 것이지, 解除의 경우와 같이 契約이 締結되기 이전의 상태로 回復하는 것을 의미하지는 않는다. 즉 繼續的 債權關係의 解止는 그 繼續的 債權關係의 終了를 의미하고, 그 終了에 따른 債權·債務는 그 繼續的 債權關係의 性質과 미리 約定한 바에 따라 정하여진다. 따라서 이러한 清算關係가 存續하는 동안은 當事者 사이에 一定한 範圍에서의 債權關係가 存續하게 되지만, 이는 消滅하기 전의 繼續的인 債權關係는 아니다.[9] 만약 解止時點 후에 履行될 豫定이던 給付에 대한 對價를 先拂한 경우에는 解止로 인하여 그 先拂金이 支給된 法律上 原因은 喪失되므로 이에 관하여 不當利得返還義務가 생긴다.[10]

2. 이러한 清算義務에 의하여 當事者는 目的物을 返還할 義務를 負擔하게 될 뿐이므로, 解止에 앞서 目的物의 所有權의 移轉이 이루어진 경우에는 解止로 인하여 그 所有權에는 아무런 영향을 주지 못하고 다만 當事者가 그 所有權을 返還할 義務를 負擔하게 된다. 예를 들어 不動産의 名義信託契約이 解止된 경우에도 그 解止의 效果는 將來에 향하여 效力이 있음에 불과하여 그 不動産의 所有權이 당연히 信託者에게 復歸된다고 볼 수 없고 다만 受託者가 信託者에게 그 登記名義를 移轉할 義務를 負擔하게 됨에 불과하므로 그 義務履行으로 登記名義를 信託者 앞으로 移轉하기 전까지는 여전히 外部關係에 있어서 所有權은 受託者에게 있다.[11]

---

7) 郭潤直, 170; 大判 71. 2. 23, 70다2760(要集 民 Ⅰ-2, 904).
8) 郭潤直, 357-59.
9) 郭潤直, 170.
10) 李銀榮, 188.
11) 大判 82. 8. 24, 82다카416(集 30-2, 283).

3. 그리고 解止의 效果가 발생되면 바로 繼續的인 契約關係는 終了되므로, 그 契約關係에서 契約終了時의 淸算에 관한 債權·債務를 정한 바가 있다면 그 債權·債務는 바로 解止로 인하여 履行期에 到達되고 즉시 이를 履行하지 아니하면 履行遲滯에 빠지게 된다. 예를 들어 消費貸借에서 返還時期의 約定이 없는 경우에는 貸主는 相當한 期間을 정하여 返還의 催告를 하는바,[12] 그 返還의 催告는 一方의 意思表示로써 繼續的債權關係를 將來에 향하여 消滅시키는 것이므로 解止라 할 것이지만, 그 返還의 催告의 效力이 發生하면 바로 借主의 債務의 辨濟期를 到來시키므로, 그 때부터 借主는 遲滯責任을 지게 된다.[13]

Ⅴ. 損害賠償의 請求

뒤에서 보듯이 契約의 解止는 損害賠償의 請求에 影響을 미치지 아니한다.[14] 解止의 경우에는 解除와는 달리 契約의 效力을 將來에 向하여서만 消滅시키는 것이므로, 이미 發生된 損害賠償債務에 영향을 미치지 아니함은 當然하다 할 것이다.

Ⅵ. 特別規定의 優先適用

解止의 效果에 관하여 각각의 契約에 대한 規定에 특별히 정한 바가 있으면[15] 그 規定이 一般原則에 優先하여 적용된다.

[金 龍 德]

12) 民 §603 Ⅱ.
13) 金曾漢, 119.
14) 民 §551 注解部分 參照.
15) 예를 들어 民 §§635 Ⅱ, 689 Ⅱ; 住宅賃貸借保護法 §4 Ⅱ.

第 551 條(解止, 解除와 損害賠償)

契約의 解止 또는 解除는 損害賠償의 請求에 影響을 미치지 아니한다.

차 례

Ⅰ. 損害賠償義務의 性質

1. 序

民 §551는 契約의 解止·解除는 損害賠償의 請求에 영향을 미치지 아니한다고 규정하고 있다. 이 規定에 의하여 우리 民法上 契約의 解止·解除와 損害賠償의 請求는 兩立할 수 있으므로, 契約當事者는 契約을 解止·解除하면서 아울러 損害賠償도 請求할 수 있다.

그러나 이 規定만으로는 인정되는 損害賠償의 性質이 債務不履行을 原因으로 하는 損害賠償인지 아닌지, 債務不履行을 原因으로 하는 損害라면 契約이 解除됨에도 損害賠償이 維持될 수 있는지 분명하지 않아, 종래 이 문제를 둘러싸고 많은 論議가 있었다. 이처럼 解除의 경우에 損害賠償이 특히 문제된 이유는 종래의 直接效果說에 의하면 契約이 遡及하여 消滅된다고 보므로 形式論理的으로는 債務의 存續을 前提로 하는 債務不履行으로 인한 損害賠償과는 兩立할 수 없다는 데에 있다.[1)]

2. 損害賠償에 관한 立法例

(1) 獨逸民法은 위의 理論的인 문제점에 따라 “解除는 損害賠償을 排除

1) 解除의 效果에 관한 淸算關係說에서는 解除로 인하여 契約이 遡及的으로 消滅되지 않고 원래의 債權關係가 原狀回復을 위한 淸算段階로 變形된다고 보아 原來의 債權關係의 連續을 前提로 하므로 債務者의 歸責事由를 이유로 하는 債務不履行을 쉽게 인정할 수 있게 된다(李銀榮, 181).

한다"[2]는 原則에 의하여 債務不履行의 경우에는 債權者는 不履行에 의한 損害賠償을 請求하든지 또는 그러한 損害賠償을 단념하고 契約을 解除하든지, 둘 중의 하나를 選擇할 수 있는 것으로 하고 있다.[3]

(2) 한편 위와 같은 形式論理에 의하여도 契約이 解除됨으로써 契約이 有效하게 成立되었다고 믿었기 때문에 받은 損害 이른바 信賴利益 또는 消極的 契約利益의 賠償을 인정할 수는 있으므로, 瑞西債務法에서는 解除로 인하여 일어나는 契約의 消滅에 의하여 발생하는 損害의 賠償請求를 인정하는 規定을 두었다.[4]

(3) 佛蘭西民法은 獨逸民法이나 瑞西債務法과 같은 形式論理에서 떠나 實質的 公平이라는 관점에서 보아, 비록 解除에 의하여 그 債務가 遡及하여 消滅된다고 하여도 債務者의 債務不履行으로 인하여 債權者에게 준 損害는 現實的으로 그대로 남게 되므로 그 損害發生의 歸責者인 債務者가 賠償責任을 지는 것은 當然하다고 보아 損害賠償과 解除는 兩立할 수 있다라고 규정하고 있고,[5] 이 때의 損害賠償은 債務不履行을 理由로 하는 것이라고 一般的으로 解釋되고 있다.

3. 우리 民法의 學說

(1) 債務不履行으로 인한 損害賠償說

契約의 解除는 契約이 처음부터 없었던 것과 같은 效果를 발생시켜서 契約締結 이전의 狀態로 回復하는 것인바, 이른바 原狀回復은 債務가 履行되어 있는 경우에 給付된 것을 返還함으로써 이루어지는 原狀回復을 가리키는 것이고, 이에 의하여 契約이 解除될 때까지 사이에 當事者의 一方이 입은 損害가 除去되지는 아니하며, 이 損害도 除去하여야만 진정으로 契約締結 이전의 狀態로 돌아간다고 할 수 있다. 따라서 契約締結 이전의 狀態로 돌아가기 위하여 이미 발생하고 있는 損害의 賠償이 문제이므로, 契約이 解除되었을 때에 비로소 문제가 되는 損害, 즉 信賴利益의 賠償은 法律에 特別한 規定이 없는 이상 여기서 문제가 되지 않고, 債權關係가 有效하게 成立하고 있었던 동안에 發生하고 解除後에도 그대로 남게 되는 損害 즉 債務不履行에 의한 損害라고

2) Rücktritt schliesst Schadensersatz aus.
3) §§ 325-6.
4) § 109 Ⅱ.
5) § 1184.

보아야 한다는 學說로서 우리 나라의 多數說이다.[6)]

(2) **契約의 有效에 관한 믿음 및 履行에 관한 損害賠償說**

이 學說은 直接效果說에 의한 解除의 遡及效理論을 形式的으로 貫徹하면 契約上의 債務는 처음에 遡及하여 消滅하므로, 解除할 때까지는 債務가 存續하고 있었던 것을 前提로 함으로써 인정될 수 있는 債務不履行으로 인한 損害賠償과 解除를 兩立시키는 것은 理論的으로 矛盾이라고 본다. 그리하여 民法이 규정하고 있는 損害賠償은 債務不履行으로 인한 損害賠償과는 별개의 것으로서 解除에 의하여 새로 발생하는 것이며, 그 範圍는 契約이 有效하게 成立한 것으로 믿음으로써 입은 損害에 한한다는 信賴利益의 賠償說이 理論的으로 타당하지만, 契約이 有效하다고 믿은 경우에는 그 履行까지도 믿는 것이 普通이므로 履行利益의 喪失도 通常의 損害라고 봄으로써, 結果的으로 履行利益을 포함시키는 점에서 債務不履行으로 인한 損害賠償說과 같게 된다.[7)] [8)]

4. 判 例

이에 관하여 大法院은 일관하여 債務不履行으로 인한 履行利益賠償說을 취하고 있다. 즉 契約解除로 인한 損害賠償請求는 債務不履行에 인한 損害를 目的으로 하는 것이며, 契約이 當初부터 無效이거나 取消된 경우에 當事者의 一方이 그 契約을 有效하다고 믿음으로써 받은 損害 즉 信賴의 利益에 대한 損害가 아니고 契約이 有效히 成立되었음에도 불구하고 債務者가 債務를 履行하지 아니함으로써 發生한 損害를 目的으로 한다고 본다.[9)] 그리하여 劇場建物賃貸借契約이 解除된 경우에 있어서 賃借人이 支出한 契約紹介費, 契約成立祝賀會食費, 上映프로豫納金 및 宣傳費 등은 賃貸人이 그 契約을 履行하였더라

6) 郭潤直, 162-63; 金曾漢, 107; 金基善, 101; 黃迪仁, 民法 Ⅳ, 211; 金顯泰, 84; 權龍雨, 108.

7) 金疇洙, 139-40.
이 외에도 解除의 效果는 債權關係를 消滅시키므로 契約의 存續을 前提로 하는 損害를 賠償시키려고 하여도 시킬 수가 없고 보니 民 §551는 原狀回復의 方法 또는 補充에 관한 規定이라고 보아, 原狀回復義務는 契約이 有效한 동안에 하였던 履行을 返還시키는 데에 비하여 위 損害賠償은 履行되지 않았기 때문에 받은 損害의 賠償을 의미한다는 特殊賠償說과, 契約解除는 契約을 遡及的으로 無效로 하여 모든 債權關係가 消滅하기 때문에 履行利益이 存在할 수 없고 따라서 損害賠償을 請求하려면 契約이 解除되지 않고 存續하며 履行됨을 믿음으로써 입은 損害 즉 信賴利益의 賠償이라는 信賴利益賠償說이 있다고 說明된다(金基善, 100).

8) 日本에서의 諸學說에 관하여는 金學萬(§548 註 69), 192-95 參照.

9) 大判 60.7.21, 4292민상769(要集 民 Ⅰ-2, 805); 大判 62.2.22, 4294민상667(要集 民 Ⅰ-2, 805); 大判 62.10.18, 62다550(要集 民 Ⅰ-2, 805); 大判 83.5.24, 82다카1667(集 31-3, 17).

도 支出하였을 것이므로 賃貸人의 契約不履行으로 인하여 發生한 損害라고는 볼 수 없다고 하고,[10] 同業契約으로 인한 業務를 履行하지 아니하여 그 同業契約을 解止한 경우에 있어서 一方이 出資義務의 履行으로 所要된 費用에 대해 組合契約의 解止에 따른 清算을 구할 수 있음은 別論으로 하고 債務不履行으로 인한 損害로서 賠償을 구할 수는 없다고 한다.[11]

Ⅱ. 損害賠償의 範圍

1. 一般規定의 適用

위 損害賠償責任을 債務不履行에 기한 損害賠償이라고 보는 多數說에 따르면, 損害賠償의 範圍는 民 § 390 이하의 通則 특히 民 § 393에 의하여 정하여지는바, 아래에서는 이에 따라 具體的인 損害賠償의 範圍를 살펴본다.

(1) 履行不能으로 인한 解除

이 경우에는 履行에 갈음하는 損害賠償 즉 塡補賠償額으로부터 解除者가 債務를 면하였거나 또는 給付한 것의 返還을 請求함으로써 얻는 利益을 控除한 殘額이 賠償額이 된다.[12]

(2) 履行遲滯를 이유로 한 解除

(가) 一般的으로 이 경우에는 履行遲滯를 이유로 한 損害賠償(遲延賠償)을 塡補賠償으로 變更하고 그것으로부터 解除者가 自己債務를 免하였거나 또는 給付한 것의 返還을 請求함으로써 얻은 利益을 控除한 殘額이 請求賠償額이 된다고 설명된다.[13] 즉 履行遲滯 自體로 인한 損害賠償을 請求하지는 못하고, 履行不能의 경우와 같이 契約이 解除되지 않고 履行이 이루어졌을 때를 假想하여 얻을 수 있었던 利益을 賠償하여야 한다는 결과가 된다.

(나) 다만 債務不履行에 의한 損害賠償說에 의할 때에 이미 發生된 履行遲滯로 인한 損害가 消滅되는 근거는 明白하지 않다. 오히려 債務不履行에 의한 損害賠償說의 根據는 契約의 解除는 契約이 처음부터 없었던 것과 같은 效果를 발생시켜서 契約締結 이전의 狀態로 回復하는 것인데, 債務가 履行되어

10) 大判 62. 2. 22, 4294민상667(要集 民 Ⅰ-2, 805).
11) 大判 83. 5. 24, 82다카1667(集 31-3, 17).
12) 郭潤直, 163; 金曾漢, 108.
13) 郭潤直, 164; 金曾漢, 108; 金疇洙, 141.

있는 경우에 給付된 것을 返還하는 것만으로는 契約이 解除될 때까지 사이에 當事者의 一方이 입은 損害가 除去되지는 아니하므로 이 損害도 除去하여야만 진정으로 契約締結 이전의 狀態로 돌아간다는 前提下에, 債權關係가 有效하게 成立하고 있었던 동안에 발생하고 解除 후에도 그대로 남게 되는 損害를 賠償하여야 한다고 설명하고 있는바, 이에 따르면 이미 發生된 履行遲滯로 인한 損害가 解除後에 그대로 存續하여 이를 賠償하여야 할 것이 아닌가 하는 의문이 든다. 예를 들어 賣買契約에 있어서 買受人이 代金의 支給을 遲延하여 解除된 경우에, 契約時와 解除當時의 賣買目的物의 價額의 變動이 없으면 賣渡人은 履行利益의 賠償을 請求할 수 없을 터인바, 賣買代金의 履行期부터 解除時까지 發生된 遲延損害金은 賣渡人에게 발생된 損害(즉 賣渡人은 契約이 履行되었으면 履行期에 그 代金을 받아 使用할 수 있었을 터인데 契約이 解除됨으로써 그 代金을 使用하지 못한 損害)로서 賠償할 必要性이 있지 않은가 하는 문제이다.[14)]

---

14) 私見으로는 이러한 遲延損害賠償 문제는 片務契約과 雙務契約의 경우를 나누어 필요가 있다고 생각된다.

① 먼저, 片務契約에 있어서는 履行遲滯로 인한 遲延賠償도 이를 賠償하여야 할 必要性이 충분히 있다고 생각된다. 왜냐하면 예를 들어 甲이 乙에게 建物을 贈與하고 一定한 期日까지 이를 引渡하고 所有權을 移轉하여 乙이 그 建物에 入住하여 居住하려고 하였는데, 甲이 위 建物의 引渡 및 所有權의 移轉을 遲滯함으로써 乙이 다른 住宅을 賃借하여 居住하게 된 경우에, 乙로서는 위 贈與契約이 제대로 履行되었다면, 賣買目的物인 위 建物을 約定期日 다음날부터 使用하는 利益을 얻고 나아가 위 建物의 所有權을 取得하는 利益 또한 얻었을 터인데 甲이 그 履行을 遲滯하여 결국 解除됨으로써 위 利益을 모두 얻지 못하는 損害를 얻게 되었다 할 것이다. 만약 이러한 遲延賠償을 인정하지 아니한다면, 解除를 하지 않고 原來의 履行을 구하는 경우보다 解除를 한 경우가 不利한 結果에 이른다.

② 반면, 雙務契約에 있어서는 이러한 遲延損害賠償을 인정하면 原狀回復義務 및 雙務契約에 있어서의 給付의 對價性과 관련하여 不當한 결과가 발생될 수 있다. 위의 例에서 賣買代金이 금 500만원인데 그 중 금 300만원만이 支給되고 殘金의 履行遲滯로 契約이 解除되었다면, 賣渡人으로서는 금 300만원에 대하여 原狀回復義務의 規定에 따라 法定利子를 加算하여 返還하고, 반대로 買受人으로서는 賣買目的物을 使用함으로써 얻은 利益을 返還하여야 하는데, 그에 나아가 買受人이 나머지 대금 200만원에 대하여 追加로 遲延損害金을 支給하여야 한다는 것은 이상하다. 왜냐하면 賣渡人은 買受人으로부터 支給받을 賣買目的物의 使用으로 인한 利益金額에서 그가 買受人에게 支給하여야 할 賣買代金 300만원에 관한 法定利子를 控除하면, 買受人이 賣買代金을 遲滯함으로 인한 損害는 充分히 補償되기 때문이다. 즉 原狀回復義務에 의하면 契約當事者는 契約目的物을 契約締結 以前의 原狀의 狀態로 회복하고 그 使用으로 인한 利益도 相對方에게 返還하게 되므로, 履行遲滯로 인한 損害 즉 債務의 履行으로 給付받는 目的物을 使用하여 얻을 수 있었던 利益을 얻지 못하는 損害(金錢의 경우에는 法定 遲延損害金)를 賠償하는 機能을 한다. 또한, 비록 解除權者의 給付가 相對方에게 履行되지 않았지만 履行提供 및 相對方의 履行拒絶 등으로 인하여 同時履行의 抗辯權이 喪失되어 解除權이 發生한 境遇에도, 解除權者로서는 相對方의 給付와 對價關係에 있는 自己의 給付를 相對方에게 履行하지 않음으로써 그 給付를 繼續 使用함에 따른 利益을 얻었으므로, 契約이 消滅되는 이상 相對方의 履行遲滯로 인한 損害를 구할 수 없다고 보아야 衡平에 맞을 것이다.

③ 다만, 解除는 旣存의 債務에 대한 履行請求를 그만두고 原狀回復을 구함으로써 契約의 拘束力에서 解放되는 것이라는 점을 重視한다면, 旣存의 債務에 대한 履行이 遲延

㈐ 또한 債務不履行에 의한 損害賠償說에 의할 때에 遲延賠償이 塡補賠償으로 바뀌는 根據도 확실하지 않다. 위 說에 의하면 "債權關係가 有效하게 成立하고 있었던 동안에 發生하고 解除後에도 그대로 남게 되는 損害"라고 하여 이를 賠償하여야 한다고 표현하는데 塡補賠償에 관한 損害는 履行遲滯만의 상태로 維持되는 한 債權關係가 有效하게 成立하는 동안에 발생하지는 아니하기 때문이다.[15] 생각건대 履行遲滯로 인한 損害가 塡補賠償으로 轉換되기 위하여는, 民 § 551 의 損害賠償義務를 債務不履行에 의한 損害賠償이라고 설명하더라도 그 損害는 解除가 없었더라면 얻을 수 있었을 터인데 債務不履行으로 인하여 契約이 解除되어 消滅됨으로써 얻지 못하게 된 利益에 대한 賠償이라고 설명하여야 하며, 결국 그 債務不履行의 債務란 契約이 解除되지 않고 履行이 完了되도록 할 義務에 대한 不履行이라고 보아야 가능하지 않은가 생각된다.[16]

2. 塡補賠償額 算定의 基準

債務不履行에 관한 一般原則에 따라야 함은 물론이며, 다만 解除에 特殊한 점은 다음과 같다.

(1) 履行時·解除時·損害賠償時에 각각 目的物의 價格에 變動이 있는 때에는 原則的으로 解除時의 價格을 基準으로 하여야 한다. 解除한 者는, 그 때까지 履行이 가능한 한 本來의 給付를 請求할 수 있었던 것이고, 解除에 의하여 비로소 本來의 給付請求權이 損害賠償請求權으로 轉換된다고 보기 때문이다.[17] 위에서 본 바와 같이 塡補賠償을 契約이 解除되지 않고 履行이 完了되도록 할 義務의 不履行으로 인한 損害賠償이라고 본다면, 당연히 그 義務不履行이 現實化되는 解除時를 基準으로 하여야 할 것이다.

(2) 解除에 의한 損害賠償의 請求權은 그 支給을 催告한 때로부터 遲延

됨으로써 입은 損害에 대한 請求는 解除權을 행사함으로써 抛棄하는 것으로 理論構成을 할 여지는 충분히 있다고 생각된다.

15) 다만 民 § 395 에 의하여 債權者가 相當한 期間을 정하여 履行을 催告하여도 그 期間內에 履行하지 아니하거나 遲滯後의 履行이 債權者에게 利益이 없는 때에는 債權者는 受領을 거절하고 履行에 갈음한 塡補賠償을 請求할 수는 있으므로, 解除에 앞서 塡補賠償請求權이 생기는 경우가 있다. 그러나 이와 같이 이미 塡補賠償請求權이 생긴 경우라면 굳이 遲延賠償이 塡補賠償으로 轉換된다는 表現은 無意味하게 되므로, 위 學說의 설명은 解除에 앞서 塡補賠償請求權이 발생하지 아니한 경우에 관한 것이라고 보아야 한다.

16) 이에 관하여 三宅正南(§ 548 註 28), 227, 249 는 雙務契約에 있어서 交換을 實現하여야 하는 間接的인 義務의 不履行에 대한 賠償이라고 설명한다.

17) 郭潤直, 164; 金曾漢, 108; 金疇洙, 141; 黃迪仁, 民法 Ⅳ, 212.

利子가 생긴다.[18]

3. 損害賠償額의 豫定

特約으로 損害賠償額이 豫定되어 있는 경우에는 解除가 있더라도 이 特約은 그대로 有效하며, 解除에 의한 損害賠償의 基準이 된다고 解釋하여야 한다. 원래 賠償額의 豫定은 債務不履行에 의한 損害賠償에 관하여 그 損害額 算定에 관한 다툼을 피하려는 것이므로, 解除에 의한 損害賠償의 請求의 範圍를 정하는 內容을 包含하는 것으로 보더라도 不當하지 않을 것이다.[19] 그리고 約定解除의 경우에 있어서도 損害賠償額의 豫定이 가능하다.[20] 이러한 損害賠償額의 豫定額이 여러 事情에 비추어 볼 때에 부당히 過多할 경우에는 이를 減額할 수 있음은 물론이다.[21]

大法院은, 建物賣買契約에 있어서 契約金을 授受한 외에 買受人의 歸責事由로 契約이 解除되는 때에는 買受人이 建物을 占有使用한 때로부터 占有期間에 따라 賣買代金의 一定比率을 占有使用料로 支給하기로 約定한 경우, 契約金뿐 아니라 위와 같은 占有使用料도 결국 賣買契約의 債務不履行에 대한 違約金의 約定을 한 것으로 보아야 할 것인바, 違約金으로 契約金만을 授受하는 경우가 通常的이기는 하나, 特殊한 形態의 賣買契約에 있어서 買受人의 違約으로 契約이 解除되는 경우 解除時까지의 期間 등을 고려하여 算定되는 占有使用料 支給의 方法에 의한 違約金約定이 그 效力이 없다 할 수 없다고 본다.[22]

[金 龍 德]

18) 郭潤直, 164; 金曾漢, 108; 金疇洙, 141.
19) 郭潤直, 164; 金曾漢, 108; 金疇洙, 141; 註釋債各(Ⅰ), 433.
20) 大判 46.11.8, 4279민상58(要集 民 Ⅰ-2, 689).
21) 民 §398 Ⅱ.
22) 大判 92.9.22, 92다22190(公 1992, 2976).

第 552 條(解除權行使與否의 催告權)

① 解除權의 行使의 期間을 定하지 아니한 때에는 相對方은 相當한 期間을 定하여 解除權行使與否의 確答을 解除權者에게 催告할 수 있다.

② 前項의 期間內에 解除의 通知를 받지 못한 때에는 解除權은 消滅한다.

Ⅰ. 一般的인 權利의 消滅原因

解除權은 이른바 形成權이므로 權利의 行使 등 이 種類의 權利에 共通한 消滅原因에 의하여 消滅한다.

1. 拋 棄

解除權은 權利者의 一方的 意思表示에 의하여 이를 拋棄할 수 있다. 이 拋棄의 意思表示는 解除權의 行使에 관한 民 § 543 의 規定에 비추어 相對方에 대하여 하여야 한다고 解釋된다.[1)]

大法院은 繼續的인 去來關係에서 一方의 契約違反이 있음에도 去來를 繼續한 사실이 있다고 하여도 이와 같은 사실만으로는 相對方이 契約解止에 관한 權利를 拋棄한 것으로는 보지 않으며,[2)] 반면 商街分讓契約에 있어서 約定解除事由의 發生에 의하여 契約解除權을 갖게 된 후에도 契約解除의 意思表示를 하지 아니하고 그 殘代金과 約定延滯料까지 支給받으면서 所有權移轉登記節次를 履行할 뜻을 通告까지 하였다면, 約定解除權을 留保하는 등의 特別한 事情이 없는 한, 이는 위 分讓契約을 履行하겠다는 意思로 그 전에 發生한 約定解除權을 拋棄한 것으로 본다.[3)]

2. 解除權의 失效

債權者가 解除權을 取得한 후 너무 長期에 걸쳐서 이를 行使하지 않고 또한 相對方도 이제는 解除權을 行使하지 않으리라고 믿게 된 때에는 信義則上

1) 郭潤直, 165.
2) 大判 89. 10. 10, 88다카25601(公 1989, 1658).
3) 大判 91. 5. 14, 91다8005(公 1991, 1639).

解除權을 行使할 수 없는 것으로 解釋한다.[4]

3. 除斥期間

(1) 解除權은 形成權이므로 消滅時效가 아니라 除斥期間에 걸리며, 이 期間은 10年이라고 解釋된다.[5] 解除權은 債權 自體는 아니라는 점을 고려하면 그 期間을 20年으로 볼 여지도 있지만, 解除로 인하여 생기는 原狀回復義務請求權보다도 길게 存續시키는 것은 解除한 경우보다 解除하지 아니한 쪽이 오랫동안 相對方의 責任을 물을 수 있는 것이 되어 均衡을 잃기 때문에 그 期間을 10年으로 봄이 타당하다.[6]

(2) 본래의 債務에 관한 消滅時效와 관련하여 法定解除權에 관한 별도의 除斥期間을 인정할 必要가 있는가에 관하여 論議가 있다.

法定解除權은 債務者의 債務不履行에 대한 救濟手段으로서 債務者의 債務不履行責任을 추궁하기 위하여 인정되는 權利이다. 그렇다면 債務不履行에 의한 損害賠償請求權과 마찬가지로, 본래의 債務가 時效로 消滅한 후까지 法定解除權의 存續을 인정할 이유는 없다. 따라서 法定解除權 및 그 行使의 結果로 생기는 原狀回復請求權과 損害賠償請求權도 본래의 契約上의 債務가 時效로 消滅하면 行使할 수 없다고 봄이 타당하다. 따라서 法定解除權의 경우에는 特別한 除斥期間이나 消滅時效를 생각할 여지가 없게 된다.[7]

(3) 또한 解除權의 除斥期間 외에 原狀回復請求權의 消滅時效를 別途로 인정할 필요가 있는가에 관하여도 論議가 있다. 즉 解除權은 契約을 解消하여 原狀回復을 請求하기 위한 手段이다. 따라서 解除權의 行使와 原狀回復은 兩者가 一體를 이룬다고 보아야 하며, 解除權이 存續하는 期間에 原狀回復도 請求하여야 한다.[8] 그리하여 解除權 行使의 결과로서 생기는 原狀回復義務에 관하여 獨立한 消滅時效를 생각할 여지는 없다고 한다.[9] 이에 대하여는 原狀回

---

4) 前述 前論 註 152) 및 그 本文 參照.

5) 郭潤直, 165; 金疇洙, 144.
다만 金曾漢, 111; 李太載, 132 및 金顯泰, 87은 除斥期間으로 보지 않고 消滅時效期間으로 보며, 黃迪仁, 民法 Ⅳ, 213은 消滅時效期間으로 보는 것이 通說·判例라고 說明한다.

6) 金曾漢, 111.

7) 郭潤直, 165; 金曾漢, 111-12; 李太載, 132.

8) 郭潤直, 165; 金曾漢, 112-13.

9) 解除權이 行使되지 아니하는 이상 原狀回復義務만을 獨立하여 주장할 수 없는 것이므로, 解除權이 除斥期間의 經過로 消滅되면 더 이상 原狀回復請求權을 주장할 여지가 없게 될 것이지만, 除斥期間 내에 適法하게 解除權이 行使된 경우에는 原狀回復請求權에 관한 時效의 문제는 남는다 할 것이다. 위에서 본 見解는 이 경우에 原狀回復義務가 發

復義務는 본래의 債務와 전혀 별개이므로 그 消滅時效는 解除한 때로부터 進行한다는 反對의 見解가 있다.[10)]

Ⅱ. 解除權行使의 催告에 의한 消滅

1. 民法은 解除權에 관하여 §552 및 §553에서 特殊한 消滅原因을 규정하고 있는바, 아래에서는 民 §552에서 정하고 있는 解除權의 行使催告에 관하여 본다.

2. 當事者 사이의 契約 또는 法律의 規定에 의하여 특히 解除權의 存續期間이 정하여져 있는 경우에는, 그 期間의 經過로 解除權이 消滅한다.[11)] 그와 같은 解除權의 行使에 관한 期間이 정하여져 있지 아니하여도, 相對方을 오랫동안 不安定한 地位에 두는 것은 苛酷하고, 나아가서는 去來의 安全을 해하게 되므로, 民法은 相對方에게 催告權을 附與하고 있다. 즉 相對方이 解除權者에게 相當한 期間을 정하여 그 期間 내에 解除하느냐 않느냐를 確答할 것을 催告할 수 있으며, 만일에 그 期間 내에 解除의 通知를 받지 못하면 解除權은 消滅하는 것으로 하였다.

(1) 여기에서의 相當한 期間은 社會通念에 좇아서 判定된다. 相當하지 아니한 期間을 정한 催告의 경우의 效果에 관하여는 民 §544의 履行의 催告에 준하여 解釋된다.[12)]

(2) 이러한 催告에 의한 解除權의 消滅은 約定解除權 및 法定解除權 모두에게 適用된다 할 것이다.[13)]

(3) 주의할 것은 이 催告에 의하여 解除權이 消滅하여도 契約上의 本來의 債權·債務에는 영향이 없으므로, 債權者는 本來의 給付 또는 損害賠償의 請求權을 잃는 것은 아니다.

[金 龍 德]

生된 후부터의 새로운 獨立된 時效를 인정하지 아니하고, 원래의 解除權이 行使될 수 있었던 期間이 經過하면 더 이상 原狀回復請求權도 행사할 수 없다는 立場으로 보인다(金曾漢, 113 參照).

10) 金基善, 95; 金顯泰, 801.

11) 民 §§573-5, 601, 673 등.

12) 金疇洙, 142.

13) 金曾漢, 109; 金疇洙, 142.

第 553 條(毁損等으로 因한 解除權의 消滅)

解除權者의 故意나 過失로 인하여 契約의 目的物이 顯著히 毁損되거나 이를 返還할 수 없게 된 때 또는 加工이나 改造로 인하여 다른 種類의 物件으로 變更된 때에는 解除權은 消滅한다.

1. 民法은 解除權의 特殊한 消滅原因으로서 解除權者에 의한 目的物의 毁損 등을 規定하고 있다. 즉 解除權者가 故意 또는 過失로 인하여 契約의 目的物을 顯著하게 毁損하거나 또는 이것을 返還할 수 없게 하거나, 또는 加工이나 改造로 인하여 이것을 다른 種類의 物件으로 變更한 때에는 解除權은 消滅한다.

2. 解除하면 自身이 返還하여야 하는 目的物을 자기의 故意 또는 過失에 의하여 原物返還이 불가능하게 하여 놓고 解除權을 行使할 수 있다는 것은 信義則에 반하기 때문에 위와 같은 規定을 둔 것이다.[1)] 물론 目的物의 毁損 또는 加工 등으로 그 返還이 불가능하게 된 경우에도 價格에 의한 原狀回復義務를 인정할 여지가 있기는 하지만, 그것만으로는 相對方에게 충분한 利益을 줄 수 없으므로 오히려 解除權을 消滅시키는 것이 公平하다 할 것이다.[2)] 다만 目的物이 代替物인 경우에는 그것이 滅失되어도 同種·同量·同質의 物件을 返還하면 되므로 原物의 返還을 할 수 없더라도 解除權은 消滅되지 않는다 할 것이고, 나아가 解除의 相對方이 目的物의 返還에 갈음하여 金錢에 의한 回復을 承諾하는 경우에도 解除를 無效로 할 필요는 없을 것이다.[3)]

3. 또한 §553은 「解除權者의… 解除權은 消滅한다」라고 표현하고 있지만 解除權의 發生 前後를 불문하고 위와 같은 사유가 발생한 경우에는 解除權

---

1) 金疇洙, 142.
註釋債各(Ⅰ), 434는 債權者는 債務의 履行으로 受領한 物件을 자기의 自由로 處分할 수 있는 物件이라 생각할 것이므로 이를 處分하거나 毁損하여도 相對方에 대한 義務違反이라 할 수 없고, 다만 原狀回復이라고 하는 관계에서 볼 때에 相對方과의 關係에 있어서 그 行爲가 非難되어야 할 것이라고 생각되기 때문에 故意·過失에 의한 경우에 한하여 解除權을 消滅시킨다고 설명한다.
2) 金曾漢, 110; 金疇洙, 142.
3) 金疇洙, 143.

을 行使할 수 없다고 본다.[4] 그리고 解除權者가 一部의 履行을 받아서 그 給付된 物件이 滅失된 경우에도 解除權을 行使할 수 없다고 본다.[5]

4. 解除權者의 故意·過失은 解除權의 存在에 관한 것이 아니고 目的物의 毁損 또는 返還不能에 관한 것이어야 解除權이 消滅된다.[6]

5. 目的物의 返還不能의 槪念에는 物理的인 不能에 한하지 않고, 제3자에게 讓渡되거나 抵當權이 設定된 경우와 같은 경우도 포함된다.[7] 加工 및 改造의 槪念은 모두 §259의 加工의 槪念에 속하며, 原物變形의 程度에 의하여 구별하되 目的物을 다른 種類의 物件으로 變形시킨 경우라야만 解除權이 消滅된다.[8] 大法院은 荒蕪地가 開墾되어 논으로 變更된 경우에 契約의 目的物이 加工이나 改造에 의하여 다른 種類의 物件으로 變更된 때에 해당한다고 보아 解除權의 行使를 인정하지 아니하였다.[9]

6. 目的物의 毁損, 返還不能, 加工, 改造 등이 目的物의 僅少한 部分에 관한 것이면, 公平의 原則上 全部에 관하여 解除權을 잃지 않는다고 解釋된다.[10] 다만 給付가 可分인 경우에는 그 部分에 관하여서만 解除權이 消滅되고 나머지 部分에 관하여는 解除權을 行使할 수 있다.

[金 龍 德]

4) 金曾漢, 110; 金疇洙, 143; 金基善, 102.
5) 金曾漢, 110; 金疇洙, 143.
6) 註釋債各(Ⅰ), 434.
7) 金曾漢, 110; 金疇洙, 143; 李銀榮, 163.
8) 金基善, 103.
9) 大判 62. 2. 28, 4294민상593(要集 民 Ⅰ-2, 807).
10) 金曾漢, 110; 金疇洙, 142.

事項索引

民法注解〔XIII〕— 債權(6)

1997年　7月　10日　初版一刷發行
2009年　8月　10日　初版十二刷發行

編輯代表　郭　潤　直
發 行 人　安　鍾　萬
發 行 處　(株) 博　英　社
110-102　서울特別市 鍾路區 平洞 13-
電話 (733) 6771-3 (734) 3790 · 4790
FAX (02) 736-4818
登錄 1959. 3. 11. 제 300-1959-1 호(倫)

組 版 所　홍익 m&b

定　價　30,000 원　　ISBN 978-89-7189-095-0
978-89-7189-089-9(세트)

http://www.pakyoungsa.co.kr